Controlling im Umbruch: Herausforderungen durch die IFRS

„Europa soll künftig nach IFRS bilanzieren“ – „Finanzvorstände fordern IFRS-Bilanzierung im Einzelabschluss“ – „Mit IFRS das babylonische Sprachgewirr beenden“ – „Verband warnt vor Unkenntnis über IFRS“... die Liste der Schlagzeilen zu den International Accounting Standards (IAS) bzw. neu International Financial Reporting Standards (IFRS) ließe sich beliebig fortsetzen.

Auslöser der jüngsten Diskussionen sind nicht zuletzt die EU-Verordnung Nr. 1606/2002 vom 19. Juli 2002, die für kapitalmarktorientierte EU-Konzerne ab 2005 die IFRS-Rechnungslegung vorschreibt, sowie der aktuelle Entwurf des Bilanzrechtsreformgesetzes der Bundesregierung, der auch nicht-kapitalmarktorientierten Konzernen bzw. im Einzelabschluss zu Informationszwecken die IFRS-Rechnungslegung erlaubt. Aber auch andere Faktoren, wie z. B. die zunehmenden Informationsanforderungen durch Banken im Kontext von Basel II, treiben Unternehmen zur Rechnungslegung nach IFRS.

Diese Entwicklungen betreffen jedoch nicht nur – wie es auf den ersten Blick scheinen mag – die Bilanzierung: Durch die zunehmend enge Verzahnung von interner und externer Rechnungslegung wird auch der Controllerbereich in die Diskussion ganz unmittelbar einbezogen.

Was genau bedeutet nun die Einführung einer IFRS-Rechnungslegung für die Controllingpraxis?

Erstens: Die IFRS greifen in weitaus höherem Maße als noch die Rechnungslegung nach HGB auf interne Reportinginhalte und -strukturen zurück, wenn es um die Ermittlung bilanzieller Wertmaßstäbe oder den Ausweis von Erfolgen geht. So setzt beispielsweise die Segmentberichterstattung nach IAS 14 unmittelbar auf dem internen Berichtswesen auf. Auch die Begründung des Ansatzes außerordentlicher Abschreibungen (impairment) muss u. a. mit internen Planungsrechnungen fundiert werden.

Zweitens: Viele Unternehmen haben – nicht zuletzt im Kontext der Einführung wertorientierter Steuerungssysteme – die externe und interne Erfolgsrechnung integriert, d. h. verzichten mit Ausnahme kalkulatorischer Zinsen auf den Ansatz eigenständiger kalkulatorischer Kosten. Damit schlagen Änderungen der externen Rechnungslegung unmittelbar auch auf die Ausprägung von internen Reportinginhalten und Steuerungskennzahlen durch.

Drittens: Die Umstellung auf IFRS resultiert in ganz konkreten Anpassungsbedarfen im Unternehmen. Diese betreffen insbesondere die eingesetzten Informations- und Kommunikationstechnologien, die in vielen Fällen dem Controllerbereich zugeordnet sind. Aber auch die organisatorische Gestaltung von Prozessen in Rechnungswesen und Controlling kann Gegenstand einer IFRS-Umstellung sein.

Viertens: Mit der zunehmenden Orientierung der internen Erfolgsrechnung an bilanziellen Größen muss das Controlling die notwendige Methodenkompetenz entwickeln, um flexibel auf geänderte regulatorische Anforderungen, die von Standardsettern wie dem deutschen Gesetzgeber, der EU-Kommission oder aber dem IASB stammen, reagieren zu können.

Damit stellt die Rechnungslegung nach IFRS den Controllerbereich als Counterpart des Managements vor fundamentale Herausforderungen. Mit dem vorliegenden Sonderheft „IFRS und Controlling“ setzen wir an dieser Stelle an, um Sie in der aktuellen Diskussion und den anstehenden Veränderungsprozessen zu begleiten und zu unterstützen. Mein Dank sei an dieser Stelle ganz herzlich allen beteiligten Autoren ausgesprochen, die durch ihre Beiträge die Entstehung eines solchen Bandes erst ermöglicht haben.

Univ.-Prof. Dr.
Barbara E. Weißenberger

Insgesamt möchten wir Ihnen mit den insgesamt vierzehn Beiträgen nicht nur einen aktuellen Überblick über die IFRS-Rechnungslegung geben, sondern Sie auch davon überzeugen, dass Sie als Controller von dieser Thematik unmittelbar betroffen sind. Wenn es uns dann auch noch gelingt, Ihnen konkrete Ansatzpunkte für die erfolgreiche Bewältigung der mit der IFRS-Rechnungslegung verbundenen Herausforderungen im Controllingbereich aufzuzeigen, dann haben nicht nur wir, sondern – wie wir hoffen – auch Sie Ihre persönliche Zielsetzung mit der Lektüre dieses Bandes erreicht. In diesem Sinne wünsche ich Ihnen viel „Gewinn“ beim Lesen.

Ihre
Barbara E. Weißenberger

Beilagenhinweis:

Dieser Ausgabe liegen je eine Beilage des Rudolf Haufe Verlages, Freiburg i. Br., der LexisNexis Deutschland GmbH, Münster, 2 Beilagen der Management Circle AG, Eschborn und eine Beilage der WEKA Media GmbH & Co. KG, Kissing, bei.

Wir bitten unsere Leserinnen und Leser um Beachtung.

Karl-Heinz Steinke, Deutsche Lufthansa AG, Leiter Konzerncontrolling & Kostenmanagement
Dr. Ulrich Vest, Springer science + business media, Chief Financial Officer

Impressum

Verlag: Betriebswirtschaftlicher Verlag,
Dr. Th. Gabler / GWV Fachverlage GmbH,
Abraham-Lincoln-Straße 46,
65189 Wiesbaden, Postfach 1546,
65173 Wiesbaden, http://www.zfcm.de
Geschäftsführer: Dr. Hans-Dieter Haenel
Verlagsleitung: Dr. Heinz Weinheimer
Programmleitung Wissenschaft:
Claudia Splittgerber
Gesamtleitung Produktion:
Reinhard van den Hövel
Gesamtleitung Vertrieb: Gabriel Göttlinger
Gesamtleitung Anzeigen: Thomas Werner
Herausgeber: Prof. Dr. Jürgen Weber
Prof. Dr. Thomas Hess
Herausgeber dieses Sonderheftes:
Prof. Dr. Barbara E. Weißenberger
Schriftleitung: Dr. Bernhard Hirsch
E-Mail: bhirsch@whu.edu
Verantwortliche Redakteure:
Dipl. Kfm. Eric Zayer
E-Mail: ezayer@whu.edu
Dipl.-Wirtsch.-Ing. Roman Müller
E-Mail: roman.mueller@whu.edu
Christoph Hirnle, MSC (LSE)
E-Mail: hirnle@bwl.uni-muenchen.de

Redaktion:
Jutta Hauser-Fahr, Tel.: (06 11) 78 78-235
Annelie Meisenheimer,
Tel.: (06 11) 78 78-232
Abonnentenbetreuung:
VVA-Zeitschriften-Service, Controlling& Management, Postfach 777, 33310 Gütersloh
Tel.: (05241) 80 19-68, Fax (05241) 80 96-20
Produktmanagement: Kristiane Alesch,
Tel.: (06 11) 78 78-359
Anzeigenleitung: Christian Kannenberg,
Tel.: (06 11) 78 78-369
Es gilt die Anzeigenpreisliste 27 vom 1.10.02
Anzeigenverkauf: CBM GmbH,
Telefon (0 67 71) 80 91-0 od. -31,
Fax (0 67 71) 80 91-18
cbm_gmbh@t-online.de
Anzeigendisposition: Barbara Gerlach,
Telefon (06 11) 78 78-198,
Fax (06 11) 78 78-443
Produktion / Layout: Heiko Köllner,
Tel.: (06 11) 78 78-177

Bezugsmöglichkeit:
Das Heft erscheint sechsmal jährlich.
Preise: Einzelpreis € 26,– zzgl. Versand. Jahresabonnementpreis Inland € 114,– für Studenten € 75,– (die aktuelle Immatrikulationsbescheinigung ist jeweils unaufgefordert nachzureichen); preisgebundener Jahresabonnementpreis Ausland € 123,–; Studentenpreis € 84,– (incl. Porto und ges. Mwst.). Abbestellungen sind sechs Wochen vor Ablauf des Bezugsjahres (s. letzte Abonnementrechnung) unter Angabe der Kundennummer schriftlich einzureichen; schriftliche Bestätigung erfolgt nicht. Jährlich können 1 bis 4 Sonderhefte hinzukommen. Sie werden Abonnenten mit einem Nachlass von 25 % gegen gesonderte Rechnung geliefert. Bei Nichtgefallen können Sonderhefte innerhalb einer Frist von 3 Wochen an die Vertriebsfirma zurückgesandt werden. Zusätzliche Liefer- und Versandkosten fallen nicht an.

Druck und Verarbeitung: Wilhelm & Adam, Heusenstamm
Satz: Satzwerk · Gestaltung und DTP, Dreieich

Hinweise für Autoren:
Der Autor ist mit der Veröffentlichung seines Beitrags damit einverstanden, dass sein Beitrag außer in der Zeitschrift auch durch Lizenzvergabe in anderen Zeitschriften (auch übersetzt), durch Nachdruck in Sammelbänden (z. B. zu Jubiläen der Zeitschrift oder des Verlages oder in Themenbänden), durch längere Auszüge in Büchern des Verlages auch zu Werbezwecken, durch Vervielfältigung und Verbreitung auf CD-ROM oder anderen Datenträgern, durch Speicherung auf Datenbanken, deren Weitergabe und den Abruf von solchen Datenbanken während der Dauer des Urheberrechtsschutzes an dem Beitrag im In- und Ausland vom Verlag und seinen Lizenznehmern genutzt wird.

Der Verlag ist ein Unternehmen von Springer Science+Business Media. ISSN 1614-1822
Bis 2002: krp-Kostenrechnungspraxis

IAS 14 (Segment Reporting): Inhalte/ Schnittstellen zum Controlling

Kurt V. Auer

Problemstellung

Nach der Phase der Implementierung der IAS/IFRS als kapitalmarktorientierter Rechnungslegungsstandard für Investoren hat sich die Diskussion mittlerweile intern auch auf die Frage verlagert, welche Schnittpunkte sich zwischen dem „externen" IAS/IFRS-Abschluss und den internen Bereichen eines Unternehmens ergeben. Eine zentrale Frage hierbei stellen die Transparenzvorschriften der IAS/IFRS-Segmentberichterstattung dar, die im Folgenden vor dem Hintergrund der Frage diskutiert wird, inwieweit diese Segmentberichterstattung nicht nur als Basis für das interne, sondern vor allem für das externe Controlling dienen kann und welche Probleme sich hieraus ergeben können. Wobei einschränkend vorab anzumerken ist, dass eine Segmentberichterstattung nach IAS/IFRS nur von börsennotierten Unternehmen verpflichtend offen zu legen ist.

Internes versus externes Controlling

Grundsätzlich stellt die über die in den IAS/IFRS vorgesehene „externe" Berichterstattung i. S. des *„gesamten" Jahresabschlusses* kein eigentliches Problem für das „interne" Controlling eines Unternehmens dar, da diesem die im Jahresabschluss offen gelegten Informationen bereits intern und zudem detaillierter zur Verfügung stehen. Allerdings verbessern sich mit einem IAS/IFRS-Abschluss die Analysemöglichkeiten für externe Adressaten nicht nur in quantitativer, sondern auch in qualitativer Hinsicht (bzw. sollten sich verbessern), da mit einem IAS/IFRS-Abschluss implizit i. S. des Einkreissystems das Primat „interne = externe Zahlen" angestrebt wird. So fallen eigenständige kalkulatorische Größen wie die kalkulatorischen Abschreibungen und die kalkulatorischen Wagnisse grundsätzlich weg, da die Abschreibungen und die Wagnisse für die Zwecke der Kostenrechnung direkt aus dem IAS/IFRS-Abschluss übernommen werden (sieht man u. a. davon ab, dass die IAS/IFRS die Abschreibungen grds. auf Basis der historischen Anschaffungs- bzw. Herstellungskosten, nicht aber i. S. der Wiederbeschaffungskosten berechnen). Die Frage eines kalkulatorischen Unternehmerlohns oder kalkulatorischer Mieten stellt sich nicht, da die IAS/IFRS nach wie vor nur auf (mittlere und größere) Kapitalgesellschaften ausgerichtet sind. Nicht lösbar sind mit einem IAS/IFRS-Abschluss hingegen die kalkulatorischen (Eigenkapital-)Zinsen, die aber im Rahmen einer EVA-Berechnung (Economic Value Added) nachgeholt werden können. Insgesamt sollten sich die Analysemöglichen im Rahmen eines externen Controllings somit auf Ebene des Gesamtunternehmens verbessern.

- Die Segmentberichterstattung thematisiert vor allem die verbesserten Möglichkeiten für ein externes Controlling durch Investoren und Konkurrenten.
- Die Segmentberichterstattung bewirkt aus Sicht des Controllings einen verstärkten externen Druck hinsichtlich einer rentabilitäts- bzw. wertorientierten Führung einzelner Segmente.
- Der Aussagegehalt der Segmentberichterstattung wird u. a. durch die Frage des primären versus sekundären Berichtsformats, der Segmentabgrenzung sowie der Aufteilung von gemeinschaftlich genutzten Vermögenswerten und Aufwendungen beeinflusst.
- Die Führungs- und Erstellungskosten einer Segmentberichterstattung zeigen sich u. a. bei der Frage „risk and reward approach" versus „management approach".

Im Gegensatz zur gesamten Unternehmensebene ist die Frage der IAS/IFRS-

A. Prof. Dr. Kurt V. Auer
Institut für
Betriebliche Finanzwirtschaft
Universität Innsbruck,
Universitätsstraße 15,
A-6020 Innsbruck
Österreich
Tel: +43 (0) 512-507/7553
Fax: +43 (0) 512-507/2846
E-Mail: Kurt.Auer@uibk.ac.at

Segmentberichterstattung in Verbindung mit dem Controlling allerdings differenzierter in der Weise zu sehen, dass mittels dieser Segmentberichterstattung nicht nur die Frage des *internen,* sondern auch die Frage des *„externen“ Controlling* auf einer ganz anderen Ebene thematisiert wird. So ist es aufgrund der im HGB vorgesehenen Informationen externen Jahresabschlussadressaten bisher nur möglich gewesen, die Performance des gesamten Unternehmens und damit nur eine hochaggregierte Darstellung der Vermögens- und Ertragslage eines Unternehmens zu evaluieren, nicht aber die der einzelnen Teilbereiche bzw. Segmente eines Unternehmens. Damit ließ sich im Rahmen einer externen Analyse bisher auch nicht erkennen, in welchen Bereichen die Stärken und Schwächen bzw. die Risiken und Chancen eines Unternehmens liegen. Diskussionen über die Performance eines einzelnen Geschäftsbereiches wurden damit für eine externe Analyse zurückgedrängt bzw. die Diskussion darüber nur auf einer sehr hochaggregierten, rudimentären Ebene ermöglicht. Über die im Rahmen einer IAS/IFRS-Segmentberichterstattung offen gelegten Daten wird bei diversifizierten Unternehmen nun aber auch für externe Dritte ein deutlich tiefergehender Einblick in ein Unternehmen ermöglicht und damit auch die Diskussion auf die Ebene der Segmente verlagert. So soll die IAS/IFRS-Segmentberichterstattung die externen Jahresabschlussadressaten in die Lage versetzen,

- die bisherige Ertragskraft des Unternehmens besser verstehen,
- die Risiken und Erträge des Unternehmens besser einschätzen, sowie
- das gesamte Unternehmen sachgerechter beurteilen

zu können.

Insbesondere sollen über eine detailliertere Segmentberichterstattung die Nachhaltigkeit (Chancen) und das Risiko von Erträgen und Aufwendungen einzelner Segmente und damit die zukünftige Unternehmensentwicklung auch von externen Zielgruppen eines Unternehmens kalkulierbarer abgeschätzt werden können, da die einzelnen Segmente i. d. R. unterschiedlichen Umwelteinflüssen (z. B. hinsichtlich Konjunktur, technologischer Entwicklung, Währungsrisiken oder Wettbewerbsverhältnissen) und damit unterschiedlichen Risiken und Gewinnaussichten ausgesetzt sind. Insofern wird über eine nach außen gerichtete Segmentberichterstattung die auf der gesamten Unternehmensebene bzw. die im „gesamten“ Jahresabschluss erfolgte *Nivellierung* gegenläufiger Entwicklungen in den verschiedenen Geschäftsbereichen wieder *rückgängig gemacht* und der *Beitrag einzelner Segmente* zur Lage und Entwicklung des Gesamtunternehmens für externe Jahresabschlussadressaten *aufgezeigt.* Somit gibt ein Segmentbericht auch Hinweise auf die Qualität eines Managements im Kontext unterschiedlicher Rahmenbedingungen der einzelnen Segmenten sowie Hinweise auf die Qualität des Managements betreffend das gesamte Unternehmen.

Als Folge einer nachfolgend noch gezeigten detaillierteren Segmentberichterstattung können sich die (kritischen) Fragen von Investoren nun allerdings konzentrierter mit der Performance einzelner Segmente auseinandersetzen, womit auch die (geplanten) Entwicklungsstrategien betreffend einzelne Segmente (z. B. Wachsen, Schrumpfen) von externen Dritten zunehmend kritischer vor dem Hintergrund der bisherigen Performance einzelner Segmente durchleuchtet werden können. Die vergangene und geplante künftige Entwicklung von Segmenten unterliegt somit nicht mehr nur einem *internen,* sondern auch einem *„externen“ Controlling,* was auch insofern verständlich ist, da in diesem Bereich die Informationsinteressen des internen und des externen Controlling (i. S. der Investoren) grundsätzlich gleichgerichtet sind.

Diese verbesserten externen Controllingmöglichkeiten begünstigen nicht nur Investoren, sondern auch die *Benchmarkingmöglichkeiten* für (potenzielle) *Konkurrenten.* Trotz des über eine Segmentberichterstattung auch für Konkurrenten tiefer gehenden Einblicks sind Ausnahmen von einer Offenlegung derselben bei börsennotierten Unternehmen nach IAS/IFRS nicht vorgesehen, da die Gefahr von negativen Wettbewerbswirkungen für das veröffentlichende Unternehmen von Standardsettern im internationalen Kontext als relativ gering eingstuft wird. Zudem wäre der sich aus einer Segmentberichterstattung für Unternehmen ergebende Informationsvorteil bzw. -nachteil im Falle einer Berichtspflicht für die gesamte Branche als grundsätzlich gegenseitig zu sehen, wobei aufgrund des verschärften Wettbewerbs um internationales Kapital mittlerweile auch die Bereitschaft von Unternehmen hinsichtlich einer freiwilligen Offenlegung von Segmentdaten bereits gestiegen ist. Insofern wird das Informationsinteresse der Jahresabschlussadressaten (vor allem der Investoren) höher eingeschätzt als das potenzielle Einblicksbegrenzungsinteresse der Unternehmen. Dies wird in der Literatur auch dadurch gerechtfertigt, dass über die Segmentberichterstattung diversifizierte Unternehmen mit mehreren Segmenten undiversifizierten Unternehmen mit nur einem Segment hinsichtlich der Informationsweitergabe angenähert und damit Wettbewerbsverzerrungen reduziert werden. Wobei zu berücksichtigen bleibt, dass im Rahmen einer IAS/IFRS-Segmentberichterstattung nur ein Teil der von einem „Einproduktunternehmen“ offenzulegenden Daten zu veröffentlichen ist.

Für die Frage, in welchem *Ausmaß* eine IAS/IFRS-Segmentberichterstattung extern verbesserte *Controllingmöglichkeiten* erlaubt, spielen allerdings mehrere Faktoren eine Rolle: u. a. die Abgrenzung der Segmente, die Art des Berichtsformats, die Bestimmung der berichtspflichtigen Segmente sowie die Ermittlung der Segmentdaten.

Segmentabgrenzung

Grundlage für eine i. S. der Informationsinteressen der Jahresabschlussadressaten aussagefähige Segmentberichterstattung ist sowohl in interner als auch in externer Hinsicht eine entsprechende Abgrenzung der Segmente. Einschränkend ist hierbei jedoch anzuführen, dass eine solche Abgrenzung auf Basis allgemeingültiger Abgrenzungskriterien nicht möglich ist, sondern sich individuell an den jeweiligen Rahmenbedingungen eines Unternehmens orientieren muss. Insofern wirft die Segmentabgrenzung in der Praxis das Problem *subjektiver Ermessenseinflüsse* im Rahmen dieser Abgrenzung auf, was die Standardsetter wiederum vor die Frage geeigneter Lösungswege stellt.

International werden für die Segmentabgrenzung *zwei Konzepte* diskutiert: der *risk and reward approach* bzw. *risk and returns approach,* nach dem die Segmentabgrenzung entsprechend dem Ursprung und der Art der Risiken und Chancen eines Unternehmens zu erfolgen hat, sowie der *management approach,* nach dem die externe Segmentberichterstattung so aufzubereiten ist, wie auch unternehmensintern die Berichterstattung an das Management und den Aufsichtsrat erfolgt und wie die Ergebnisse von den verantwortlichen Entscheidungsträgern eines Unternehmens periodisch überwacht und gesteuert werden. Während in den US-GAAP (US Generally Accepted Accounting Principles) dem management approach gefolgt wird, sind in dem die Segmentberichterstattung behandelnden IAS 14 grundsätzlich beide Konzepte vorgesehen.

So ist nach IAS/IFRS Ausgangspunkt für die Bestimmung der berichtspflichtigen Segmente i. S. des *risk and reward approach* das Verhältnis der Erfolgsrisiken und -chancen auf jenen Märkten, auf denen ein Unternehmen tätig ist (IAS 14.26 ff.), wobei sich auf dieses Verhältnis u. a. die Höhe, Nachhaltigkeit, Variabilität sowie die Umweltabhängigkeit der Erfolge auswirken können. Der management approach ist bei dieser Segmentbestimmung zwar nur eingeschränkt vorgesehen, doch wird in den IAS/IFRS implizit davon ausgegangen, dass Unternehmen aufgrund der zentralen Bedeutung dieser Risiken und Chancen für die Unternehmensentwicklung diese auch intern für die Steuerung und das Controlling heranziehen. Insofern stellen die Organisations- und Managementstruktur eines Unternehmens sowie sein internes Finanzberichtssystem (und damit auch sein internes Controllingsystem) normalerweise den besten Nachweis für den Ursprung der Risiken und Erträge eines Unternehmens und damit für eine Segmentberichterstattung dar. In einem solchen Fall führen der risk and reward approach sowie der management approach zum selben Ergebnis. Umgekehrt kann man damit auch sagen, dass nach IAS/IFRS die extern gewählte Segmenteinteilung grundsätzlich jener zu entsprechen hat, die auch bei der internen Berichterstattung an das oberste Unternehmensleitungsorgan verwandt wird und somit dessen Entscheidungsfindung sowie dessen Steuerung und dem Controlling des Gesamtunternehmens zugrunde liegt. Allerdings gilt diese Maßgeblichkeit der internen Segmentierung für die externe Berichterstattung nach IAS/IFRS nur insoweit, wie das Segmentierungskriterium „risks and rewards" dabei berücksichtigt ist.

Das *Spannungsverhältnis* zwischen dem risk and reward und dem management approach wird vor dem Hintergrund der Anforderungen von *Vergleichbarkeit* und *Entscheidungsrelevanz* verständlich. So wird über eine Segmentabgrenzung i. S. des risk and reward approach für Investoren ein Mindestmaß an zwischenbetrieblicher Vergleichbarkeit der von einer Vielzahl von Unternehmen veröffentlichten Segmentberichte sichergestellt und damit deren Analysemöglichkeiten sowie deren Qualität der Entscheidungsfindung verbessert. Allerdings verringert sich bei ausschließlicher Betrachtung des risk and reward-Kriteriums i. d. R. die Relevanz und Verlässlichkeit der Segmentinformationen, da durch die Anwendung standardisierter Normen unternehmensindividuelle Gegebenheiten im Allgemeinen nur bedingt abgebildet werden können. Gegen eine alleinige Anwendung des management approach werden in der Literatur wiederum die mangelnde zwischenbetriebliche Vergleichbarkeit, verbunden mit eingeschränkten Benchmarkingmöglichkeiten, die Subjektivität/Sinnhaftigkeit der konkreten internen Gestaltung der Segmentberichterstattung eines Unternehmens sowie eine mangelnde Stetigkeit von Segmentberichterstattungen im Falle interner Reorganisationen angeführt.

Berichtsformate: Produkte versus Länder

Über eine Segmentberichterstattung lässt sich die *Analyse* in *zwei Richtungen* durchführen: einerseits über Produkte/Produktgruppen, andererseits über Länder/Ländergruppen (IAS 14.9):

- Basis der *tätigkeitsbezogenen* bzw. *produktorientierten Segmentberichterstattung* sind alle unterscheidbaren Teilaktivitäten eines Unternehmens, die ein individuelles Produkt oder eine Dienstleistung oder eine Gruppe ähnlicher Produkte oder Dienstleistungen erstellen oder erbringen, und die Risiken und Erträgen ausgesetzt sind, die sich von denen anderer Geschäftsfelder des Unternehmens unterscheiden.
- Basis der *geografischen Segmentberichterstattung* sind alle unterscheidbaren Teilaktivitäten eines Unternehmens, die Produkte oder Dienstleistungen innerhalb eines spezifischen, wirtschaftlichen Umfeldes anbieten oder erbringen, und die Risiken und Erträgen ausgesetzt sind, die sich von Teilaktivitäten, die in anderen wirtschaftlichen Umfeldern tätig sind, unterscheiden. Die geografischen Segmente können entweder auf dem Standort der Produktionsanlagen und Dienstleistungserbringung eines Unternehmens und anderer Vermögenswerte, oder auf dem Standort seiner Märkte und Kunden aufbauen.

Auf Basis dieser beiden Segmentierungsebenen soll das Risiko-Chancen-Verhältnis eines Unternehmens am zuverlässigsten bestimmt werden können, auch extern im Vergleich mit anderen Unternehmen.

Ob vor allem die tätigkeitsbezogene oder die geografische Segmentierungsebene für das Risiko-Chancen-Verhältnis eines Unternehmens ausschlaggebend ist, wird über die *primäre* und *sekundäre Segmentierungsebene* ersichtlich (IAS 14.26):

- Werden die Risiken und der Erfolg eines Unternehmens vor allem durch seine Tätigkeits- und Leistungsbereiche (Produkte/Produktgruppen) beeinflusst, so bilden diese die primäre

Segmentierungsebene des Unternehmens, die geografischen Regionen in einem solchen Fall die sekundäre Segmentierungsebene.

- Bestimmen hingegen vor allem die regionalen Märkte die Unternehmenslage und Unternehmensentwicklung, so stellen diese auch die primäre Segmentierungsebene dar, die Tätigkeits- und Leistungsbereiche in einem solchen Fall die sekundäre Segmentierungsebene.

Im Falle einer *Matrixstruktur* bilden nach IAS/IFRS die Geschäftssegmente das primäre Berichtsformat, die geografischen Segmente das sekundäre Berichtsformat (IAS 14.27a).

Die Unterscheidung in eine primäre und in eine sekundäre Berichterstattungsebene erlangt neben dem Risiko-Chancen-Verhältnis aus Sicht der externen Analyse vor allem dadurch an Bedeutung, da i. S. von Kosten-Nutzen-Überlegungen und zur Vermeidung einer Informationsüberhäufung für die primäre Segmentierungsebene von einem Unternehmen mehr Informationen offen zu legen sind als für die sekundäre Segmentierungsebene.

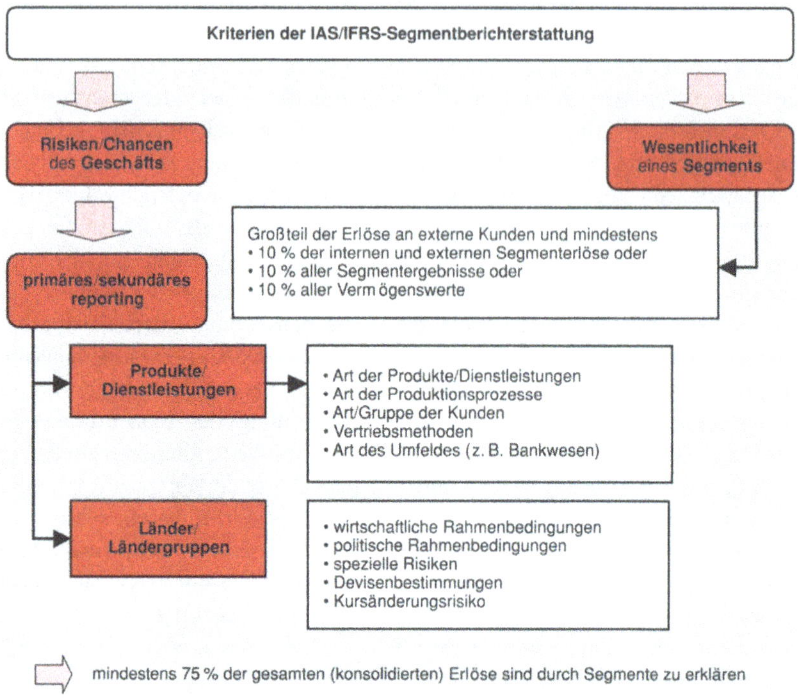

Abbildung: IAS / IFRS-Segmentberichterstattung
Quelle: Auer (2003), S. 38

So sind betreffend das *primäre Berichtsformat* anzugeben (IAS 14.50 ff.):

- die Segmenterlöse (i. S. der betrieblichen Erlöse), wobei die Segmenterlöse aus Verkäufen an externe Kunden und die Segmenterlöse aus Transaktionen mit anderen Segmenten getrennt darzustellen sind,
- das Segmentergebnis,
- der Gesamtbuchwert des Segmentvermögens,
- die Segmentschulden,
- die Anschaffungskosten von Segmentvermögen während der Berichtsperiode, das mehr als eine Berichtsperiode genutzt wird (Sachanlagevermögen, immaterielles Anlagevermögen),
- die planmäßige Abschreibungen betreffend ein Segment,
- die nicht zahlungswirksamen, wesentlichen Aufwendungen je Segment (mit Ausnahme der planmäßigen Abschreibungen); ein Unternehmen, das Angaben über den Segment-Cashflow zur Verfügung stellt, braucht nicht zusätzlich den obigen planmäßigen Abschreibungsaufwand sowie die nicht zahlungswirksamen Aufwendungen anzugeben,
- die Summe des Anteils eines Unternehmens am Periodenergebnis von assoziierten Unternehmen, Joint Ventures oder anderen Anteilen, die nach der Equity-Methode bilanziert werden, wenn im Wesentlichen alle Tätigkeiten der assoziierten Gesellschaften innerhalb eines Segmentes liegen,
- die Summe der Anteile an obigen at equity bilanzierten Anteilen nach Segmenten, sowie
- eine Überleitungsrechnung zwischen den für die berichtspflichtigen Segmente angegebenen Informationen und den zusammengefassten Informationen im Konzern- oder Einzelabschluss.

Im Falle von *Geschäftssegmenten* als *primäres Berichtsformat* sind gemäß dem sekundären Berichtsformat offen zu legen (IAS 14.69):

- die Segmenterlöse von externen Kunden nach geografischen Regionen auf der Grundlage des geografischen Standortes seiner Kunden,
- der Gesamtbuchwert des Segmentvermögens nach dem geografischen Standort der Vermögenswerte, sowie
- die gesamte Anschaffungskosten von Segmentvermögen während der Berichtsperiode mit einer Nutzungsdauer von mehr als einem Jahr (Sachanlagen und immaterielle Vermögenswerte) nach dem geografischen Standort der Vermögenswerte;

Im Falle von *geografischen Segmenten* als *primäres Berichtsformat* sind offen zu legen (IAS 14.70):

- die Segmenterlöse von externen Kunden,
- der Gesamtbuchwert des Segmentvermögens, sowie
- die gesamten Anschaffungskosten von Segmentvermögen während der Berichtsperiode mit einer Nutzungsdauer von mehr als einem Jahr (Sachanlagen und immaterielle Vermögenswerte).

Wie die obigen Angabepflichten zeigen, ist für externe Adressaten auf Basis des primären Berichtsformats damit eine tiefer gehende Analyse möglich als auf Basis des sekundären Berichtsformats.

Berichtspflichtige Segmente

Entscheidend für die Möglichkeiten des „externen" Controlling ist die Frage, inwieweit alle identifizierten Segmente auch einzeln als berichtspflichtige Segmente ausgewiesen werden müssen, oder ob von einem Unternehmen mehrere Segmente zu einem berichtspflichtigen Segment zusammengefasst werden können. Grundsätzlich sollen im Rahmen einer IAS/IFRS-Segmentberichterstattung all jene identifizierten Segmente einzeln offen gelegt werden, die in ihren Auswirkungen auf die wirtschaftlichen Risiken und Chancen eines Unternehmens möglichst homogen sind und sich in dieser Homogenität von anderen Segmenten wesentlich unterscheiden. Eine Ausnahme hiervon könnte allenfalls in jenen Fällen gegeben sein, in denen auf ein einzelnes Segment der überwiegende Teil der Geschäftstätigkeit eines Unternehmens entfällt und die anderen Aktivitäten des Unternehmens die nachfolgend erläuterte *Wesentlichkeitsgrenze* unterschreiten (Ein-Produkt- bzw. Ein-Region-Unternehmen).

So ist ein Geschäftssegment oder ein geografisches Segment als *berichtspflichtiges Segment* zu bestimmen (IAS 14.35), wenn ein Großteil seiner Erlöse aus den Verkäufen an externe Kunden erworben wurde und

a) seine *Erlöse* aus Verkäufen an externe Kunden und von Transaktionen mit anderen Segmenten 10 % oder mehr der gesamten externen und internen Erlöse aller Segmente ausmachen oder
b) sein *Segmentergebnis,* unbeschadet ob Gewinn oder Verlust, 10 % oder mehr des zusammengefassten positiven Ergebnisses aller Segmente oder des zusammengefassten negativen Ergebnisses aller Segmente, welches davon als absoluter Betrag größer ist, ausmacht, oder
c) seine *Vermögenswerte* 10 % oder mehr der gesamten Vermögenswerte aller Segmente ausmachen.

Da diese Abgrenzung über das Ausmaß der externen Erlöse vorgenommen wird, müssen *vertikal integrierte Tätigkeiten* nicht als gesonderte Segmente ausgewiesen werden. Allerdings werden solche Tätigkeiten in bestimmten Industriezweigen (z. B. bei Ölgesellschaften die Upstream-Tätigkeiten i. S. von Exploration und Förderung sowie die Downstream-Tätigkeiten i. S. von Veredelung und Vermarktung) üblicherweise auch in jenen Fällen als gesonderte Geschäftssegmente dargestellt, in denen der überwiegende Teil der Upstream-Produkte (Rohöl) intern zur Veredelungssparte des Unternehmens transferiert wird (IAS 14.39).

Werden die obigen *Größenkriterien unterschritten,* so kann das jeweilige Segment freiwillig in die Segmentberichterstattung aufgenommen werden, anderenfalls ist zu prüfen, ob solche kleinen Segmente weiter zusammengefasst werden können. Ist eine solche Zusammenfassung nicht möglich, so werden diese Segmente im Rahmen der Segmentberichterstattung in einem Ausgleichsposten ausgewiesen, der eine Überleitung der Segmentinformationen auf die gesamten bzw. konsolidierten Werte darstellt. Um die Größe dieses Ausgleichspostens in Grenzen zu halten und damit die Aussagefähigkeit der Segmentberichterstattung zu erhöhen, müssen über die berichtspflichtigen Segmente aber mindestens 75 % der gesamten konsolidierten Erlöse erklärt werden. Anderenfalls sind zusätzliche Segmente als berichtspflichtige Segmente zu bestimmen (auch wenn sie die obigen 10 %-Schwellenwerte nicht erreichen), bis wenigstens 75 % der gesamten konsolidierten Erlöse in die berichtspflichtigen Segmente einbezogen sind (IAS 14.37).

Weiters ist, wie bereits oben erwähnt, zu beachten, dass Unternehmen einzelne produktorientierte bzw. geografische Segmente für die externe Segmentberichterstattung in jenen Fällen zusammenfassen können, in denen diese hinsichtlich der in den IAS/IFRS vorgesehenen Homogenitätskriterien im Wesentlichen ähnlich sind. Für die Beurteilung dieser *Homogenität* von *Produkten* und *Dienstleistungen* sind nach IAS/IFRS u. a. folgende Kriterien heranzuziehen (IAS 14.9):

- die Art der Produkte und Dienstleistungen,
- die Art der Produktionsprozesse,
- die Art oder Gruppe von Kunden für die Produkte und Dienstleistungen,
- die angewandten Methoden des Vertriebs oder der Bereitstellung von Produkten und Dienstleistungen, sowie
- falls anwendbar, die Art des gewöhnlichen Umfeldes, beispielsweise Bankwesen, Versicherungswesen oder öffentliche Versorgungsbetriebe.

Für die Beurteilung der *Homogenität* von *geografischen Segmenten* dienen u. a. folgende Kriterien (IAS 14.9):

- die Gleichartigkeit der wirtschaftlichen und politischen Rahmenbedingungen,
- die Beziehungen zwischen Tätigkeiten in unterschiedlichen geografischen Regionen,
- die Nähe der Tätigkeiten,
- spezielle Risiken, die mit den Tätigkeiten in einem bestimmten Gebiet einhergehen,
- Devisenbestimmungen, sowie
- das zugrunde liegende Kursänderungsrisiko.

Eine *weniger strenge Auslegung* der Homogenitätskriterien für die Zwecke der externen Segmentberichterstattung wird in der Literatur allenfalls in jenen Fällen gesehen, in denen für die interne Steuerung und Entscheidungsfindung zwar eine große Anzahl an gebildeten Segmenten herangezogen wird, die Offenlegung einer solchen Vielzahl von Segmenten für einen externen Jahresabschlussadressaten jedoch unübersichtlich und damit dessen *Informationsnutzen* beeinträchtigt wird.

Jedoch soll über eine (strikte) Anwendung der Homogenitätskriterien sichergestellt werden, dass im Rahmen der externen Segmentberichterstattung keine Aktivitätsbereiche mit signifikant unterschiedlichen Risiken und Erträgen zu einem Segment zusammengefasst werden. Gleichzeitig soll eine implizit unterstellte, externe und interne Übereinstimmung der Segmentabgrenzung i. S. des management approachs die zusätzlich anfallenden direkten und indirekten Erstellungskosten für die externen Segmentberichte möglichst gering halten. Würden jedoch die intern gebildeten aktivitätsbezogenen und/oder geografischen Segmente die Homogenitätskriterien im Hinblick auf das Risiko-Chancen-Verhältnis nicht erfüllen, so müsste für die externe Berichterstattung die Segmentabgrenzung auf Basis IAS/IFRS neu vorgenommen werden.

Ermittlung der Segmentdaten

Die obig behandelte Frage, wie viele Segmente von einem Unternehmen im Rahmen der Segmentberichterstattung offen zu legen sind, kann auch differenziert in der Weise gesehen werden, dass der *Informationswert* von *Segmentberichten* sowohl für das interne als auch für das externe Controlling nicht nur von der *Relevanz,* sondern auch von der *Verlässlichkeit* der hierbei offen gelegten Daten abhängt. Berücksichtigt man, dass die Qualität dieser Daten durch eine steigende Anzahl von Segmenten aufgrund von *Zuordnungsproblemen* betreffend gemeinschaftlich genutzte Vermögenswerte und Aufwendungen auf die einzelnen Segmente tendenziell abnehmen wird, erscheint eine Einschränkung der Anzahl offen zu legender Segmente aus Sicht der Praxis zumindest in Teilbereichen durchaus nachvollziehbar. Wobei diese Zuordnungsproblematik umso geringer wird, je dezentraler ein Unternehmen organisiert ist, da im Falle von einander unabhängigen Segmenten die Anzahl von Gemeinschaftskomponenten tendenziell niedriger ist. Insofern weisen horizontal strukturierte Unternehmen betreffend eine Segmentberichterstattung grds. weniger Allokationsprobleme auf als vertikal strukturierte Unternehmen.

Entscheidend für die Offenlegung von Daten im Rahmen der Segmentberichterstattung und damit für deren Qualität ist somit das Kriterium, dass die jeweiligen Daten *direkt* oder auf einer vernünftigen Basis *indirekt* den jeweiligen Segmenten *zuordenbar* sein müssen (IAS 14.16). Trifft dies nicht zu, so dürfen diese Daten nicht unter den berichtspflichtigen Segmenten ausgewiesen werden, sondern sind als Ausgleichsposten in einer Überleitungsspalte auf die Unternehmens- bzw. Konzernwerte zu zeigen. Werden Vermögenswerte von zwei oder mehreren Segmenten gemeinschaftlich genutzt, so sollten diese Vermögenswerte dementsprechend nur dann den entsprechenden Segmenten anteilig zugerechnet werden, soweit hierfür eine verlässliche sachliche Grundlage für die Zuordnung vorliegt. Hinsichtlich möglicher Verteilungsansätze wird auf IAS 2 (Vorräte) sowie IAS 11 (Fertigungsaufträge) verwiesen.

Ein gestaltungspolitischer Einsatz des obigen Kriteriums für die Vermeidung einer solchen Zuteilung eröffnet sich für Unternehmen jedoch grundsätzlich nur bedingt, da sich dasselbe *Zuordnungsproblem* bereits im Rahmen einer *internen Kostenrechnung* stellt, weshalb auch für die externe Segmentberichterstattung eine Aufteilung von Gemeinschaftskomponenten analog zur Kostenrechnung auf Basis des Verursachungsprinzips i. S. von sachlichen Nutzungs- bzw. Ursache-Wirkungs-Kriterien vorzunehmen sein wird (sieht man vom Fall ab, dass die intern angewandte Aufteilung als subjektiv und willkürlich einzustufen ist). Eine solche Verknüpfung der externen Segmentberichterstattung an die interne Kostenrechnung würde nicht nur den Informationsbedürfnissen der externen Jahresabschlussadressaten nach im innerbetrieblichen Berichtswesen angewandten Daten gerecht werden, eine solche Verknüpfung würde auch die Publizitätskosten für die Datenaufbereitung der externen Berichterstattung reduzieren.

Entsprechend den Zuordnungskriterien und Zuordnungsproblemen ist das Ergebnis der Segmentberichterstattung i. S. eines *Betriebsergebnisses* eng definiert. Anderenfalls würde mit dem Einbezug auch des Finanzergebnisses i. S. von Finanzerträgen und Finanzaufwendungen die Gefahr der Willkürlichkeit steigen, da solche Erträge und Aufwendungen nur schwer oder gar nicht einzelnen Segmenten zuordenbar sind, sondern das Unternehmen als Ganzes betreffen. So wird die Finanzierungsstruktur von Segmenten i. d. R. auf Gesamtunternehmensebene festgelegt, womit das Finanzergebnis nicht mehr in direktem Zusammenhang mit der Performance eines Segmentes steht und daher nicht in diesem Segment zu zeigen ist. Insofern werden unter den *Segmentschulden* u. a. auch nur Verbindlichkeiten aus Lieferungen und Leistungen, Rückstellungen, Kundenkredite und Produkthaftungsrisiken, nicht jedoch jene Kredite und Verbindlichkeiten ausgewiesen, die eher zur Finanzierung des gesamten Unternehmens als zum Zweck der Geschäftstätigkeit eines Segmentes aufgenommen wurden (IAS 14.20).

Um die Qualität der auf Basis von Segmentberichten ermittelten Kennziffern (z. B. von Rentabilitätskennzahlen) sowohl i. S. eines einzelnen Segments als auch im Vergleich zu anderen Segmenten zu gewährleisten, ist die Zuordnung von durch mehrere Segmente genutzte Vermögenswerte auf die einzelnen Segmente sowohl auf tätigkeitsbezogener als auch geografischer Segmentierungsebene analog zu jener der entsprechenden Erträge und Aufwendungen vorzunehmen (IAS 14.47). Dementsprechend sind im Falle einer anteilsmäßigen Zuordnung eines Vermögenswertes auf ein spezifisches Segment auch die mit diesem Vermögenswert in sachlichem Zusammenhang stehenden Aufwendungen im gleichen Anteil diesem Segment zuzuweisen. Beispielsweise sind Abschreibungen betreffend ein gemeinschaftlich genutztes Gebäude somit im gleichen Verhältnis auf die nutzenden Segmente aufzuteilen wie das Gebäude selbst.

Bedeutung bekommt die Zuordnung von Vermögenswerten auf die einzelnen Segmente durch den nunmehr auch nach IAS/IFRS vorgesehenen *impairment-only approach*, infolgedessen auf einen *Firmenwert (Goodwill)* keine planmäßigen, sondern nur mehr außerplanmäßige Abschreibungen vorgenommen werden. Demzufolge kommt neben der Frage der Zuordenbarkeit bzw. der Aufteilung von Firmenwerten auf die einzelnen Segmente (IAS 14.19) auch der kontinuierlichen Überwachung der Werthaltigkeit eines Firmenwertes ein zentraler Stellenwert zu. Eine Überwachung, die auch (oder vor allem) in die Zuständigkeit des Controllings fällt, da sich hier die Grundlage für ein Beteiligungscontrolling ergibt. Sowohl für das interne als auch für das externe Controlling bleibt im Rahmen der Zuordnung von Firmenwerten zudem zu berücksichtigen, dass der impairment only approach eine erfolgsrechnerische Diskriminierung von *intern wachsenden* Unternehmen/Segmenten gegenüber *über Akquisitionen wachsenden Unternehmen/Segmenten* bewirkt, da im ersten Fall die Investitionen im Zeitverlauf erfolgswirksam werden, während sich für Unternehmen über den impairment only approach auch bilanzpolitische Spielräume betreffend den Einfluss eines Firmenwerts auf den Erfolg eines Unternehmens eröffnen können. Neben einer solchen Ungleichbehandlung von originärem und derivativem Wachstum, verbunden mit möglichen Steuerungseffekten betreffend die Zuteilung von Ressourcen, kann es aus Sicht der Analyse auch zu negativen Auswirkungen auf die *zwischenbetriebliche Vergleichbarkeit* von Unternehmen kommen.

Analysemöglichkeiten

Für externe Adressaten eröffnet die IAS IFRS-Segmentberichterstattung Analysemöglichkeiten in mehrere Richtungen:

- So gibt das Verhältnis von Segmentergebnis zu Segmentvermögen im Rahmen der primären Segmentberichterstattung auch externen Jahresabschlussadressaten Hinweise auf die Rentabilität der einzelnen Segmente, was aus Sicht des internen Controllings allerdings auch den Druck hinsichtlich einer *rentabilitäts-* bzw. *wertorientierten Führung* der einzelnen Segmente eines Unternehmens verstärkt. Wertorientierte Kennzahlen wie der EVA lassen sich im Rahmen einer IAS/IFRS-Segmentberichterstattung für die einzelnen Segmente extern hingegen nur näherungsweise ableiten, da nur das gesamte von einem Segment genutzte (und direkt oder indirekt zurechenbare) Vermögen, nicht aber das i. S. des EVA verwendete „capital employed“ offen gelegt werden. Allerdings zeigen Unternehmen auch dieses capital employed im Rahmen einer freiwilligen Unternehmenspublizität. Beeinflusst werden können Segmentkennzahlen jedoch u. a. durch die Frage der Verteilung gemeinschaftlich genutzter Vermögenswerte bzw. Aufwendungen.
- Basiert die *geografische Segmentberichterstattung* auf den Produktionsstandorten, so gibt die Segmentberichterstattung externen Adressaten Hinweise auf die *wirtschaftliche Verankerung* eines Unternehmens in und damit auf seine *Abhängigkeit* von den Umfeldbedingungen dieser Region. U. a. werden über eine solche Segmentberichterstattung länderspezifische Produktionsrisiken (z. B. Import- oder Exportbeschränkungen, Enteignungsrisiken, drohende Streiks oder Währungsrisiken), regionale Beschäftigungs- und Investitionsstrategien eines Unternehmens sowie Kapazitätsverlagerungen eines Unternehmens in das Ausland (z. B. wegen zu hoher inländischer Personalkosten) aufgezeigt.
- Da die Erlöse zwischen einzelnen Segmenten im Rahmen der Segmentberichterstattung getrennt vom Außenumsatz (Erträge aus Transaktionen mit Dritten) separat auszuweisen sind, gibt die Segmentberichterstattung über die Offenlegung der *Innenumsatzerlöse* Hinweise auf das Ausmaß der *wirtschaftlichen Verflechtung* der einzelnen Segmente sowie deren gegenseitige wirtschaftliche Abhängigkeit, was die Möglichkeiten von externen Jahresabschlussadressaten hinsichtlich einer besseren Einschätzung der zukünftigen Entwicklung eines Unternehmens unterstützt. Die Höhe der Verflechtungen von einzelnen Segmenten gibt aber auch einen Hinweis darauf, inwieweit der Aussagegehalt der für solche Segmente offen gelegten Daten durch Zuordnungsschwierigkeiten beeinflusst sein kann.
- Da die Innenumsatzerlöse im Rahmen eines Konzernabschlusses über die Konsolidierung eliminiert werden, zeigt nur die Offenlegung der Innenumsatzerlöse im Rahmen der Segmentberichterstattung die *Leistung* und *Bedeutung solcher (Innen-)Segmente* für das gesamte Unternehmen auf. Bedeutung erlangt diese Offenlegung sowohl für das interne als auch für das externe Controlling somit im Falle einer vertikalen Integration, bei der ein Segment zu einem maßgeblichen Teil lediglich als Zulieferer für andere Segmente tätig ist. In einem solchen Fall würde eine Nichtberücksichtigung der Zwischenumsätze zu einer unrealistischen Abbildung der Leistung dieses Segments und damit zu einer falschen Darstellung/Einschätzung dieses Segments führen.
- Da die Innenumsatzerlöse im Rahmen der Segmentberichterstattung auf Basis der im Unternehmen tatsächlich zur Anwendung kommenden *Verrechnungspreise* zu bewerten sind und die Gestaltung der Verrechnungspreise pro Segment im Anhang anzugeben ist (IAS 14.75), werden nicht nur die Grundzüge der Verrechnungspreisgestaltung eines Unternehmens aufgezeigt, es werden auch Hinweise auf jene Zwischensegmenttransaktionen gegeben, die nicht auf einer at arm's length basis und damit nicht zu Marktkonditionen (z. B. auf Basis von Herstellungskosten) durchgeführt wurden. Ein Abweichen von den tatsächlich angewandten Verrechnungspreisen ausschließlich für die Zwecke der „Gestaltung“ der externen Segmentberichterstattung i. S. der Publizitätspolitik ist nicht möglich, da die innerbetrieblichen, auf die Controlling-Zielsetzungen eines Unternehmens ausgerichteten Wirkungen für die Unternehmenssteuerung und -kontrolle im Mittelpunkt stehen. Insofern lassen sich über die Angabe der in einem Unternehmen verwendeten Verrechnungspreise Hinweise auf die für die interne Unternehmenssteuerung angewandten Instrumente i. S. des management approach ableiten.

Grenzen der Analyse/ des Benchmarkings

Werden die Daten einer Segmentberichterstattung für die externe Analyse bzw. für ein externes Benchmarking verwendet, so sind mögliche Gestaltungsspielräume von Seite der Unternehmen zu beachten:

- Eingeschränkt werden kann die Aussagefähigkeit der Segmentberichterstattung in der Praxis durch die konkrete Beurteilung der bereits diskutierten Unterschiede im Risiko-Ertrags-Verhältnis von Unternehmensaktivitäten, welche sich auf die *Segmentabgrenzung* und damit auch auf die *Anzahl* der einzeln offen gelegten *Segmente* auswirkt. So unterliegt die *Zusammenlegung* von im Wesentlichen ähnlichen *Segmenten* für die externe Segmentberichterstattung wie die Segmentabgrenzung selbst einem subjektiven Ermessensspielraum seitens der Unternehmen, da eine präzise, objektive Festlegung von Homogenitäts- bzw. Heterogenitätskriterien nicht möglich ist. Als Hintergrund dafür ist zu sehen, dass die IAS/IFRS-Segmentberichterstattung gegenüber dem HGB eine quantitativ und qualitativ markant höhere Berichterstattung gegenüber vor allem Investoren und Konkurrenten mit sich bringt. Gerade im Hinblick Letzterer wird es verständlicher, dass der Frage der Abgrenzung der berichtspflichtigen Segmente in der Praxis i. S. eines gestaltungspolitischen Spielraums entscheidendes Gewicht zukommt. Dieser Gestaltungsspielraum wird einerseits dadurch begünstigt, dass sich in den IAS/IFRS weder ausreichend eindeutige quantitative noch qualitative Hinweise zu dieser Abgrenzungsfrage finden (können), andererseits durch den Einfluss der individuellen Einschätzungen durch die Unternehmen selbst.
- Die Qualität der im Rahmen einer Segmentberichterstattung offen gelegten Daten und damit auch für die Ermittlung daraus abgeleiteter Kennzahlen ist von der „Qualität" der Methoden für die *Aufteilung* von *gemeinschaftlich genutzten Vermögenswerten* auf die einzelnen Segmente abhängig. Da es für eine solche Aufteilung jedoch keine allgemeingültige, konkrete Regelung gibt und sich diese Aufteilung somit an den spezifischen Verhältnisses des jeweiligen Unternehmens orientieren muss, eröffnen sich für Unternehmen auch in diesem Bereich (beträchtliche) Gestaltungsspielräume.
- Die Möglichkeiten der externen Analyse werden auch von der Vorgehensweise der Unternehmen in jenen Fällen mitbestimmt, in denen die bereits diskutierten *quantitativen Schwellenwerte* für ein berichtspflichtiges Segment in einer laufenden Berichtsperiode *nicht mehr erreicht* werden. So muss in einem solchen Fall ein Segment nur mehr insoweit in die Segmentberichterstattung aufgenommen werden, als die Unternehmensleitung davon ausgeht, dass dem Segment eine fortgeführte Bedeutung zukommt (IAS 14.42). Insofern besteht für solche (zwischenzeitlich nicht wesentliche) Segmente ein (beträchtlicher) Ermessensspielraum seitens der Unternehmensleitung, da die Beurteilung, ob eine *fortgeführte Bedeutung* besteht oder nicht, von der Unternehmensleitung selbst vorzunehmen ist und somit wesentlich von deren subjektiven Einschätzungen abhängt (zur Abschätzung dieser Frage könnten Gewinn- oder Cashflow-Prognosen betreffend diese Segmente sowie andere Daten der strategischen Planung eines Unternehmens herangezogen werden). Wird in einer Berichtsperiode ein bisher berichtspflichtiges Segment aufgrund des Nichterreichens der Grenzwerte bzw. der nicht mehr gegebenen fortgeführten Bedeutung nicht mehr als eigenes Segment ausgewiesen, so ist zwar von einem Unternehmen auf diese geänderte Zusammensetzung der Segmentberichterstattung hinzuweisen, eine Erläuterung, warum ein bislang berichtspflichtiges Segment nun nicht mehr dargestellt wird (z. B. aufgrund eines Nachfragerückgangs, eines Wechsels der Managementstrategie oder aufgrund der Veräußerung von Teilen eines Segments) wird zwar vom IASB angeregt, nicht aber explizit gefordert (IAS 14.83).

Literatur

AUER, K. V.: IAS/IFRS Kompakt. Vergleich IAS/IFRS – HGB, Analyse, Beispiele, 2. Aufl., Wien 2003.

FEY, G./MUJKANOVIC, R.: Segmentberichterstattung im internationalen Umfeld, in: Die Betriebswirtschaft, 59. Jg. (1999), Heft 2, S. 261 – 275.

HACKER, B./DOBLER, M.: Empirische Untersuchung der Segmentpublizität in Deutschland, in: Die Wirtschaftsprüfung, 53. Jg. (2000), Heft 17, S. 811 – 819.

HALLER, A.: Kommentierung IAS 14 (Segmentberichterstattung), in: V. BAETGE, J./DÖRNER, D. et al. (Hrsg.): Rechnungslegung nach International Accounting Standards (IAS). Kommentar auf der Grundlage des deutschen Bilanzrechts, 2. Aufl., Loseblattsammlung, Stuttgart 2002.

HEUSER, P. J./THEILE, C.: IAS Handbuch. Einzel- und Konzernabschluss, Köln 2003.

HITZ, J.-M./KUHNER, CH.: Die Neuregelung zur Bilanzierung des derivativen Goodwill nach SFAS 141 und 142 auf dem Prüfstand, in: Die Wirtschaftsprüfung, 55. Jg. (2002), Heft 6, S. 273 – 287.

IASB: International Financial Reporting Standards 2003, Stuttgart 2004.

Fondskonzepte und Off-Balance-Sheet Finanzierung

Sven Hayn / Michael Grüne

- *Off-Balance-Sheet* Transaktionen gehen typischerweise mit der Errichtung sogenannter Objekt- oder Zweckgesellschaften einher. Vermögenswerte und Schulden werden in die Bilanz von Objektgesellschaften ausgelagert, die nicht in den Konsolidierungskreis des berichtenden Unternehmens einzubeziehen sind.
- Inwieweit es zu einer Konsolidierungspflicht von Objektgesellschaften kommt, die den *Off-Balance-Sheet* Effekt zunichte machen würde, hängt regelmäßig von den Umständen des Einzelfalls und dem Gesamtbild der Verhältnisse ab.
- Bei den *Contractual Trust Arrangements* wird der *Off-Balance-Sheet* Effekt nicht durch die „Auslagerung von Pensionsverpflichtungen" erreicht. Vielmehr werden bestimmte Vermögenswerte auf einen Pensionsfonds ausgelagert, der nicht Bestandteil des Konsolidierungskreises ist. Anschließend werden Planvermögen und Pensionsverpflichtungen im Konzernabschluss des berichtenden Unternehmens saldiert.
- Ob die Saldierungskriterien von IAS 19 erfüllt sind, mit anderen Worten ob also das für die Deckung der Pensionsverpflichtungen designierte Vermögen die Anforderungen, die an das Vorliegen von Planvermögen gestellt werden, erfüllt, hängt ebenfalls von den Umständen des Einzelfalls ab.
- An das Controlling ergeben sich aus der Durchführung von *Off-Balance-Sheet* Transaktionen erhöhte Anforderungen, müssen doch die komplexen Voraussetzungen, die von den IFRSs an das Vorliegen eines *Off-Balance-Sheet* Effekts gestellt werden, im Vorfeld detailliert geprüft werden.
- Weiterhin ist die normgerechte Durchführung der Transaktionen fortlaufend zu überwachen, damit nicht in späteren Perioden der *Off-Balance-Sheet* Effekt entfällt, wenn die geschlossenen Verträge nicht so gelebt werden, wie sie vereinbart wurden. *Off-Balance-Sheet* Finanzierungen stellen regelmäßig komplexe Transaktionen dar, bei denen neben den rechtlichen Transaktionsgrundlagen stets sowohl die einschlägigen Vorschriften der Standards und Interpretationen wie auch der Grundsatz *„substance over form"* gleichermaßen zu beachten sind.

Einleitung

Neben den bekannten *Asset Backed Securities* (ABS-Transaktionen) stellen Leasingfinanzierungen über Objekt- oder Zweckgesellschaften (Special Purpose Entities, SPEs, teilweise auch bezeichnet als *Variable Interest Entities,* VIEs) typische Formen von *Off-Balance-Sheet* Finanzierungen dar (vgl. Weber/Böttcher/Griesemann 2002 S. 907). In beiden Fällen findet eine Auslagerung von Vermögenswerten und/oder Schulden auf die Zweck- oder Objektgesellschaften statt. Zielsetzung solcher Transaktionen, die zu einer Off-Balance-Sheet Finanzierung führen, ist u. a. über die Verbesserung des eigenen Ratings zur Erreichung günstigerer Refinanzierungsmöglichkeiten. Bei den *Contractual Trust Arrangment* (CTA) Modellen handelt es sich insoweit ebenfalls um eine Off-Balance-Sheet Transaktion, als unter besonderen Umständen Verpflichtungen aus Pensionszusagen mit bestimmten, nur zur Bedienung dieser Zusagen verwendbaren Vermögenswerten saldiert werden können. Dazu werden die betreffenden Vermögenswerte auf einen Treuhänder übertragen und auf diese Weise dem Zugriff des Unternehmens, das die Pensionszusage gewährt hat, bzw. seinen Gläubigern entzogen.

Dabei darf aber nicht vernachlässigt werden, dass die *International Financial*

Prof. Dr. Sven Hayn
WP/CPA,
Partner Ernst & Young AG,
Valentinskamp 24, 20354 Hamburg
E-Mail: sven.hayn@de.ey.com

Dr. Michael Grüne
Senior Manager, WP/StB,
Ernst & Young AG,
Mittlerer Pfad 15, 70499 Stuttgart,
E-Mail: michael.gruene@de.ey.com

Reporting Standards (IFRSs), die neben den Interpretationen des *International Financial Reporting Interpretations Committee* (IFRIC) auch das Rahmenkonzept und die vom *International Accounting Standards Committee* (IASC) verabschiedeten *International Accounting Standards* (IASs) sowie die Interpretationen des Standing Interpretations Committee (SIC) beinhalten, grundsätzlich eine wirtschaftliche Betrachtungsweise *(„substance over form")* der Beurteilung von Bilanzierungsfragen zugrunde legen: „Eine SPE ist zu konsolidieren, wenn die wirtschaftliche Betrachtung des Verhältnisses zwischen einem Unternehmen und der SPE zeigt, dass die SPE durch das Unternehmen beherrscht wird" (SIC-12.8). Das Rahmenkonzept (das selbst kein IFRS ist, jedoch die Konzeptionen darlegt, die bei Aufstellung und Darstellung von Abschlüssen für externe Adressaten herangezogen werden) sieht vor, dass zur glaubwürdigen Darstellung die Geschäftsvorfälle gemäß ihrem tatsächlichen wirtschaftlichen Gehalt und nicht allein gemäß ihrer rechtlichen Gestaltung bilanziert werden. Dabei erkennt das Rahmenkonzept ganz richtig, dass der wirtschaftliche Gehalt nicht immer mit dem übereinstimmt, was scheinbar aus der rechtlichen Sachverhaltsgestaltung hervorgeht (vgl. Rahmenkonzept R.35). Andererseits ist in diesem Zusammenhang auch darauf hinzuweisen, dass die bilanzielle Abbildung einer Transaktion nicht ausschließlich auf Basis der wirtschaftlich gewollten Ergebnisse bzw. unabhängig und losgelöst von den rechtlichen Grundlagen und den Detailregelungen der Standards bzw. Interpretationen bestimmt werden kann. Off-Balance-Sheet Finanzierungen stellen regelmäßig komplexe Transaktionen dar, die nur dann richtig im Konzernabschluss nach IFRSs abgebildet werden, wenn einerseits die einschlägigen Vorschriften der Standards und Interpretationen und andererseits der Grundsatz *„substance over form"* gleichermaßen beachtet werden.

Für das (Beteiligungs-)Controlling ergeben sich durch den Einsatz von *Off-Balance-Sheet* Transaktionen neue Herausforderungen: neben den SPEs ist insbesondere die Einhaltung von Gestaltungsspielräumen zu überwachen, denn deren Überschreiten kann zu erheblichen bilanziellen Konsequenzen führen, wenn das Vorliegen einer *Off-Balance-Sheet* Transaktion abzulehnen ist.

Zum Begriff und Zweck der Off-Balance-Sheet Transaktionen

„Off-balance-sheet financing is an attempt to borrow monies in such a way that the obligations are not recorded" (Kieso/Weygandt/Warfield 2001 S. 732).

Leasingfinanzierungen über SPEs und CTA-Transaktionen unterscheiden sich in einer grundlegenden Hinsicht: bei den CTA-Transaktionen werden Planvermögen und zugehörige Pensionsverpflichtungen miteinander saldiert. Dazu sind bestimmte Vermögenswerte, die der Finanzierung der Pensionsverpflichtungen dienen, auf einen Pensionsfonds zu übertragen. Bei den Leasing-Transaktionen werden Vermögenswerte und Schulden auf SPEs übertragen, die nicht in den Konsolidierungskreis des berichtenden Unternehmens einbezogen werden (vgl. zu letzteren Brakensiek/Küting 2002 S. 209). In beiden Fällen ist jedoch die Existenz bestimmter Gesellschaften erforderlich, die nicht Bestandteil des Konsolidierungskreises sind.

Die Auslagerung von Unternehmensschulden soll zunächst zu einer günstigeren Refinanzierung des Unternehmens führen, da der durch die Bilanz ausgewiesene Verschuldungsgrad geringer ist. Weiterhin sehen Kreditbedingungen *(financial covenants)* oftmals eine Obergrenze des Verschuldungsgrades bzw. einen Mindestwert für die Eigenkapitalquote vor. *Off-Balance-Sheet* Transaktionen können dazu benutzt werden, die Verletzung von Kreditbedingungen zu verhindern oder zumindest hinauszuzögern. Es leuchtet jedoch unmittelbar ein, dass die *Off-Balance-Sheet* Transaktionen allenfalls zu einem kurzfristigen Erfolg führen können. Investoren und andere Geldgeber werden diese Maßnahmen der Bilanzpolitik bei den Verhandlungen über die Verzinsung des eingesetzten Kapitals berücksichtigen. *Financial covenants* werden regelmäßig auch Regelungen enthalten, die derartige Transaktionen berücksichtigen.

Leasing und Off-Balance-Sheet Transaktionen

In der Praxis sind Leasingverhältnisse durch eine große Variabilität von vertraglichen Ausgestaltungen gekennzeichnet. Die Bandbreite reicht vom Mietvertrag bis zum Ratenkaufvertrag (vgl. Alvarez/Wotschofsky/Miethig 2001 S. 933). Weitere Konkretisierung wird sich durch die Interpretation des IFRIC *Determining whether an Arrangement contains a Lease* (als Entwurf IFRIC D3 veröffentlicht im Januar 2004) ergeben. IFRIC D3 gibt Kriterien vor, anhand derer bestimmt werden kann, ob bestimmte Vertragsgestaltungen ein Leasingverhältnis beinhalten. Enthält ein Vertragsverhältnis ein Leasing, sind die Kriterien von IAS 17 auf dieses Leasingverhältnis anzuwenden. Dazu sind die auf das Leasingverhältnis entfallenden Zahlungen von den übrigen Zahlungen gemäß den Regeln von IFRIC D3 zu separieren.

Nachfolgend werden zunächst die grundlegenden Begriffe von IAS 17, *Leases,* erläutert. Anschließend werden anhand einer typischen SPE-Konstruktion die Besonderheiten von *Off-Balance-Sheet* Transaktionen verdeutlicht. Dabei wird insbesondere auf die Frage zum Zusammenhang von Art des Leasingvertrags *(Finance vs. Operating Lease)* und Konsolidierungspflicht der SPE eingegangen. Sonderformen des Leasing (wie z. B. Herstellerleasing *(sales-type lease), Sale-and-lease-back*-Transaktionen, *leveraged leases*) werden dabei vernachlässigt.

Finanzierungsleasing vs. Operating-Leasingverhältnis

Grundlage für die Klassifizierung von Leasingverhältnissen nach IAS 17 ist der Umfang, in dem die mit dem Eigentum eines Leasinggegenstandes verbundenen Risiken und Chancen beim Leasinggeber oder Leasingnehmer liegen (vgl. IAS 17.5). Danach ist ein Leasingverhältnis als Finanzierungsleasing zu klassifizieren und der Leasingnehmer hat zu Beginn der Leasinglaufzeit Vermögenswerte und Schulden in gleicher Höhe in seiner Bilanz anzusetzen (vgl. IAS 17.12), wenn im Wesentlichen alle Risiken und Chancen, die mit dem Eigentum verbunden sind, übertragen werden (vgl. IAS 17.6). Für die Klassifizierung eines Leasingverhältnisses, also für die Frage, ob es sich um ein Finanzierungsleasing oder um ein Operating-Leasingverhältnis handelt, ist der wirtschaftliche Gehalt der Transaktion und nicht die formale Vertragsform oder etwa die Bezeichnung des Vertrags entscheidend (vgl. IAS 17.8 sowie Helmschrott 2000 a S. 234, Ammann/Hucke 2000 S. 92). Ein Finanzierungsleasing ist typischerweise in folgenden Fällen anzunehmen (zur quantitativen Festlegung bestimmter Kriterien in den US-GAAP vgl. Feld 2001 S. 1028 und zu den bilanzpolitischen Spielräumen Vater 2002 S. 2099):

- Am Ende der Laufzeit des Leasingverhältnisses wird dem Leasingnehmer das Eigentum an dem Vermögenswert übertragen.
- Der Leasingnehmer hat die Kaufoption, den Vermögenswert zu einem Preis zu erwerben, der erwartungsgemäß deutlich niedriger als der zum möglichen Optionsausübungszeitpunkt beizulegende Zeitwert des Vermögenswertes ist, so dass zu Beginn des Leasingverhältnisses hinreichend sicher ist, dass die Option ausgeübt wird.
- Die Laufzeit des Leasingverhältnisses umfasst den überwiegenden Teil der wirtschaftlichen Nutzungsdauer des Vermögenswertes, auch wenn das Eigentumsrecht nicht übertragen wird.
- Zu Beginn des Leasingverhältnisses entspricht der Barwert der Mindestleasingzahlungen im Wesentlichen mindestens dem beizulegenden Zeitwert des Leasinggegenstandes.
- Die Leasinggegenstände haben eine spezielle Beschaffenheit, so dass sie nur der Leasingnehmer nutzen kann, ohne dass wesentliche Veränderungen vorgenommen werden.

Darüber hinaus nennt IAS 17 weitere Indikatoren für das Vorliegen eines Finanzierungsleasing:

- Der Leasingnehmer kann den Leasingvertrag kündigen, hat aber dann die Verluste des Leasinggebers aus der Kündigung zu tragen.
- Dem Leasingnehmer fallen Gewinne oder Verluste zu, die aus Schwankungen des beizulegenden Restwertes entstehen.
- Der Leasingnehmer kann den Leasingvertrag zu Mietkonditionen verlängern, die wesentlich unterhalb der marktüblichen Konditionen liegen.

Beim Finanzierungsleasing wird der Vermögenswert vom Leasingnehmer aktiviert. In gleicher Höhe werden Schulden passiviert, so dass die Transaktion letztlich wie ein fremdfinanzierter Erwerb des Vermögenswertes dargestellt wird (vgl. Alvarez/Wotschofsky/Miethig 2001 S. 941).

Finanzierungsleasing und Einsatz von SPEs

Eine typische Fallgestaltung zur Durchführung eines Leasingvertrags unter Einschaltung einer Objektgesellschaft sieht im Grundfall wie folgt aus:

Die neu gegründete SPE erwirbt eine Großanlage, die jedoch nicht so individuell auf die Bedürfnisse des Leasingnehmers zugeschnitten ist, dass ein Spezialleasing vorliegen würde. Das Leasingverhältnis ist weiterhin so ausgestaltet, dass unstreitig ein Operating-Leasingverhältnis vorliegt:

- am Ende der Laufzeit des Leasingverhältnisses kann die SPE den Gegenstand verwerten;
- eine Kaufoption wurde nicht vereinbart;
- die Laufzeit des Leasingverhältnisses beträgt weniger als der überwiegende Teil der wirtschaftlichen Nutzungsdauer des Leasinggegenstandes;
- der Barwert der Mindestleasingzahlungen beträgt zu Beginn des Leasingverhältnisses weniger als der beizulegende Zeitwert der Großanlage.

Zur Finanzierung des Kaufpreises wird die SPE vom Leasingnehmer mit Eigenkapital und vom Investor (typischerweise ein Kreditinstitut) mit Eigen- und Fremdkapital ausgestattet. Die Einlage der Gesellschafter deckt 10 % der Finanzierungssumme ab und wird zu 90 % vom Leasingnehmer und zu 10 % vom Investor aufgebracht. Im Gegensatz zur Gewinnverteilung, die sich an der Beteiligungsquote orientiert, stehen dem Investor 90 % der Stimmrechte und dem Leasingnehmer nur 10 % der Stimmrech-

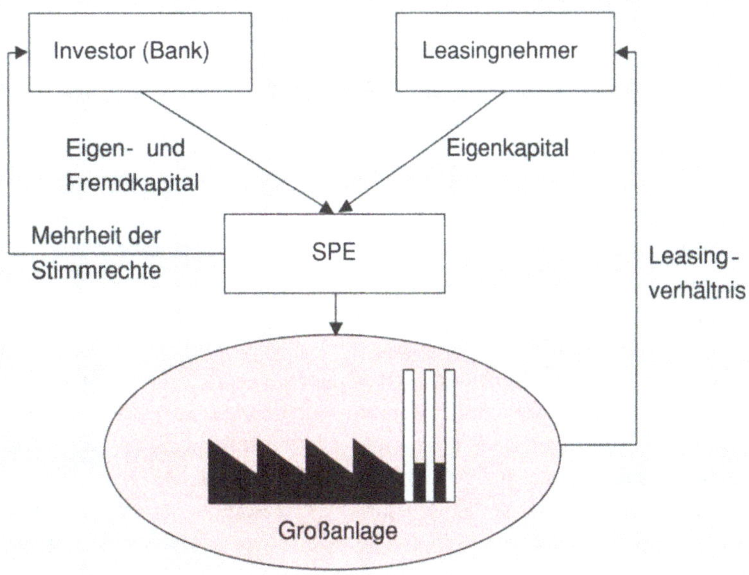

Abbildung 1: Abwicklung Leasing über eine Objektgesellschaft (1)

te zu. Den Rest der erforderlichen Finanzierungssumme gewährt der Investor als Fremdkapital. Die Großanlage wird sicherungsübereignet. Der Zweck der Gesellschaft (Vermietung der Großanlage an den Leasingnehmer) kann nicht geändert werden.

In dem dargestellten Grundfall liegt annahmegemäß ein Operating-Leasingverhältnis vor. Gemäß IAS 17.41 wird die Großanlage durch den Leasinggeber (die Objektgesellschaft) aktiviert. Die SPE passiviert auch die zur Finanzierung des Kaufpreises erforderliche Fremdkapitalaufnahme. Der Leasingnehmer erfasst die Leasingzahlungen als Aufwand in der Gewinn- und Verlustrechung und zwar grundsätzlich linear verteilt über die Laufzeit des Leasingverhältnisses (vgl. IAS 17.25). Zusätzlich hat der Leasingnehmer bestimmte Angaben im Konzernanhang zu machen, u. a. (vgl. IAS 17.27):

- Summe der künftigen Mindestleasingzahlungen auf Grund von unkündbaren Operating-Leasingverhältnissen aufgeteilt nach Fälligkeiten;
- Summe der erwarteten Mindestleasingzahlungen aus unkündbaren Untervermietverhältnissen;
- allgemeine Beschreibung der wesentlichen Leasingvereinbarungen (Grundlage der Festlegung bedingter Mietzahlungen, Bestehen und Bestimmungen von Mietverlängerungs- und Kaufoptionen; *financial covenants,* z. B. Beschränkungen, die Gewinnausschüttungen, weitere Verschuldung, die Zulässigkeit weiterer Leasingverhältnisse betreffen).

Konsolidierung einer SPE gemäß SIC-12

Im vorangegangenen Beispiel wurde deutlich, dass durch zielgerichtete Sachverhaltsgestaltung die Auslagerung von Vermögenswerten und Schulden durch Einsatz von Objektgesellschaften zumindest denkbar ist. Andererseits leuchtet unmittelbar ein, dass sich die wirtschaftliche Betrachtung der dargestellten Transaktionsstruktur von deren formalrechtlicher Sicht grundlegend unterschiedet. Insoweit bestehen mehr als begründete Zweifel, die Auslagerung von Vermögenswerten und Schulden aus der Bilanz des Leasingnehmers zu bejahen (siehe auch Rahmenkonzept R.35). Folglich stellt sich die Frage, ob nicht Vermögenswerte und Schulden der SPE gegebenenfalls durch Vollkonsolidierung der SPE durch den Leasingnehmer in die Bilanz des Leasingnehmers aufzunehmen sind.

Die Frage der Bilanzierung von Anteilen an Tochterunternehmen wird von IAS 27 beantwortet. Grundsätzlich sind alle Tochterunternehmen in den Konzernabschluss des Mutterunternehmens aufzunehmen (vgl. IAS 27.11). Tochterunternehmen sind solche, die vom Mutterunternehmen beherrscht werden (vgl. IAS 27.6), d. h. bei denen das Mutterunternehmen über die Mehrheit der Stimmrechte verfügt (vgl. IAS 27.12) oder bei denen das Mutterunternehmen zwar nicht über die Mehrheit der Stimmrechte verfügt, aber z. B. kraft Satzungsbestimmung das Recht inne hat, die Finanz- und Geschäftspolitik eines Unternehmens zu bestimmen oder die Mitglieder des Leitungsorgans zu ernennen oder abzusetzen (vgl. IAS 27.12 a bzw. IAS 27.12 c).

Im vorliegenden Fall stehen dem mit 90 % am Eigenkapital der SPE beteiligten Leasingnehmer nur 10 % der Stimmrechte zu. Selbst wenn die weiteren, in IAS 27.12 genannten Bedingungen nicht vorliegen sollten, ist doch leicht zu erkennen, dass die Objektgesellschaft vom Leasingnehmer beherrscht wird: der einzige Gesellschaftszweck (Vermietung der Großanlage an den Leasingnehmer) kann nicht geändert werden, zudem stehen dem Leasingnehmer 90 % des von der SPE erwirtschafteten Ergebnisses zu. Zur Anwendung der wirtschaftlichen Betrachtungsweise normiert daher SIC-12, dass die Beherrschung einer Objektgesellschaft auch durch die Vorherbestimmung der Geschäftstätigkeit (sog. „Autopilot") erreicht werden kann. Zudem ist auch in den Fällen, in denen ein Leasingnehmer wenig oder sogar überhaupt kein Eigenkapital der SPE hält, bei Vorliegen folgender Tatbestände von einer Beherrschung der SPE durch den Leasingnehmer auszugehen (vgl. SIC-12.10 und Schruff/Rothenburger 2002 S. 761 f., Helmschrott 1999 S. 1869, Helmschrott 2000b S. 427):

- Bei wirtschaftlicher Betrachtung wird die Geschäftstätigkeit der SPE zu Gunsten des Leasingnehmers geführt, so dass dieser den Nutzen aus der Geschäftstätigkeit der SPE zieht. Im vorliegenden Fall ist dies Kriterium erfüllt, denn die SPE ist hauptsächlich damit beschäftigt, dem Leasingnehmer Finanzmittel für die Finanzierung der vom Leasingnehmer genutzten Großanlage zu beschaffen.
- Bei wirtschaftlicher Betrachtung verfügt der Leasingnehmer über die Entscheidungsmacht, die Mehrheit des Nutzens aus der Geschäftstätigkeit der SPE zu ziehen oder hat durch die Einrichtung eines Autopilot-Mechanismus diese Entscheidungsmacht delegiert. Da im vorliegenden Fall eine unveränderbare Satzungsbestimmung vorsieht, dass die Großanlage nur dem Leasingnehmer vermietet werden darf, liegt ein eben solcher Autopilot-Mechanismus vor.
- Bei wirtschaftlicher Betrachtung verfügt der Leasingnehmer über das Recht, die Mehrheit des Nutzens aus der SPE zu ziehen (vgl. zu den mit diesem Kriterium verbundenen Beurteilungsspielräumen Brakensiek/Küting 2002 S. 215) und ist deshalb unter Umständen Risiken ausgesetzt, die mit der Geschäftstätigkeit der SPE verbunden sind. In unserem Fall beträgt der Anteil des Leasingnehmers am Gewinn der Objektgesellschaft 90 %. Der Leasingnehmer partizipiert daher mehrheitlich sowohl am laufenden Periodenergebnis wie auch an der Auskehrung im Fall der Liquidation der SPE.
- Bei wirtschaftlicher Betrachtung behält der Leasingnehmer die Mehrheit der mit der SPE verbundenen Residual- oder Eigentumsrisiken oder Vermögenswerte, um Nutzen aus der SPE-Tätigkeit zu ziehen. Im dargestellten Fall ist der Investor ausschließlich Kreditgeber, denn er ist Gewinnen und Verlusten aus der SPE nur begrenzt (mit maximal 10 %) ausgesetzt. Die Risiken aus der SPE liegen mehrheitlich beim Leasingnehmer.

Als Zwischenergebnis ist festzuhalten, dass nach SIC-12 in unserem Fall tatsächlich eine Beherrschung der Objektgesellschaft durch den Leasingnehmer vorliegt. Die Objektgesellschaft ist daher in den Konsolidierungskreis des Leasingnehmers aufzunehmen. Trotz Vorliegens eines Operating-Leasingverhältnisses werden im Konzernabschluss des Leasingnehmers sowohl die Großanlage als auch die Schulden gegenüber dem Investor ausgewiesen. Im Rahmen der Konsolidierung (vgl. IAS 27.17) sind die beim Leasingnehmer erfassten Aufwendungen aus Mietzahlungen sowie die von der SPE realisierten Erträge zu eliminieren. Aufwandswirksam werden ausschließlich die planmäßigen Abschreibungen der Großanlage (vgl. IAS 16.41) sowie die an den Investor gezahlten Zinsen.

Zusammenhang von Konsolidierungspflicht und Klassifizierung des Leasingverhältnisses

IAS 17 sieht eine Aktivierung des Leasinggegenstandes durch den Leasingnehmer (Finanzierungsleasing) vor, wenn im Rahmen des Leasingverhältnisses im Wesentlichen alle Chancen und Risiken, die mit dem Eigentum verbunden sind, auf den Leasingnehmer übertragen werden. SIC-12 sieht die Konsolidierung von SPEs vor, wenn das Unternehmen, zu dessen Gunsten die SPE gegründet wurde, die SPE beherrscht, wobei die Beherrschung regelmäßig dadurch konkretisiert wird, dass das beherrschende Unternehmen die Mehrheit von Nutzen bzw. Chancen und Risiken aus der beherrschten Objektgesellschaft zieht. In beiden Fällen wird also ein *risks and rewards* approach zugrundegelegt (vgl. hierzu und im Folgenden insbesondere auch IDW RS HFA 2.166). Hieraus ergibt sich die Frage nach möglichen Zusammenhängen, beispielsweise ob bei Vorliegen eines Finanzierungsleasingverhältnisses (in dessen Rahmen die *risks and rewards* auf den Leasingnehmer übertragen werden) grundsätzlich von der Konsolidierungspflicht der SPE ausgegangen werden muss. Die unterschiedlichen Ausprägungen des *risks and rewards approach* lassen einen solchen Schluss jedoch nicht zu. Andererseits kann die Beteiligung des Leasingnehmers an der SPE dazu führen, dass dem Leasinggeber eine implizite Restwertgarantie gegeben wird. Dies hat Auswirkungen auf die Summe der Leasingzahlungen und damit auf die Klassifizierung des Leasingverhältnisses. Insofern kann die Beurteilung, ob ein Finanzierungs- oder ein Operating-Leasingverhältnis vorliegt, nicht unabhängig davon erfolgen, in welcher Form die SPE in die Transaktion eingebunden wurde. Dies soll anhand eines weiteren Beispiels erläutert werden.

Wie im vorangegangen Fall wird eine SPE zur Durchführung des Leasingverhältnisses gegründet. Die Objektgesellschaft wird zur Anschaffung der zu vermietenden Großanlage vom Leasingnehmer mit Eigenkapital (20 % der Anschaffungskosten) und vom Investor mit Eigen- und Fremdkapital (Eigenkapital 25 % der Anschaffungskosten, Fremdkapital 55 % der Anschaffungskosten, zusammen somit Bereitstellung von Mitteln in Höhe von 80 % der Anschaffungskosten) ausgestattet. Entsprechend seiner Beteiligungsquote erhält der Leasingnehmer 20/45 der Überschüsse der SPE und der Investor 25/45. Gemäß Leasingvereinbarung erstreckt sich der Leasingvertrag über einen Zeitraum, der 60 % der Nutzungsdauer der Großanlage entspricht. Die Summe der Mindestleasingzahlungen beträgt 70 % des beizulegenden Zeitwertes der Großanlage. Mit Ablauf des Leasingvertrags wird die Großanlage zum dann erzielbaren Wert am Markt veräußert, für den Leasingnehmer wird keine Kaufoption vorgesehen. Anschließend wird die SPE aufgelöst.

Im Gegensatz zum ersten Beispiel stehen dem Investor nunmehr 25/45, d. h. 56 % der Vorteile und Risken aus der Objektgesellschaft zu. Daher ist gemäß SIC-12 die SPE durch den Investor zu konsolidieren. Es stellt sich nun die Frage, was der Investor zu konsolidieren hat: die Großanlage und die entsprechenden Schulden oder eine Forderung in Höhe des Nettoinvestitionswertes aus dem Leasingverhältnis.

Die Beteiligung des Leasingnehmers führt zu einer Reduzierung der Risiken, die für den Investor mit der Beteiligung an der Objektgesellschaft verbunden sind. Wenn innerhalb von 60 % der Nutzungsdauer die Leasingraten 70 % des beizulegenden Zeitwertes der Großanlage decken, liegen die wesentlichen Chancen und Risiken, die mit der Beteilung an der SPE verbunden sind, in der Verwer-

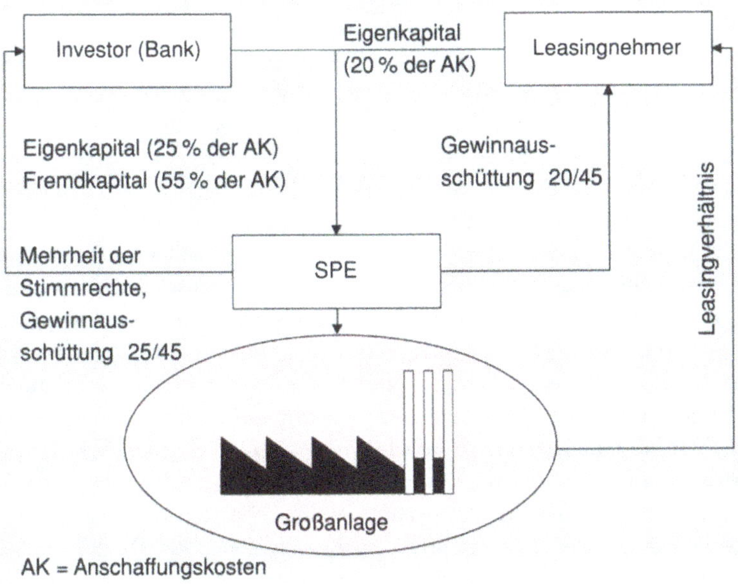

Abbildung 2: Abwicklung Leasing über eine Objektgesellschaft (2)

tung der Großanlage am Ende des Leasingzeitraums. Wirtschaftlich betrachtet stellt die Beteiligung des Leasingnehmers eine Restwertgarantie für den Investor dar und ist insoweit Bestandteil der Mindestleasingzahlungen des Leasingnehmers. Die Mindestleasingzahlungen betragen damit 90 % des beizulegenden Zeitwertes des Leasinggegenstands zu Beginn des Leasingverhältnisses, so dass ein Finanzierungsleasing anzunehmen ist. Somit hat der Leasingnehmer die Großanlage zu aktivieren, während in den Konzernabschluss des Investors eine Forderung in Höhe des Nettoinvestitionswertes aus dem Leasingverhältnis ausgewiesen wird. Da der Leasingnehmer auch die Schulden nach IAS 17.12 anzusetzen hat, ergibt sich im Beispiel für ihn kein *Off-Balance-Sheet* Effekt.

Contractual Trust Arrangements und Off-Balance-Sheet Transaktionen

Grundlagen der Bilanzierung von Pensionsverpflichtungen nach IFRSs

Die Bilanzierung von Pensionsverpflichtungen wird durch IAS 19, *Employee Benefits,* geregelt. IAS 19 unterscheidet leistungs- und beitragsorientierte Versorgungszusagen. Beitragsorientierte Pläne sind Pläne für Leistungen nach Beendigung des Arbeitsverhältnisses, bei denen ein Unternehmen festgelegte Beiträge an eine eigenständige Einheit (einen Fonds) entrichtet und weder rechtlich noch faktisch zur Zahlung darüber hinausgehender Beiträge verpflichtet ist, falls der Fonds nicht über ausreichende Vermögenswerte verfügt, um alle Leistungen zu erbringen (vgl. IAS 19.7). Der Arbeitgeber zahlt bei den beitragsorientierten Plänen folglich in einen Fonds ein. Die Leistungen des Fonds hängen von der durch den Fonds erwirtschafteten Rendite ab. Das Risiko einer geringen Rendite trägt der Pensionsberechtigte: Renditen, die geringer als erwartet ausfallen, werden nicht durch den Zusagenden (der Arbeitgeber) ausgeglichen. „Die Bilanzierung für beitragsorientierte Pläne ist einfach, weil die Verpflichtung des berichtenden Unternehmens in jeder Periode durch die für diese Periode zu entrichtenden Beiträge bestimmt ist“ (IAS 19.43). Versicherungsmathematische Annahmen sind nicht erforderlich, versicherungsmathematische Gewinne und Verluste können nicht entstehen. Das berichtende Unternehmen weist eine Schuld nur für ausstehende Beiträge aus; nur soweit diese später als zwölf Monate nach dem Abschlussstichtag fällig sind, ist eine Abzinsung erforderlich.

Leistungsorientierte Pläne sind Pläne für Leistungen nach Beendigung des Arbeitsverhältnisses, die keine beitragsorientierten Pläne sind (vgl. IAS 19.7). Es handelt sich um Pläne, bei denen der Zusagende verpflichtet ist, dem Begünstigten eine bestimmte, zugesagte Versorgungsleistung zu gewähren. „Die Bilanzierung für leistungsorientierte Pläne ist komplex, weil zur Bewertung von Verpflichtung und Aufwand versicherungsmathematische Annahmen erforderlich sind und versicherungsmathematische Gewinne und Verluste auftreten können“ (IAS 19.48). Zudem ist ein Abzinsung der Verpflichtung erforderlich, da die Versorgungsleistungen regelmäßig erst Jahre nach Erteilung der Zusage zur Auszahlung kommen. Das berichtende Unternehmen passiviert für die erteilte Versorgungszusage eine Schuld, die mit dem beizulegenden Zeitwert von Planvermögen zu saldieren ist (vgl. IAS 19.54). Beim Planvermögen handelt es sich entweder um Vermögen, das durch einen langfristigen Fonds zur Erfüllung von Leistungen für Arbeitnehmer gehalten wird oder um qualifizierte Versicherungspolicen (vgl. IAS 19.7; die qualifizierten Versicherungspolicen werden im Folgenden nicht näher betrachtet). IAS 19.7 definiert die Anforderungen an das Planvermögen. Kurz gefasst wird bei Pensionsfonds für das Vorliegen von Planvermögen verlangt, dass es von einer rechtlich selbstständigen Einheit gehalten wird, die vom zusagenden Unternehmen unabhängig ist. Das Vermögen darf ausschließlich für die Versorgungsverpflichtungen herangezogen werden, d. h. es muss u. a. insolvenzsicher sein, darf also von den Gläubigern des berichtenden Unternehmens nicht zur Befriedigung ihrer Ansprüche herangezogen werden (vgl. Rößler/ Doetsch/Heger 1999 S. 2500, Knortz 2003 S. 2401). Zudem darf eine Rückerstattung der Fondsmittel nur bei Überdeckung oder zur Erstattung vom Arbeitgeber bereits geleisteter Zahlungen an Arbeitnehmer erfolgen (vgl. Wollmert/Rhiel/Hofmann/Schwitters 2003 S. 10).

Grundlagen der Gestaltung von CTAs

Im Rahmen von *Contractual Trust Arrangements* überträgt der Arbeitgeber das zur Finanzierung der Pensionszusage erforderliche Vermögen an einen Treuhänder. Nicht die Pensionsverpflichtungen werden ausgelagert, sondern das die Pensionsvermögen abdeckende Vermögen (vgl. zur „Auslagerung“ von Pensionsverpflichtungen nach HGB Knortz 2003 S. 2400). Auf diese Weise soll die zur Saldierung erforderliche Planvermögensfähigkeit des Vermögens hergestellt und damit die Saldierung von Pensionsverpflichtung und Planvermögen im Konzernabschluss des berichtenden Unternehmens erreicht werden. In der Praxis finden sich unterschiedliche Ausgestaltungsformen von CTA-Modellen. Regelmäßig werden dabei die einstufige Treuhand, die zweistufige Treuhand und die doppelseitige Treuhand (Sicherungstreuhand) unterschieden. Diese sollen im Folgenden näher erläutert werden.

Die einstufige Treuhand ist in Abbildung 3 dargestellt.

Der Arbeitgeber (das Trägerunternehmen) überträgt die betreffenden Vermögenswerte, die sich als Planvermögen qualifizieren sollen, auf den Pensionsfonds oder Trust (typischerweise in der Rechtsform eines Idealvereins). Zwischen Trägerunternehmen und Pensionsfonds wird dazu ein Treuhandvertrag geschlossen (die sogenannte Verwaltungstreuhand). Der Treuhandvertrag legt darüber hinaus unter anderem fest, welche Weisungsrechte gegenüber dem Pensionsfonds als Treuhänder gegeben sind, welchen Anlagerichtlinien sich der Treuhänder zu unterwerfen hat, ob der Pensionsfonds direkt als Zahlstelle ge-

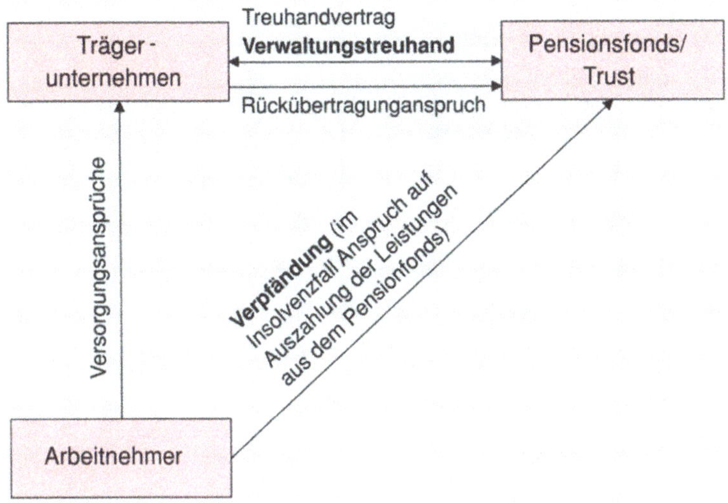

Abbildung 3: CTA (einstufig)

genüber dem Arbeitnehmer auftritt oder dem Trägerunternehmen die Pensionszahlungen zu erstatten hat (vgl. Küppers/ Louven 2004 S. 340).

Im Insolvenzfall würde mit der Eröffnung des Insolvenzverfahrens der zwischen dem Trägerunternehmen und dem Pensionsfonds geschlossene Treuhandvertrag enden (§§ 115, 116 InsO). Mit dem Ende der Verwaltungstreuhand ergibt sich ein Anspruch des Trägerunternehmens gegenüber dem Pensionsfonds auf Rückübertragung des Planvermögens. Somit wird unmittelbar deutlich, dass der für das Vorliegen von Planvermögen erforderliche Insolvenzschutz zunächst nicht gegeben ist. Damit die übertragenen Vermögenswerte insolvenzgeschützt sind, wird der aus dem Treuhandvertrag resultierende Rückübertragungsanspruch zu Gunsten der versorgungsberechtigten Arbeitnehmer verpfändet.

Beim zweistufigen CTA werden zur Erweiterung des Insolvenzschutzes auch die Rückübertragungsansprüche des Pensionsfonds gegenüber dem Vermögensverwalter zu Gunsten der versorgungsberechtigten Arbeitnehmer verpfändet (vgl. Bode/Bergt/Obenberger 2000 S. 1865).

In der Praxis hat sich die sogenannte doppelseitige Treuhand durchgesetzt.

Ebenso wie bei der ein- bzw. zweistufigen Treuhand überträgt das Trägerunternehmen dem Treuhänder, also dem Pensionsfonds, Vermögenswerte mit der Maßgabe, diese ertragbringend anzulegen. Der Treuhänder überträgt dazu die Mittel einem Vermögensverwalter, der die Mittel auf dem Kapitalmarkt anlegt. Die Ansprüche der versorgungsberechtigten Arbeitnehmer werden bei der doppelseitigen Treuhand über einen Vertrag zugunsten Dritter im Sinne von § 328 BGB gesichert.

Ein Schuldverhältnis – wie im dargestellten Fall die zwischen Trägerunternehmen und Pensionsfonds vereinbarte Verwaltungstreuhand – ist grundsätzlich eine Zweiparteienbeziehung (vgl. dazu und im Folgenden Palandt/Bassenge 2004, Einf v § 328 Tz. 1). Rechte und Pflichten werden für die am Vertrag unmittelbar beteiligten Parteien begründet. Gemäß § 241 Abs. 1 BGB ist kraft des Schuldverhältnisses der Gläubiger berechtigt, von dem Schuldner eine Leistung zu fordern. Nach §§ 328 ff. BGB sind Ausnahmen hierzu möglich. Gemäß § 328 Abs. 1 BGB kann durch Vertrag eine Leistung an einen Dritten mit der Wirkung bedungen werden, dass der Dritte unmittelbar das Recht erwirbt, die Leistung zu fordern. Der Dritte erhält auf diese Weise einen eigenen Anspruch gegen den Schuldner. Hierbei handelt es sich um einen sogenannten echten Vertrag zugunsten Dritter (beim unechten Vertrag zugunsten Dritter kann der Schuldner mit befreiender Wirkung an den Dritten leisten, beim Vertrag mit Schutzwirkung zugunsten Dritter wird der Dritte insoweit in die vertraglichen Schutzpflichten einbezogen, dass er vertragliche Schadensersatzansprüche geltend machen kann). Der Vertrag zugunsten Dritter ist kein besonderer Vertragstyp, da grundsätzlich jegliche schuldrechtliche Verpflichtung durch entspre-

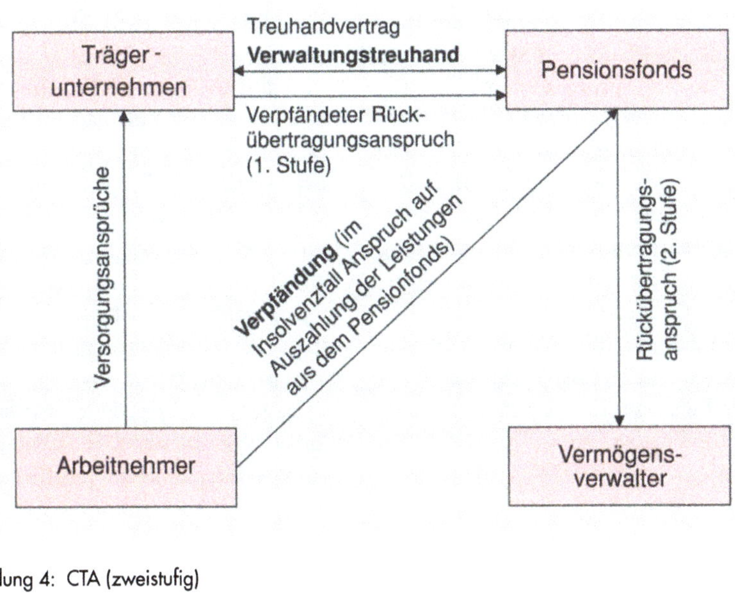

Abbildung 4: CTA (zweistufig)

chende Abrede der Vertragsparteien entsprechend gestaltet werden kann.

Bei einem Vertrag zugunsten Dritter erwirbt der Dritte (im vorliegenden Fall der Arbeitnehmer) ohne Durchgang durch das Vermögen des Versprechensempfängers (Trägerunternehmen) den Leistungsanspruch gegenüber dem Versprechenden (Pensionsfonds). Der Treuhandvertrag begründet also einerseits einen Anspruch des Trägerunternehmens gegenüber dem Treuhänder (Verwaltungstreuhand) sowie – über den Vertrag zugunsten Dritter – einen eigenen Anspruch der Mitarbeiter gegenüber dem Treuhänder (Sicherungstreuhand). Somit ist der Treuhandvertrag als doppelseitige Treuhand zu charakterisieren: der Treuhänder nimmt sowohl die Interessen des Unternehmens, das die Versorgungszusage erteilt hat, als auch die Interessen der Versorgungsberechtigten wahr.

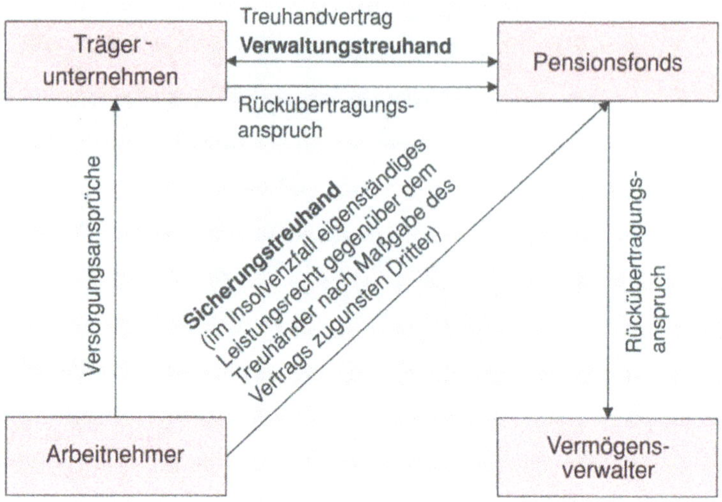

Abbildung 5: CTA (doppelseitige Treuhand)

Wie bereits erwähnt, zeichnet sich gemäß IAS 19.7 das zur Saldierung mit Pensionsverpflichtungen heranzuziehende Planvermögen durch zwei wesentliche Merkmale aus: (i) das Vermögen wird durch eine rechtlich vom berichtenden Unternehmen unabhängige Einheit gehalten und (ii) das Vermögen ist insolvenzsicher, d. h. kann bei Insolvenz des berichtenden Unternehmens nicht zur Befriedigung der Gläubiger herangezogen werden. Diese beiden Voraussetzungen werden im Folgenden genauer betrachtet.

Voraussetzung der rechtlich unabhängigen Einheit

In der Praxis werden die Treuhänder nicht nur mit liquiden Mitteln ausgestattet, um die entsprechenden Versorgungszusagen abzudecken. Vielmehr ist zu beobachten, dass insbesondere auch Vermögenswerte übertragen werden sollen, die vom Trägerunternehmen weiter genutzt werden (z. B. Produktionsgebäude oder sonstiges Anlagevermögen). Zudem ist es auch denkbar, dass dem Treuhänder Eigenkapital- oder Schuldtitel übertragen werden, die vom Trägerunternehmen selbst begeben wurden. In folgenden Fällen stellt sich in besonderem Maße die Frage, ob die Unabhängigkeit des Pensionsfonds vom Trägerunternehmen noch gewahrt wird (vgl. dazu und im Folgenden insbesondere IDW ERS HFA 2.176 ff.):

- Personenidentität zwischen Management des Trägerunternehmens und Management des Pensionsfonds;
- Forderungen des Pensionsfonds gegen das Trägerunternehmen;
- Übertragung von Sachanlagevermögen und/oder immateriellen Vermögenswerten auf den Pensionsfonds unter Vereinbarung der weiteren Nutzung durch das Trägerunternehmen.

Gemäß IAS 19.BC 67A wurde im Rahmen der Entwicklung von IAS 19 gefolgert, dass „control is not relevant in determining whether the assets in a fund reduce an enterprise's own obligation". Eine Personenidentität zwischen Management von Trägerunternehmen und Pensionsfonds, die zu einer faktischen Kontrolle des Pensionsfonds führen kann, steht somit der Qualifizierung von Vermögenswerten des Pensionsfonds als Planvermögen grundsätzlich nicht entgegen. Insoweit ist auch eine Personenidentität, die nicht zur faktischen Beherrschung führt, irrelevant. Entscheidend ist, dass (vgl. IDW ERS 2.179):

- die Zwecksetzung des Pensionsfonds mit der Definition von Planvermögen nach IAS 19.7 übereinstimmt,
- die Satzung des Pensionsfonds seine Organe zu entsprechendem Handeln verpflichtet, und
- die Organe sich an die satzungsmäßigen Verpflichtungen halten.

Führt die Personenidentität dazu, dass Transaktionen zwischen dem Pensionsfonds und dem Trägerunternehmen nicht zu marktüblichen Bedingungen abgewickelt werden, d. h. wird das Trägerunternehmen im Rahmen dieser Transaktionen auf Kosten der versorgungsberechtigten Arbeitnehmer begünstigt, liegt kein Planvermögen im Sinne von IAS 19.7 vor. In diesem Fall würde das Vermögen von einer Einheit gehalten, deren Zweck eben nicht nur darin besteht, die Leistungen an Arbeitnehmer zu bezahlen oder zu finanzieren. Wenn nur hinsichtlich einzelner Vermögenswerte keine Marktüblichkeit der Bedingungen für Transaktionen zwischen Pensionsfonds und Trägerunternehmen vorliegt, entfällt grundsätzlich nur für diese Vermögenswerte die Planvermögenseigenschaft. Eine Negierung der Planvermögenseigenschaft auch der anderen Vermögenswerte des Pensionsfonds ergibt sich hieraus nicht. Es ist aber unter dem Gesichtspunkt der rechtlichen und wirtschaftlichen Struktur des Pensionsfonds zu prüfen, ob der Pensionsfonds insgesamt die Kriterien für das Vorliegen von Planvermögen gemäß IAS 19.7 erfüllen kann (vgl. IDW ERS 2.177).

Da IAS 19.7 keine Restriktionen darüber enthält, wie der Pensionsfonds die ihm zur Verfügung gestellten Mittel anzulegen hat, ist es denkbar, dass auch Forderungen des Pensionsfonds gegenüber dem Trägerunternehmen Planvermögen darstellen können (vgl. zum Zusammenhang von Kapitalanlagefreiheit und EU-Pensionsfondsrichtlinie Klemm 2004 S. 614 f.). Gemäß IAS 19.103 stellen Forderungen des Fonds gegenüber dem Trägerunternehmen aus fälligen, aber noch nicht entrichteten Beiträgen zum Fonds kein Planvermögen dar. Umgekehrt kann daraus geschlossen werden, dass z. B. Darlehensforderungen des Pensionsfonds gegenüber dem Trägerunternehmen, die marktüblichen Bedingungen entsprechend vereinbart wurden (z. B. bezogen auf Verzinsung, Besicherung), durchaus Planvermögen darstellen können. Wird also eine individuelle Schuldabrede (Vereinbarungsdarlehen) zwischen dem Trägerunternehmen und dem Pensionsfonds getroffen, d. h. wird der fällige aber noch nicht entrichtete Beitrag in ein Darlehen umgewandelt, das marktüblichen Bedingungen hinsichtlich Verzinsung und Besicherung entspricht, liegt hingegen Planvermögen vor. Das Vereinbarungsdarlehen entspricht einer Situation, in der das Trägerunternehmen die fälligen Beiträge entrichtet und die bezahlten Mittel vom Pensionsfonds anschließend als Darlehen zurückgewährt bekommt (vgl. IDW ERS 2.183).

Werden vom Trägerunternehmen Vermögenswerte wie z. B. Sachanlagen auf den Pensionsfonds übertragen, erfolgt im Anschluss in der Regel die Nutzungsüberlassung an das Trägerunternehmen. Entscheidend für die Beurteilung, ob sich die übertragenen Vermögenswerte als Planvermögen qualifizieren, ist Frage, ob der Pensionsfonds satzungskonform über die Nutzungsüberlassung und deren Bedingungen entschieden hat und ob die Vermögenswerte weiterveräußert werden können (vgl. IDW ERS 2.189).

Die Nutzungsüberlassung wird auf Basis der Klassifizierung Operating-Leasingverhältnis vs. Finanzierungsleasing beurteilt. Entspricht die Nutzungsüberlassung einem Operating-Leasing, qualifizieren sich die entsprechenden Vermögenswerte als Planvermögen. Liegt hingegen ein Finanzierungsleasing vor, stellt die Forderung des Pensionsfonds das Planvermögen dar, sofern die Planvermögensvoraussetzungen durch die Forderung erfüllt werden (vgl. IDW ERS 2.190). Der Pensionsfonds muss also über die Forderung frei verfügen können (vgl. IDW ERS 2.181). Gleiches gilt, wenn der Sachanlagegegenstand so spezifisch ist, dass er an sich nur vom Trägerunternehmen sinnvoll genutzt werden kann (vgl. Wollmert/Rhiel/Hofmann/Schwitters 2003 S. 11).

Voraussetzung der Insolvenzsicherheit

Als weitere Voraussetzung, die in IAS 19.7 für das Vorliegen von Planvermögen genannt wird, ist die Insolvenzsicherheit zu nennen. Auch im Falle der Eröffnung des Insolvenzverfahrens über das Vermögen des berichtenden Unternehmens darf das Vermögen des Pensionsfonds nur dazu dienen, die Leistungen an Arbeitnehmer zu bezahlen oder zu finanzieren und darf somit nicht den Gläubigern des Unternehmens zur Befriedigung ihrer Ansprüche dienen. Wie im vorhergehenden Abschnitt dargestellt, kann die Insolvenzsicherheit grundsätzlich durch Verpfändung oder durch Sicherungstreuhand hergestellt werden. Diese beiden Möglichkeiten sollen nachfolgend kurz hinsichtlich ihrer Vorteilhaftigkeit beurteilt werden (vgl. Küppers/Louven 2004 S. 340 – 343).

Hinsichtlich der Bestellung des Pfandrechts am Rückübertragungsanspruch sind die §§ 1273 ff. BGB einschlägig. Die Bestellung erfolgt nach den für die Übertragung eines Rechts geltenden Vorschriften (§§ 1274 Abs. 1, 398 f., 413 BGB): Trägerunternehmen und versorgungsberechtigter Arbeitnehmer einigen sich (Abtretung) und zeigen die Abtretung dem Pensionsfonds an. Die Verpfändung erfordert die Zustimmung jedes einzelnen Arbeitnehmers. Je später die Zustimmung erteilt wird bzw. je näher die Zustimmung beim Zeitpunkt der Eröffnung des Insolvenzverfahrens liegt, um so mehr ist mit der Anfechtung durch den Insolvenzverwalter wegen Gläubigerbenachteiligung zu rechnen (§ 129 f. InsO). Bei Restrukturierungen, bei denen ein Betrieb oder Betriebsteil auf einen anderen Inhaber übergeht und dieser in die Rechte und Pflichten aus den im Zeitpunkt des Übergangs bestehenden Arbeitsverhältnissen eintritt (§ 613a BGB), bleiben die Versorgungsansprüche der Arbeitnehmer unverändert bestehen. Allerdings erlischt das Pfandrecht, das zwischen dem bisherigen Arbeitgeber und den Arbeitnehmern geschlossen wurde. Daher sind bei Betriebsübergängen die Verpfändungen der Rückübertragungsansprüche gegen den Pensionsfonds neu zu schließen. Insgesamt zeichnet sich also die Herstellung der Insolvenzsicherheit durch Verpfändung durch einen relativ großen Verwaltungsaufwand aus. Zudem besteht in bestimmten Fällen das Risiko einer Anfechtung der Verpfändung durch den Insolvenzverwalter.

Im Gegensatz zum Pfandrecht, das als dingliches Recht nicht zu Gunsten Dritter ohne deren Beteiligung bestellt werden kann (vgl. Palandt/Bassenge 2004, Einf v § 854 Tz. 14), können schuldrechtliche Verträge sehr wohl als Verträge zu Gunsten Dritter abgeschlossen werden (vgl. Palandt/Bassenge 2004, Einf v § 328 Tz. 5). Insoweit ist es nicht erforderlich, dass die versorgungsberechtigten Arbeitnehmer bei der Sicherungsübereignung mitwirken. Die Sicherungsübereignung kann somit ausschließlich zwischen Trägerunternehmen und Pensionsfonds vereinbart werden. Die Sicherungstreuhand gibt dem Pensionsfonds ein Absonderungsrecht gegenüber dem Insolvenzverwalter (§§ 50, 51 InsO). Während die Aussonderung dazu führt, dass die betreffenden Vermögenswerte erst gar nicht Teil der Insolvenzmasse werden (§ 47 InsO) führt die beim CTA Modell relevante Absonderung (§§ 165 ff. InsO) dazu, dass bei übertragenen Vermögenswerten der Pensionsfonds diese selbst verwerten kann. Wurden dem Pensionsfonds Forderungen des Trägerunternehmens übertragen, kann der Insolvenzverwalter diese verwerten (§ 166 Abs. 2

InsO), muss mit dem erhaltenen Betrag jedoch (nach Abzug der Kosten der Feststellung und der Verwertung, 4 % bzw. 5 %) die absonderungsberechtigten Gläubiger unverzüglich befriedigen (§ 170 Abs. 1 InsO). Insgesamt zeichnet sich die Sicherungstreuhand durch einen erheblich geringeren Verwaltungsaufwand aus. Zudem wird diese Form des Contractual Trust Arrangements in ihrer Insolvenzsicherheit nicht durch Betriebsübergänge nach § 613a BGB berührt.

Pensionsfonds und Konsolidierungskreis

Ebenso wie bei Leasingtransaktionen, bei denen die *Off-Balance-Sheet* Effekte wegfallen, wenn die eingesetzten Objektgesellschaften vom Leasingnehmer zu konsolidieren sind, könnte dies auch bei den CTA-Gestaltungen denkbar sein, wenn es zu einer Konsolidierung des Pensionsfonds durch das Trägerunternehmen käme. Dabei ist allerdings wieder zu berücksichtigen, dass der *Off-Balance-Sheet* Effekt bei den CTA-Modellen nicht durch „Auslagerung" der Pensionsverpflichtungen aus dem Konsolidierungskreis erreicht wird. Vielmehr verlassen Vermögenswerte (soweit sie sich als Planvermögen qualifizieren) den Konsolidierungskreis und werden anschließend mit den beim Trägerunternehmen verbliebenen Verpflichtungen saldiert. Soweit ein Pensionsfonds also die Kriterien nach IAS 19.7 nicht erfüllt, qualifizieren sich die Vermögenswerte nicht als Planvermögen; eine Saldierung von Verpflichtungen und den zur Abdeckung der Verpflichtungen bestimmten Vermögenswerten kommt nicht in Betracht. Der *Off-Balance-Sheet* Effekt entfällt nicht durch den Einbezug des Pensionsfonds in den Konsolidierungskreis des Trägerunternehmens sondern durch den Wegfall der Saldierungsmöglichkeiten beim Trägerunternehmen.

Literatur

ADLER/DÜRING/SCHMALTZ: Rechnungslegung nach Internationalen Standards, Stuttgart 2003.

AMMAN, H./HUCKE, A.: Rechtliche Grundlagen des Leasing und dessen Bilanzierung nach HGB, US-GAAP und IAS, in: Internationales Steuerrecht, 9. Jg. (2000), Heft 3, S. 87 – 96.

ALVAREZ, M./WOTSCHOFSKY, S./MIETHIG, M.: Leasingverhältnisse nach IAS 17 – Zurechnung, Bilanzierung, Konsolidierung, in: Die Wirtschaftsprüfung, 54. Jg. (2001), Heft 18, S. 933 – 947.

WOLLMERT, P./RHIEL, R./HOFMANN, J./SCHWITTERS, J.: IAS 19 Leistungen an Arbeitnehmer (Employee Benefits), in: BAETGE, J./DÖRNER, D./KLEEKÄMPER, H./WOLLMERT, P./KIRSCH, H.-J. (Hrsg.): Rechnungslegung nach International Accounting Standards (IAS), 2. Aufl., Stuttgart 2003.

BENDER, H. J.: Vergleich der Leasing Standards nach deutschem Recht, IAS und US-GAAP, in: Betriebs-Berater, 57. Jg. (2002), Beilage 5 zu Heft 27, S. 20 – 27.

BODE, C/BERGT, V.H./OBENBERGER, T.: Doppelseitige Treuhand als Instrument der privatrechtlichen Insolvenzsicherung im Bereich der betrieblichen Altersversorgung, in: Der Betrieb, 53. Jg. (2000), Heft 37, S. 1864 – 1867.

BRAKENSIEG, S./KÜTING, K.: Special Purpose Entities in der US-amerikanischen Rechnungslegung, in: Steuer- und Bilanzpraxis, 4. Jg. (2002), Heft 5, S. 209 – 215.

FEINEN, K.: Die Bilanzierung von Objektgesellschaften in internationalen Rechnungslegungssystemen, in: Betriebs-Berater, 56. Jg. (2001), Beilage 4 zu Heft 19, S. 7 – 9.

FELD, K.-P.: IAS und US-GAAP: Aktuelle Unterschiede und Möglichkeiten zur Konvergenz, in: Die Wirtschaftsprüfung, 54. Jg. (2001), Heft 19, S. 1025 – 1040.

FISCHER, G./THOMS-MEYER, D.: Privatrechtlicher Insolvenzschutz für Arbeitnehmeransprüche aus deferred compensation, in: Der Betrieb, 53. Jg. (2000), Heft 37, S. 1861 – 1864.

GOHDES, A./HAFERSTOCK, B./SCHMIDT, R.: Pensionsfonds nach dem AVmG aus heutiger Sicht, in: Der Betrieb, 54. Jg. (2001), Heft 29, S. 1558 – 1562.

GRÜNBERGER, D./GRÜNBERGER, H.: Special Purpose Entities: Erweiterte Konsolidierungspflicht nach US-GAAP und IAS, in: Steuer- und Bilanzpraxis, 4. Jg. (2002), Heft 16, S. 815.

HELMSCHROTT, H.: Einbeziehung einer Leasingobjektgesellschaft in den Konzernabschluß des Leasingnehmers nach HGB, IAS und US-GAAP, in: Der Betrieb, 52. Jg. (1999), Heft 37, S. 1865 – 1871.

HELMSCHROTT, H. (2000a): Zum Problem der unterschiedlichen Zurechnung des Leasingobjektes im Einzel- und Konzernabschluß, in: Zeitschrift für Betriebswirtschaft, 70. Jg. (2000a), Heft 2, S. 231 – 245.

HELMSCHROTT, H. (2000b): Zum Einfluss von SIC 12 und IAS 39 auf die Bestimmung des wirtschaftlichen Eigentums bei Leasingvermögen nach IAS 17, in: Die Wirtschaftsprüfung, 53. Jg. (2000b), Heft 9, S. 426 – 429.

Institut der Wirtschaftsprüfer in Deutschland e.V. (Hrsg.): IDW Stellungnahme zur Rechnungslegung: Einzelfragen zur Anwendung von IAS (IDW RS HFA 2), Stand: 08.05.2003, Düsseldorf 2003.

Institut der Wirtschaftsprüfer in Deutschland e.V. (Hrsg.): Entwurf einer Fortsetzung 5 zu IDW RS HFA 2 (IDW ERS HFA 2), Stand: 04.03.2004, Düsseldorf 2004.

KIESO, D.E./WEYGANDT, J.J./WARFIELD, T.D.: Intermediate Accounting, 10. Aufl., New York 2001.

KLEMM, B.: Unterfallen Contractual Trust Arrangements den Beschränkungen der EU-Pensionsfondsrichtlinie?, in: Deutsches Steuerrecht, 42. Jg. (2004), Heft 14, S. 613 – 616.

KNORTZ, G.: Auslagerung von Pensionsverpflichtungen aus der Bilanz, in: Der Betrieb, 56. Jg. (2003), Heft 45, S. 2399 – 2401.

KÜPPERS, C./LOUVEN, C.: Outsourcing und Insolvenzsicherung von Pensionsverpflichtungen durch Contractual „Trust" Arrangements (CTA's), in: Betriebs-Berater, 59. Jg. (2004), Heft 7, S. 337 – 346.

KÜTING, K./HELLEN, H. H./BRAKENSIEK, S.: Die Bilanzierung von Leasinggeschäften nach IAS und US-GAAP, in: Deutsches Steuerrecht, 37. Jg. (1999), Heft 1, S. 39 – 44.

PALANDT/BASSENGE: Bürgerliches Gesetzbuch, 64. Aufl., München 2004.

RÖßLER, N./DOETSCH, P. A./HEGER, H.-J.: Auslagerung von Pensionsverpflichtungen im Rahmen einer Bilanzierung gemäß SFAS bzw. IAS, in: Betriebs-Berater, 54. Jg. (1999), Heft 48, S. 2498 – 2504.

SCHRUFF, W./ROTHENBURGER, M.: Zur Konsolidierung von Special Purpose Entities im Konzernabschluss nach US-GAAP, IAS und HGB, in: Die Wirtschaftsprüfung, 55. Jg. (2002), Heft 14, S. 755 – 765.

VATER, H.: Bilanzierung von Leasingverhältnissen nach IAS 17: Eldorado bilanzpolitischer Möglichkeiten?, in: Deutsches Steuerrecht, 40. Jg. (2002), Heft 48, S. 2094 – 2100.

WEBER, C./BÖTTCHER, B./GRIESEMANN, G.: Spezialfonds und ihre Behandlung nach deutscher und internationaler Rechnungslegung, in: Die Wirtschaftsprüfung, 55. Jg. (2002), Heft 17, S. 905 – 918.

Auswirkungen des Impairment of Assets auf die interne Steuerung

Jörn Bartelheimer / Markus Kückelhaus / Andreas Wohlthat

- Im Rahmen der Neuregelung der Vorschriften zu Unternehmenszusammenschlüssen wurde auch das Impairment of Assets nach IAS 36 überarbeitet. Vermögenswerte – insbesondere Goodwills – müssen künftig einer Werthaltigkeitsprüfung unterzogen und bei Wertminderung abgeschrieben werden.
- Die Werthaltigkeitsprüfung hat auf Basis geplanter Cash Flow Größen zu erfolgen; eine adäquate Einbindung des Controlling ist zu prüfen. Die Rolle des Controlling kann sich vom Datenlieferanten bis zum (Neu-)Gestalter der Unternehmenssteuerung erstrecken.
- Wenn eine wertorientierte Steuerung auf Markt-/Ertragswertbasis bereits konsequent umgesetzt ist, können die Anforderungen des Impairment of Assets nach IAS 36 vom Controlling ohne großen Aufwand erfüllt und in die Unternehmenssteuerung integriert werden.
- Um werthaltiges Handeln im Unternehmen zu verankern, muss der gewählte Steuerungsansatz Führungskräften und Mitarbeitern verständlich sein. Controlling ist gefordert, einen Kompromiss zwischen theoretischer Exaktheit und praktischer Anwendbarkeit zu finden.

Aktuelle Bedeutung des Impairment of Assets

Die Bedeutung des Themas „Impairment of Assets" hat in der jüngsten Vergangenheit durch Entscheidungen des IASB und des FASB deutlich zugenommen. Die Neuregelungen zur Durchführung von Werthaltigkeitstests („Impairment Tests") durch die Vorschriften des SFAS 141 „Business Combinations" und 142 „Goodwill and Other Intangible Assets" haben bereits seit Juni 2001 für alle nach US-GAAP bilanzierenden Kapitalgesellschaften Geltung. Das IASB ist mit dem IFRS 3 „Business Combinations" sowie den Folgeänderungen des IAS 36 „Impairment of Assets" dem US-amerikanischen Vorbild im Rahmen der Konvergenz der Rechnungslegungssysteme weitgehend gefolgt. Damit erlangen diese Neuerungen ab 2005 auch Geltung zumindest für alle kapitalmarktorientierten Unternehmen in Europa.

Wesentliche Änderungen zur Bewertung von Vermögensgegenständen ergeben sich dadurch in folgenden Punkten:

- Goodwill wird in Zukunft nicht mehr planmäßig abgeschrieben. Stattdessen sehen die Rechnungslegungsvorschriften mindestens eine jährliche Werthaltigkeitsprüfung im Rahmen eines Impairment Tests vor.
- Die bisher nur in Ausnahmefällen erlaubte Wertaufholung beim Goodwill wird verboten.
- Der Impairment Test sieht eine Wertbestimmung auf Ebene der „Reporting Units" (SFAS) bzw. der „Cash-Generating Unit" (IAS) vor.

Zahlreiche Beispiele lassen die Auswirkungen auf die Bilanzierungspraxis von Unternehmen bereits erkennen. So nahm der Medienkonzern AOL Time Warner im ersten Quartal 2002 eine Wertberichtigung von 54 Mrd. $ aufgrund eines Impairment Tests vor. Über 20 Mrd. € als außerplanmäßige Abschreibung für Goodwill und Lizenzen haben im dritten Quartal 2002 das Ergebnis der Deutschen Telekom belastet. Die Commerzbank hat 2003 die Werte ihrer Tochtergesellschaften und Beteiligungen um 2,3 Mrd. € gekürzt. Weiteres Impairmentpotenzial schlummert in den Bilanzen der Großkonzerne. In Summe zeigten die DAX-30-Unternehmen über 123 Mrd. € Goodwill in ihren Bilanzen Q2/2003. Bei Metro, RWE und TUI überstieg der Goodwill sogar das buchmäßige Eigenkapital. (vgl. Panitz/Tschäpitz 2003, S. 17).

Jörn Bartelheimer
Unternehmensberater / Competence Team: Finance Excellence
CTcon GmbH, Burggrafenstr. 5 a, 40545 Düsseldorf,
Tel. +49-2 11-57 79 03-57
E-Mail: j.bartelheimer@ctcon.de

Dr. Markus Kückelhaus
Unternehmensberater / Competence Team: Finance Excellence
CTcon GmbH, Adenauerallee 86, 53113 Bonn,
Tel. +49-2 28-2 43 30-62
E-Mail: m.kueckelhaus@ctcon.de

Spätestens seit der Kapitalmarktdruck dazu geführt hat, dass Unternehmen sich mit Themen wie Shareholder Value und Rating intensiv beschäftigen, ist deutlich geworden, dass die Ausgestaltung der Unternehmenssteuerung nicht losgelöst von externen Anforderungen erfolgen kann. Der gleiche Effekt lässt sich durch die voranschreitende Internationalisierung der Rechnungslegungsstandards feststellen. Die Harmonisierung zwischen interner und auf internationalen Rechnungslegungsstandards basierender externer Rechnungslegung in deutschen Unternehmen ist das Ergebnis; diverse Beiträge in diesem Sonderband unterstreichen diese Entwicklung.

Die Harmonisierung zwischen interner und externer Rechnungslegung in Unternehmen erhält durch das Impairment of Assets eine neue Dimension. Bislang war die Harmonisierung weitgehend begrenzt auf die Nutzung gleicher Rechnungsgrößen in Form von harmonisierten Kostenarten mit weitgehendem Verzicht auf kalkulatorische Kosten und gleicher Rechnungsobjekte im Sinne von Managementeinheiten/Segmenten.
Durch das Impairment of Assets kommt nun die zeitliche Dimension hinzu. Mit der fortschreitenden Abkehr von der Betrachtung historischer Werte hin zur Bewertung nach Marktwerten beschränkt sich das externe Rechnungswesen nicht mehr auf Vergangenheitsdaten, sondern bezieht explizit Planungsdaten in sein Rechenwerk mit ein. Der Ertragswert hat den lang anhaltenden Kampf gegen den Substanzwert scheinbar gewonnen.

Es stellt sich die Frage, welche Auswirkungen auf die Unternehmenssteuerung durch die sich in Änderung befindlichen Rechnungslegungsvorschriften zum Impairment of Assets gem. IAS 36 zu erwarten sind. Diese Auswirkungen können hinsichtlich ihres Ausmaßes zwischen zwei Polen verortet werden. Ohne Steuerungswirkungen bleibt die Nutzung vorhandener interner Steuerungsinformationen – insbesondere Daten der Unternehmensplanung – zur Durchführung der jährlichen Impairment Tests, um ausschließlich den externen Anforderungen zu genügen. Die weitreichendsten Steuerungswirkungen ergeben sich durch die vollständige Anpassung der internen Steuerungsprozesse an die Anforderungen, die sich aus IAS 36 ableiten.

Mit der Verortung der Pole geht die Rolle des Controlling einher. Bei der Beschränkung auf die Erfüllung der externen Anforderungen nimmt das Controlling die Rolle des reinen Informationslieferanten ein. Daten der Unternehmensplanung – eine Domäne des Controlling – werden für Bewertungszwecke dem externen Rechnungswesen bereitgestellt. Neben der Bereitstellung von Informationen sollte allerdings das im Controlling vorhandene Know-how, insbesondere über die Bewertung von Unternehmenseinheiten, genutzt werden. Die zumeist vom Controlling gesammelten Erfahrungen bei der Ausrichtung von Unternehmen am Shareholder Value können helfen, aufkommende Bewertungsfragen branchen- und unternehmensspezifisch zu beantworten. Die aktivste Rolle, die Controlling bei der Umsetzung von IAS 36 im Unternehmen spielen kann, ist die des (Neu-)Gestalters sämtlicher Steuerungsprozesse/-systeme im Hinblick auf die Anforderungen, die sich aus dem Impairment of Assets ergeben. Versteht sich Controlling nicht nur als Hilfs- und Ausführungsfunktion von Steuerungsaktivitäten sondern als proaktive Gestaltungsfunktion, die sicherstellt, dass der Steuerungsregelkreis aus Planung, Performance Measurement und Anreizgestaltung auf die bestehenden internen und externen Kontextfaktoren ausgerichtet ist, dann sind durch die Anforderungen des IAS 36 klare Gestaltungsaufgaben für das Controlling abzuleiten.

Andreas Wohlthat
Unternehmensberater / Competence Team: Finance Excellence
CTcon GmbH, Burggrafenstr. 5 a, 40545 Düsseldorf,
Tel. +49-211-57 79 03-68
E-Mail: a.wohlthat@ctcon.de

Vorschriften zum Impairment of Assets nach IAS/IFRS

Im Dezember 2002 wurden vom IASB im Rahmen des „Business-Combinations"-Projektes der Standardentwurf ED 3 „Business Combinations" sowie daraus resultierende Änderungen für die bestehenden IAS 36 und IAS 38 (Intangible Assets) in den Entwürfen ED IAS 36 bzw. 38 veröffentlicht. Mit den anschließenden Kommentierungen und Diskussionen in den IASB Meetings wurde die Zielsetzung verfolgt, angepasste IFRS noch im ersten Quartal 2004 herauszugeben. Die entsprechende Verlautbarung des IASB und damit die Veröffentlichung des angepassten IAS 36 ist zum 31. März 2004 erfolgt und stellt die Basis für die folgenden Ausführungen dar.

Bewertungsobjekte im Rahmen des Impairment of Assets

IAS 36 beschreibt die außerplanmäßige Wertminderung anhand des so genannten Impairment Tests für die Folgebewertung aller Vermögenswerte mit Ausnahme derjenigen Vermögenswerte, für die eigene Ansatz- und Bewertungsvorschriften existieren, wie beispielsweise für Vorräte (IAS 2). Der Gültigkeitsbereich erstreckt sich damit von der Bewertung von Sachanlagen über immaterielle Vermögenswerte bis hin zu Goodwill. Wesentliche Neuerung des geänderten IAS 36 i.V. mit IFRS 3 ist die Abschaffung planmäßiger Abschreibungen von immateriellen Vermögenswerten mit unbestimmbarer Nutzungsdauer und Goodwill, und stattdessen die Anwendung des so genannten „Impairment-only-Approach".

Generell gilt auch beim Impairment of Assets der Grundsatz der Einzelbewertung (vgl. IAS 36.1 i.V. mit IAS 36.66). Voraussetzung ist jedoch, dass den zu bewertenden Vermögenswerten Zahlungsströme aus der betrieblichen Nutzung zugeordnet werden können, die eindeutig von Zahlungsströmen anderer Vermögenswerte abgrenzbar sind. In der Praxis stößt die Zuordnung von Zahlungsströmen auf einzelne Vermögenswerte häufig auf Probleme, sodass Gruppen von Vermögenswerten mit abgrenzbaren Zahlungsströmen als Bewertungsobjekte gebildet werden können (vgl. IAS 36.68). Diese Einheiten werden als Cash-Generating Units (CGU) bezeichnet und sind vergleichbar mit abgrenzbaren operativen Leistungseinheiten, etwa Managementeinheiten innerhalb einer Sparte oder einer Region (vgl. IAS 36.70). Bei der Gruppenbildung werden auch Vermögenswerte berücksichtigt, die übergreifende Funktionen i. S. von „Shared Services" darstellen. Diese sind den bestehenden CGUs auf vernünftiger und stetiger Basis („reasonable and consistent basis") zuzuordnen (vgl. IAS 36.102a). Ist dies nicht möglich, erfolgt die Zuordnung auf aggregierterer Ebene (vgl. IAS 36.102b).

Auch der Geschäfts- oder Firmenwert ist auf die CGUs aufzuteilen und darf nicht auf Konzernebene zugeordnet werden. Diese Aufteilung hat auf diejenigen CGUs zu erfolgen, die den Nutzen aus dem Erwerb ziehen können, unabhängig davon, auf welche CGUs die mit dem Kauf verbundenen anderen Vermögenswerte und Schulden verteilt werden (vgl. IAS 36.80). Die Vermögenswerte und Schulden können auch einer tiefer hierarchisierten CGU als der Geschäfts- oder Firmenwert zugeordnet werden (vgl. IASB Update 07/2003). Die so genannten „Geschäftswert-tragenden CGUs" dürfen bis auf Ebene der primären oder sekundären Segmente entsprechend IAS 14 („Segment Reporting") gebildet werden. Tiefere Ebenen sind erwünscht, sofern die CGUs auf diesen Ebenen gemäß Management Approach gesteuert werden (vgl. IAS 36.80).

Das IASB geht für die Bildung der CGUs davon aus, dass in den Unternehmen keine Änderungen der bereits genutzten Berichtsstrukturen und -systeme notwendig werden. Damit ergibt sich eine Hierarchie aus CGUs, von denen die höher hierarchisierten CGUs Geschäftswerttragende CGUs sind, während untergeordnete CGUs zwar keinen Geschäftswert enthalten, aber für die Überprüfung der Werthaltigkeit der ihnen zugeordneten Vermögenswerte dennoch erforderlich sind. Diese Hierarchie sollte gemäß Management Approach der im internen Berichtswesen hinterlegten Organisationsstruktur entsprechen.

Indikatoren zur Durchführung von Impairment Tests

Für die definierten Objekte ist der Impairment Test bei Vorliegen bestimmter Indikatoren notwendig (vgl. IAS 36.9). Als Indikatoren können gemäß IAS 36.12-14 beispielsweise gelten:

- die Negativentwicklung des Geschäftsklimas,
- ein Sinken der verwendeten Abzinsungssätze,
- eine Börsenkapitalisierung unterhalb dem Buchwert des Eigenkapitals oder
- signifikante negative Abweichungen der Cash Flows oder Ergebnisse im Plan-Ist Vergleich.

Diese Indikatoren geben nicht nur den Hinweis auf Wertberichtigungsbedarf, sondern sind überwiegend in Form „negativer" Indikatoren auch als Hinweis und Argumentationshilfe anwendbar, um die Notwendigkeit eines Impairment Tests zu widerlegen bzw. eine Wertaufholung zu indizieren (vgl. IAS 36.112).

Während die CGUs ohne Geschäftswert nur bei Vorliegen eines Indikators getestet werden, müssen die Geschäftswerttragenden CGUs mindestens einmal im Jahr einem Impairment Test unterzogen werden (vgl. IAS 36.90). Der Test kann unterjährig erfolgen, separat für die einzelnen Geschäftswerttragenden CGUs und in den Folgejahren regelmäßig zum gleichen Zeitpunkt wie beim erstmaligen Test. Die erstmalige Prüfung muss noch im Erwerbsjahr stattfinden (vgl. IAS 36.96).

Bei der Bestimmung des Zeitpunkts für den Impairment Test ist der hierarchische Zusammenhang der CGUs zu berücksichtigen. Liegt auf aggregierter, Geschäftswerttragender Ebene ein Indikator für Wertberichtigungsbedarf vor, dann ist der Impairment Test zuerst bei den untergeordneten CGUs durchzuführen. Entsprechend gilt, dass, sofern auf untergeordneter Ebene ein Impairment Test aufgrund eines Indikators durchzuführen ist, auch die übergeordnete, Geschäftswerttragende CGU geprüft werden muss (vgl. IAS 36.97). Die Hierarchie der CGUs gibt damit eine bestimmte Reihenfolge vor und legt nahe, zusammengehörende Gruppen von CGUs gleichzeitig zu behandeln. Die Möglichkeit, individuelle Zeitpunkte zu bestimmen, erleichtert den für die Impairment Tests zuständigen Organisationseinheiten eine entsprechende Disposition.

Ermittlung des Wertberichtigungsbedarfs

Ergibt sich aufgrund eines Indikators oder der jährlichen Prüfung die Notwendigkeit eines Impairment Tests, wird der eigentliche Wertberichtigungsprozess angestoßen. Dazu ist der Buchwert der in einer CGU gebündelten Vermögenswerte mit dem erzielbaren Betrag („Recoverable Amount") der CGU, gegebenenfalls unter Berücksichtigung von Minderheitenanteilen, zu vergleichen. Übersteigt der Buchwert das Recoverable Amount, dann ist eine Wertminderung in Höhe des Unterschiedsbetrages zu berücksichtigen (vgl. IAS 36.59).

Das Recoverable Amount einer CGU ergibt sich aus dem größeren Wert aus Nutzungswert („Value in Use") und Nettoveräußerungspreis (der bisherige Begriff „Net selling price" wurde zwar durch „Fair value less cost to sell" ersetzt, die Definition jedoch beibehalten. Vgl. ED IAS 36.5 und IAS 36.6). Als Nettoveräußerungspreis ist der Wert anzusetzen, der bei einem Verkauf des Bewertungsobjektes in einer Transaktion zu Marktbedingungen zwischen sachverständigen, vertragswilligen Parteien nach Abzug der Veräußerungskosten verbleibt. Das kann im Idealfall ein Preis innerhalb eines Verkaufsvertrages, ein tatsächlicher Marktpreis oder ein Schätzwert sein, der unter Marktbedingungen erzielt werden könnte. Aufgrund der individuellen CGU-Zusammensetzung und deren Größe ist davon auszugehen, dass in den meisten Fällen marktähnliche Bedingungen nicht simuliert werden können und ein Nettoveräußerungspreis damit als Vergleichswert nicht in Betracht kommt.

Stattdessen ist der Value in Use für die Ermittlung eines Wertberichtigungsbedarfes anzusetzen. Um den Value in Use einer CGU zu ermitteln, ist der Barwert künftiger, prognostizierter Zahlungsströme dieser CGU mit Hilfe eines bestimmten Diskontierungszinssatzes zu berechnen. Die zuzuordnenden Cash Flows sollen Prognosen der Mittelzu- und -abflüsse aus der fortgesetzten Nutzung der Vermögenswerte, sowie einen eventuellen Mittelzu- oder -abfluss bei Abgang des Vermögenswertes unter der Bedingung steter gesamtwirtschaftlicher Annahmen, beispielsweise hinsichtlich Inflation, enthalten. Die Prognosen müssen auf vernünftigen und vertretbaren Annahmen des Managements beruhen und auf Basis der aktuellen, vom Management genehmigten Finanzpläne, erstellt werden. Der Zeitraum für diese Prognosen darf fünf Jahre nur in begründeten Ausnahmen überschreiten – dem „Going-concern-Ansatz" wird durch eine Ewige Rente am Ende des Zeitraums Rechnung getragen (vgl. IAS 36.33).

Bei der Berechnung des Value in Use sind auch Zahlungsflüsse zu berücksichtigen, die benötigt werden, um die Ertragskraft des Vermögenswertes zu erhalten (vgl. IAS 36.39 und IAS 36.41). Cash Flows aus Restrukturierungsmaßnahmen, zu denen sich das Unternehmen noch nicht verpflichtet hat oder Cash Flows aus Kapazitätserweiterungsinvestitionen sind hingegen ebenso wenig einzubeziehen, wie Mittelflüsse aus Finanzierungstätigkeiten oder Ertragsteuern (vgl. IAS 36.44 bzw. IAS 36.50). Der anzusetzende Cash Flow ist damit vergleichbar mit einem Free Cash Flow vor Zinsen und vor Steuern.

Der Diskontierungszinssatz für die Ermittlung des Value in Use soll die gegenwärtigen Marktbewertungen über den Zeitwert des Geldes und die spezifischen Risiken eines Vermögenswertes widerspiegeln. Er darf jedoch keine Risiken berücksichtigen, die bereits in den prognostizierten Cash Flows berücksichtigt wurden, oder die für die Cash Flows nicht relevant sind. Da in den betrachteten Cash Flows keine Ertragsteuern enthalten sein dürfen, muss auch der Diskontierungszinssatz für die Diskontierung ohne den „Tax shield" betrachtet werden. Im Idealfall gibt es für einzelne Vermögenswerte einen Marktzins als Diskontierungszinssatz. Da jedoch Gruppen von Vermögenswerten zu CGUs zusammengefasst und beurteilt werden und so eine Vermischung von Finanzierung und Risikoprofilen einzelner Vermögenswerte stattfindet, kann alternativ auf einen „Marktzinsersatz", wie beispielsweise den WACC (Weighted average cost of capital), zurückgegriffen werden (vgl. IAS 36.55-57 i.V. mit IAS 36.A17).

Nach Ermittlung des Recoverable Amount ist dieses mit dem Buchwert der CGU zu vergleichen. Die Definition der in den Buchwert der CGU einzubeziehenden Vermögenswerte und Verbindlichkeiten leitet sich analog zu den Bestandteilen des Recoverable Amount ab (vgl. IAS 36.75). Ist der Buchwert einer CGU größer als deren Recoverable Amount, dann ist der Überschuss als Wertberichtigungsbedarf („Impairment loss") zu korrigieren. Diese Korrektur erfolgt grundsätzlich erfolgswirksam, sofern zuvor keine erfolgsneutrale Neubewertung gemäß IAS 16 oder IAS 38 stattgefunden hat (vgl. IAS 36.104 i.V. mit IAS 36.60).

Die Wertberichtigung bezogen auf den Goodwill ist zunächst zwingend einem vorhandenen Geschäfts- oder Firmenwert zuzuordnen. Darüber hinausgehender Wertberichtigungsbedarf erfordert die proportionale Verteilung auf die Buchwerte der Vermögenswerte der CGU. Die Untergrenze des Wertansatzes der Vermögenswerte bildet dabei das Maximum aus dem Vermögenswert-individuellen Nettoveräußerungspreis, dem Nutzungswert des Vermögenswertes und Null. Die Einhaltung dieser Wertuntergrenze kann zu verbleibendem Wertberichtigungsbedarf führen, der dann den übrigen Vermögenswerten der CGU zuzuordnen ist. Ein darüber hinaus verbleibender Restbetrag kann im Normalfall nicht mehr abgesetzt werden; nur in Ausnahmefällen darf er als Schuld passiviert werden (vgl. IAS 36.104-108).

Ist innerhalb einer CGU-Hierarchie festzustellen, dass auf untergeordneten CGUs ohne Geschäfts- oder Firmenwert ein Wertberichtigungsbedarf vorliegt, dann ist dort zuerst die Wertberichtigung durchzuführen, so dass diese Vermögenswerte bereits korrigiert in die übergeordnete, Geschäftswerttragende CGU eingehen (vgl. IAS 36.97). Ein auf dieser aggregierten Ebene gegebenenfalls vorhandener Wertberichtigungsbedarf bezieht sich damit im Wesentlichen auf den dort ausgewiesenen Geschäfts- oder Firmenwert.

In Abbildung 1 sind die wesentlichen Prozessschritte des Impairment Tests zusammenfassend dargestellt.

Korrektur bisheriger Wertberichtigungen

Zu jedem Abschlussstichtag ist zu überprüfen, ob Umstände, die zu früheren

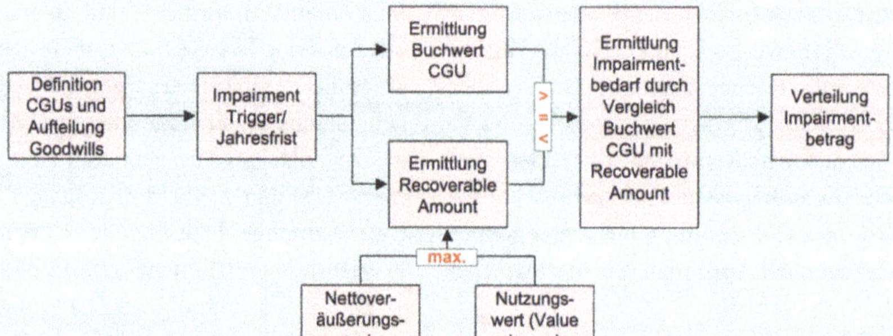

Abbildung 1: Prozessschritte Impairment Test

Wertminderungen geführt haben, noch unverändert Bestand haben (vgl. IAS 36.110f). Wenn Änderungen in den Annahmen zu den Berechnungen des Recoverable Amount eines Vermögenswertes bzw. einer CGU zu einem höheren Wertansatz führen, ist eine Wertaufholung auf das neu ermittelte Recoverable Amount, maximal jedoch bis zu den fortgeführten Anschaffungs- bzw. Herstellungskosten erfolgswirksam durchzuführen. Auch hier gilt die Ausnahme der Anwendung der Neubewertung aufgrund anderer Standards (vgl. IAS 36.114-119). Bei einer Wertaufholung für eine CGU sind die Buchwerte der „nicht Geschäfts- oder Firmenwerte" proportional zu erhöhen (vgl. IAS 36.122 i. V. mit IAS 36.119). Die Korrektur bisheriger Wertberichtigungen bei Geschäfts- oder Firmenwerten ist gemäß Neufassung des IAS 36 untersagt (vgl. IAS 36.124).

Funktionen des Controlling im Rahmen des Impairment of Assets

Die im vorangegangenen Abschnitt beschriebenen Anforderungen im Rahmen des Impairment of Assets werden in aller Regel als externe Bilanzierungsvorschriften nach IAS/IFRS an das externe Rechnungswesen eines Unternehmens gestellt. Trotz voranschreitender Harmonisierung erfolgt in deutschen Großkonzernen üblicherweise eine organisatorische und auch inhaltliche Trennung zwischen dem externen Rechnungswesen und dem Controllingbereich. Entsprechend gestalten sich auch die resultierenden Aufgabengebiete beider Bereiche: während das Rechnungswesen primär mit der Erstellung der erforderlichen Ist-Berichterstattung für externe Adressaten betraut ist, nimmt das Controlling die Rolle des internen Beraters des Management mit der Hauptaufgabe der Rationalitätssicherung der Führung wahr. Dazu werden dem Management insbesondere Konzepte/Methoden, Steuerungsinstrumente und steuerungsrelevante Informationen zur Entscheidungsunterstützung im Rahmen der Unternehmensführung bereitgestellt.

Abhängig davon, welches Rollenverständnis im betreffenden Unternehmen vorherrscht, wird das Controlling die bestehenden Aufgabenstellungen in unterschiedlichem Ausmaß abdecken. Zur Aufgabendefinition des Controlling im engeren Sinne gehören insbesondere die Durchführung der Planung und der laufende Plan-Ist-Vergleich sowie die Erstellung entsprechender Abweichungsanalysen und darauf basierender Handlungsempfehlungen für durchzuführende Maßnahmen.

In der idealtypischen Rolle zeichnet das Controlling für die kontextspezifische Ausgestaltung der Unternehmenssteuerung verantwortlich. Zu diesem Zweck stellt das Controlling die konsequente und durchgängige Integration steuerungsrelevanter Anforderungen in einen verzahnten Regelkreis aus den Managementprozessen strategische und operative Planung, Zielsetzung, Performance Measurement sowie Anreizgestaltung und Vergütung sicher. Veränderten Umweltbedingungen und daraus resultierenden neuen Anforderungen an das Unternehmen, beispielsweise durch die Shareholder-Value-Welle, KonTraG oder Rating, trägt das Controlling durch eine entsprechende Anpassung der Unternehmenssteuerung flexibel Rechnung. Rationalitätssicherung durch Controlling bedeutet in diesem Zusammenhang allerdings auch, Komplexität zu beherrschen und gegebenenfalls zu reduzieren.

Die erweiterten Informationsanforderungen durch die Vorschriften zum Impairment Test nach IAS 36 sind im vorangegangenen Abschnitt bereits erläutert worden. Es stellt sich an dieser Stelle mithin die Frage, wie der erforderliche Informationsbedarf aus bereits bestehenden Aufgabenstellungen im Controlling abgedeckt wird und welche zusätzlichen Anforderungen bestehen.

Inhaltliche Anforderungen

Die Komplexität der zusätzlichen Aufgaben des Controlling durch die Vorschriften zum Impairment of Assets hängt im Wesentlichen davon ab, wie die Definition der CGUs erfolgt, weil dadurch die Ebene festgelegt wird, für welche die Informationen bereitzustellen sind. So ist für die mit dem Wirtschaftsprüfer festgelegten CGUs eines Unternehmens standardmäßig einmal im Jahr die Planung der erforderlichen Daten für den Impairment Test durchzuführen. Prozessual ist eine Integration dieser zusätzlichen Anforderungen in den bestehenden Planungsprozess anzustreben, um die Konsistenz mit den übrigen Plandaten zu gewährleisten und den Zusatzaufwand in einem vertretbaren Rahmen zu halten.

Grundsätzlich gehören zu den erforderlichen Informationen, die vom Controlling für die Value-in-Use-Ermittlung einmal jährlich bereitgestellt werden sollten, insbesondere die Planung der spezifisch definierten Free Cash Flows über einen Zeitraum von i. d. R. maximal fünf Jahren, und die Festlegung eines adäquaten Diskontierungszinssatzes. Die Buchwerte der CGUs stehen bereits aus den Angabepflichten im Rahmen der Segmentberichterstattung nach IAS 14 (Angabe von Segmentvermögen und Segmentverbindlichkeiten) zur Verfügung, sofern die CGU-Definition mit den Segmenten korrespondiert (vgl. IAS 36. BC138).

Der erforderliche Aufwand für die Ermittlung der im Rahmen des Impairment Tests benötigten Daten hängt in erheblichem Maße vom bestehenden Steuerungskonzept, insbesondere von den verwendeten Steuerungsgrößen und -ebenen des Unternehmens ab. Mittlerweile bekennen sich die meisten börsennotierten Unternehmen zur Maximierung des Shareholder Value als oberstem Unternehmensziel und setzen entsprechende wertorientierte Steuerungskennzahlen, insbesondere EVA und ROCE, für die wertorientierte Steuerung des Unternehmens und seiner Segmente ein. Dementsprechend erfolgen nicht nur Planung und Ist-Reporting der Top-Kennzahlen, sondern auch ihrer jeweiligen Eingangspositionen – in erster Linie die Ergebnisgrößen EBIT(DA) und das Capital Employed. Zusätzlich dazu werden im Rahmen der Investitionsplanung die für geplante Anschaffungen erforderlichen Capital Expenditures (Capex) geplant.

Mit Hilfe der Capex und weniger weiterer Informationen, beispielsweise der Veränderung der Rückstellungen, kann die geplante Ergebnisgröße in einen Free Cash Flow übergeleitet werden. Das Capital Employed korrespondiert mit dem ausgewiesenen Buchwert der CGU.

Die einsetzende Baisse an den Aktienmärkten Ende der 90er Jahre, zunehmende Verschuldungs- und Insolvenzraten von Unternehmen sowie die Auswirkungen von Basel II veranlassten viele Unternehmen dazu, sich mit dem Thema Rating auseinanderzusetzen. Die notwendige Nebenbedingung der Liquidität erfuhr eine zum Teil sogar höhere Bedeutung in der Unternehmenssteuerung, als das Primat der Wertmaximierung, um den Anforderungen der Kapitalmärkte Rechnung zu tragen. Damit einher ging ein starker Fokus auf Cash Flow-orientierte Kennzahlen, die von den führenden Rating-Agenturen im Rahmen der Bonitätsbeurteilung eingesetzt werden. Diejenigen Unternehmen, die diese erweiterten externen Anforderungen konsequent in ihre interne Steuerung integriert haben, werden auch entsprechende Cash Flow-Größen neben wertorientierten Steuerungsgrößen für die Steuerung ihrer Segmente einsetzen. Diese Cash Flow-Größen sollten grundsätzlich ohne großen Aufwand in die nach IAS erforderlichen Definitionen übergeleitet werden können.

Grundsätzlich besteht jedoch die Problematik der Unterscheidung von operativen und investiven Cash Flows, die aus dem ursprünglichen Asset bzw. der CGU einerseits sowie Erweiterungsinvestitionen andererseits resultieren. Da für die Value-in-use-Ermittlung nur Ersatzinvestitionen berücksichtigt werden dürfen, ist im Rahmen des Impairment of Assets zu beachten, dass Capex und daraus resultierende operative Cash Flows aufteilbar sind in Mittelflüsse aus Ersatz- und Kapazitätserweiterungsinvestitionen. Analog dazu ist auch für Restrukturierungen eine erfassungsseitige Trennung in Impairment-relevante und nicht zu betrachtende Sachverhalte erforderlich (vgl. IAS 36.44 i.V. mit IAS 36. 39-41).

Hinsichtlich des Diskontierungszinses, der für die Value-in-use-Ermittlung entsprechend IAS eingesetzt werden soll, ist die Regelung bislang wenig spezifisch. Da die Generierung von Überschüssen, die die Kapitalkosten übersteigen, Grundprinzip einer jeden wertorientierten Steuerung ist, wird im Rahmen des Value Based Management (VBM) ein gewichteter durchschnittlicher Eigen- und Fremdkapitalkostensatz (WACC) ermittelt. Abhängig von der konkreten Ausgestaltung der wertorientierten Steuerung handelt es sich dabei um Vor- oder Nachsteuer-Kapitalkostensätze. Die entsprechende Transformation kann unkompliziert über den individuellen Steuersatz des Unternehmens erfolgen. Im Rahmen des Impairment of Assets scheint sich ein WACC vor Steuern als Ausgangszinssatz für die Diskontierung zu empfehlen, da er die rechtlichen Anforderungen erfüllt und durch die Einbindung in die Unternehmenssteuerung der am weitesten verbreitete und bekannteste Diskontierungszinssatz ist. Dieser Ausgangszinssatz ist anschließend entsprechend der CGU-spezifischen Risikosituation zu adjustieren (vgl. IAS 36. A18). Korrespondierend dazu erfolgt im Rahmen der wertorientierten Steuerung die Ableitung individueller, risikoadäquater WACC für die Steuerungsobjekte eines Konzerns, d. h. für dessen Segmente.

Uneinheitlich wird in der Praxis die Frage behandelt, ob bereits bestehende Bewertungsverfahren, beispielsweise auf Basis von EVAs, im Rahmen eines wertorientierten Controlling geeignet sind, den legalen Anforderungen nach IFRS zu genügen. Im Rahmen der Überarbeitung des IAS 36 ist eine weitere Spezifikation des erlaubten Verfahrens zur Value-in-Use-Ermittlung erfolgt, um den Unternehmen eine erweiterte Hilfestellung zu geben. Ungeklärt bleibt in diesem Zusammenhang allerdings der Diskussionspunkt, neben der DCF-Methode auch andere Verfahren zur Value-in-Use-Ermittlung zu erlauben. Das IASB ist der Ansicht, dass hierzu zunächst die grundsätzlichere Fragestellung der Zielsetzung der entsprechenden Bewertung geklärt werden sollte. Gleichzeitig weist das IASB darauf hin, dass zur „Fair value less costs to sell"-Ermittlung die Anwendung alternativer Bewertungsmethoden nicht ausgeschlossen sei (vgl. IAS 36. BC58).

Der Standardsetter hält die Formulierung somit weiterhin unspezifisch und räumt damit entsprechende Spielräume hinsichtlich der Anwendbarkeit alternativer Bewertungsverfahren ein. Erfahrungsgemäß lassen sich jedoch EVA-basierte Bewertungsverfahren gegenüber Wirtschaftsprüfern und Analysten nur schwer begründen, obwohl gemäß Lücke Theorem eine auf Übergewinnen basierte Bewertung bei Gültigkeit bestimmter Voraussetzungen zu einem identischen Ergebnis wie eine DCF-Bewertung führt. Vieles deutet darauf hin, dass die Standardsetter den Einsatz der für die Außenkommunikation in praxi dominierenden DCF-Methode favorisieren werden. Dieses wäre problematisch, weil die überwiegende Mehrheit der deutschen Unternehmen EVA-basierte VBM-Konzepte einsetzt und bei konsequenter Verzahnung auch die Investitions- und Bewertungsrechnungen auf Übergewinnen basieren. Die verpflichtende Anwendung der DCF-Methode würde somit zu deutlichem Mehraufwand und der Gefahr von Inkonsistenzen führen. Da die erwartete Klärung bislang ausgeblieben ist, sind die Unternehmensvertreter in den entsprechenden Gremien angehalten, den Standardsetter auf diese Problematik aufmerksam zu machen und gegebenenfalls auf ein Überdenken der Regelung hinzuwirken.

Prozessuale Anforderungen und Rollenverteilung

Prinzipiell sind drei Möglichkeiten der Rollenverteilung zwischen Rechnungswesen und Controlling im Rahmen des Impairment of Assets denkbar:

- Controlling als Datenlieferant,
- Controlling als Bewerter und Ratgeber oder
- Controlling als Gestalter der Unternehmenssteuerung.

Die Rollen des Controlling als Datenlieferant und als Bewerter/Ratgeber unterscheiden sich hauptsächlich hinsichtlich der Verantwortung für die Werthaltigkeitsberechnung. Dabei wird im ersteren Fall das Rechnungswesen zu gegebenen Zeitpunkten alle relevanten Informationen beim Controlling abfragen und anschließend die Value-in-Use-Ermittlung mit eigenen Ressourcen, Instrumenten und Systemen durchführen. Üblicherweise sind jedoch gerade im Controlling die Methodenkompetenz zu Bewertungsverfahren und das Know-how zur Plausibilisierung von Plandaten vorzufinden. Mit der Rolle des Controlling als Datenlieferant wäre somit ein zusätzlicher Aufbau der im Controlling bereits bestehenden Kompetenzen im Rechnungswesen erforderlich.

Die möglichen Folgen einer derartigen Rollenverteilung sind absehbar: inkonsistente Planzahlen von Rechnungswesen und Controlling durch unterschiedliche Planungswelten, ineffiziente Prozesse durch fehlende Verantwortungszuordnung und Doppelarbeiten sowie die Gefahr eines kurzfristig ausgerichteten „Window Dressing".

Bei der Nutzung bilanzpolitischer Bewertungsspielräume sollte berücksichtigt werden, dass die zur Value-in-Use-Ermittlung verwendeten Planzahlen vom Management bestätigt werden müssen und von Seiten der Wirtschaftsprüfer einem Review unterzogen werden. Außerdem erfolgt in den Folgejahren ein Abgleich der Planzahlen mit den tatsächlich erreichten Ist-Zahlen. Sollte sich dabei herausstellen, dass die Planwerte kontinuierlich zu gut dargestellt werden (Hockeystick-Effekt), entstünde nicht nur ein Glaubwürdigkeitsverlust bei Analysten und Anlegern, sondern auch die Gefahr, dass Wirtschaftsprüfer mit pauschalen Abschlägen auf die Ihnen vorgelegten Planzahlen reagieren könnten.

Aus Gründen der klaren Kompetenzabgrenzung erscheint es sinnvoll, die im Controlling vorhandenen Ressourcen und das Know-how zu nutzen, um nicht nur die erforderlichen Basisdaten abzufragen, sondern auch die benötigten Berechnungen vom Controlling durchführen zu lassen. Nach dem Anstoß des Prozesses durch das Rechnungswesen ist das Controlling in seiner Rolle als Bewerter/Ratgeber anschließend verantwortlich für den gesamten weiteren Prozess und das Ergebnis, das nach Abschluss des Impairment Tests Eingang in die externe Berichterstattung findet. Die erforderlichen Abstimmungen mit dem Wirtschaftsprüfer sollten durch Rechnungswesen und Controlling gemeinsam begleitet werden.

Das bestehende, vom Controlling vorgehaltene Steuerungsinstrumentarium, insbesondere Instrumente zur Unternehmensbewertung, kann methodisch häufig ohne großen Aufwand adaptiert werden und ist damit für die Value-in-Use-Ermittlung einsetzbar. Zudem liegen dem Controlling zentrale Informationen und das dafür notwendige Verständnis bei den Mitarbeitern vor, beispielsweise hinsichtlich der Ermittlung eines adäquaten Diskontierungszinssatzes, und sollten daher auch für die Fragestellungen im Rahmen des Impairment nutzbar gemacht werden.

Während das Controlling in der Rolle als Datenlieferant oder Bewerter/Ratgeber lediglich ex post einen Wertberichtigungsbedarf feststellen kann, bietet die Rolle des Gestalters einer kontextspezifischen Unternehmenssteuerung die Möglichkeit, proaktiv mit Hilfe vorlaufender Indikatoren frühzeitig auf ein mögliches Impairment of Assets hinzuweisen. Alle wesentlichen Sachverhalte über das Unternehmen, die von zentraler Bedeutung für die externe Berichterstattung sind, sollten unter einem derartigen Steuerungsverständnis auch in der internen Steuerung Berücksichtigung finden. Der Werthaltigkeitstest wird damit in die interne Steuerung integriert und die Aufgabenbereiche der Unternehmenssteuerung um die Anforderungen des Impairment of Assets erweitert:

- Eine anhand von Werttreibern konkretisierte wertorientierte Steuerung sorgt dafür, dass der Fokus des Management sich auf die entscheidenden Stellschrauben für die Wertschaffung und damit auch für die Werthaltigkeit richtet. Die Werttreiber sollten innerhalb eines ebenenspezifischen Werttreiberkonzeptes durchgängig auf die operativen Steuerungsebenen, d. h. auch auf die CGUs des Unternehmens, herunter gebrochen werden. Auf diese Weise kann eine proaktive Werthaltigkeitsprüfung von CGUs in die wertorientierte Steuerung integriert werden.
- Im Rahmen von Mergers & Acquisitions sollte die Berücksichtigung der Anforderungen des Werthaltigkeitstests dazu führen, die Vorteilhaftigkeit von Unternehmenskäufen einer eingehenden Analyse zu unterziehen. Insbesondere sollten Kaufpreise für Akquisitionen hinsichtlich der tatsächlichen Realisierbarkeit der geplanten künftigen Erträge bzw. Cash Flows kritisch überprüft werden. So genannte „Strategische Zukäufe" oder „Plattforminvestitionen" erscheinen mit der Berücksichtigung des Impairment of Assets weniger attraktiv, droht doch in künftigen Jahren eine mögliche Wertberichtigung auf zu hohe Goodwills. Zu einem vergleichbaren Ergebnis sollte eine konsequente Verzahnung von M&A mit der wertorientierten Steuerung bereits geführt haben.
- Durch die Impairment Anforderungen kommt auch dem Controlling der Post-Merger-Integration bzw. dem Beteiligungscontrolling eine umfassendere Bedeutung zu. Beim Impairment of Assets erfolgt die Prüfung, ob der ehemals gezahlte Preis bzw. der fortgeführte Buchwert der CGU durch die künftigen Mittelflüsse aus der Nutzung der CGU gerechtfertigt ist. Daher sollten die gezahlten Akquisitionspreise als Basis für die Zielvorgaben der periodischen Steuerungsgrößen (beispielsweise EVA) dienen und die Erreichung der gesetzten Ziele konsequent nachgehalten werden. Dadurch kann ex post die Überprüfung der Werthaltigkeit einer Akquisition gewährleistet werden. Dies gilt gleichermaßen für die Betrachtung einzelner Assets im Rahmen des Investitionscontrolling.
- Eine weitere Aufgabe, die sich bei der Integration der Anforderungen des Impairment of Assets in die Unternehmenssteuerung ergibt, stellt die Berücksichtigung der zentralen Trigger im

Rahmen der strategischen Unternehmensplanung dar. Die Indikatoren selbst sind vergleichbar mit denen eines Frühwarn- bzw. Risikomanagementsystems oder auch mit den vorlaufenden Kennzahlen einer Balanced Scorecard. Soweit noch nicht erfolgt, sollten die Impairment-Trigger daher in das bestehende Steuerungsinstrumentarium im Sinne von ergänzenden Frühwarnindikatoren integriert werden, sodass ein sich andeutender Impairmentbedarf rechtzeitig erkannt wird und gegebenenfalls Maßnahmen zur Gegensteuerung ergriffen werden können.

Fazit: Diejenigen Unternehmen, bei denen das Controlling in der Vergangenheit der Rolle des Gestalters einer kontextspezifischen Unternehmenssteuerung konsequent nachgekommen ist und die interne Steuerung auf die bestehenden Anforderungen, insbesondere durch die Kapitalmärkte, ausgerichtet hat, sollten auch die neuen Herausforderungen im Rahmen des Impairment of Assets bereits heute weitgehend erfüllen können.

Einflüsse des Impairment of Assets im Rahmen einer integrierten Rechnungslegung – eine kritische Würdigung

Im Rahmen des Impairment Tests kommt dem Nutzungswert oder Value-in-Use und den darin konkretisierten künftigen Erwartungen des Managements eine große Bedeutung zu. Erstmals erfolgt in diesem Zusammenhang der explizite Einbezug von zukunftsbezogenen Informationen in die bis dato von historischen Daten dominierten Rechenwerke des Jahresabschlusses. Gleichzeitig wird mit der Empfehlung der DCF-Methode zur Value-in-Use-Ermittlung auch für die Unternehmenssteuerung eine Orientierung am Ertragswert nahe gelegt. Die folgenden Einschränkungen sollten bei der internen Steuerung auf Basis externer Erfolgskennzahlen insbesondere bezogen auf IAS 36 Beachtung finden:

- Eine „echte" Ertragswert-Steuerung berücksichtigt nicht nur erworbene Vermögenswerte, sondern auch im Unternehmen selbst geschaffene Werte, so genannte originäre Goodwills. Aufgrund der fehlenden Reliabilität unterliegt originärer Goodwill nach IAS jedoch einem Aktivierungsverbot. Die resultierende, unterschiedliche Behandlung derivativer und originärer Goodwills wirkt für eine tatsächliche Ertragswert-basierte Steuerung kontraproduktiv. Zudem gelten grundsätzlich die fortgeführten Anschaffungs- bzw. Herstellungskosten mit Ausnahme der „Revaluation", d. h. der Neubewertung zum Zeitwert gemäß IAS 16, als Wertobergrenze für Vermögensgegenstände. In Verbindung mit dem Zuschreibungsverbot des IAS 36 folgt aus dieser Regelung eine weitere

Beschränkung der Berücksichtigung von Wertzuwächsen und damit der Umsetzung einer echten Ertragswert-orientierten Unternehmenssteuerung. Es bleibt bei einem nur scheinbaren Sieg des Ertragswertes über den Substanzwert.

- Impairment-Abschreibungen werden zu stärker schwankenden und damit „schwer kalkulierbaren" Periodenergebnissen führen. Dort wo Marktwerte für Vermögensgegenstände existieren, wird die Volatilität der Märkte direkt in die periodischen Ergebnisse übertragen, die damit starken Verzerrungen unterliegen können.
- Ein Ertragswert basiert auf den Erwartungen des Managements über die künftige Entwicklung des Unternehmens. Diese Erwartungen unterliegen individuellen Einschätzungen und sind daher mit Unsicherheit behaftet. Darüber hinaus basiert regelmäßig nur ein geringer Anteil des Ertragswertes – beim Impairment of Assets in Form des Value-in-Use – auf analytisch ermittelten und vom Management überschaubaren Planungen der expliziten Planungsperiode. Der weitaus größere Ertragswertanteil entfällt auf den Zeitraum nach der Planungsperiode und wird in Form eines Restwertes abgebildet. Aufgrund der oftmals vereinfachten Annahmen zu seiner Berechnung in Verbindung mit der bestehenden Unsicherheit über künftige Ereignisse entzieht sich der Restwert und damit der bedeutendere Teil des Ertragswertes häufig der Steuerung. Ferner ergeben sich in diesem Zusammenhang erhebliche Spielräume zur Sachverhaltsgestaltung und Bilanzpolitik.
- Insbesondere das Beispiel des eher ernüchternden Implementierungsstandes von VBM und Rating zeigt, dass eine einseitige und gleichzeitig technokratische Reaktion auf externe Anforderungen zu dysfunktionalen Effekten führt. Veränderungen, die nur auf Kennzahlen und deterministischen Modellen aufbauen – seien es lineare Werttreiberkonzepte oder rein quantitative Ratingkennzahlen – missachten sowohl die Realität eines komplexen, dynamischen Unternehmensumfeldes als auch die Möglichkeiten der in Unternehmen agierenden Personen, mit diesen Konzepten im Alltag umzugehen. Für eine erfolgreiche Integration der Anforderungen des IAS 36 in die Unternehmenssteuerung gilt es, ein komplexes Netz wechselseitiger Einflussfaktoren zu beachten, um schließlich pragmatische, d. h. handhabbare und verständliche Lösungen zu erarbeiten. Maßstab der erfolgreichen Verankerung der notwendigen Veränderungen ist es, die Konzepte „in die Köpfe und Herzen" der betroffenen Führungskräfte zu tragen. Dies erfordert ein in der Praxis häufig vernachlässigtes, umfassendes Kommunikationskonzept einschließlich ebenenspezifischer Trainingsmaßnahmen für die Betroffenen. Auf diese Weise können die neuen Anforderungen mit hoher Akzeptanz in die Steuerungsprozesse und -systeme integriert und im täglichen Denken und Handeln der Manager verankert werden.

Die Grenzen der Methoden und die Schwierigkeiten der praktischen Umsetzung einer Ertragswertorientierten Steuerung zu erkennen, sollte nicht dazu führen, auf die Umsetzung einer integrierten Rechnungslegung zu verzichten. Vielmehr ist es erforderlich, mit den Grenzen zu leben und praktische Lösungen der Gestaltung zu finden. An dieser Stelle zeigt sich die Bedeutung, einen akzeptierten und durchgängigen Steuerungsansatz unter Berücksichtigung der Anforderungen des IAS 36 zu wählen, der einen ausgewogenen Kompromiss zwischen theoretischem Anspruch und praktischer Umsetzbarkeit bietet. Versteht sich Controlling als proaktiver Gestalter und Koordinator von Steuerungsprozessen und -systemen in Unternehmen, dann besteht die Aufgabe darin, den Anforderungen des Standardsetters bezüglich des Impairment of Assets durch eine adäquate (Neu-)Ausrichtung der Unternehmenssteuerung nachzukommen und auch künftige an die Unternehmen herangetragene Anforderungen in der Unternehmenssteuerung sinnvoll zu integrieren.

Literatur

IASB: International Accounting Standards, IAS 36 Impairment of Assets and IAS 38 Intangible Assets, March 2004.

IASB: ED 3, Business Combinations, December 2002.

IASB: ED IAS 36, Proposed Amendments to IAS 36 Impairment of Assets, December 2002.

IASB: IASB Update July 2003, S. 2ff.

Küting, K./Wirth, J.: Richtungswechsel bei Überarbeitung des Werthaltigkeitstests nach IAS 36 – Konzeption des Werthaltigkeitstests nach den jüngsten Reformbeschlüssen des IASB, in: Deutsches Steuerrecht, 41. Jg. (2003), Heft 43, S. 1848 – 1852.

Lücke, W.: Investitionsrechnungen auf der Grundlage von Ausgaben und Kosten, in: Zeitschrift für handelswissenschaftliche Forschung – NF, 7. Jg. (1955), Heft 7, S. 310 – 324.

Panitz, L./Tschäpitz, H.: RWE und TUI sind die Nächsten, in: Die Welt, 13/11/2003, S. 17.

Protzek, H.: Der Impairment Only-Ansatz – Wider der Vernunft, in: Zeitschrift für kapitalmarktorientierte Rechnungslegung, 3. Jg. (2003), Heft 11, S. 495 – 502

Verordnung (EG) Nr. 1725/2003 der Kommission: IAS 36 Wertminderung von Vermögensgegenständen, in: Amtsblatt der Europäischen Union 29.09.2003, L261/297 – L261/319.

Weber, J.: Einführung in das Controlling, 9. Aufl., Stuttgart 2002.

Weber, J./Bramsemann, U./Heineke, C./Hirsch, B: Value Based Management erfolgreich umsetzen, Band 25 der Reihe Advanced Controlling, Vallendar 2002.

Weißenberger, B. E./Weber, J./Löbig, M./Haas, C. A. J.: IAS/IFRS: Quo vadis Unternehmensrechnung? Konsequenzen für die Unternehmensrechnung in deutschen Unternehmen, Band 31 der Reihe Advanced Controlling, Vallendar 2003.

Bilanzierung von Finanzinstrumenten und Risikocontrolling

Edgar Löw

- Kaum ein Rechnungslegungsstandard ist in der Praxis so umstritten wie IAS 39 zu Ansatz und zur Bewertung von Finanzinstrumenten.
- Alle Derivate werden mit ihrem Fair Value bilanziert. Für die traditionellen Finanzinstrumente gelten teilweise abweichende Regelungen in Abhängigkeit der Klassifizierung.
- Im Vordergrund modernen Risikomanagements steht die Absicherung von Marktrisiken mit Derivaten. Zur Messung haben sich sowohl im Banken- als auch im Industriebereich Value-at-Risk-Verfahren etabliert.
- Zur Abbildung von Sicherungsbeziehungen werden im Accounting fast nur Micro Hedges zugelassen.
- Die Steuerung und das Controlling in der Praxis erfolgt jedoch überwiegend auf Grundlage einer Portfolio-Betrachtung. Dieser Tatsache wird durch die neuesten Standardänderungen vom 31. März 2004 zu Portfolio Hedges – jedoch nur für Zinsrisiken – erstmals Rechnung getragen.

Einleitung

Rechtsgrundlagen

Als die Deutsche Bank im Jahre 1995 als erste Großbank weltweit ihre Bilanzierung nach IAS vorlegte, wurde dieser Wechsel regelmäßig mitbegründet mit dem Argument, dass die internationalen Bilanzierungsregeln schon damals eine Mark-to-Market-Bewertung der Handelsaktivitäten vorsahen und insoweit der deutschen Bilanzierung überlegen waren. „Der Hauptvorteil der Verwendung von Marktwerten bei Finanzinstrumenten liegt in der ganz erheblichen Einschränkung der Ermessens- und damit Manipulationsspielräume bei der Gestaltung des Ergebnisses im Vergleich zur Bilanzierung nach den herkömmlichen Regeln. Außerdem erfüllt der Mark-to-Market-Ansatz aufgrund der Charakteristika von Finanzinstrumenten die Informationsaufgabe besser. … Schließlich stellt die Konsistenz mit der aktiven Steuerung des finanziellen Risikos einen weiteren zentralen Vorteil dar“ (Krumnow 2001, S. 195).

„Eine der wohl augenfälligsten Annäherungen des Financial Accounting an das Management Accounting besteht in der zunehmenden Verwendung von beizulegenden Zeitwerten (Fair Values) für Bilanzierung und Bewertung. Beizulegende Zeitwerte (Fair Values) gelten gemeinhin als aktueller und damit für gegenwärtige Entscheidungen relevanter als historische Anschaffungs- oder Herstellungskosten“ (Naumann 2004, S. 193).

Im Jahre 1995 gab es allerdings noch keinen Standard, der den Ansatz und die Bewertung von Finanzinstrumenten geregelt hätte. Die praktische Bilanzierung basierte auf IAS 25, der eine Unterscheidung nach Short-Term-Investments und Long-Term-Investments vorsah und diese Differenzierung mit unterschiedlichen Folgebilanzierungsvorschriften verband: Short-Term-Investments, praktisch gleichzusetzen mit Handelsaktivitäten, waren zu Fair Values zu bewerten. Bei den Long-Term-Investments wurden die Anschaffungskosten erfolgswirksam fortgeführt (Löw 2000, S. 10 – 11 u. S. 14).

Während also vor noch nicht einmal 10 Jahren eine Harmonisierung von Controlling und Bilanzierung nach IAS greifbar – zumindest in den wesentlichen Aspekten – schien – von Industrieunternehmen, die in dieser Zeit ihre Rechnungslegung auf IAS umstellten, dies bisweilen als wesentliche Begründung für die Bilanzierungsumstellung hervorgehoben wurde –, ist dieses Ziel scheinbar in weite Ferne gerückt. Die Schuld wird dabei häufig in IAS 39 gesehen, dem 1998 verabschiedeten Standard zu Ansatz und Bewertung von Finanzinstrumenten.

Dabei wird jedoch negiert, dass das seinerzeitige IASC und der heutige IASB durchaus Konzepte vorgelegt hatten, die mit der Denkweise des modernen Controlling – und hier insbesondere des Risikocontrolling – kompatibel sein sollten.

IAS 39 war bereits bei seiner Verabschiedung im Dezember 1998 ein Kompromiss und sollte lediglich als Interimslösung bis zu einer endgültigen Regelung gelten, die von der Joint Working Group, die aus Repräsentanten verschiedener Standard Setter zusammengesetzt war,

StB Dr. Edgar Löw
Partner, KPMG Deutsche Treuhand-Gesellschaft AG
Marie-Curie-Str. 30, 60439 Frankfurt
Tel. 069-9587-4760
Fax 069-9587-4762
E-Mail: eloew@kpmg.com

erwartet wurde. Optimisten hatten gehofft, dass das Ergebnis der JWG bereits vor erstmaliger Anwendung des IAS 39 (ab 1. Januar 2001) vorläge, sodass es zu einer praktischen Anwendung der Kompromisslösungen gar nicht erst kommen würde (vgl. Löw/Schildbach 2004, S. 875). Gleichwohl schien die Verabschiedung von IAS 39 zum damaligen Zeitpunkt notwendig, weil die IOSCO die Schließung der Regelungslücke zur Bedingung für die grundsätzliche Anerkennungsempfehlung der IAS als Börsenzulassungsvoraussetzung für ausländische Emittenten verlangt hatte.

Inzwischen wurden IAS 32 zur Offenlegung und IAS 39 zu Ansatz und zur Bewertung von Finanzinstrumenten überarbeitet und am 17. Dezember 2003 in neuer, geänderter Fassung veröffentlicht. Die überarbeiteten Standards sind erstmals für Geschäftsjahre anzuwenden, die am oder nach dem 1. Januar 2005 beginnen; eine (freiwillige) frühere Anwendung wird empfohlen (für beide Standards gleichzeitig).

Bewertung

Erstbewertung

Unter den Begriff „Financial Instruments" können sowohl originäre als auch derivative Finanzinstrumente subsumiert werden. Nach IAS 32.11 ist jeder Vertrag, aufgrund dessen bei einem Unternehmen ein finanzieller Vermögenswert (Financial Asset) und bei einem anderen Unternehmen eine finanzielle Schuld (Financial Liability) oder ein Eigenkapitalinstrument (Equity Instrument) entsteht, ein Finanzinstrument. Gemäß IAS 39.9 sind somit auch Derivate Finanzinstrumente im Sinne dieser allgemeinen Definition und damit grundsätzlich in der Bilanz zu erfassen, auch wenn sie zivilrechtlich unbedingte oder bedingte schwebende Geschäfte darstellen. Ein Finanzinstrument ist von einem Unternehmen einzubuchen, sobald dieses Unternehmen Vertragspartei eines Kontraktes über das Finanzinstrument geworden ist (Tz. 14).

Die erstmalige Erfassung von finanziellen Vermögenswerten und finanziellen Schulden erfolgt zum Fair Value, in der Regel dürfte es sich dabei um die Anschaffungskosten handeln. Bei Vermögenswerten wird darin der Fair Value der gegebenen Gegenleistung gesehen, bei Schulden entspricht dies dem Betrag der erhaltenen Gegenleistung. Gemäß IAS 39.43 sind für Finanzinstrumente, die nicht der Kategorie „at Fair Value through Profit or Loss" angehören, auch anfallende Transaktionskosten einzubeziehen. Diese umfassen sämtliche dem Erwerb des Vermögenswertes direkt zurechenbaren Kosten, wie Aufwendungen für Courtage, Provisionen und andere Gebühren an Vermittler, Berater und Makler. Prospektive Erfolgselemente, z. B. Transaktionskosten für den Veräußerungsfall, interne Verwaltungs- oder Haltekosten sowie Wertberichtigungen für künftige Kreditausfälle, dürfen nicht einbezogen werden.

Bei bestimmten Derivaten sind Leistung und Gegenleistung im Zeitpunkt des Vertragsabschlusses üblicherweise ausgeglichen, sodass kein Bewertungserfolg im Zugangszeitpunkt eintritt, etwa bei Devisen- und Wertpapiertermingeschäften, Zins- und Währungsswaps oder Forward Rate Agreements. Optionen sind Finanzinstrumente, die einen Wert ungleich Null haben, da bei deren Abschluss eine Optionsprämie gezahlt wird. Gekaufte Optionen stellen insofern finanzielle Vermögenswerte, verkaufte Optionen hingegen finanzielle Schulden dar.

Folgebewertung in Abhängigkeit der Klassifizierung

In der jahrelangen Diskussion hat sich das IASC – und inzwischen das IASB – bemüht, die Behandlung von Financial Instruments umfassend zu regeln. Zwei Auffassungen stehen sich scheinbar unvereinbar gegenüber:

Der Ansatz und die Bewertung von Finanzinstrumenten soll grundsätzlich zwar zweckabhängig erfolgen. Die konzeptionelle Bilanzierungsgrundlage hierbei ist allerdings eine Bilanzierung zu fortgeführten Anschaffungskosten. Betriebswirtschaftlich sachgerechte Risiko- und Sicherungszusammenhänge sollen dabei berücksichtigt werden. Dies bedeutet, dass eine imparitätische Einzelbewertung, bei der ein Verlustausweis zu erfolgen hätte, obwohl er ökonomisch auszuschließen ist, immer dann überwindbar ist, wenn diese Sicherungszusammenhänge nachgewiesen werden. In Deutschland hat die Praxis eine entsprechende Vorgehensweise entwickelt und wendet sie unter dem Begriff der „Bewertungseinheit" inzwischen branchenübergreifend – also nicht nur bei Banken – an (vgl. Prahl/Naumann 1992, S. 709 – 729). Handlungsbedarf besteht allerdings bei der Anerkennung antizipativer Hedges (vgl. Löw 2004, S. 267 – 273).

Dem stehen die Befürworter einer Zeitwertbilanzierung gegenüber. Ihnen geht es um eine Einheitlichkeit der Behandlung von Finanzinstrumenten, unabhängig von ihrer Zweckbestimmung. Ziel dieser Bilanzierungskonzeption ist die Vermeidung von „Earnings Management", das immer dann droht, wenn durch bloße Umwidmung von der einen zu der anderen Kategorie wegen der damit verbundenen Bewertungsänderung ein Verlustausweis vermieden oder ein Gewinnausweis erzeugt werden kann.

Diese beiden völlig verschiedenen Grundphilosophien zu überwinden, dürfte auch in Zukunft schwierig sein. Aktuell ist mit einem Kompromiss zu leben, der bislang keine Seite so recht glücklich macht.

Vor dem Hintergrund der Entstehungsgeschichte des Standards ist zu verstehen, dass dem IASB prinzipiell eine Full-Fair-Value-Bilanzierung vorschwebte – und auch heute wohl noch vorschwebt. Insofern sind aus seiner Sicht alle Folgebewertungen, die hiervon abweichend eine Fortführung der Anschaffungskosten vorsehen, als ein Zugeständnis zu werten. Allerdings wurde dieses Zugeständnis an Bedingungen geknüpft, die den Missbrauch durch den Bilanzierenden verhindern sollen.

Die *Klassifizierung von Financial Instruments* wird durch den beabsichtigten ökonomischen Nutzen determiniert und ist im Erwerbszeitpunkt zu treffen sowie zu dokumentieren (z. T. wörtlich im Folgenden auch Löw/Schildbach 2004, S. 876 – 877).

Die Kategorie *„Financial Assets und Financial Liabilities at Fair Value through Profit or Loss"* wird in *zwei Subkategorien* aufgeteilt. In der ersten Untergruppe finden sich die als *„Held-for-Trading"* klassifizierten finanziellen Vermögenswerte und Verbindlichkeiten. Ihre Definition hat sich gegenüber dem bisherigen Standard inhaltlich kaum verändert. In Anlehnung an die bisherige Implementation Guidance wird präzisiert, dass ein finanzieller Vermögenswert auch dann als zu Handelszwecken eingestuft wird, wenn er Teil eines Portfolios von identifizierbaren Finanzinstrumenten ist, die zusammen gemanagt werden und wenn Hinweise auf eine Folge von kurzfristigen Gewinnmitnahmen aus der jüngeren Vergangenheit vorliegen.

Gänzlich neu ist hingegen die Untergruppe derjenigen finanziellen Vermögenswerte und Verbindlichkeiten, die beim erstmaligen Ansatz als „at Fair Value through Profit or Loss" designiert werden (in der Praxis oftmals auch als „fünfte Bewertungskategorie" bezeichnet). Prinzipiell können alle Finanzinstrumente, die in den Anwendungsbereich des IAS 39 fallen, dieser Kategorie zugeordnet werden. Von dem Designationswahlrecht ausgenommen sind Investments in Eigenkapitalinstrumente, für die keine notierten Marktpreise auf aktiven Märkten vorliegen und deren Fair Value nicht zuverlässig ermittelt werden kann.

Durch die Subkategorie „Financial Assets und Financial Liabilities at Fair Value through Profit or Loss", wurde die Möglichkeit geschaffen, jedes Finanzinstrument zum Fair Value zu bewerten und Änderungen des Fair Value erfolgswirksam zu buchen. Das Wahlrecht, jedes Finanzinstrument erfolgswirksam zum Fair Value bewerten zu können, erleichtert die Abbildung von Sicherungszusammenhängen. Durch das Designationswahlrecht unterliegt ein abgesichertes Grundgeschäft der gleichen Bewertungskonzeption wie ein derivatives Sicherungsgeschäft, auch wenn die Dokumentations- und Effektivitätsanforderungen des Hedge Accounting nicht erfüllt werden. Diese Neuerung ermöglicht es somit, eine ökonomisch nicht gerechtfertigte Volatilität des Jahresüberschusses bzw. des Eigenkapitals in bestimmten Fällen zu vermeiden. Es ist jedoch darauf hinzuweisen, dass Veränderungen des Bonitätsspreads im gesicherten Grundgeschäft möglicherweise erhebliche Fair-Value-Schwankungen induzieren, die bei einer Anwendung des Hedge Accounting vermieden werden können. Außerdem ist daran zu denken, dass der Fair Value einer Forderung aus dem Kreditgeschäft auch abhängig von der Bewertung der Kreditsicherheiten ist.

Auf der Passivseite setzt sich die Kategorie „Held-for-Trading" nach dem bisherigen Standard zusammen aus derivativen Finanzinstrumenten, die nicht im Rahmen des Hedge Accounting abgebildet werden, sowie aus Lieferverpflichtungen im Zusammenhang mit Leerverkäufen. Diese Abgrenzung wurde auf finanzielle Verbindlichkeiten ausgeweitet, bei denen die Absicht besteht, sie nach der Begebung kurzfristig zurückzuerwerben (Tz. AG15c). Weiterhin sind finanzielle Verbindlichkeiten einzubeziehen, wenn sie Teil eines Portfolios von identifizierbaren Finanzinstrumenten sind, die zusammen gemanagt werden und wenn Hinweise auf eine Folge von kurzfristigen Gewinnmitnahmen aus der jüngeren Vergangenheit vorliegen (Tz. AG15d).

„Loans and Receivables", also Kredite und Forderungen, bilden die zweite Kategorie. Darunter fällt im Bankenbereich der typische Kreditverkehr, im Industriebereich gehören zu dieser Kategorie alle Forderungen aus Lieferungen und Leistungen. Sowohl die Banken als auch die Industrie haben sich massiv dafür eingesetzt, dass diese Kategorie zu fortgeführten Anschaffungskosten bewertet wird. In den Begründungen hieß es regelmäßig, dass die entsprechenden Forderungen üblicherweise zu 100 % getilgt würden. Bonitätsbedingte Abwertungsnotwendigkeiten würden berücksichtigt, Marktwertschwankungen wegen Zinsänderungen spielten daher keine Rolle. Diese Argumentation hat den Standard Setter dazu bewogen, für Geschäftsaktivitäten in der beschriebenen Art auf eine Fair-Value-Bilanzierung zu verzichten. Die im bisherigen Standard als „Loans and Receivables originated by the Enterprise" bezeichnete Kategorie wird nun „Loans and Receivables" genannt. Mit der Umbenennung geht auch eine neue inhaltliche Abgrenzung der Kategorie einher. Im Vergleich zur Definition des Begriffs „Loans and Receivables originated by the Enterprise" ist die Begriffsbestimmung für „Loans and Receivables" deutlich weiter gefasst. Insbesondere angekaufte Forderungen, die bisher der Kategorie „Available-for-Sale" zuzuordnen und somit zum Fair Value zu bewerten waren, können künftig der Kategorie „Kredite und Forderungen" zugeordnet und somit zu fortgeführten Anschaffungskosten bewertet werden. Kredite und Forderungen sind indes nur dann unter die Kategorie „Loans and Receivables" zu fassen, wenn sie nicht auf einem aktiven Markt notiert sind und darüber hinaus nicht als „Held-for-Trading", „at Fair Value through Profit or Loss" oder „Available-for-Sale" bestimmt sind.

„Kredite und Forderungen" sind zu fortgeführten Anschaffungskosten zu bewerten. Im Rahmen der Folgebewertung wird eine bei der Erstbewertung als Aufwand oder Verminderung des Ertrages erfasste Differenz zwischen dem ermittelten Fair Value und den Anschaffungskosten mit Hilfe der Effektivzinsmethode als Ertrag amortisiert. Auf diese Weise wird die Differenz aus der Erstbewertung wie ein Disagio über die erwartete Laufzeit zugeschrieben.

Bei *„Held-to-Maturity-Investments"* handelt es sich um Finanzinstrumente, bei denen eine Halteabsicht und eine Haltefähigkeit bis zur Endfälligkeit gegeben ist. Da die Bilanzierungsfolge ebenfalls die Fortführung der Anschaffungskosten darstellt, scheint die Kategorie auf den ersten Blick attraktiv zu sein. Um willkürlichen Zuordnungen oder Umwidmungen nicht Tür und Tor zu öffnen, hat der IASB demgegenüber harte Kriterien für eine Belegung der Kategorie formuliert: Die ex ante von dem Bilanzierenden ausgesprochene Behauptung, Halteabsicht und Haltefähigkeit zu besitzen, ist in späteren Perioden, also ex post, zu überprüfen. So ist für einen zurückliegenden Zweijahreszeitraum festzustellen, ob mehr als eine marginale Position aus der Kategorie vor Fälligkeit verkauft wurde. Sollte dies geschehen sein, wird die komplette Kategorie uneingeschränkt für einen Zweijahreszeitraum geschlossen. Die gewollt strengen Regeln sind selbstverständlich vom Abschlussprüfer zu kontrollieren. IAS 39 verlangt eine sehr strenge Beurteilung, sodass vorher genau überlegt werden sollte, ob die Kategorie genutzt werden soll. Im Zweifel ist davon deutlich abzuraten.

„Available-for-Sale Financial Assets" bilden in dem Gedankengebäude eine Restgröße. „Available-for-Sale Financial Assets" sind sämtliche Vermögenswerte, die als solche designiert und nicht als „Loans and Receivables", „Held-to-Maturity-Investments" oder „Financial Assets at Fair Value through Profit or Loss" klassifiziert worden sind (in diesem Sinne also Restgröße). In der Praxis kommt dieser Kategorie indes überragende Bedeutung zu. Sollte also ein Financial Asset keiner anderen Kategorie zugeordnet werden können, erfolgt eine automatische Zuordnung zu dieser Kategorie. Gewinne und Verluste aus der Bewertung von „Available-for-Sale Financial Assets" konnten im bisherigen Standard entweder ergebniswirksam in der Gewinn- und Verlustrechnung oder ergebnisneutral direkt im Eigenkapital gebucht werden. Das Wahlrecht zur ergebniswirksamen Verrechnung von Bewertungsgewinnen und -verlusten bei „Available-for-Sale Financial Assets" ist gestrichen worden (Tz. 55(b)). Dies hat zur Folge, dass Fair-Value-Änderungen zunächst in einer Neubewertungsrücklage, der Revaluation Reserve, „geparkt" werden, bis das Financial Asset die Bilanz verlässt – in der Regel also bis zur Veräußerung. Durch die Abschaffung des Wahlrechtes ist eine Harmonisierung mit SFAS 115 erfolgt, sodass nur noch eine ergebnisneutrale Berücksichtigung zugelassen ist.

Wird eine ergebniswirksame Erfassung von Bewertungsergebnissen in der Gewinn- und Verlustrechnung angestrebt, ist das Finanzinstrument bei der erstmaligen Bilanzierung in die Kategorie „Financial Assets at Fair Value through Profit or Loss" einzubeziehen.

Damit ist der *Kompromisscharakter der Gesamtregelungen* deutlich geworden: Der Standard folgt weder einheitlich dem Anschaffungskostenprinzip noch ist er konsequent am Full-Fair-Value-Konzept ausgerichtet. Vielmehr richtet sich die Bilanzierung tendenziell nach der Verwendungsabsicht: Eine Fair-Value-Bilanzierung ist für traditionell bilanzwirksame Finanzinstrumente ausschließlich für Handelsaktivitäten, diejenigen Finanzinstrumente, die der sogenannten fünften Kategorie zugeordnet wurden, und für „Available-for-Sale"-Finanzinstrumente vorgesehen. Erfolgswirksam werden Wertänderungen dabei lediglich in der übergeordneten Kategorie „at Fair Value through Profit or Loss" (also einschließlich Handel). Dem steht die Anschaffungskostenbilanzierung für Kredite und Forderungen aus Lieferungen und Leistungen, für „Held-to-Maturity-Investments" sowie für den überwiegenden Teil der Verbindlichkeiten gegenüber. Lediglich für Derivate wird die konsequente (erfolgswirksame) Bilanzierung zum Fair Value zwingend verlangt. Damit wurden allerdings Sonderregelungen für die Behandlung solcher Derivate notwendig, die zu Sicherungszwecken verwendet werden. Mit diesen Regelungen haben vor allem europäische Banken (vgl. Kemmer/Naumann 2003, S. 568 – 573 und S. 784 – 798) aber auch die großen Industrieunternehmen gravierende Probleme, weil sie der Risikosteuerung nicht gerecht werden.

Darüber hinaus sind die Vorschriften des IAS 39 stark von der *Absicht des IASB* geprägt, *Missbrauch zu verhindern.* Die Regelungen haben daher für immer komplexer gestaltete Instrumente und Geschäfte präskriptive Regelungen zu finden, um die Darstellung der wirtschaftlichen Substanz der oftmals rechtlich sehr komplexen Geschäfte zu gewährleisten. Gleichzeitig werden aufwändige Dokumentationen (z. B. bezüglich des Hedging) verlangt, die das Earnings Management verhindern sollen.

Hedge Accounting

Risikosteuerung in der Praxis

Im Vordergrund des Risikomanagements steht die Absicherung von Marktrisiken mit Derivaten (vgl. Krumnow 1993, S. 19 – 32 und Krumnow, 1997 b). „Marktpreisrisiken resultieren aus der Veränderung von Marktparametern wie Zinsstrukturkurven, der Volatilität von Zinsen, Aktien- und Wechselkursen, die den Wert der den Derivaten zugrunde liegenden Basisinstrumente (Underlying) betreffen und somit auch maßgeblich den Marktwert derivativer Finanzinstrumente beeinflussen. Des Weiteren können als Sonderform des Marktpreisrisikos auch Spreadrisiken bei der Kombination von Derivate- und Kassainstrumenten auftreten. Sie bezeichnen die Gefahr, dass sich marktspezifische Zinssätze, wie beispielsweise Bond- und Swapzinssätze, unterschiedlich entwickeln" (Krumnow 1997a, S. 299). Kreditderivate, die im Bankensektor zunehmende Verbreitung finden, werden in der Industrie bislang kaum genutzt.

Die *dem Volumen nach häufigste Form der Absicherung von Marktrisiken,* auf die sich nachfolgend beschränkt wird, erfolgt durch einen Tausch von Zahlungsströmen (fix gegen variabel et vice versa). Das entsprechende Sicherungsinstrument wird als *Swap* bezeichnet. Es tritt sehr häufig in den Formen des Zinsswap, des Währungsswap oder aber als kombinierte Zins-/Währungsswapvereinbarung auf. Etwas seltener anzutreffen sind dagegen Total-Return-Swaps beziehungsweise Equityswaps. Weitere Absicherungsinstrumente sind Optionen, Forward- und Future-Kontrakte (zur Erläuterung der Derivate vgl. jeweils Krumnow/Gramlich/Lange/Dewner 2002).

„Neben der Absicherung von traditionellen Bilanzposten kennzeichnet das Risikomanagement von Banken und Versicherungen sowie von Industrie- und Handelsunternehmen zunehmend eine Reduzierung künftiger Marktrisiken noch nicht abgeschlossener – folglich auch noch nicht bilanzierter, jedoch zu erwartender – Geschäfte. Es handelt sich dabei um sogenannte antizipative Hed-

Instrument	Marktwert (Mrd. USD)				
	Dezember 1998	Dezember 1999	Dezember 2000	Dezember 2001	Dezember 2002
Zinsswaps	1.509	1.150	1.260	1.969	3.864
FRAs	15	12	12	19	22
Zinsoptionen	152	141	154	222	381
Zinsterminkontrakte	1.675	1.304	1.426	2.210	4.267
Währungsswaps	200	250	313	335	337
Währungsoptionen	96	60	67	70	76
Aktienoptionen	192	288	229	147	194
Aktientermingeschäfte	236	359	289	205	255

Abbildung 1: Übersicht der genutzten Finanzinstrumente zwischen 1998 und 2002; Quelle: Bank für internationalen Zahlungsausgleich

ges. Im Risikomanagement werden üblicherweise zur Absicherung von künftigen Zinsrisiken Forward Swaps eingesetzt, im Währungsbereich sind hierzu Devisentermingeschäfte gängig. Ähnliche Absicherungsmaßnahmen finden sich darüber hinaus zur Absicherung von Markpreisrisiken künftiger Käufe oder Verkäufe von Edelmetallen oder bei sonstigen erwarteten Warengeschäften" (Löw 2004, S. 245).

Während im Bankenbereich *Zinsrisiken* die Hauptquelle für Marktrisiken darstellen, begründen sich in der übrigen Industrie Marktrisiken insofern vor allem aus *Warenpreisänderungen und Währungskursveränderungen*.

Die Global Derivatives Study Group der Group of Thirty empfahl 1993, die Marktrisiken im derivativen Geschäft mit dem Value-at-Risk zu messen. Durch die Anerkennung der Value-at-Risk-Modelle für die bankaufsichtliche Eigenkapitalunterlegung zunächst durch den Baseler Ausschuss für Bankenaufsicht und anschließend durch die Europäische Union und die nationalen Bankenaufsichtsbehörden hat die Value-at-Risk-Betrachtung erheblich an Verbreitung gewonnen. Inzwischen wird die Grundkonzeption selbst für Kreditrisiken und operative Risiken berechnet und auch bei Nicht-Banken zunehmend eingesetzt.

Der Value-at-Risk gibt an, welchen Verlust ein Unternehmen aus einer Risikoposition unter gegebenen Annahmen maximal erleiden wird. Hierzu werden eine Wahrscheinlichkeit und eine bestimmte Zeitdauer vorgegeben, in der sich das Unternehmen von seiner Position nicht trennen kann. Je höher die Wahrscheinlichkeit – oder anders gesagt, je kleiner das Sicherheitspolster – und je länger die drohende Halteperiode, in der eine Position nicht abgestoßen werden kann, desto höher fällt der potenzielle Verlust aus.

„Im Value-at-Risk-Modell lassen sich alle wesentlichen Marktrisikoeinflussfaktoren berücksichtigen. Dazu gehören Zinssätze, Aktienkurse, Währungskurse und Rohwarenpreise einschließlich deren impliziten Volatilitäten. Auch lineare und nicht-lineare Einflüsse (insbesondere bei derivatespezifischen Risiken) der Risikoeinflussfaktoren auf den Wert eines Portfolios lassen sich abbilden.

In der Praxis finden sich sowohl Modelle im Einsatz, die von einer Unterstellung ausgehen, dass Verluste in den verschiedenen Risiko-Klassen unabhängig voneinander eintreten (sogenannte Nullkorrelation) als auch Modelle, die eine vollständige Korrelation zwischen den verschiedenen Risiko-Klassen annehmen (sogenannte Vollkorrelation).

Auch wenn der Value-at-Risk auf historischer Simulation, auf einer Varianz-/Kovarianzanalyse oder einer Monte-Carlo-Simulation errechnet werden kann, ist festzustellen, dass sich in der Praxis, insbesondere bei diversifizierten Handelsportfolien, zunehmend die Variante der Monte-Carlo-Simulation durchsetzt. Der Vorteil der Monte-Carlo-Simulation liegt darin, dass die Preise der in einem Portfolio enthaltenen Finanzinstrumente unter Zugrundelegung einer Vielzahl von Simulationen willkürlich bestimmt werden und daraus die jeweilige Wertveränderung des Portfolios ermittelt wird. In diesem Sinne ist die Monte-Carlo-Simulation also ein Verfahren, das den Gewinn oder Verlust einer Transaktion für eine große Zahl unterschiedlicher Marktszenarien berechnet. Die Anzahl der Simulationen variiert von Bank zu Bank zwischen 500 und 1.000 Simulationen" (Timmermann 2004, S. 383 – 384).

Um eine Risikoposition überhaupt messen zu können, bedarf es der Hinzuziehung von Marktwerten. Die Verbreitung des Value-at-Risk-Ansatzes zunächst auf dem Gebiet der Zinsrisiken lässt sich leicht dadurch erklären, dass im Zinsbereich häufig Marktpreise direkt ablesbar sind. In diesem Fall kann also auf der Grundlage eines Mark-to-Market gearbeitet werden. Sollten Marktpreise nicht unmittelbar einer Börsennotierung entnommen werden können, sind sogenannte Mark-to-Model-Verfahren einzusetzen. Dabei ist entscheidend, dass aktuelle und adäquate preisbildende Parameter, wie Zinsstrukturkurven, Volatilitäten, Währungskurse etc. verwendet werden. Das sogenannte Risk-Exposure einer spezifizierten Einzelposition oder auch der Gesamtposition des Unternehmens ergibt sich durch Zusammenführung der Marktwerte der jeweiligen, in einem Portfolio zusammengefügten, Netto-Positionen. Die jeweilige Netto-Position wird überwacht und mit Sicherungsgeschäften geschlossen – oder auch nicht.

Abbildung von Sicherungsbeziehungen im Accounting

IAS 39 verlangt für die Anerkennung einer Sicherungsbeziehung unter anderem von Anfang an eine formale Dokumentation des Hedge-Instruments, des zugehörigen Grundgeschäfts, des gesicherten Risikos sowie der vorgesehenen Beurteilung der Effektivität des Hedges. IAS 39 lässt gegenwärtig praktisch ausschließlich sogenannte Micro Hedges zu (zur künftigen Zulässigkeit von Macro Hedges für Zinsrisiken vgl. später). Die Steuerung von Zinsrisiken in der Bankenpraxis und die Steuerung von Währungsrisiken in der Industrie erfolgt – wie oben beschrieben – aber überwiegend auf der Grundlage einer Portfolio-Betrachtung von aktiven und passiven Positionen, bei der nur der Saldo durch (ein oder mehrere) Hedge-Geschäfte abgesichert wird (vgl. Löw 2000, S. 10). *Diese betriebswirtschaftlich sinnvolle Praxis lässt sich mit IAS 39 nicht abbilden.*

Vielmehr ist bei dieser Konstellation ein als Sicherungsinstrument eingesetztes derivatives Instrument eigenständig und erfolgswirksam zum Fair Value zu bewerten, während das zu sichernde Portfolio (z. B. von Kreditforderungen und Einlagen) zu fortgeführten Anschaffungskosten zu bewerten ist. Zur Vermeidung von unbeabsichtigten und insofern auch unkontrollierten Auswirkungen von Wertänderungen des Sicherungsinstruments auf das Jahresergebnis wurde in der Praxis zum Teil mit erheblichem Aufwand versucht, nur für Zwecke des Jahresabschlusses individuelle Sicherungszusammenhänge künstlich herzustellen und zu dokumentieren, ausschließlich um die Voraussetzungen des IAS 39 für das Hedge Accounting formal zu erfüllen (vgl. Kehm/Lauinger/Rave 2003, S. 799 – 808).

Die bisherigen Regelungen von IAS 39 können insofern eine bilanzpolitische motivierte Dokumentation von Sicherungsgeschäften begünstigen (vgl. Kemmer/Naumann 2003, S. 796). „Notwendig ist hier eine Besinnung auf eine stärker konzeptionell ausgelegte Rechnungslegung mit dem Verzicht auf überbordende Detailregelungen und insbesondere Erleichterungen hinsichtlich der praktischen Implementierung. Dies betrifft insbesondere das Hedge Accounting von Anlagebuchgeschäften sowie die Zulassung interner Geschäfte unter vordefinierten Rahmenbedingungen" (Prahl 2004, S. 239). Es ist daher erforderlich, sich über die formalen Grundbedingungen hinausgehend anschließend den Hedge Accounting Regeln gesondert zu widmen (vgl. Kusterle 2003, S. 323 – 345).

Beim *Hedge Accounting* geht es um die *kompensatorische Abbildung gegenläufiger Wertentwicklungen eines risikobehafteten Grundgeschäftes durch ein Sicherungsgeschäft* in der Buchführung. Das Ziel des Hedge Accounting besteht mithin in der Eliminierung des Netto-Einflusses auf die Gewinn- und Verlustrechnung. Insofern steht das Hedge Accounting bedauerlicherweise nicht notwendigerweise in unmittelbarem Zusammenhang zu einem modernen Risikomanagement. Der IASB verfolgte nachweisbar auch nicht die Absicht, modernes Risikomanagement im Accounting abbilden zu wollen. Es ging ihm lediglich darum, den Bilanzierenden technische Hilfsmittel zu gewähren, um die Schwankungen in der Gewinn- und Verlustrechnung, die durch die Derivatebilanzierungsregeln ausgelöst werden, mindern zu können.

An die Sicherungsbeziehungen wird zur Eignung für das Hedge Accounting die kumulative Erfüllung verschiedener Kriterien hinsichtlich Dokumentation und Effektivität verlangt (Tz. 88). So ist insbesondere die Annahme einer hoch effektiven Sicherungsbeziehung nachzuweisen. Dies gilt nicht nur für den Zeitpunkt des Abschlusses des Hedges, zu dem die Effektivität auch nach dem geänderten Standard weiterhin nahezu 100 % („highly effective" gegenüber zuvor „almost fully offset") zu betragen hat, sondern ist über die gesamte Laufzeit, mindestens an jedem Berichtsstichtag, d. h. in der Regel aufgrund der Veröffentlichung von Quartalsberichten vierteljährlich, nachzuweisen (Tz. 88(e) i. V. m. Tz. AG106-AG108). Eine Hedge-Beziehung wird während der Laufzeit als hoch effektiv eingestuft, wenn während der gesamten Laufzeit davon ausgegangen werden kann, dass Fair-Value-Änderungen der abgesicherten Position und Fair-Value-Änderungen des Sicherungsinstruments sich in einer Bandbreite von 80 – 125 % ausgleichen (Tz. AG105). Die Hedge-Effektivität hat verlässlich messbar zu sein (Tz. 88(d)). Die Verlässlichkeit der Effektivitätsmessung resultiert aus einer verlässlichen Messung der Fair Values oder Cash Flows der abgesicherten Position und des Sicherungsinstruments. IAS 39 schreibt keine bestimmte Methode zur Beurteilung der Hedge-Effektivität vor.

Ein Sicherungsgeschäft kann als perfekt angesehen werden, wenn die wesentlichen Vertragsbedingungen, d. h. Nominal- und Kapitalbetrag, Laufzeiten, Zinsanpassungstermine, Zeitpunkte der Zins-, Tilgungsein- und -auszahlungen sowie die Bemessungsgrundlage zur Festsetzung der Zinsen bei Grundgeschäft und Sicherungsinstrument identisch sind. Gleichwohl ist es auch nach der neuen Standardfassung nicht zulässig, auf eine fortlaufende Dokumentation der Hedge-Effektivität während der Laufzeit des Hedge zu verzichten. Hier besteht ein wesentlicher Unterschied zwischen den Regelungen von IAS 39 und denen von SFAS 133. Der letztgenannte Standard enthält nämlich gerade hier eine Vereinfachungsmethode für Sicherungsgeschäfte mit Zinsswaps (sog. Short-Cut-Method), bei denen die wesentlichen Bedingungen des gesicherten Grundgeschäfts und des als Sicherungsinstrument eingesetzten Zinsswaps identisch sind. Liegt diese Konstellation vor, braucht die Effektivität der Sicherungsbeziehung nicht mehr fortlaufend geprüft und nachgewiesen zu werden. Eine Möglichkeit der Umgehung der restriktiveren Vorschrift in IAS 39 ist nicht möglich.

Eine Zulässigkeit von Hedge Accounting besteht gegenwärtig nur für drei Arten von Sicherungszusammenhängen, dem Fair Value Hedge, dem Cash Flow Hedge und dem Hedge zur Absicherung von Währungsrisiken einer Nettoinvestition in ein Auslandsgeschäft. Auf die letzte Absicherung ist an dieser Stelle nicht weiter einzugehen, da in IAS 39 lediglich klargestellt wird, dass die Technik des Cash Flow Hedges anzuwenden ist, ansonsten aber direkt auf einen anderen Standard, nämlich IAS 21, verwiesen wird. Zukünftig wird unter bestimmten Voraussetzungen für Zinsrisiken auch ein

Macro Hedge Accounting zugelassen. Fair Value Hedge und Cash Flow Hedge unterscheiden sich im Sicherungszweck. Beim Fair Value Hedge wird ein identifiziertes Marktpreisrisiko abgesichert, während der Cash Flow Hedge eine Absicherung von zukünftigen, der Höhe nach unsicheren Zahlungsströmen erlaubt.

Fair Value Hedge

Im bisherigen Standard umfasste ein Fair Value Hedge die Absicherung des Fair Value eines erfassten Vermögenswertes, einer Verbindlichkeit oder eines genau bezeichneten Teils eines solchen Vermögenswertes bzw. einer solchen Verbindlichkeit, das einem bestimmten Risiko zugeordnet werden kann und Auswirkungen auf das ausgewiesene Ergebnis haben wird. Die bisherige Regelung zur bilanziellen Abbildung von Fair Value Hedges wurde in Tz. 89 inhaltlich übernommen. Gemäß Tz. 86 (a) wird der Fair Value zusätzlich um die Absicherung von festen Verpflichtungen oder eines genau bezeichneten Teils von festen Verpflichtungen ergänzt. Es wird zudem klargestellt, dass die Fair-Value-Änderung der Fremdwährungskomponente im Buchwert eines nicht derivativen Sicherungsinstruments gemäß IAS 21 im Periodenergebnis zu erfassen ist.

Beim Fair Value Hedge geht es mithin im Wesentlichen um die *Absicherung von Bilanzpositionen oder identifizierbaren Komponenten* hiervon. Abgesichert wird ein bestimmtes, klar identifiziertes Risiko, aus dem Fair-Value-Änderungen der Bilanzposition resultieren.

Auf diese Weise können z. B. festverzinsliche Kredite oder aufgenommene, festverzinsliche Verbindlichkeiten gegen Marktwertänderungen, die sich aus der Veränderung der Zinslandschaft ergeben, abgesichert werden. Die Festzinsposition wird in eine variable Zinsposition „gedreht". Als übliches Instrument wird hierbei ein Zinsswap eingesetzt. Mit einem adäquaten Zinsswap werden also die Festzinszahlungen in variable Zinszahlungen getauscht und das Zinsänderungsrisiko auf diese Weise neutralisiert.

Weitere Beispiele für Fair Value Hedges sind die Absicherung von festverzinslichen Krediten gegen ein aus Marktzinsänderungen resultierendes Kursrisiko und die Absicherung von variabel verzinslichen Finanzinstrumenten gegen Marktwertänderungen, wenn der Marktwert zwischen den Zinsanpassungsterminen wesentlichen Schwankungen unterliegt.

Noch nicht bilanzierte Vermögenswerte und Schulden können im Rahmen eines Fair Value Hedge prinzipiell nicht als Grundgeschäft dienen. Nach der alten Regelung wurden Hedges von festen Verpflichtungen nämlich als Cash Flow Hedges behandelt, um den Ansatz eines Vermögenswertes oder einer Verbindlichkeit für eine Transaktion zu vermeiden, die aufgrund anderer Standards noch nicht zu einem Bilanzansatz geführt hat. Nach den neuen Regelungen ist ein Fair Value Hedge vorgesehen.

Wird jedoch das Fremdwährungsrisiko einer festen Verpflichtung gesichert, besteht weiterhin ein Wahlrecht zwischen Fair Value Hedge und Cash Flow Hedge. Durch die Beibehaltung dieses Wahlrechtes wird die Notwendigkeit zur Redesignation eines Fremdwährungs-Cash-Flow-Hedge einer vorhergesehenen Transaktion, die zu einer festen Verpflichtung wird, zu einem Fair Value Hedge vermieden. Dieses Wahlrecht ist faktisch eher eine Klarstellung der bestehenden Regelungen als eine neue Regelung.

In der Buchführung zeigt sich der Fair Value Hedge wie folgt: Haben sich in der gesicherten Position, dem Grundgeschäft, Wertänderungen ergeben, so wird eine entsprechende Wertberichtigung vorgenommen, soweit sie sich auf das gesicherte Risiko zurückführen lässt. Die Gegenbuchung erfolgt erfolgswirksam in der Gewinn- und Verlustrechnung. Die gesamte Fair-Value-Änderung der Bilanzposition ist mithin zu zerlegen. Nur der Teil der Fair-Value-Änderung, der abgesichert wurde, wird direkt in die Gewinn- und Verlustrechnung überführt.

Die restliche Fair-Value-Änderung bleibt entweder unberücksichtigt – wenn das Grundgeschäft nämlich (ansonsten) zu fortgeführten Anschaffungskosten bilanziert wird, also etwa bei Forderungen aus Lieferungen und Leistungen – oder sie spielt sich in der Neubewertungsreserve ab – wenn das Grundgeschäft zwar zu Fair Values in der Bilanz angesetzt wird, die Fair-Value-Änderungen aber zunächst erfolgsneutral „geparkt" werden, also etwa bei Schuldverschreibungen, die der Kategorie der „Available-for-Sale Financial Instruments" zugeordnet wurde.

Die Fair-Value-Änderung des Derivats wird den allgemeinen Regeln von IAS 39 für Derivate entsprechend ebenfalls in die Gewinn- und Verlustrechnung übernommen, so dass sich insoweit eine Kompensation der Wertberichtigung in der Gewinn- und Verlustrechnung ergibt.

Bei Einzelpositionen lässt sich die Art der Hedge-Beziehung (Fair Value Hedge oder Cash Flow Hedge) zweifelsfrei aus dem Sicherungszweck ablesen, d. h. entweder soll durch das Sicherungsgeschäft eine Fair-Value-Änderung abgesichert oder eine Änderung des Cash Flow vermieden werden. Bei dem Ausgleich von Überhängen aus zusammengesetzten Positionen im Rahmen des Asset-Liability-Managements stellt sich hingegen die Frage, von welchem Standpunkt aus der Vergleich vorgenommen wird.

Veranschaulicht an der Asset-Liability-Steuerung von Banken lässt sich häufig ein Überhang variabel verzinslicher Verbindlichkeiten über variabel verzinsliche Kreditvergaben feststellen, während bei Festzinskonditionen die verzinslichen Kreditvergaben die festverzinslichen Verbindlichkeiten übersteigen. Unter der Annahme eines ansonsten ausgeglichenen Verhältnisses zwischen Gesamtvolumen der Kredite und Gesamtvolumen der Verbindlichkeiten kann das bestehende Zinsänderungsrisiko von zwei Ausgangspunkten abgesichert werden: der Festzinsüberhang im Kreditgeschäft kann mittels eines Swap in eine variabel verzinsliche Vermögensposition umgewandelt werden, so dass der Fair Value unverändert bleibt (Fair Value Hedge), oder mittels eines Swap können variabel verzinsliche Verbindlichkeiten in eine Verbindlichkeitsposition mit einem für das Kreditgeschäft passenden festen Cash Flow umgewandelt werden (Cash Flow Hedge). Die Wahl der Absicherungsmethode bleibt hierbei grundsätzlich dem sichernden Unternehmen überlassen.

Cash Flow Hedge

Ein Cash Flow Hedge ist die *Absicherung des Risikos von Schwankungen der Cash Flows,* wobei das Risiko, das zur Absicherung vorgesehen ist, erstens einem bestimmten, mit dem Vermögenswert oder der Verbindlichkeit verbundenen Risiko oder dem mit einer vorhergesehenen Transaktion verbundenen Risiko zugeordnet werden kann und zweitens Auswirkungen auf das Periodenergebnis haben wird. Die Absicherung einer nicht erfassten festen Verpflichtung zum Kauf oder Verkauf eines Vermögenswertes zu einem festen Preis in der Berichtswährung des Unternehmens wird als Absicherung des Cash Flows behandelt, auch wenn hiermit Risiken im Hinblick auf den Fair Value verbunden sind. Absicherungen von festen Verpflichtungen werden in IAS 39 nun nicht mehr über Cash Flow Hedges erfasst.

Beim Cash Flow Hedge steht nicht die Absicherung eines Grundgeschäftes gegen Wertänderungen im Vordergrund. Es geht vielmehr darum, dass unsicherheitsbehaftete Zahlungsströme abgesichert werden sollen. Diese variablen Zahlungsströme können aus Bilanzpositionen sowie aus zukünftigen Transaktionen resultieren.

In der industriellen Praxis werden häufig Geschäftsaktivitäten in fremden Währungsräumen vorgenommen. Hedges von Fremdwährungsrisiken können sowohl als Cash Flow Hedge wie auch als Fair Value Hedge abgebildet werden. Die Regelungen sind nunmehr in die Implementation Guidance F.3.3 und F.3.4 übernommen worden. Bezogen auf die Absicherung von Fremdwährungsrisiken bei festen Verpflichtungen ist in Tz. 87 zur Klarstellung ein explizites Wahlrecht kodifiziert.

Ähnliche Zahlungsstromschwankungen können auch durch Zinsänderungen ausgelöst werden. Als Absicherungsinstrumente stehen zum Beispiel Währungstermingeschäfte oder Zinsswaps zur Verfügung.

Um in den Fällen von Cash-Flow-Schwankungen die Auswirkungen der Bewertungsanpassungen der Derivate auf die Gewinn- und Verlustrechnung eliminieren zu können, gibt IAS 39.95 das Cash Flow Hedge Accounting vor. Dieses setzt in diesem Fall nicht auf einem Sicherungsgegenstand, also gegebenenfalls auf dem Grundgeschäft, auf. In den genannten Beispielen liegt teilweise überhaupt kein bilanziertes Grundgeschäft vor. Zu denken ist etwa an die Verpflichtung zur Erstellung eines Gebäudekomplexes.

Die Neutralität der Gewinn- und Verlustrechnung wird vielmehr durch eine entsprechende bilanzielle Behandlung des Sicherungsinstrumentes vorgenommen. Bei einem Cash Flow Hedge werden nämlich die Fair-Value-Änderungen des Derivates aus der Gewinn- und Verlustrechnung herausgenommen und in der Neubewertungsreserve so lange „geparkt", bis sich die Zahlungsströme der gesicherten Position (also des vermeintlichen Grundgeschäftes oder der zukünftigen Transaktion) in der Gewinn- und Verlustrechnung zeigen. Es erfolgt also eine Transformation der Fair-Value-Änderung des Derivats in eine künftige Gewinn- und Verlustrechnung.

Führt eine vorhergesehene Transaktion zum Ansatz eines Vermögenswertes oder einer Schuld, so sind zum Zeitpunkt der Erfassung des Vermögenswertes oder der Schuld die direkt im Eigenkapital erfassten Gewinne oder Verluste erfolgswirksam auszubuchen. Eine Anpassung der Anschaffungskosten oder des sonstigen Buchwerts des Vermögenswertes oder der Schuld, ein sogenanntes „Basis Adjustment", erfolgt nach der Neuregelung des Standards nicht mehr (IAS 39.97). Wenn die Absicherung einer festen Verpflichtung oder eines zukünftigen Geschäftsvorfalls nicht zur Erfassung eines Vermögenswertes oder einer Schuld führt, sind die erfolgsneutral im Eigenkapital erfassten Gewinne oder Verluste in der Periode, in der das Grundgeschäft die Gewinn- und Verlustrechnung berührt, (ohnehin) erfolgswirksam zu erfassen (Tz. 100).

Praxisprobleme

Kern der massiven Kritik am bisherigen IAS 39 war die Tatsache, dass die tatsächlichen Hedge-Strategien nicht adäquat abgebildet werden konnten, weil sie den Voraussetzungen für das Hedge Accounting nicht entsprachen.

Grundsätzlich kann ein gesichertes Grundgeschäft ein bilanzwirksamer Vermögenswert oder eine bilanzwirksame Schuld, eine bilanzunwirksame feste Verpflichtung oder ein noch nicht erfolgter, aber höchstwahrscheinlich eintretender, erwarteter künftiger Geschäftsvorfall sein (Tz. 78).

Derivative Finanzgeschäfte qualifizieren grundsätzlich nicht als zu sichernde Grundgeschäfte, da diese der Kategorie „Held-for-Trading" zugeordnet sind und sich jegliche Änderungen des Fair Value ohnehin im Periodenergebnis niederschlagen. Eine Ausnahme stellt die Designierung gekaufter Optionen als Grundgeschäft im Rahmen eines Fair Value Hedge dar.

Aus den Regelungen von *IAS 39* ist insgesamt erkennbar, dass dem IASB ein recht *naives Bild des Risikomanagements* vorschwebt. Während das moderne Risikomanagement üblicherweise im Rahmen einer Portfoliobildung einen Risikoausgleich über die (natürliche) Diversifikation herzustellen versucht, um anschließend lediglich die Netto-Risikoposition zu ermitteln und diese Spitze – vornehmlich durch den Einsatz von Derivaten – abzusichern (Macro Hedge/ Portfolio Hedge), gehen die Rechnungslegungsregeln des IAS 39 von der Grundvorstellung einer 1:1-Beziehung zwischen Grundgeschäft und Zahlungsstrom einerseits und Derivat andererseits aus.

Ebenfalls erlaubt ist Hedge Accounting für die Absicherung von mehreren identifizierten Risikokategorien mit einem einzelnen Hedging Instrument. So kann etwa das Währungs- und gleichzeitig das Zinsrisiko eines einzelnen Grundgeschäftes mit einem Zins-Währungs-Swap abgesichert werden.

Auch die Abbildung eines Portfolio Hedges ist nach IAS 39 formal, also prinzipiell, gestattet. Die Anforderungen des Standards an ein solches Portfolio sind indes in der Realität einer Portfoliobildung kaum zu erfüllen. IAS 39 setzt nämlich – abgesehen von den Erleichterungsregeln zum Macro Hedging von Zinsrisiken – voraus, dass das Portfolio einem homogenen Risiko-Exposure unterliegt.

Eine Ähnlichkeit im Risikoprofil liegt vor, wenn sich Marktwertänderungen eines im Portfolio vorhandenen Instruments annähernd proportional zur Gesamtveränderung aller darin enthaltenen Geschäfte verhalten. Dies ist im Falle eines Fair Value Hedge gegeben, wenn Zinssensitivitäten der einzelnen Grundgeschäfte bezüglich des abgesicherten Risikos annähernd gleich sind. Und dies wiederum bedeutet, dass jeder einzelne Bestandteil auf den entsprechenden Risikoeinflussfaktor identisch reagiert. Ein Aktienportfolio, welches einen Index nachbildet, kann insofern nicht durch eine Put Option auf diesen Index gesichert werden. Das Index-Portfolio ist kein Portfolio ähnlicher Vermögenswerte, da die einzelnen Aktien einen unterschiedlichen Risikocharakter aufweisen. Obwohl es sich um einen nahezu perfekten Hedge handelt, sind die Fair-Value-Änderungen der Aktien weiterhin erfolgsneutral im Eigenkapital auszuweisen, während die Wertänderungen der Indexoption erfolgswirksam in der Gewinn- und Verlustrechnung erfasst werden. In der Logik des IASB müssten sich für eine zulässige Absicherung alle einzelnen DAX-Werte gleichartig verändern.

Das letzte Beispiel verdeutlicht, dass ökonomisch ein perfekter Hedge gegeben sein kann, eine Übertragung dieser Sicherungsbeziehung in die Rechnungslegung jedoch nicht gelingt.

Macro Hedge für Zinsrisiken

Das IASB reagierte auf die heftige Kritik an den Hedge-Regelungen, die insbesondere von Bankenseite angebracht wurde, mit der Veröffentlichung eines zusätzlichen Exposure Drafts am 21. August 2003 (vgl. Kropp/Klotzbach 2003, S. 1180 – 1192). Er beschäftigt sich nahezu ausschließlich mit der Thematik des *Macro Hedging von Zinsrisiken.* Als Amendment to International Accounting Standard wurde er inhaltlich am 31. März 2004 veröffentlicht durch das IASB und gilt daher als Bestandteil von IAS 39 (Fair Value Hedge Accounting for a Portfolio Hedge of Interest Rate Risk).

Der Standard sieht vor, dass zunächst ein Portfolio zum Zwecke der Zinsabsicherung zu identifizieren ist (IAS 39.77). In diesem Portfolio dürfen Vermögenswerte und Schulden vorhanden sein. Die Zahlungsströme aus den Vermögenswerten und Schulden, die dem Portfolio zugeordnet werden, sind in Zeitkategorien einzuteilen. Diese Zeitkategorien basieren auf den erwarteten Rückzahlungszeitpunkten oder den Re-Pricing-Zeitpunkten. Hier kann es durchaus zu Abweichungen von der Vertragsgestaltung kommen, wenn etwa mit frühzeitigen Tilgungen zu rechnen ist, obwohl der Vertrag anders konzipiert wurde. Das Abstellen auf erwartete Laufzeitbänder ist kompatibel mit den üblicherweise im Risikomanagement angewandten Verfahren. Aus den Financial Assets und den Financial Liabilities, die dem betreffenden Zeitband zugeordnet wurden, ist anschließend eine Netto-Position zu bilden. Entsprechend der jeweils identifizierten Risikoposition in einem Laufzeitband werden anschließend die zu sichernden Beträge an Vermögenswerten oder Schulden als gesicherte Position designiert, nicht aber die Netto-Position selbst. Die allein betragsmäßige Bestimmung der zu sichernden Position ist durchaus neu.

IAS 39.81A lässt eine Designation von Vermögenswerten und Schulden nur mit der Maßgabe zu, dass es sich um Positionen handelt

- deren Fair Value sich mit dem gesicherten (Zins-)Risiko ändert,
- die sich für einen Fair Value Hedge auch individuell qualifiziert hätten und
- die in eng definierten und konsistent bestimmten Zeitbändern enthalten sind.

Im Einzelfall wird das betreffende Laufzeitband schon deshalb eng zu definieren sein, weil die bisherigen Anforderungen von IAS 39 weiterhin zu erfüllen sind. Dabei ist insbesondere an die Effektivität zu denken, die sich nach wie vor in einer Bandbreite von 80 % bis 125 % zu bewegen hat.

Schließlich ist nach dem Vorschlag eine Konkretisierung des Zinsrisikos erforderlich. Dies könnte zum Beispiel der Euribor als Benchmark-Zins für die entsprechende Grundgesamtheit sein. Das Erfordernis der Konkretisierung erscheint schon deshalb geboten, weil auch ein Teil eines Gesamtzinsrisikos aus dem Portfolio abgesichert werden darf. Die Bestimmung des Sicherungsinstrumentes erfolgt für jedes Laufzeitband separat.

Neu und auf den ersten Blick überraschend ist darüber hinaus, dass zur Absicherung dieses Portfolios nicht ausschließlich ein Derivat hinzugezogen werden muss, sondern es auch gestattet ist, die Absicherung über ein Portfolio von Derivaten vorzunehmen. Bei näherer Betrachtung handelt es sich aber nur bedingt um ein Zugeständnis. Da die Derivate ohnehin mit ihren Fair-Value-Änderungen durch die Gewinn- und Verlustrechnung laufen, hätte es dieser Klarstellung durch den Standard Setter vielleicht nicht bedurft. Andererseits lässt sich in der Praxis bisweilen einer Netto-Derivateposition leichter eine Grundgeschäftsposition zu ordnen als dies bei einem einzelnen Derivat der Fall ist, weil nur die Spitze eines wertkompensierenden Gegengeschäftes (oder einer Gruppe hiervon) bedarf.

Der vorgesehene Ausweis in Bilanz und Gewinn- und Verlustrechnung bringt bei den Derivaten mit der neuen Regelung allerdings keine Veränderung. Demgegenüber ist für die einbezogenen Grundgeschäfte vorgesehen, die Fair-Value-Änderungen in gesonderten Zeilen der Bilanz und auch der Gewinn- und Verlustrechnung auszuweisen.

Gegebenenfalls bestehende Ineffektivitäten sind – wie schon bisher – in die Gewinn- und Verlustrechnung aufzunehmen und gesondert zu zeigen.

Der neue Vorschlag des IASB wird damit begründet, dass der Standard Setter sich bei dieser Überarbeitung unter anderem von dem Ziel hat leiten lassen, erleichternde Hedge-Accounting-Regelungen vorzulegen. Sie sollen es denjenigen Unternehmen ermöglichen, die Zinsänderungsrisiken auf einer Portfolio-Basis managen, die dem Risikomanangement zugrunde liegenden Daten auch für Zwecke der Rechnungslegung heranzuziehen.

Insofern ist der Schritt zu begrüßen (vgl. Schruff 2003, S. I sowie Prahl/

Kropp 2003 noch zu dem Entwurf), denn er führt zu einer verbesserten Plausibilisierung und Abstimmbarkeit der Ergebnisse zwischen Risikomanagement – und damit interner Steuerung – und externer Rechnungslegung. Hiermit – so ist aus Bankenkreisen zu hören – könnten die meisten Banken der beabsichtigten Neufassung des IAS 39 und seiner Anerkennung durch das ARC der EU zustimmen, ohne dass nunmehr alle Anwendungsprobleme gelöst wären.

Ungelöst bleiben vorerst nämlich die konzeptionellen Probleme. Auch weiterhin wird es nicht möglich sein, alle Sicherungsbeziehungen in der Bilanzierung zu berücksichtigen.

Vor allem aber ist solchen Unternehmen nicht geholfen, die – anders als Banken – nicht etwa Zinsrisiken, sondern eben alle anderen Arten von Marktpreisrisiken auf eine ähnliche Art und Weise absichern. Für sie ist ein Macro oder ein Portfolio Hedge nach wie vor verschlossen, obwohl es sich ökonomisch um vergleichbare Sachverhalte handeln kann.

Aus dem weiterhin geltenden Mix von Bewertungskonzepten werden also auch in Zukunft Friktionen und ungewollte Volatilitäten von Eigenkapital und Ergebnis resultieren.

Literatur

AUER, K. V. (Hrsg.): Die Umstellung der Rechnungslegung auf IAS/US-GAAP. Erfahrungsberichte, Wien/Frankfurt 1998.

BRUNS, H.-G.: Die Umstellung der Rechnungslegung aus Sicht des Konzernmanagements, in: AUER, K. V. (Hrsg.): Die Umstellung der Rechnungslegung auf IAS/US GAAP. Erfahrungsberichte, Wien/Frankfurt 1998, S. 67 – 89.

BÜSCHGEN, H. E. (Hrsg.): Mitteilungen und Berichte, Institut für Bankwirtschaft und Bankrecht, Universität Köln, 1993.

HUMMEL, D./BREUER, R. E. (Hrsg.): Handbuch Europäischer Kapitalmarkt, Wiesbaden 2001.

HUMMEL, D./BÜHLER, W./SCHUSTER, L. (Hrsg.): Banken in globalen und regionalen Umbruchsituationen. Festschrift zum 60. Geburtstag von Johann Heinrich von Stein, Stuttgart 1997.

KEHM, P./LAUINGER, R./RAVE, H.: Umsetzung der Anforderungen des IAS 39 im Commerzbank-Konzern: ein Projektbericht, in: Zeitschrift für das gesamte Kreditwesen, 56. Jg. (2003), Heft 11, S. 799 – 808.

KEMMER, M./NAUMANN, T.: IAS 39: Warum ist die Anwendung dieses Standards für deutsche Banken so schwierig?, Teile 1 und 2, in: Zeitschrift für das gesamte Kreditwesen, 56. Jg. (2003), Heft 11, S. 568 – 573 sowie Heft 14, S. 794 – 798.

KROPP, M./KLOTZBACH, D.: Der Vorschlag des IASB zum Makro Hedge Accounting, in: Die Wirtschaftsprüfung, 56. Jg. (2003), Heft 21, S. 1180 – 1192.

KRUMNOW, J.: Die Steuerung des Zinsänderungsrisikos bei Banken, in: BÜSCHGEN, H. E. (Hrsg.): Mitteilungen und Berichte, Institut für Bankwirtschaft und Bankrecht, Universität Köln, 1993, S. 19 – 32.

KRUMNOW, J.: IAS-Rechnungslegung für Banken, in: Die Bank, o. Jg. (1996), Heft 7, S. 396 – 403.

KRUMNOW, J.: Bankencontrolling für derivative Geschäfte, in: HUMMEL, D./BÜHLER, W./SCHUSTER, L. (Hrsg.): Banken in globalen und regionalen Umbruchsituationen. Festschrift zum 60. Geburtstag von Johann Heinrich von Stein, Stuttgart 1997, S. 291 – 315.

KRUMNOW, J.: Die Absicherung von Währungs- und Zinsrisiken in Kreditinstituten, in: LUTTER, M./SCHEFFLER, E./SCHNEIDER U. H. (Hrsg.): Handbuch der Konzernfinanzierung, Köln 1997.

KRUMNOW, J.: Externe Rechnungslegung von Banken, in: HUMMEL, D./BREUER, R. E. (Hrsg.): Handbuch Europäischer Kapitalmarkt, Wiesbaden 2001, S. 175 – 205.

KRUMNOW, J./GRAMLICH, L./LANGE, T. A./DEWNER, T. M. (Hrsg.): Gabler Bank Lexikon, 13. Aufl., Wiesbaden 2002.

KUSTERLE, B.: Ansatz und Bewertung von Financial Instruments, in: LÖW, E. (Hrsg.): Rechnungslegung von Banken nach IAS. Praxisorientierte Einzeldarstellungen, Wiesbaden 2003, S. 283 – 353.

LANGE, T. A./LÖW, E. (Hrsg.): Rechnungslegung, Steuerung und Aufsicht von Banken – Kapitalmarktorientierung und Internationalisierung, Wiesbaden 2004.

LÖW, E.: Einfluss des Shareholder Value-Denkens auf die Konvergenz von externem und internem Rechnungswesen, in: Kostenrechnungspraxis, 43. Jg. (1999), Sonderheft 3, S. 87 – 92.

LÖW, E.: Deutsche Bankabschlüsse nach IAS. Synoptische Gegenüberstellung der veröffentlichten Konzernabschlüsse, Stuttgart 2000.

LÖW, E. (Hrsg.): Rechnungslegung von Banken nach IAS. Praxisorientierte Einzeldarstellungen, Wiesbaden 2003.

LÖW, E./SCHILDBACH, S.: Financial Instruments – Änderungen von IAS 39 aufgrund des Amendments Project des IASB, in: Betriebs-Berater, 59. Jg. (2004), Heft 16, S. 875 – 882.

LÖW, E.: Antizipative Sicherungsgeschäfte und Fortentwicklung des deutschen Bilanzrechts, in: LANGE, T. A./LÖW, E. (Hrsg.): Rechnungslegung, Steuerung und Aufsicht von Banken – Kapitalmarktorientierung und Internationalisierung, Wiesbaden 2004, S. 242 – 275.

LÖW, E./TÖTTLER, C. R.: Bankspezifische Aspekte der Umstellung auf IAS, in: AUER, K. V. (Hrsg.): Die Umstellung der Rechnungslegung auf IAS/US-GAAP. Erfahrungsberichte, Wien/Frankfurt 1998, S. 271 – 309.

LUTTER, M./SCHEFFLER, E./SCHNEIDER U. H. (Hrsg.): Handbuch der Konzernfinanzierung, Köln 1997.

MENN, B.-J./LEMKEN, N.: Die Umstellung der Rechnungslegung aus Sicht des Controlling eines Konzerns, in: AUER, K. V. (Hrsg.): Die Umstellung der Rechnungslegung auf IAS/US-GAAP. Erfahrungsberichte, Wien/Frankfurt 1998, S. 91 – 116.

NAUMANN, T. K.: Harmonisierung von Financial und Management Accounting, in: LANGE, T. A./LÖW, E. (Hrsg.): Rechnungslegung, Steuerung und Aufsicht von Banken – Kapitalmarktorientierung und Internationalisierung, Wiesbaden 2004, S. 185 – 205.

PRAHL, R.: Bilanzierung von Financial Instruments – quo vadis?, in: LANGE, T. A./LÖW, E. (Hrsg.): Rechnungslegung, Steuerung und Aufsicht von Banken – Kapitalmarktorientierung und Internationalisierung, Wiesbaden 2004, S. 207 – 239.

PRAHL, R./KROPP, M.: Neuregelungen zu IAS 39 sind zu begrüßen, in Börsen-Zeitung vom 22.8.2003, Nummer 161, S. 18.

PRAHL, R./NAUMANN, T.: Moderne Finanzinstrumente im Spannungsfeld zu traditionellen Rechnungslegungsvorschriften: Barwertansatz, Hedge-Accounting und Portfolio-Approach, in: Die Wirtschaftsprüfung, 45. Jg. (1992), Heft: 23, S. 709 – 719.

SCHRUFF, W.: Einsichtiger IASB im Fall IAS 39: ... Und er bewegt sich doch! in: Betriebs-Berater, 58. Jg. (2003), Heft 39, S. I.

TIMMERMANN, M.: Risikocontrolling, Risikomanangement und Risikoberichterstattung von Banken, in: LANGE, T. A./LÖW, E. (Hrsg.): Rechnungslegung, Steuerung und Aufsicht von Banken – Kapitalmarktorientierung und Internationalisierung, Wiesbaden 2004, S. 377 – 404.

Bilanzierung von Unternehmenszusammenschlüssen nach IFRS 3

Martin Glaum / Silvia Vogel

- Mit der Verabschiedung von IFRS 3, IAS 36 (rev. 2004) und IAS 38 (rev. 2004) im März 2004 ist die Bilanzierung von Unternehmenszusammenschlüssen nach IAS/IFRS grundlegend neu geregelt worden.
- Alle Unternehmenszusammenschlüsse müssen künftig mit Hilfe der Erwerbsmethode abgebildet werden, die Pooling-of-Interests-Methode ist nicht mehr zulässig.
- Immaterielle Vermögenswerte, die im Zuge eines Unternehmenszusammenschlusses erworben wurden, sind künftig – zu Lasten des Goodwill – verstärkt separat zu bilanzieren.
- Der Goodwill darf nicht mehr planmäßig abgeschrieben werden; stattdessen muss mindestens einmal jährlich ein Wertminderungstest durchgeführt werden (Impairment-only Approach).
- Die neuen Vorschriften sollen eine präzisere Abbildung von Unternehmenszusammenschlüssen bewirken; infolge der verstärkten Verwendung zukunftsbezogener Wertansätze (Fair Values) werden den Unternehmen allerdings große Ermessensspielräume eingeräumt.
- Die neuen Regelungen haben erhebliche Bedeutung auch für das Controlling, sie werden zu einer weiter gehenden Integration von internem und externem Rechnungswesen beitragen.

Einleitung

Im Rahmen des Business Combinations Projektes des International Accounting Standards Board (IASB) sind am 31. März 2004 neue Regelungen zur Bilanzierung von Unternehmenszusammenschlüssen in Kraft getreten. Sowohl der neue Standard IFRS 3 „Business Combinations" als auch die überarbeiteten Standards IAS 36 „Impairment of Assets" und IAS 38 „Intangible Assets" enthalten wesentliche und weit reichende Änderungen gegenüber den bisherigen Vorschriften: Die Pooling-of-Interests-Methode wurde abgeschafft, der Goodwill, der bei Anwendung der Erwerbsmethode entsteht, darf nicht mehr planmäßig abgeschrieben werden. Weiterhin werden die Unternehmen verpflichtet, übernommene immaterielle Vermögenswerte präziser darzustellen und umfangreichere Detailinformationen über die Zusammenschlüsse als bisher zu publizieren. Die immateriellen Vermögenswerte mit unbestimmter Nutzungsdauer und der Goodwill müssen im Zuge der Folgebewertung jährlichen Wertminderungstests unterzogen werden, was umfangreiche und komplexe Bewertungen erforderlich macht.

Die neuen Vorschriften sollen Investoren und anderen Bilanzadressaten die finanziellen Konsequenzen von Akquisitionen ersichtlich machen und einen verbesserten Einblick in die Vermögens-, Finanz- und Ertragslage des Konzerns gewähren. Allerdings bieten sie den Unternehmen aufgrund des verstärkten Einsatzes zukunftsorientierter Wertansätze große bilanzpolitische Spielräume. Angesichts der hohen wertmäßigen Relevanz von Unternehmenszusammenschlüssen ist dies durchaus kritisch zu sehen.

Die Regeln zur Bilanzierung von Unternehmenszusammenschlüssen nach IFRS 3, IAS 36 (rev. 2004) und IAS 38 (rev. 2004) haben erhebliche Implikationen auch für das Controlling. Um die Anforderungen der Standards erfüllen zu können, wird eine enge Verknüpfung von internem und externem Rechnungswesen notwendig. Für die Generierung der offenzulegenden Informationen sind sorgfältige Planungsrechnungen im Vorfeld von Akquisitionen erforderlich. Zugleich können die Berechnungen, die

Prof. Dr. Martin Glaum
Inhaber des Lehrstuhls für Internationales Management, Rechnungslegung und Wirtschaftsprüfung
Justus-Liebig-Universität Gießen
Fachbereich Wirtschaftswissenschaften

Professur für Internationales Management, Rechnungslegung und Wirtschaftsprüfung (BWL VII), Licher Straße 62,
35394 Gießen, Tel. 06 41-9 92 25 81
E-Mail:
martin.glaum@wirtschaft.uni-giessen.de

für Zwecke der externen Konzernberichterstattung anzustellen sind, auch für die interne Steuerung und Kontrolle genutzt werden (strategisches Akquisitions- bzw. Beteiligungs-Controlling).

Der folgende Aufsatz hat zum Ziel, einen Überblick über die wesentlichen Neuerungen bei der bilanziellen Abbildung von Unternehmenszusammenschlüssen nach IAS/IFRS zu geben und die daraus resultierenden Auswirkungen auf das Controlling genauer darzustellen. Dazu werden zuerst kurz die Entwicklungen der Bilanzierung für Unternehmenszusammenschlüsse in der internationalen Rechnungslegung aufgezeigt. Anschließend werden die neuen Vorschriften für die Bilanzierung von Unternehmenszusammenschlüssen im Jahr des Erwerbs und in Folgeperioden erläutert. Der Aufsatz schließt mit einer Analyse der wesentlichen Auswirkungen auf das Controlling.

Entwicklung der Bilanzierung von Unternehmenszusammenschlüssen in der internationalen Rechnungslegung

Mit der Veröffentlichung der Vorschriften IFRS 3, IAS 36 (rev. 2004) und IAS 38 (rev. 2004) knüpft das IASB an Entwicklungen an, die der amerikanische Standard Setter FASB (Financial Accounting Standards Board) bereits vor drei Jahren abgeschlossen hat. Er verabschiedete im Juni 2001 die Standards SFAS 141 „Business Combinations“ und SFAS 142 „Goodwill and Other Intangibles Assets“. Nach langer kontroverser Diskussion vollzog das FASB damit eine richtungsweisende Änderung der Bilanzierung von Unternehmenszusammenschlüssen: Die Pooling-of-Interests-Methode wurde abgeschafft, fortan konnten Unternehmenszusammenschlüsse nur noch nach der Erwerbsmethode bilanziert werden; die planmäßige Abschreibung eines aktivierten Goodwill wich dem so genannten Impairment-only Approach; ebenso führen geänderte Ansatzkriterien nun zu einer detaillierteren Darstellung der erworbenen immateriellen Vermögenswerten. Diese Entwicklungen sind nun vom IASB übernommen worden und sollen daher in den folgenden Abschnitten genauer dargestellt werden.

Das IASB hat seit seiner Neugründung im Jahr 2001 die bereits existierenden International Accounting Standards einer generellen Überarbeitung unterzogen. Die wichtigsten Ziele der Überarbeitung waren die Verbesserung der Qualität und die Konvergenz mit den jeweiligen US-amerikanischen Standards. Auch die Vorschriften zur Bilanzierung von Unternehmenszusammenschlüssen wurden in diesem Zusammenhang neu zur Diskussion gestellt. Bereits im Jahr 2001 wurde ein Projekt zu Business Combinations auf die Agenda des IASB gesetzt und in zwei Arbeitsphasen aufgeteilt. In einer ersten Phase wurden insbesondere die Anforderungen des bisher gültigen IAS 22 hinterfragt und überarbeitet. Als Ergebnis erschienen im Dezember 2003 der Exposure Draft „ED 3 Business Combinations“ zusammen mit Überarbeitungen der IAS 36 und IAS 38. Der endgültige Standard IFRS 3 und die Anpassungen in IAS 36 (rev. 2004) und IAS 38 (rev. 2004), die sich zum Teil erheblich von den Entwürfen unterscheiden, sind am 31. März 2004 veröffentlicht worden. Inhaltlich lässt sich – wie angesichts des Bestrebens nach Konvergenz zu erwarten war – eine starke Orientierung an den US-amerikanischen Rechnungslegungsstandards erkennen. Allerdings weichen die Verlautbarungen in einzelnen Punkten deutlich von den US-Regelungen ab.

Die zweite Projektphase zu Business Combinations ist ein Joint Project von IASB und FASB, indem über die noch ungeklärten Fragen zur Bilanzierung von Unternehmenszusammenschlüssen weiter beraten wird. Ein Exposure Draft für die zweite Phase des IASB ist in Vorbereitung, die Veröffentlichung ist für das zweite Quartal 2004 vorgesehen (vgl. http://www.iasb.org/current/iasb.asp).

Neuregelungen des IFRS 3 im Überblick

Geltungsbereich des IFRS 3

Der Geltungsbereich des IFRS 3 umfasst – mit Ausnahme der unten aufgeführten Sachverhalte – die Bilanzierung aller Unternehmenszusammenschlüsse. IFRS 3.4 definiert Unternehmenszusammenschlüsse als Zusammenführung von Unternehmen oder betrieblichen Teileinheiten (Entities), die ein Business (i. S. v. IFRS 3 App. A) darstellen, zu einer Berichtseinheit; im Zuge des Zusammenschlusses erlangt das akquirierende Unternehmen einen kontrollierenden Einfluss (vgl. IAS 27.4, 27.13 (rev. 2003)) über die anderen beteiligten Unternehmen bzw. Teileinheiten.

Ausgenommen von den Regelungen des IFRS 3 sind Zusammenschlüsse von

- Entities oder Businesses im Rahmen von Joint Ventures;
- Entities oder Businesses, die unter der Beherrschung des selben Unternehmens stehen (under common control);
- zwei oder mehr Mutual Entities (Gesellschaften auf Gegenseitigkeit);

Silvia Vogel
Wissenschaftliche Mitarbeiterin
Lehrstuhl für Internationales Management, Rechnungslegung und Wirtschaftsprüfung,
Universität Gießen

Licher Str. 62, 35394 Gießen
Tel. 0641-9922583,
Fax 0641-9922589
E-Mail:
Silvia.Vogel@wirtschaft.uni-giessen.de

- Entities oder Businesses, die allein auf vertraglicher Basis eine Berichtseinheit (Reporting Entity) bilden, ohne Eigenkapitalanteile erworben zu haben.

Diese Arten von Unternehmenszusammenschlüssen sind bislang aus dem Geltungsbereich des IFRS 3 ausgegliedert, da sie entweder in einem anderen Standard geregelt sind (IAS 31 „Interests in Joint Ventures") oder weil im Board noch Diskussions- und Konkretisierungsbedarf besteht (vgl. IFRS 3 BC-24, BC-30, BC-34). Allerdings wurde zu den beiden letztgenannten Zusammenschlussformen zwischenzeitlich vom IASB ein Entwurf zur Ergänzung von IFRS 3 vorgelegt („Exposure Draft of Proposed Amendments to IFRS 3 Business Combinations – Combinations by Contract Alone or Involving Mutual Entities" vom 29. April 2004; vgl. http://www.iasb.org/ed.asp).

Änderungen

- Abschaffung der Pooling-of-Interests-Methode; alle Unternehmenszusammenschlüsse sind nach der Erwerbsmethode abzubilden
- Abschaffung der beteiligungsproportionalen Neubewertungsmethode; alle Unternehmenszusammenschlüsse sind im Rahmen der Erwerbsmethode nach der vollständigen Neubewertungsmethode abzubilden
- Abschaffung der planmäßigen Abschreibung des Goodwill; anstelle dessen muss mindestens einmal jährlich ein Wertminderungstest (Impairment Test) vorgenommen werden
- Immaterielle Vermögenswerte mit unbestimmbarer Nutzungsdauer werden nicht mehr planmäßig abgeschrieben, sondern sind lediglich auf Impairment zu testen
- Veränderung der Ansatzkriterien von immateriellen Vermögenswerten
- Änderung der Behandlung eines negativen Unterschiedsbetrags
- Ansatz von übernommenen Eventualschulden (ungewissen Verbindlichkeiten) im Rahmen der Kaufpreisallokation
- Kein Ansatz von Restrukturierungsrückstellungen, die nicht schon im Erwerbszeitpunkt beim Kaufobjekt passiviert waren

Inkrafttreten des IFRS 3

Die Vorschriften des IFRS 3 sind erstmals auf Unternehmenszusammenschlüsse anzuwenden, die ab dem 31. März 2004 vereinbart werden (zum sog. Agreement Date vgl. genauer IFRS 3.78; IFRS 3 App. A). Goodwill, der im Rahmen eines Unternehmenszusammenschlusses am oder nach dem 31. März 2004 entsteht, ist nicht mehr planmäßig abzuschreiben. Ebenso sind die Abschreibungen von bereits bilanzierten Goodwills, die aus Unternehmenszusammenschlüssen vor dem 31. März 2004 resultieren, einzustellen. Die bis zu diesem Zeitpunkt fortgeführten Anschaffungskosten der Goodwills sind beizubehalten und zukünftig nur noch regelmäßig auf Impairment zu testen (vgl. IFRS 3.79 f.; zur Vorgehensweise bei der erstmaligen Anwendung von IFRS in Bezug auf Unternehmenszusammenschlüsse siehe im Übrigen IFRS 1, insbes. IFRS 1.15 u. App. B).

Ein entstandener negativer Unterschiedsbetrag, der auf Zusammenschlüsse vor Anwendung des IFRS 3 zurückzuführen ist, ist in der ersten Berichtsperiode, die am bzw. nach dem 31. März 2004 beginnt, erfolgsneutral den Gewinnrücklagen zuzuführen.

Immaterielle Vermögenswerte, die im Rahmen von Unternehmenszusammenschlüssen vor dem 31. März 2004 erworben wurden, sind erneut zu klassifizieren; erfüllen sie die Ansatzkriterien nach IAS 38 (rev. 2004), sind sie separat zu bilanzieren; ist dies nicht der Fall, hat in der ersten Berichtsperiode, die am bzw. nach dem 31. März 2004 beginnt, ein Ausweis als Goodwill zu erfolgen. Ein bislang bereits bilanzierter Goodwill ist nicht nachträglich aufzuspalten, selbst wenn in ihm enthaltene immaterielle Vermögenswerte die neuen Ansatzkriterien erfüllen (vgl. IFRS 3 BC 198).

Die Regelungen des IFRS 3 dürfen bereits ab einem beliebigen Zeitpunkt vor dem 31. März 2004 angewendet werden (limited retrospective application), sofern bestimmte Voraussetzungen (vgl. IFRS 3.85) vom bilanzierenden Unternehmen erfüllt sind.

Grundgedanken der Erwerbsbilanzierung

Der Zusammenschluss von Unternehmen zu Konzernen wird bilanziell im Rahmen der Konzernrechnungslegung berücksichtigt. Im Konzernabschluss soll die Vermögens-, Finanz- und Ertragslage des gesamten Konzerns so dargestellt werden, als ob dieser auch rechtlich eine Einheit wäre („Fiktion der rechtlichen Einheit", vgl. IAS 27.4, 27.22 (rev. 2003)). Folglich sind im Konzernabschluss alle Vermögenswerte und Schulden sowie alle Erträge und Aufwendungen der Konzerngesellschaften, die in den Abschluss einbezogen werden, abzubilden. Da die bloße horizontale Addition der einzelnen Jahresabschlüsse der Konzernunternehmen zu einem Summenabschluss auch die konzerninternen Verflechtungen beinhaltet, müssen diese internen Beziehungen durch Konsolidierungsvorgänge herausgerechnet werden (Kapital-, Schulden-, Zwischenergebnis-, Aufwands- und Ertragskonsolidierung; vgl. ausführlich zur Konzernrechnungslegung Baetge/Kirsch/Thiele 2002).

Von zentraler Bedeutung ist die *Kapitalkonsolidierung*. Sie hat die Aufgabe, Kapitalverflechtungen der Konzernunternehmen untereinander zu eliminieren. Dazu werden die Anschaffungskosten der Beteiligungen beim Mutterunternehmen mit den auf die Beteiligungen entfallenden Eigenkapitalanteilen der akquirierten Unternehmen bzw. Unternehmensteile verrechnet. Bei der Kapitalkonsolidierung nach IAS/IFRS wurden bisher zwei Grundkonzeptionen unterschieden: die Erwerbsmethode (Purchase Method) und die Interessenzusammenführungsmethode (Pooling-of-Interests Method). Die Erwerbsmethode unterstellt die Identifikation eines Erwerbers, mit der Folge, dass für den Beteiligungserwerb eine finanzielle Gegenleistung aus dem Konzernverbund an den vorherigen Eigentümer abfließt. Die Interessenzusammenführungsmethode hingegen sieht in der Transaktion einen Zusammenschluss von gleichberechtigten Partnern auf Basis eines Anteilstauschs.

Gemäß IFRS 3.14 sind künftig alle Unternehmenszusammenschlüsse nach der Erwerbsmethode zu bilanzieren. Die bisher nach IAS 22 bei Interessenzusammenführungen anzuwendende *Pooling-of-Interests-Methode* (vgl. IAS 22.77 ff.) wurde abgeschafft. Bei der Pooling-of-Interests-Methode wurden die Vermögenswerte und Schulden der beteiligten Unternehmen ohne Aufdeckung stiller Reserven oder Lasten in den Konzernabschluss übernommen; ebenso entstand kein Goodwill, da ein etwaiger Unterschiedsbetrag zwischen den Anschaffungskosten und dem „erworbenen" anteiligen gezeichneten Kapital erfolgsneutral mit den Rücklagen zu verrechnen war. In den Folgeperioden fielen somit weder Goodwill-Abschreibungen noch Wertkorrekturen auf aufgelöste stille Reserven oder stille Lasten an; die Methode hatte also keine Ergebniswirkung und war daher aus Unternehmenssicht attraktiv. Der Unterschied zur Erwerbsmethode kann eindrucksvoll anhand des Beispiels der Übernahme von Chrysler durch Daimler 1998 belegt werden. Dieser Zusammenschluss wurde mit Hilfe der Pooling-of-Interests-Methode abgebildet. Wäre Daimler gezwungen gewesen, den Zusammenschluss nach der Erwerbsmethode zu bilanzieren, hätte sich ein Goodwill in Höhe von 54,9 Milliarden DM ergeben (vgl. DaimlerChrysler 1999); folglich wäre das Ergebnis des Daimler-Konzerns – bei einer Abschreibungsdauer des Goodwill von 40 Jahren – in jedem Jahr um 1,37 Milliarden DM verringert worden.

Die Entscheidung des IASB zur Abschaffung der Pooling-of-Interests-Methode kann mit dem Bestreben nach internationaler Konvergenz in der Rechnungslegung begründet werden; die Methode ist bereits in den USA, Kanada und Australien untersagt. Die einheitliche Anwendung nur einer Methode soll darüber hinaus die Vergleichbarkeit der Abschlüsse erhöhen. Vor allem aber entfallen mit der Abschaffung Anreize, Zusammenschlüsse so zu gestalten, dass die aus Sicht der Unternehmensleitungen vorteilhafte, auch in Folgeperioden ergebnisneutrale Pooling-of-Interests-Methode angewendet werden kann (vgl. IFRS 3 IN. 2 f.).

Die *Erwerbsmethode* bildet den Unternehmenszusammenschluss aus Sicht des Erwerbers ab. Als Erwerber ist dasjenige am Kaufprozess beteiligte Unternehmen zu identifizieren, das durch die Transaktion die Kontrolle (vgl. IFRS 3.19) über die anderen am Zusammenschluss beteiligten Unternehmen bzw. Unternehmensteile gewinnt. Da künftig bei jedem Unternehmenszusammenschluss ein Erwerber nach IFRS 3.18 identifiziert werden muss, können Fälle auftreten, in denen diese Entscheidung Schwierigkeiten bereitet; IFRS 3.20 f. zeigt diesbezüglich beispielhafte Indikationen auf.

Der Zeitpunkt, an dem der Erwerber bei wirtschaftlicher Betrachtung die Kontrolle über das Kaufobjekt erzielt, wird als *Erwerbszeitpunkt* (Acquisition Date; vgl. IFRS 3.25) bezeichnet. Es besteht die widerlegbare Vermutung, dass der Erwerber die Kontrolle über das Objekt ausüben kann, wenn er über mehr als die Hälfte der Stimmrechte verfügt (vgl. IFRS 3.19). Erfolgt der Erwerb in einer einzigen Transaktion, fallen Erwerbszeitpunkt (Acquisition Date) und Zeitpunkt der Übernahme der Anteile (Date of Exchange Transaction) zusammen. Liegt ein sukzessiver Anteilserwerb vor, so erfolgt die Erstkonsolidierung bezogen auf den Zeitpunkt, in dem die Kontrolle auf den Erwerber übergeht (vgl. zu detaillierten Regelungen des sukzessiven Erwerbs IFRS 3.25, 3.58 ff.; Küting/Elprana/Wirth 2003, S. 477 ff.).

Der Erwerbsmethode liegt die Fiktion zugrunde, dass der Erwerber im Rahmen des Kaufes alle Vermögenswerte und Schulden des Zielunternehmens einzeln angeschafft hat und nicht nur die Anteile am Eigenkapital (*Annahme des Einzelerwerbs*). Die erworbenen Vermögenswerte und Schulden müssen zu den fiktiven Anschaffungskosten aus Sicht des Konzerns, also mit den Zeitwerten im Zeitpunkt der Übernahme, bewertet werden. Stille Reserven und stille Lasten werden vollständig aufgedeckt. Zu diesem Zweck ist für die Konsolidierung eine neubewertete Bilanz des akquirierten Unternehmens zu erstellen.

Prozess der Kaufpreisallokation

Die Anwendung der Erwerbsmethode vollzieht sich in drei Schritten (vgl. IFRS 3.16): (i) Identifikation des Erwerbers; (ii) Bestimmung des Kaufpreises; (iii) Verteilung des Kaufpreises zum Erwerbszeitpunkt auf die erworbenen Vermögenswerte und Schulden (inkl. Eventualschulden). Um die Aufteilung des Kaufpreises, die sog. *Kaufpreisallokation* (Purchase Price Allocation), durchführen zu können, müssen zuvor alle nach IAS/IFRS bilanzierungspflichtigen Vermögenswerte und Schulden identifiziert werden. Dazu sind sowohl die beim akquirierten Unternehmen bereits bilanzierten Vermögenswerte und Schulden zu berücksichtigen als auch Vermögenswerte und Schulden, die bisher in dessen Bilanz nicht erfasst waren.

Materielle Vermögenswerte und Schulden sind gem. IFRS 3.37 zu bilanzieren. Danach muss bei einem Asset ein zukünftiger Nutzenzufluss für den Erwerber wahrscheinlich sein und der Fair Value des Asset zuverlässig ermittelt werden können. Eine Schuld ist zu passivieren, wenn es wahrscheinlich ist, dass zu ihrer Begleichung ein Ressourcenabfluss erforderlich ist und der Fair Value zuverlässig bemessen werden kann.

Während die Identifizierung von materiellen Vermögenswerten durch die vorhandene Substanz geprägt wird, ist die Erfassung *immaterieller Vermögenswerte* ungleich schwieriger. In der Vergangenheit wurde meist ein großer Teil der immaterieller Vermögenswerte nicht separat ausgewiesen, sondern in der Residualgröße Goodwill erfasst. Durch IFRS 3 und die entsprechenden Anpassungen in IAS 38 (rev. 2004) sind nun bei der Identifizierung von immateriellen Vermögenswerten neue Ansatzkriterien zu beachten. Immaterielle Vermögenswerte sind gem. IAS 38.8 (rev. 2004) als nicht-monetäre Vermögenswerte ohne physische Substanz definiert. Sind sie durch einen Unternehmenszusammenschluss erworben worden, müssen sie einzeln bilanziert werden, sofern sie die Aktivierungskriterien des IAS 38 (rev.

2004) erfüllen und ihr Fair Value zuverlässig bestimmt werden kann (vgl. IAS 38.33 f.). Nach den überarbeiteten Vorschriften ist die Identifizierbarkeit immer dann gegeben, wenn die Intangibles vertraglich oder rechtlich entstanden sind (Contractual or Other Legal Rights Criterion) oder dem Kriterium der Separierbarkeit genügen (Separability Criterion). Letzteres ist erfüllt, wenn ein immaterieller Vermögenswert einzeln oder zusammen mit einem Related Contract verkauft, transferiert, lizensiert, gemietet oder getauscht werden kann (vgl. IAS 38.12 (rev. 2004); zu ausführlichen Beispielen vgl. IFRS 3 Illustrative Examples).

Diese Neuregelung wird dazu führen, dass im Rahmen der Purchase Price Allocation immaterielle Vermögenswerte künftig in umfangreicherem Maße einzeln bilanziert und nicht mehr unter die Restgröße Goodwill subsumiert werden. Die neuen Ansatzkriterien zeigen eine starke Anpassung an die in der US-amerikanischen Bilanzierung gültigen Regelungen auf. Auch wenn die konsequentere Erfassung der Intangibles die Restgröße Goodwill reduziert und somit die Transparenz der Bilanzierung erhöht, darf nicht unterschätzt werden, dass die separate Bilanzierung in vielen Fällen zu komplexen und problematischen Erfassungs- und Bewertungsvorgängen führen wird (vgl. zur Bewertung von Intangibles Jäger/Himmel 2003, S. 426 ff.; Frowein/Lüdenbach 2003, S. 65 ff.).

Durch IFRS 3 sind auch die Vorschriften zur Bilanzierung von *Eventualschulden* (Contingent Liabilities) verändert worden. Eventualschulden sind bedingte oder andere mögliche Verpflichtungen, die aufgrund einer geringen Eintrittswahrscheinlichkeit ein Unternehmen nur eventuell belasten werden und nicht den Passivierungsgrundsätzen einer Rückstellung genügen. Sie werden in IAS 37.10 definiert und unterliegen einem Bilanzierungsverbot, solange die Inanspruchnahme unwahrscheinlich oder die Belastung nicht zuverlässig bestimmbar ist (vgl. IAS 37.27). Bei Unternehmenszusammenschlüssen wird dieses Verbot aufgehoben, sofern der Fair Value der übernommenen Eventualschulden zuverlässig bestimmt werden kann (IFRS 3.37(c) und .47 ff.). Ist dies der Fall, sind sie neuerdings im Rahmen der Kaufpreisallokation zu passivieren, auch wenn eine Inanspruchnahme nicht wahrscheinlich erscheint, da zu unterstellen ist, dass sie die Höhe des Kaufpreises beeinflusst haben. Werden Eventualschulden passiviert, vermindert sich das bilanzielle Nettovermögen des übernommenen Unternehmens; folglich erhöht sich der zu bilanzierende Goodwill entsprechend. Kritisch anzumerken ist, dass von der Regeländerung nur ungewisse Schulden betroffen sind, nicht aber ungewisse Vermögenswerte (Contingent Assets). Dies hat zur Folge, dass eine Ungleichbehandlung der ungewissen Werte im Konzernabschluss besteht; eine Berücksichtigung dieser Problematik ist im Rahmen der zweiten Phase des Business Combinations Projekts zu erwarten.

Weiterhin sind nach IAS 37.70 ff. unter bestimmten Voraussetzungen *Restrukturierungsrückstellungen* zu bilden. Eine Restrukturierung kann z. B. vorliegen, wenn Geschäftsbereiche verkauft oder eingestellt werden sollen bzw. Verlagerungen oder Strukturänderungen bevorstehen. Obwohl gem. IAS 22 grundsätzlich nur Vermögenswerte und Schulden im Rahmen eines Unternehmenserwerbs bilanziert werden konnten, die im Erwerbszeitpunkt die Ansatzkriterien beim erworbenen Unternehmen erfüllt haben, bestand bisher eine Ausnahme in Bezug auf Restrukturierungsrückstellungen; sie konnten unter den speziellen Voraussetzungen des IAS 22.31 beim Käufer passiviert werden, ohne zuvor in der Bilanz des Zielobjektes angesetzt worden zu sein. Gemäß IFRS 3.41 dürfen sie nun im Rahmen der Kaufpreisallokation nur noch bilanziert werden, wenn sie bereits beim erworbenen Unternehmen im Erwerbszeitpunkt die Ansatzkriterien des IAS 37 erfüllen. Begründet wird die Aufhebung der Ausnahme von IAS 22 unter anderem mit dem Argument, dass die geschätzten Kosten für eine Restrukturierung bereits in die Kaufpreisverhandlung eingegangen sind und sich daher in der Größe des Goodwill niederschlagen (vgl. IFRS 3 BC 79).

Sind die erworbenen Vermögenswerte, Schulden und Eventualschulden identifiziert worden, hat nach IFRS 3.36 im Erwerbszeitpunkt eine Bewertung zum *beizulegenden Zeitwert (Fair Value)* zu erfolgen. Die Wertanpassungen der erworbenen Vermögenswerte, Schulden und Eventualschulden werden vor der eigentlichen Konsolidierung in der Bilanz des erworbenen Unternehmens erfolgsneutral gegen das Eigenkapital gebucht. Eine Ausnahme in Bezug auf die Fair-Value-Bewertung bilden Non-Current Assets oder Disposal Groups, die gem. IFRS 5 als Held-for-Sale zu klassifizieren sind; gemäß IFRS 3.36 sind diese Vermögenswerte zu „fair value less costs to sell" zu bewerten. Für die Erstellung der zur Konsolidierung notwendigen Neubewertungsbilanz werden gemäß der *vollständigen Neubewertungsmethode* die stillen Reserven und Lasten vollständig – d. h. auch für die Anteile, die auf Minderheitsgesellschafter entfallen – aufgedeckt. Lediglich der auf Minderheitsgesellschafter entfallende Anteil am Goodwill wird nicht bilanziert. Im Rahmen der zweiten Phase des Business-Combinations-Projekts steht jedoch zur Diskussion, künftig auch den Goodwill vollständig zu erfassen, also auch die auf konzernfremde Gesellschafter entfallenden Anteile (vgl. zur Full Goodwill Methode Pellens/Basche/Sellhorn 2003, S. 1 ff.)

Im Zuge des Bewertungsvorgangs muss – wenn möglich – auch die wirtschaftliche *Nutzungsdauer* der materiellen und immateriellen Vermögenswerte für zukünftige planmäßige Abschreibungen festgelegt werden. Schließlich ist zu beachten, dass für die Differenz zwischen den Fair-Value-Ansätzen in der Neubewertungsbilanz (IFRS/HB III) und den Wertansätzen in der nach konzerneinheitlichen Bilanzierungs- und Bewertungsmethoden erstellten Einzelbilanzen (IFRS/HB II) gemäß IAS 12 *latente Steuern* zu ermitteln sind (vgl. hierzu genauer Küting/Wirth 2003, S. 623 ff.).

Die Anwendung der nach IAS 22.32 noch als Benchmark Treatment vorgesehenen *beteiligungsproportionalen Neubewertungsmethode,* bei der die stillen Reserven nur anteilig auf die Konzernquote aufgedeckt wurden, ist künftig nicht mehr erlaubt. Mit dieser Neuerung soll unterbunden werden, dass ähnliche Transaktionen auf unterschiedliche Weisen bilanziert werden. Die Abschaffung der Methode fördert somit die Vergleichbarkeit und Verlässlichkeit von Abschlüssen (vgl. IFRS 3 BC 121). Durch die vollständige und nicht nur anteilige Auflösung der stillen Reserven bzw. Lasten sowie die Beteiligung der Minderheitsgesellschafter an bisher nicht bilanziell erfassten Vermögenswerten, Schulden und Eventualschulden sollen die gesamten Auswirkungen von Unternehmenszusammenschlüssen sachgerechter abgebildet werden.

Ist die Summe der erworbenen, identifizierten und neubewerteten Vermögenswerte, Schulden und Eventualschulden unter Berücksichtigung der latenten Steuerabgrenzung auf die Fair-Value-Anpassungen – oder anders ausgedrückt: das neu bewertete Eigenkapital des übernommenen Tochterunternehmens – geringer als die Anschaffungskosten des Unternehmenszusammenschlusses beim Erwerber, entsteht ein positiver Unterschiedsbetrag. Dieser *Goodwill* ist gemäß IFRS 3.51a als Vermögenswert zu bilanzieren. Ökonomisch betrachtet stellt er die Zusammenfassung von im Kaufpreis abgegoltenen Erwartungen über Synergien und andere künftige Erfolge der erworbenen Einheit dar, die sich nicht ausreichend spezifizieren lassen, um die bilanziellen Ansatzkriterien zu erfüllen.

Der ermittelte *Goodwill* ist im Erwerbszeitpunkt auf die *zahlungsmittelgenerierenden Einheiten* (CGU; Cash-Generating Unit) des Erwerbers aufzuteilen. Auf dieser Ebene wird in den Folgejahren überprüft, ob die zugewiesenen Goodwill-Anteile noch werthaltig sind (Impairment Test, siehe unten). Eine CGU ist in IAS 36.6 (rev. 2004) definiert als kleinste identifizierbare Gruppe von Assets, die Mittelzuflüsse generiert, die weitestgehend unabhängig von Mittelzuflüssen anderer Vermögenswerte oder anderer Gruppen von Vermögenswerten sind. Der Buchwert einer CGU enthält Vermögenswerte, die der zahlungsmittelgenerierenden Einheit direkt oder auf

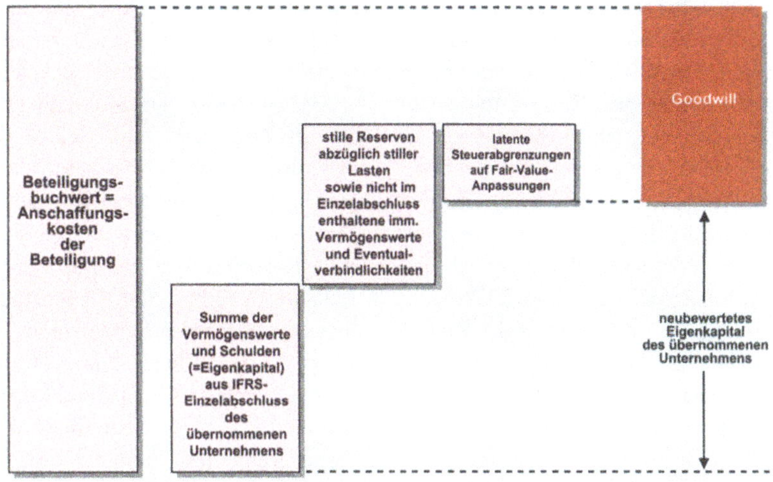

Abbildung 1: Entstehung eines Goodwill im Zuge der Erstkonsoldierung

einer anderen vernünftigen und stetigen Basis zugeordnet werden können. Eine identifizierte Schuld ist der CGU nur dann zuzuweisen, wenn der erzielbare Betrag (Folgebewertung, siehe unten) der CGU nicht ohne diese Berücksichtigung bestimmt werden kann (vgl. IAS 36.76 ff. (rev. 2004)). Die Zuordnung des Goodwill erfolgt zu den CGUs, die von den im Goodwill erfassten Synergien des Unternehmenszusammenschlusses profitieren (vgl. IAS 36.80 (rev. 2004)). Lässt sich der Goodwill nicht sinnvoll einer CGU zuweisen, so ist er einer übergeordneten Gruppe von CGUs zuzuordnen (vgl. zur Aufteilung und möglichen Problemen IAS 36.80 ff.). Bei der Aufteilung des Goodwills bleibt unberücksichtigt, ob den betreffenden CGUs andere Vermögenswerte oder Schulden des erworbenen Unternehmens zugewiesen werden (IAS 36.80 (rev. 2004)). Jede CGU hat innerhalb einer Unternehmenseinheit die niedrigste Ebene darzustellen, auf der der Goodwill für interne Zwecke des Managements überwacht wird; ferner darf sie nicht größer sein als ein Segment des primären oder sekundären Berichtsformats nach IAS 14 (Segmentberichterstattung).

In besonderen Fällen kann es vorkommen, dass die Summe der im Rahmen eines Unternehmenszusammenschlusses erworbenen und neubewerteten Vermögenswerte, Schulden und Eventualschulden nach Berücksichtigung der Steuerabgrenzungen die Anschaffungskosten für das erworbene Unternehmen übersteigt. In diesen Ausnahmefällen entsteht aus der Kapitalkonsolidierung ein *negativer Unterschiedsbetrag*. Zuerst sind dann Ansatz und Bewertung der Vermögenswerte, Schulden, Eventualschulden sowie die Bewertung der Kosten des Unternehmenszusammenschlusses noch einmal zu prüfen und ggf. zu korrigieren (vgl. IFRS 3.56). Verbleibt auch nach diesem „Reassessment" ein negativer Differenzbetrag, ist dieser sofort erfolgswirksam zu vereinnahmen (vgl. ausführlich Theile/Pawelzik 2003, S. 316 ff.). Das nach IAS 22.61 ff. ehemals gültige 3-Stufen-Konzept zur Behandlung eines negativen Goodwill ist somit abgelöst und vereinfacht worden. Die nun eröffnete Möglichkeit, einen negativen Unterschiedsbetrag, der u. a. aus der nur schwer objektivierbaren Neubewertung immaterieller Vermögenswerte resultieren kann, unmittelbar erfolgswirksam vereinnahmen zu können, kann sehr kritisch gesehen werden.

Neben der Eliminierung der Kapitalverflechtungen sind im Zuge einer Vollkonsolidierung *weitere Konsolidierungsmaßnahmen* erforderlich, auf die in diesem Aufsatz jedoch nicht vertiefend eingegangen werden soll; so hat eine Konsolidierung der innerkonzernlichen Schuldbeziehungen zu erfolgen, die Aufwendungen und Erträge aus konzerninternen Transaktionen sind zu konsolidieren, außerdem ist eine Zwischenergebniseliminierung vorzunehmen. Durch Berücksichtigung aller erforderlichen Konsolidierungsbuchungen entsteht letztlich der Konzernabschluss (vgl. ausführlich Baetge/Kirsch/Thiele 2002).

In Übereinstimmung mit der Zielsetzung der Entscheidungsnützlichkeit von Abschlüssen nach IAS/IFRS sind durch IFRS 3 auch weitreichende *Offenlegungspflichten* für Business Combinations verabschiedet worden (vgl. IFRS 3.66 ff.). Die Angaben sollen es dem Bilanzleser ermöglichen, die Eigenschaften und finanziellen Auswirkungen von Unternehmenszusammenschlüssen nachzuvollziehen, die finanziellen Effekte von Gewinnen, Verlusten, Fehlerkorrekturen und anderen Anpassungen im Rahmen der Zusammenschlüsse zu analysieren und Änderungen im Buchwert des Goodwill über die Perioden zu verfolgen.

Bewertungen in Folgejahren

In den Folgeperioden ist im Rahmen der Konzernrechnungslegung eine *Folgekonsolidierung* vorzunehmen. Die Konzernbilanz wird jedes Jahr erneut durch Summierung der einzelnen Bilanzen der in den Konzernabschluss einbezogenen Unternehmen erstellt. Insofern erfordert auch die Kapitalkonsolidierung in allen Folgejahren eine Verrechnung des Beteiligungsbuchwerts gegen das anteilige Eigenkapital des erworbenen Unternehmens. Bei diesen Folgekonsolidierungen wird der Beteiligungsbuchwert stets gegen das anteilige Eigenkapital zum Erstkonsolidierungszeitpunkt verrechnet, die Buchung der Erstkonsolidierung also wiederholt (die Erstkonsolidierungsbuchung ist gegebenenfalls um die Verwendung des „erworbenen Gewinns" anzupassen). Dies bewirkt, dass nur das zum Zeitpunkt der Akquisition vorhandene Eigenkapital in die Verrechnung eingeht, während sich Eigenkapitalveränderungen des erworbenen Unternehmens, die nach der Übernahme erzielt werden, im Konzerneigenkapital niederschlagen.

Die stillen Reserven und stillen Lasten, die im Zuge der Neubewertung zum Erwerbszeitpunkt aufgedeckt wurden, „teilen das Schicksal" der Bilanzposten, denen sie zugeordnet wurden. Wurden stille Reserven dem nicht-abnutzbaren Anlagevermögen (z. B. Grundstücken) zugeordnet, werden die entsprechenden Werte in der Konzernbilanz – soweit keine außerplanmäßigen Abschreibungen erforderlich werden – bis zu einer etwaigen Veräußerung unverändert fortgeführt. Sind stille Reserven im abnutzbaren Anlagevermögen aufgedeckt worden, stellen die Konzernanschaffungskosten, die diese stillen Reserven enthalten, die Basis für Abschreibungen in Folgejahren dar. Im Zuge der Folgekonsolidierung werden die offen gelegten stillen Reserven daher durch erhöhte Abschreibungen erfolgswirksam. Analog führen offen gelegte stille Reserven im Vorratsvermögen in den Folgeperioden im Konzernabschluss zu höheren Materialaufwendungen. Bei diesen Vorgängen sind jeweils Anpassungen der latenten Steuern zu berücksichtigen.

Durch IFRS 3 und die Anpassungen in IAS 36 (rev. 2004) und IAS 38 (rev. 2004) ergeben sich auch für die Folgebewertung Änderungen. Bei *immateriellen Vermögenswerten* (exklusive Goodwill) ist zwischen immateriellen Vermögenswerten mit einer bestimmten und einer unbestimmten Nutzungsdauer zu unterscheiden. Eine Nutzungsdauer wird als unbestimmt angesehen, wenn die Zeitspanne, in der der Vermögenswert Netto-Nutzenzuflüsse für die Unternehmenseinheit generiert, bei Berücksichtigung aller relevanten Informationen nicht vorhersehbar eingegrenzt werden kann (vgl. IAS 38.88 (rev. 2004)).

Liegt ein immaterieller Vermögenswert mit *bestimmter Nutzungsdauer* vor, so ist (wie bisher) der Wert über diese Dauer planmäßig abzuschreiben (vgl. IAS 38.97 ff. (rev. 2004). Zusätzlich sind außerplanmäßige Abschreibungen vorzunehmen, wenn Anzeichen dafür vorliegen, dass der fortgeführte Buchwert des Vermögenswerts höher ist als sein erzielbarer Betrag (Recoverable Amount; IAS 36.9 (rev. 2004)). Der erzielbare Betrag ist dabei als der höhere Betrag von Nettoveräußerungswert (Fair Value less Costs to Sell) und Nutzungswert (Value in Use) definiert (vgl. IAS 36.18 ff. (rev. 2004); zur Bestimmung dieser Werte siehe unten). Liegt ein Wertverlust (Impairment Loss) vor, hat eine Abschreibung vom Buchwert auf den niedrigeren erzielbaren Betrag zu erfolgen. An Folgestichtagen ist zu prüfen, ob die frühere außerplanmäßige Wertminderung noch gerechtfertigt ist. Gibt es Anzeichen dafür, dass dies nicht länger der Fall ist, ist der erzielbare Betrag des Vermögenswerts erneut zu ermitteln. Haben sich die Schätzungen, die der Wertermittlung des erzielbaren Betrages zugrunde lagen, seit dem Impairment Loss geändert und übersteigt nun der erzielbare Betrag den aktuellen Buchwert, so hat eine erfolgswirksame Zuschreibung bis maximal auf jenen Wert zu erfolgen, der sich ohne außerplanmäßige Abschreibung zu diesem Zeitpunkt ergeben hätte (vgl. IAS 36.109 ff. (rev. 2004)).

Immaterielle Vermögenswerte mit *unbestimmter Nutzungsdauer* sind nach den Neuregelungen nicht mehr planmäßig abzuschreiben, sondern unterliegen lediglich mindestens einmal jährlich einem Impairment Test (vgl. IAS 38.107 ff.). Der Test hat in Übereinstimmung mit IAS 36 (rev. 2004) zu erfolgen, d. h. der Buchwert des Vermögenswerts muss seinem erzielbaren Betrag gegenüber gestellt werden; ggf. ist auf den niedrigeren erzielbaren Betrag abzuschreiben, bei Wegfall der Gründe hat in späteren Perioden eine Wertaufholung zu erfolgen.

Kann bei einem Vermögenswert der erzielbare Betrag nicht ermittelt werden, da die Mittelzuflüsse nicht unabhängig von anderen Vermögenswerten oder einer Gruppe von Vermögenswerten sind, so ist der Impairment Test auf der Ebene der Cash-Generating Unit vorzunehmen, denen das Asset zugeordnet ist (vgl. IAS 36.22 und .66 ff. (rev. 2004); Methodik s. unten).

Als sehr bedeutende Änderung ist durch IFRS 3.54 und die Neuerungen in IAS 36.80 ff. (rev. 2004) auch die plan-

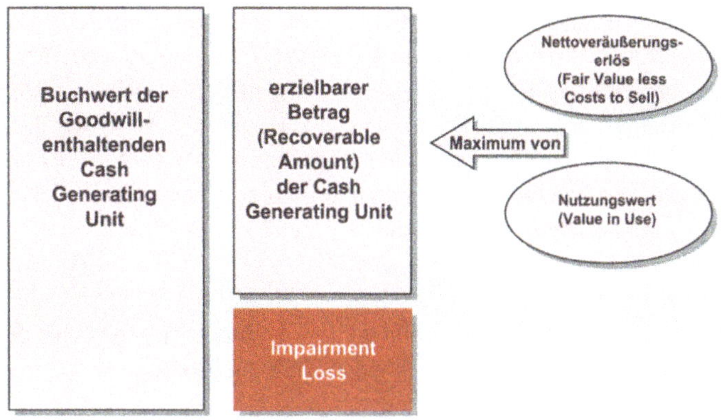

Abbildung 2: Impairment Test des Goodwill auf Ebene von Cash-Generating Units (CGU)

mäßige Abschreibung eines Goodwill nunmehr untersagt. Stattdessen ist nur noch ein Impairment Test auf Ebene der Cash-Generating Units vorzunehmen. Der Goodwill wird dabei zusammen mit der Cash-Generating Unit oder einer Gruppe von Cash-Generating Units, der er im Erwerbszeitpunkt zugeteilt wurde, auf eine Wertminderung getestet. Der Impairment Test hat einmal jährlich zu erfolgen sowie zusätzlich (bspw. zu Stichtagen von Zwischenabschlüssen) wenn Anzeichen auf eine Wertminderung vorliegen (vgl. IAS 36.90 (rev. 2004). Der Testzeitpunkt kann erstmalig zu einem beliebigen Zeitpunkt durchgeführt werden, ist in Folgeperioden jedoch stetig beizubehalten. Die verschiedenen Cash-Generating Units, auf die der erworbene Goodwill verteilt wurde, müssen nicht zum gleichen Zeitpunkt auf Impairment getestet werden (IAS 36.96 (rev. 2004)). Werden die Assets einer Cash-Generating Unit, der Goodwill zugeteilt wurde, zur gleichen Zeit auf Impairment getestet wie die gesamte Unit inklusive Goodwill, so sind zuerst die Vermögenswerte auf einen möglichen Wertverlust zu untersuchen. Besteht ein Abwertungsbedarf, ist dieser direkt bei dem bzw. den betroffenen Vermögenswert(en) vorzunehmen (vgl. IAS 36.97 (rev. 2004)).

Der *Impairment Test* vergleicht den Buchwert einer Goodwill-enthaltenden CGU (bzw. einer Gruppe von CGUs) mit ihrem erzielbaren Betrag (Recoverable Amount, vgl. IAS 36.90 (rev. 2004)). Der erzielbare Betrag ist auch hier definiert als der höhere Betrag von Nettoveräußerungserlös (Fair Value less Costs to Sell) und Nutzungswert (Value in Use). Übersteigt der Gesamtbuchwert der Unit den erzielbaren Betrag, so ist in Höhe dieser Differenz eine Wertminderung vorzunehmen. Diese schmälert zuerst den Goodwill der Unit (vgl. IAS 36.104 f. (rev. 2004)). Ein darüber hinaus gehender Abschreibungsbedarf wird anteilig den Vermögenswerten der Unit zugerechnet (nach dem Verhältnis der Buchwerte zum Gesamtbuchwert). Dabei ist zu beachten, dass ein Vermögenswert nicht unter das Maximum der drei Werte Nettoveräußerungserlös, Nutzungswert und Null gemindert werden darf (vgl. IAS 36.105 (rev. 2004)). Abschreibungen auf den Goodwill sind unumkehrbar, d.h. eine spätere Wertaufholung ist ausgeschlossen (vgl. IAS 36.124 (rev. 2004)).

Die *Bestimmung des Nettoveräußerungserlöses* und des *Nutzungswertes* ist detailliert in IAS 36.18 ff. (rev. 2004) geregelt. Der Nettoveräußerungserlös ist danach – vereinfacht ausgedrückt – derjenige Wert, der unter angemessenen Marktbedingungen bei dem Verkauf eines Vermögenswerts an unabhängige Dritte abzüglich direkt zurechenbarer Veräußerungskosten zustande kommt. Nettoveräußerungswerte sind daher beispielsweise aus verbindlichen Kaufverträgen oder gegenwärtigen Marktpreisen ableitbar (vgl. IAS 36. 25 ff. (rev. 2004)). Der Nutzungswert einer CGU wird als Barwert der erwarteten künftigen Cash Flows der Unit ermittelt. Im Zuge des Discounted-Cash-Flow-Verfahrens (Expected-Cash-Flow-Ansatz) sind dabei insbesondere die künftigen erwarteten Cash Flows sowie Erwartungen über ihre Fluktuation zu schätzen und der Diskontierungsfaktor zu bestimmen; letzterer setzt sich zusammen aus dem Zeitwert des Geldes (risikoloser Zinssatz) und einem Risikozuschlag, der das CGU-spezifische inhärente Risiko berücksichtigt (vgl. IAS 36.30 ff. (rev. 2004)).

Ein bei der Erstkonsolidierung entstandener Goodwill entfällt ausschließlich auf die Mehrheitsgesellschafter. Bestehen an einer CGU, der Goodwill zugeteilt wurde, auch *Minderheitenanteile*, muss beim Vergleich des Buchwerts der Unit mit ihrem erzielbaren Betrag in den Folgeperioden auch ein fiktiver auf Minderheitenanteile entfallender Goodwill berücksichtigt werden (vgl. dazu ausführlich IAS 36. 91 ff. (rev. 2004); Pellens/Sellhorn 2003, S. 401 ff.; Küting/Wirth (2004), S. 175 f.).

Abschließend sei auf die erweiterten *Offenlegungspflichten* zum Goodwill und zu etwaigen Wertminderungen nach IFRS 3 und IAS 36 (rev. 2004) hingewiesen (vgl. dazu ausführlich IFRS 3.74 ff., IAS 36.126 ff. (rev. 2004)).

Nach dem bisher geltenden IAS 22 war ein Goodwill planmäßig über seine Nutzungsdauer abzuschreiben. Außerdem musste nach IAS 36 (rev. 1998) bei Vorliegen von Anhaltspunkten ein Impairment Test erfolgen. Durch IFRS 3 ist nun die planmäßige Abschreibung abgeschafft worden und dem sog. Impairment-only Approach gewichen. Damit passt sich das IASB in der Grundkonzeption den US-amerikanischen Vorschriften nach SFAS 141 und SFAS 142 an. Die Abschaffung der planmäßigen Abschreibung wird mit dem Argument begründet, dass die Nutzungsdauer eines Goodwill und der Verlauf seiner Wertminderung in der Regel nicht verlässlich geschätzt werden können, eine regelgebundene Abschreibung daher zu willkürlichen Aufwendungen führt (IFRS 3 BC 136 ff.). Die neue Regelung ist allerdings sehr umstritten. Kritiker verweisen darauf, dass bei der Folgebewertung des Goodwill nicht mehr zwischen derivativem und originärem, d. h. seit dem Zusammenschluss neu geschaffenem Goodwill getrennt werden kann. Vor allem aber eröffnet der Impairment Test erhebliche Ermessensspielräume, die zu einer Entobjektivierung der Bilanz beitragen können. Dieser Kritikpunkt ist angesichts der hohen wertmäßigen Relevanz, die dem Goodwill aus Unternehmenszusammenschlüssen in der Realität häufig zukommt, sehr ernst zu nehmen. Nach einer Untersuchung von Küting (2000) entfielen in den Konzernbilanzen der DAX-30-Unternehmen im Geschäftsjahr 1999 durchschnittlich 14,3 % des Anlagevermögens auf den Goodwill; bei den Unternehmen des Neuen Marktes betrug der Anteil sogar 22,9 % (vgl. Küting 2000, S. 676). Beispielhaft kann auch auf die außerplanmäßige Goodwill-Abschreibung von AOL-Time Warner von 44,7 Mrd. US-Dollar im Jahr 2002 verwiesen werden (vgl. AOL-Time Warner 2002, S. 55 f.); die Deutsche Telekom verbuchte im Jahr 2002 eine außerplanmäßige Goodwill-Abschreibung in Höhe von 9,8 Mrd. Euro (vgl. Deutsche Telekom 2002, S. 114).

Nach kontroversen Diskussionen und zahlreichen Kommentaren im Rahmen des Due Process ist im IFRS 3 bzw. IAS 36 (rev. 2004) ein einstufiger Impairment Test für den Goodwill verankert. In der Entwurfsversion war analog zu US-GAAP noch ein zweistufiges Testverfahren vorgesehen. Von diesem wandte sich das IASB jedoch ab, da sich durch den sehr komplexen zweiten Testschritt die Informationsqualität im Verhältnis zum notwendigen Arbeitsaufwand nicht ausreichend verbessert hätte (einen Überblick über das zweistufige Verfahren nach SFAS 142 bieten Stauber/Ketterle 2001, S. 955 ff.; Lüdenbach/Frowein 2003, S. 217 ff.). Insgesamt bleibt festzuhalten, dass sich das IASB durch die Abschaffung der planmäßigen Goodwill-Abschreibung stark auf die Regelungen der US-GAAP hinbewegt hat; dies ist aus Sicht der Konvergenzbestrebungen und im Hinblick auf die internationale Vergleichbarkeit von Abschlüssen zu begrüßen. Allerdings ist ein uneingeschränkter Vergleich der Bilanzierung des Goodwill nach IAS/IFRS und US-GAAP infolge der unterschiedlichen Testverfahren nicht möglich.

Auswirkungen auf das Controlling

- Die Entscheidungsnützlichkeit der Daten der externen Rechnungslegung nach HGB war in der Vergangenheit aufgrund der Orientierung am Gläubigerschutz und an den Funktionen der Ausschüttungsbemessung und Steuerbemessung sehr eingeschränkt. Die angelsächsisch geprägte (Konzern-) Rechnungslegung nach IAS/IFRS ist demgegenüber auf das Ziel ausgerichtet, Investoren und anderen Adressaten entscheidungsnützliche Daten zur Verfügung zu stellen. Damit nähern sich die Zielsetzungen von externer und interner Rechnungslegung deutlich an, es kann zu einer Konvergenz der beiden in Deutschland traditionell getrennt geführten Formen der Rechnungslegung kommen.
- Im Zusammenhang mit der Neuregelung der Bilanzierung von Unternehmenszusammenschlüssen äußert sich die stärkere Ausrichtung am Ziel der Entscheidungsnützlichkeit darin, dass der beizulegende Zeitwert (Fair Value) als Wertmaßstab weiter an Bedeutung gewinnt (z. B. vollständige Auflösung der stillen Reserven/stillen Lasten bei der Neubewertungsmethode, Ermittlung des erzielbaren Betrags im Rahmen von Impairment Tests). Die bereits seit längerem beobachtbare Abkehr von der Vergangenheitsorientierung der externen Rechnungslegung zugunsten stärker zukunftsbezogener Bewertungen setzt sich damit weiter fort. Die zukunftsorientierte Fair-Value-Bewertung wird im Gegensatz zur Bewertung zu historischen Anschaffungs- und Herstellungskosten als entscheidungsrelevant empfunden, da sie durch Berücksichtigung der erwarteten künftigen Cash Flows und Risiken direkt an den Zielgrößen der Investoren ansetzt (vgl. Streim/Bieker/Esser 2003, S. 457 ff.). Diese zukunftsorientierte Sichtweise und Bewertung erfordert es, dass das externe und das interne Rechnungswesen künftig verstärkt auf dieselben Daten zurückgreifen. Eine Harmonisierung von interner Steuerung des Unternehmensgeschehens und externer Kommunikation mit Investoren und anderen Anspruchsgruppen erscheint daher sinnvoll.
- Gleichzeitig bestehen bei zukunftsorientierten Wertansätzen große Ermessensspielräume, solange die betreffenden Vermögenswerte nicht an liquiden Märkten gehandelt werden. Die Ermessensspielräume sind besonders groß, wenn anstelle „klassischer" Vermögenswerte und Schulden zunehmend immaterielle Werte bilanziert werden. Da die Erfassung von (immateriellen) Vermögenswerten im Rahmen einer Einzelbewertung Schwierigkeiten bereiten kann, werden gesamtbewertungsorientierte Konzeptionen relevant (vgl. ausführlich Streim/Bieker/ Esser 2003, S. 464 ff.). Muss bei einem Impairment Test der erzielbare Betrag einer CGU ermittelt werden, so kommen die Wertansätze Nettoveräußerungswert und Nutzungswert in Betracht. Da nur in seltenen Fällen ein aktiver Markt für eine CGU vorliegen wird und auch die Schätzung eines Veräußerungspreises aufgrund der Spezifizität der Einheit meist nicht gelingen wird, wird in der Realität der Nutzungswert die häufigere Bezugsgröße darstellen. Der (Nutzungs-) Wert einer CGU entspricht einem Teilunternehmenswert, der mit Hilfe des Expected-Cash-Flow-Verfahrens zu schätzen ist. Damit aber unterliegt die Bewertung der CGUs den verschiedenen, allgemein diskutierten Problemen der Unternehmensbewertung (vgl. hierzu z. B. Kirsch/Krause 1996, S. 793 ff.; Peemöller (Hrsg.) 2002). Die Verlässlichkeit und Aussagefähigkeit

der Bewertung hängt entscheidend von der Qualität der Daten ab, die in das Bewertungsmodell eingehen (Cash-Flow-Prognosen, Diskontierungsfaktoren).

- Die Bilanzierungs- und Berichtspflichten von IFRS 3, IAS 36 (rev. 2004) und IAS 38 (rev. 2004) können nur bei einer engen Verknüpfung von internem und externem Rechnungswesen erfüllt werden. So kann die Berechnung zukunftsorientierter Fair Values im Zusammenhang mit Impairment Tests von Goodwill und anderen immateriellen Vermögenswerten nur erfolgen, wenn durch das Controlling entsprechende Plandaten bereitgestellt werden. Wie zuvor erwähnt, erfordert insbesondere die Bewertung von CGUs den Rückgriff auf umfangreiche Daten über die erwarteten künftigen Cash Flows von Unternehmensteilen sowie über die damit verbundenen Risiken. Diese Informationen müssen systematisch aus Cash-Flow-orientierten Planungsrechnungen des Unternehmens abgeleitet werden. Zu beachten ist, dass die Impairment Tests und somit die dabei verwendeten internen Plandaten auch für die Wirtschaftsprüfer nachvollziehbar sein müssen.
- Zugleich können die für Zwecke der externen Rechnungslegung generierten Daten auch für interne Zwecke genutzt werden. Vor allem bietet es sich an, die Bewertung von CGUs, die für den jährlichen Impairment Test des Goodwill erforderlich ist, für ein strategisches Akquisitions- bzw. Beteiligungscontrolling zu nutzen (vgl. Alvarez/Biberacher 2002, S. 352 f.).
- Durch die Bildung von Cash Generating Units für den Impairment Test und die Zuordnung von Vermögenswerten, Schulden und Goodwill erwachsen dem bilanzierenden Unternehmen erhebliche Spielräume zur Bilanzpolitik. Eine Wertminderung hat in Folgeperioden zu erfolgen, wenn der Buchwert einer CGU ihren erzielbaren Betrag überschreitet. Hat ein Unternehmen die Zuordnung von derivativem Goodwill und werttreibenden Assets in der Art vollzogen, dass ein Wertverlust des akquirierten Goodwill durch intern neu generierten – d. h. originären – Goodwill ausgeglichen wird, kommt es trotz des eigentlichen Wertverlusts auf das ursprüngliche Bewertungsobjekt nicht zu einem Impairment Loss. In diesem Zusammenhang ist auch die Größe der Units von Bedeutung: je größer eine Unit, der Goodwill zugewiesen wird, ist, umso eher kann ein möglicher späterer Wertverlust durch andere wertgenerierende Elemente der Unit aufgefangen werden. Sollen die damit verbundenen bilanzpolitischen Möglichkeiten im Unternehmen zielorientiert genutzt werden, müssen im Vorfeld der Erstkonsolidierung entsprechende strategische Überlegungen angestellt werden. Eine gezielte Zuordnung von Assets und Goodwill setzt jedoch präzise Kenntnisse des Akqusitionsobjekts und der Akquisitionsstrategie sowie ein tief greifendes Verständnis der Akquisitionsprozesse und künftig zu erwartenden Entwicklungen voraus (Integrations- und Synergiemanagement, Identifikation von Werttreibern etc.). Eine sehr enge Zusammenarbeit zwischen externer Rechnungslegung und strategischem Controlling ist auch hier unerlässlich.
- Durch den Wegfall der planmäßigen Abschreibungen wird es zu volatileren Ergebnisausweisen kommen. In Jahren ohne Impairment Loss werden die bilanziellen Ergebnisse von Unternehmen, die Akquisitionen getätigt haben, deutlich entlastet, da keine regelmäßige, lineare Abschreibung auf den Goodwill verkraftet werden muss. Erfolgt jedoch eine Wertminderung, können diese erhebliche Ausmaße annehmen, wie die zuvor angeführten Beispiele von Unternehmen der IT- und Telekommunikationsbranchen aus den vergangenen Jahren gezeigt haben. Die volatileren Ergebnisse und die mit ihnen einhergehenden Eigenkapitalveränderungen beeinflussen weitere Unternehmenskennzahlen, wie Renditen, P/E-Ratio, Verschuldungsgrad, etc. (vgl. weitergehend Hütten/Lorson 2002, S. 28 ff.). Sie wirken sich indirekt auch auf Kredit-Ratings, Prognosen und Analystenverhalten sowie insgesamt auf die Kapitalkosten der Unternehmen aus. Auch vor diesem Hintergrund erscheint es sinnvoll, die Darstellung von Unternehmenszusammenschlüssen in der externen Rechnungslegung und ihre Darstellung im internen Berichtswesen zu harmonisieren. Auf diese Weise können die Auswirkungen der Zusammenschlüsse, insbesondere die Brüche in Zeitreihen bei außerplanmäßigen Abschreibungen intern und extern konsistent kommuniziert werden. Längerfristig wird damit die angestrebte kapitalmarktorientierte Steuerung des Unternehmens verbessert.
- Durch die erhöhten Angabepflichten der externen Rechnungslegung müssen die Unternehmen immer umfangreichere Informationen generieren. Zugleich wachsen die Ansprüche an die Qualität der Daten und der Systeme (infolge des sog. Sarbanes Oxley Acts gilt dies in besonders hohem Maße für in den USA gelistete Unternehmen; vgl. Lanfermann/Maul 2002, S. 1728 ff.). Die Implementierung entsprechend leistungsfähiger und zugleich effizienter Systeme und ihre Koordination wird zu einer Herausforderung für die Unternehmensführung. Verstärkt wird diese Problematik durch den gegenwärtig „sehr dynamischen" Standard Setting Prozess beim IASB (und anderen nationalen Standard Settern), d. h. durch die Flut neuer, umfangreicher und komplexer Rechnungslegungsnormen, die vor allem auf die börsengelisteten Unternehmen einbricht.

Fazit

Mit der Verabschiedung des IFRS 3, IAS 36 (rev. 2004) und IAS 38 (rev. 2004) sind die Regelungen zur Bilanzierung von Unternehmenszusammenschlüssen erheblich verändert worden. Der vorliegende Beitrag hat dies in Grundzügen dargestellt.

Als eine der bedeutsamsten Änderungen kann die Abschaffung der Pooling-of-Interests-Methode und die somit nun verpflichtende Anwendung der Erwerbsmethode hervorgehoben werden. Zugleich wurde – wie zuvor bereits in der US-amerikanischen Rechnungslegung – die planmäßige Abschreibung des Goodwill zugunsten des Impairment-only Approach untersagt. Weiterhin müssen immaterielle Vermögenswerte, die im Zuge eines Unternehmenszusammenschlusses erworben wurden, präziser als bisher in der Bilanz ausgewiesen werden. Die erfolgten Änderungen haben wesentliche Implikationen für das Controlling, auf die im letzten Teil des Beitrags eingegangen wurde.

Die Auswirkungen der neuen Regelungen zur Bilanzierung von Unternehmenszusammenschlüssen hängen naturgemäß davon ab, wie sie in der Praxis angewandt und von Wirtschaftsprüfern und anderen „Enforcement"-Institutionen durchgesetzt werden. Bei sachgerechter Anwendung wird das Management des akquirierenden Unternehmens jedoch künftig stärker darüber Rechenschaft ablegen müssen, welche materiellen und insbesondere immateriellen Vermögenswerte im Zuge von Zusammenschlüssen erworben werden. Durch die neuen Ansatzkriterien und Offenlegungspflichten werden im Rahmen der Purchase Price Allocation die finanziellen Konsequenzen der Zusammenschlüsse präziser sichtbar als es bislang der Fall war. Die Aussagefähigkeit der Abschlüsse in Folgeperioden hängt stark von der Qualität der Wertminderungstests für den Goodwill und die sonstigen immateriellen Vermögenswerte mit unbestimmter Nutzungsdauer ab. Tests auf Wertminderung waren zwar auch in der Vergangenheit vorgeschrieben. Infolge des Verbots der planmäßigen Abschreibung der genannten Vermögenswerte kommt ihnen künftig aber eine verstärkte Bedeutung zu.

Literatur

ALVAREZ, M./BIBERACHER, J.: Goodwill-Bilanzierung nach US-GAAP – Anforderungen an Unternehmenssteuerung und -berichterstattung, in: Beriebs-Berater, 57. Jg. (2002), Heft 7, S. 346 – 353.

AOL-Time Warner: Geschäftsbericht 2002.

BAETGE, J./KIRSCH, H.-J./THIELE, S.: Konzernbilanzen, 6. Aufl., Düsseldorf 2002.

DaimlerChrysler: SEC Form F-4 1999, abzurufen unter http://www.sec.gov.

Deutsche Telekom: Geschäftsbericht 2002.

FASB: Statement of Financial Accounting Standards No. 141 Business Combinations, 2001.

FASB: Statement of Financial Accounting Standards No. 142 Goodwill and Other Intangible Assets, 2001.

FROWEIN, N./LÜDENBACH, N.: Der Goodwill-Impairment-Test aus Sicht der Bewertungspraxis, in: Finanz Betrieb, 5. Jg. (2003), Heft 2, S. 65 – 72.

HÜTTEN, C./LORSON, P.: Überlegungen zur neuen Goodwillbilanzierung nach SFAS 142 aus Controlling-Perspektive, in: Zeitschrift für kapitalmarktorientierte Rechnungslegung, 2. Jg. (2002), Heft 1, S. 25 – 33.

IASB: Exposure Draft of Proposed Amendments to IFRS 3 Business Combinations – Combinations by Contract Alone or Involving Mutual Entities" vom 29. April 2004.

IASB: International Financial Reporting Standard 3 Business Combinations, 2004.

IASB: International Accounting Standard 36 Impairment of Assets, 2004.

IASB: International Accounting Standard 38 Intangible Assets, 2004.

JÄGER, R./HIMMEL, H.: Die Fair Value-Bewertung immaterieller Vermögenswerte vor dem Hintergrund der Umsetzung internationaler Rechnungslegungsstandards, in: Betriebswirtschaftliche Forschung und Praxis, 55. Jg. (2003), Heft 4, S. 417 – 440.

KIRSCH, H.-J./KRAUSE, C.: Kritische Überlegungen zur Discounted Cash Flow-Methode, in: Zeitschrift für Betriebswirtschaft, 66. Jg. (1996), Heft 7, S. 793 – 812.

KÜTING, K.: Möglichkeiten und Grenzen der Bilanzanalyse am Neuen Markt (Teil II), in: Finanz Betrieb, 2. Jg. (2000), Heft 11, S. 674 – 683.

KÜTING, K./ELPRANA, K./WIRTH, J.: Sukzessive Anteilserwerbe in der Konzernrechnungslegung nach IAS 22/ED 3 und dem Business Combinations Project (Phase II), in: Zeitschrift für kapitalmarktorientierte Rechnungslegung, 3. Jg. (2003), Heft 11, S. 477 – 490.

KÜTING, K./WIRTH, J.: Latente Steuern und Kapitalkonsolidierung nach IAS/IFRS, in: Betriebs-Berater, 58. Jg. (2003), Heft 12, S. 623 – 629.

KÜTING, K./WIRTH, J.: Bilanzierung von Unternehmenszusammenschlüssen nach IFRS 3, in: Zeitschrift für kapitalmarktorientierte Rechnungslegung, 4. Jg. (2004), Heft 5, S. 175 – 177.

LANFERMANN, G./MAUL, S.: Auswirkungen des Sarbanes-Oxley Acts in Deutschland, in: Der Betrieb, 55. Jg. (2002), Heft 34, S. 1725 – 1732.

LÜDENBACH, N./FROWEIN, N.: Der Goodwill-Impairment-Test aus Sicht der Rechnungslegungspraxis, in: Der Betrieb, 56. Jg. (2003), Heft 5, S. 217 – 223.

PEEMÖLLER, V. H. (Hrsg.): Praxishandbuch der Unternehmensbewertung, 2. Aufl., Herne/Berlin 2002.

PELLENS, B./BASCHE, K./SELLHORN, T.: Full Goodwill Method, in: Zeitschrift für kapitalmarktorientierte Rechnungslegung, 3. Jg. (2003), Heft 1, S. 1 – 4.

PELLENS, B./SELLHORN, T.: Minderheitenproblematik beim Goodwill Impairment Test nach geplanten IFRS und geltenden US-GAAP, in: Der Betrieb, 56. Jg. (2003), Heft 8, S. 401 – 408.

STAUBER, J./KETTERLE, T.: Goodwill-Bilanzierung nach US-GAAP, in: Der Schweizer Treuhänder, 75. Jg. (2001), Heft 10, S. 955 – 966.

STREIM, H./BIEKER, M./ESSER, M.: Vermittlung entscheidungsnützlicher Informationen durch Fair Values – Sackgasse oder Licht am Horizont?, in: Betriebswirtschaftliche Forschung und Praxis, 55. Jg. (2003), Heft 4, S. 457 – 479.

THEILE, C./PAWELZIK, U.: Erfolgswirksamkeit des Anschaffungsvorgangs nach ED 3 beim Unternehmenserwerb im Konzern – Zur Bilanzierung eines excess (vormals negativer Goodwill), in: Die Wirtschaftsprüfung, 56. Jg. (2003), Heft 7, S. 316 – 324.

Neuausrichtung der Interpretationsfunktion des Controllings

Barbara E. Weißenberger / Cornelia A. J. Haas

IFRS als Herausforderung für das Controlling

- Die EU-Verordnung vom 19. Juli 2002 zwingt kapitalmarktorientierte Unternehmen, ab 2005 einen Konzernabschluss nach internationalen Rechnungslegungsvorschriften (IFRS) aufzustellen.
- Aus der Umstellung auf IFRS resultieren aus theoretischer Perspektive Veränderungen in bilanzorientierten Steuerungskennzahlen. Ihre Eingangsgrößen – Vermögen, (Eigen-)Kapital, Ergebnis oder Cashflow – werden durch die Umstellung beeinflusst. Dies wird durch die in der Unternehmenspraxis aufgestellten Abschlüsse und Überleitungsrechnungen im Zuge der IFRS-Umstellung bestätigt.
- Die Antizipation wie auch die veränderte Interpretation der kurz- und langfristigen Veränderungen von Steuerungskennzahlen des Unternehmens unter Anwendung der IFRS stellen eine neue und bedeutsame Aufgabe für das Controlling dar.
- Im Controlling gilt es demzufolge, das Wissen zur Rechnungslegung um grundlegende Vorschriften zu Ansatz und Bewertung von Vermögen und Schulden sowie zum Performance Measurement zu erweitern.

Mit der EU-Verordnung zur Rechnungslegung nach IAS vom 19. Juli 2002 sind kapitalmarktorientierte Unternehmen verpflichtet, ab 2005 einen Konzernabschluss nach International Accounting Standards (IAS) bzw. in neuer Bezeichnung nach International Financial Reporting Standards (IFRS) aufzustellen (vgl. ausführlich hierzu den Beitrag von d'Arcy im vorliegenden Band). Die Zeit für eine Umstellung der Rechnungslegung und der Erstellung des dazu notwendigen Informationsgerüsts drängt, da ein erstmaliger Abschluss nach IFRS auch dementsprechende Vorjahresdaten erfordert.

Auch für nicht kapitalmarktorientierte Konzerne und sogar im Einzelabschluss ist im Rahmen des BilReG (zum Entwurf siehe ausführlich den Beitrag von d'Arcy im vorliegenden Heft) ein Wahlrecht zur IFRS-Bilanzierung zu Informationszwecken zu erwarten. Damit steht langfristig das Rechnungswesen aller deutschen Unternehmen vor umfassenden Anpassungsprozessen.

Speziell im Controllerbereich bewirkt die Anwendung der IFRS im Rahmen einer integrierten Rechnungslegung, d. h. einer Fundierung der internen Erfolgsmessung nicht mehr auf eigenständigen kalkulatorischen Erfolgsgrößen sondern vielmehr auf die aus den IFRS abgeleiteten pagatorischen Aufwendungen und Erträgen, eine *Neuausrichtung der Interpretationsfunktion* des Controllings. Unterstellt man nämlich, dass Controller Messgrößen betrieblicher Sachverhalte zur Fundierung ökonomischer Entscheidungen des Managements im Unternehmen bereitstellen (vgl. ausführlich Weißenberger 2003), dann müssen sie auch in der Lage sein, die kurz- und langfristigen Implikationen der IFRS-Umstellung auf die Ausprägung von Unternehmens- und Steuerungskennzahlen zu antizipieren und daraus die notwendigen inhaltlichen Rückschlüsse zu kommunizieren.

Im Folgenden werden zunächst illustrativ die Konzernabschlüsse bzw. Eigenkapital-Überleitungsrechnungen von solchen Unternehmen, die bereits eine Umstellung auf IFRS vorgenommen haben, bezüglich der Veränderung von Vermögen und (Eigen-)Kapital untersucht. Beide Bestandsgrößen sind neben den jeweiligen

**Prof. Dr.
Barbara E. Weißenberger**
Inhaberin der Professur für Industrielles Management und Controlling, Justus-Liebig-Universität Gießen
Licher Str. 62, D-35394 Gießen
Tel. (06 41) 99-2 22-60
Fax (06 41) 99-2 22-69
E-Mail: barbara.weissenberger@wirtschaft.uni-giessen.de

Für Unterstützung bei der Erstellung dieses Beitrags sei Herrn Dipl.-Kfm. Kay Hübner sowie Herrn cand. rer. pol. Sebastian Ph. Wolf herzlich gedankt.

Erfolgsgrößen zentrale Basisgrößen für die Generierung relativer und/oder wertorientierter Erfolgskennzahlen, wie z. B. ROCE oder Residualgewinn, sind. Im nachfolgenden Abschnitt wird auf einer abstrahierenden Ebene dargestellt, wie sich die Rechnungslegung nach IFRS auf die Eingangsgrößen von Steuerungskennzahlen auswirkt. Abschließend wird am Beispiel der Entwicklungsaufwendungen die veränderte Interpretation von Steuerungskennzahlen und ihren Verläufen erläutert.

Umstellung der Rechnungslegung von HGB auf IFRS: Ergebnisse aus der Unternehmenspraxis

Mit wachsender Anzahl an kapitalmarktorientierten Konzernen, die in Deutschland nach IFRS bilanzieren, liegen zunehmend generalisierbare Erfahrungen zu bilanziellen Auswirkungen der Rechnungslegungsumstellung vor. Im Folgenden werden exemplarisch 21 Konzernabschlüsse und 17 Eigenkapital-Überleitungsrechnungen aus den Jahren 1996 bis 2001 einer aggregierten Betrachtung unterzogen. Die Divergenz zwischen der Anzahl der betrachten Konzernabschlüsse und der Überleitungsrechnungen ergibt sich daraus, dass von vier Unternehmen lediglich die Konzernabschlüsse verfügbar waren.

Eine Übersicht über die analysierten DAX- bzw. MDAX-Unternehmen gibt Abbildung 1. Unternehmen des Neuen Marktes wurden aufgrund der in diesem Börsensegment nachgewiesenen compliance-Probleme (vgl. Glaum/Street 2002), d. h. der teilweise unzureichenden Einhaltung der IFRS in den dortigen Abschlüssen, verzichtet.

HGB- und IFRS-Konzernbilanzen

Zunächst werden bedeutsame Veränderungen einzelner Bilanzpositionen in den Konzernabschlüssen der betrachteten Unternehmen infolge der Rechnungslegungsumstellung auf IFRS untersucht. Basis der Analyse stellt der jeweilige Mittelwert der Bilanzposition dar. In einem ersten Schritt werden durch Differenzbildung zwischen dem durchschnittlichen Wert der Bilanzposition nach HGB und dem Wert nach IFRS absolute Veränderungen der Bilanzpositionen ermittelt. Um Größeneffekte einzelner Bilanzpositionen zu eliminieren, werden in einem zweiten Schritt relative Werte nach IFRS und HGB in Bezug zur durchschnittlichen HGB-Bilanzsumme sowie deren Differenz ermittelt.

Die Auswertung in Abbildung 2 zeigt, dass der Mittelwert der Bilanzsumme der untersuchten Unternehmen allein durch die Rechnungslegungsumstellung von HGB auf IFRS absolut um 2.046,2 Mio. € bzw. relativ um 16,5 % gestiegen ist. Dabei betragen *vermögensseitig* die absoluten Veränderungen des Anlagevermögens 891,1 Mio. € (relativ 7,2 %) und die Veränderungen des Umlaufvermögens 780,6 Mio. € (relativ 6,3 %).

Innerhalb des Anlagevermögens erhöhten sich im Mittel insbesondere das immaterielle Vermögen um 325,0 Mio. € (relativ um 2,6 %) sowie die Sachanlagen um 607,4 Mio. € (relativ um 4,9 %). Das Sachanlagevermögen stellt dabei mit einem durchschnittlichen Anteil von 25,3 % an der HGB-Bilanzsumme sowie 25,9 % an der IFRS-Bilanzsumme den höchsten aktivischen Bilanzposten dar.

Bei der Untersuchung des Umlaufvermögens steht die Position „Übrige Forderungen und Umlaufvermögen“, die Forde-

Untersuchte Unternehmen	Konzernabschluss	Eigenkaptial-Überleitung
Beiersdorf	X	X
Bilfinger Berger	X	X
BMW	X	X
Heidelberger Druck	X	X
Henkel	X	X
Hoch Tief	X	
Hugo Boss	X	X
Karstadt Quelle	X	X
Linde	X	X
Lufthansa	X	X
MAN	X	X
Metro	X	X
Rheinmetall	X	X
Rhönklinikum	X	X
RWE	X	
Salzgitter AG	X	X
SGL Carbon	X	
Südzucker	X	X
TUI	X	X
VW	X	X
Wella	X	

Abbildung 1: Untersuchte Unternehmen

Dipl.-Kffr. Cornelia A. J. Haas
wissenschaftl. Mitarbeiterin
an der Professur
Justus-Liebig-Universität Gießen
Licher Str. 62, D-35394 Gießen
Tel. (06 41) 99-2 22-63
Fax (06 41) 99-2 22 69
E-Mail: cornelia.haas@wirtschaft.uni-giessen.de

Bilanzpositionen	HGB-Positionen in Mio. €	IFRS-Positionen in Mio. €	Absolute Veränderung Mio. €	HGB-Positionen relativ zur HGB-Bilanzsumme	IRFS-Positionen relativ zur HGB-Bilanzsumme	Veränderung der relativen Positionen
Aktiva						
Immaterielles Vermögen	620,6	945,7	325,0	5,0 %	7,6 %	2,6 %
Sachanlagen	3.132,7	3.740,1	607,4	25,3 %	30,2 %	4,9 %
Finanzanlagen	1.061,6	991,7	– 69,8	8,6 %	8,0 %	– 0,6 %
Vermietete Gegenstände	602,9	631,4	28,5	4,9 %	5,1 %	0,2 %
Anlagevermögen	**5.417,8**	**6.308,9**	**891,1**	**43,8 %**	**51,0 %**	**7,2 %**
Sonderposten	11,1	0,0	-11,1	0,1 %	0,0 %	– 0,1 %
Vorräte	1.435,6	1.601,0	165,4	11,6 %	12,9 %	1,3 %
Forderungen aus Lieferungen und Leistungen	1.159,5	1.257,3	97,8	9,4 %	10,2 %	0,8 %
Übrige Forderungen und Umlaufvermögen	2.836,0	3.303,8	467,8	22,9 %	26,7 %	3,8 %
Wertpapiere und flüssige Mittel	1.409,6	1.459,2	49,6	11,4 %	11,8 %	0,4 %
Umlaufvermögen	**6.840,8**	**7.621,4**	**780,6**	**55,3 %**	**61,6 %**	**6,3 %**
Aktive latente Steuern	34,3	429,8	395,5	0,3 %	3,5 %	3,2 %
RAP	70,1	60,3	– 9,9	0,6 %	0,5 %	– 0,1 %
Bilanzsumme	**12.374,1**	**14.420,3**	**2.046,2**	**100,0 %**	**116,5 %**	**16,5 %**
Passiva						
Eigenkapital ohne Rücklagen	746,1	894,7	148,6	6,0 %	7,2 %	1,2 %
Kapitalrücklagen	895,6	917,3	21,7	7,2 %	7,4 %	0,2 %
Gewinnrücklagen	789,4	1.575,4	786,1	6,4 %	12,7 %	6,4 %
Gesamteigenkapital	**2.431,0**	**3.387,4**	**956,4**	**19,6 %**	**27,4 %**	**7,7 %**
Sonderposten mit Rücklageanteil	155,5	0,0	– 155,5	1,3 %	0,0 %	– 1,3 %
Pensionsrückstellungen	1.401,9	1.714,7	312,8	11,3 %	13,9 %	2,5 %
Übrige Rückstellungen	2.620,8	2.234,7	– 386,1	21,2 %	18,1 %	– 3,1 %
Finanzschulden	1.532,3	4.033,9	2.501,6	12,4 %	32,6 %	20,2 %
Verbindlichkeiten aus Lieferungen und Leistungen	1.258,1	1.416,9	158,8	10,2 %	11,5 %	1,3 %
Übrige Verbindlichkeiten	2.773,4	1.158,5	– 1.615,0	22,4 %	9,4 %	– 13,1 %
Passive latente Steuern	20,2	276,3	256,2	0,2 %	2,2 %	2,1 %
RAP	180,7	197,9	17,2	1,5 %	1,6 %	0,1 %
Bilanzsumme	**12.374,1**	**14.420,3**	**2.046,2**	**100,0 %**	**116,5 %**	**16,5 %**

Abbildung 2: Analyse der Veränderungen von Konzernbilanzpositionen aufgrund einer IFRS-Umstellung

rungen aus Finanzdienstleistungen und Vermögensgegenstände aus Absatzfinanzierung beinhaltet, im Vordergrund. Sie zeigt mit einem Wachstum um durchschnittlich 467,8 Mio. € (relativ um 3,8 %) die größte Veränderung durch die Rechnungslegungsumstellung. Weiterhin lässt sich aufgrund der Umstellung der Rechnungslegung eine Veränderung der aktiven latenten Steuern erkennen. Diese steigen im Durchschnitt um 395,5 Mio. € (relativ um 3,2 %) an, was vor allem auf die fehlende Maßgeblichkeit der IFRS-Bilanz für die Besteuerung zurückzuführen ist.

Auf der *Passivseite* der Bilanz erhöhen sich das Eigenkapital um 956,4 Mio. € (relativ um 7,7 %) und die Verbindlichkeiten um 1.045,4 Mio. € (relativ um 8,4 %). Der Mittelwert der Pensionsrückstellungen steigt ebenfalls, wenn auch in geringerem Umfang, um 312,8 Mio. € (relativ um 2,5 %). Im Zuge der Eliminierung von Aufwandsrückstellungen, die nur im Rahmen der Bilanzierung nach HGB zulässig sind, sinken mit der Rechnungslegungsumstellung die übrigen Rückstellungen um 386,1 Mio. € (relativ um – 3,1 %).

Innerhalb der Verbindlichkeiten erhöhen sich insbesondere die Finanzschulden um 2.501,6 Mio. € (relativ um 20,2 %), die die übrigen Verbindlichkeiten sinken um 1.615,0 Mio. € (relativ um 13,1 %).

Eigenkapital-Überleitungsrechnungen

Zwar lässt die erste Analyse vermuten, dass insgesamt die bereits für die Umstellung auf US-GAAP exemplarisch belegte Steigerung von Vermögen und (Eigen-)Kapital (vgl. Ballwieser 2000) analog

	Beiersdorf	Bilfinger Berger	BMW	Heidelberger Druck	Henkel	Hugo Boss	Karstadt Quelle	Linde	Lufthansa	MAN	Metro	Rheinmetall	Rhönklinikum	Salzgitter AG	Südzucker	TUI	VW	Durchschnitt
Positive Positionen																		
Abweichung Bewertung Sachanlagen	11,9 %	11,2 %	35,5 %		13,7 %		33,6 %			7,3 %	58,5 %	42,3 %	8,7 %	55,6 %	84,9 %		5,5 %	21,7 %
Sonderposten (steuerliche Abschreibungen etc.)			2,7 %	3,7 %					5,3 %			6,5 %	57,1 %	25,3 %	11,8 %			6,6 %
Abweichung in latenten Steuern		8,1 %		7,8 %	14,8 %	4,7 %		2,1 %	3,3 %	9,6 %		1,3 %		7,2 %		10,6 %	21,6 %	5,4 %
Bewertung immaterielles Vermögen			40,6 %		42,0 %	1,5 %		2,5 %						1,4 %				5,2 %
Sonstige Rückstellungen		5,1 %	20,6 %	3,2 %	13,7 %	5,4 %			4,6 %		5,5 %	7,2 %	11,2 %	3,7 %		3,8 %		5,0 %
Abweichung Vorratsbewertung	7,3 %		6,7 %	7,0 %	14,1 %	8,3 %				0,5 %		2,7 %			20,3 %			3,9 %
Behandlung Geschäfts- und Firmenwerte							12,3 %	0,3 %				11,4 %	5,6 %	0,2 %			5,3 %	2,1 %
Anwendung der Percentage of Completion Methode		17,5 %							4,6 %		8,6 %	2,7 %						2,0 %
Abweichende Behandlung Leasing			20,0 %		6,3 %		0,6 %							0,2 %				1,6 %
Marktbewertung Finanzinstrumente/ Wertpapiere			9,1 %					2,6 %										0,7 %
Wertberichtigung Forderungen				0,9 %	3,5 %	2,4 %				1,1 %					0,8 %			0,5 %
Konsolidierungskreisänderungen														3,0 %		2,5 %		0,3 %
Sonstige Veränderungen	1,7 %	0,2 %	0,2 %		6,6 %	0,8 %	7,5 %	2,4 %				4,9 %				1,2 %		1,5 %
Negative Positionen																		
Abweichung Pensionsrückstellungen	-4,8 %	-4,7 %	-6,5 %				-19,9 %	-5,2 %	-14,6 %	-13,2 %	-11,4 %	-21,0 %		-21,1 %		-20,4 %	-5,3 %	-8,7 %
Abweichung latente Steuern und sonst. Steuern	-4,7 %		-13,7 %			-4,8 %	-12,8 %				-2,9 %		-24,8 %	-28,8 %	-37,0 %			-7,6 %
Änderung des Konsolidierungskreises	-0,2 %		-2,0 %				-26,7 %					-13,6 %		-0,1 %				-2,5 %
Abweichende Behandlung Leasing												-6,3 %				-13,5 %	-9,4 %	-1,7 %
Behandlung Geschäfts- und Firmenwerte											-26,5 %					0,0 %		-1,6 %
Marktbewertung Finanzinstrumente/ Verbindlichkeiten					-21,9 %					-2,4 %								-1,4 %
Abweichung Immobilienbewertung																	-7,3 %	-0,4 %
Sonstige Rückstellungen										-0,2 %					-4,0 %			-0,2 %
Auflösung aktivierter Ingangssetzungsaufwendungen						-3,3 %												-0,2 %
Absatzfinanzierung								-2,8 %										-0,2 %
Abweichung Bewertung Sachanlagen				-0,9 %														-0,1 %
Sonstige Veränderungen									-0,1 %		-2,9 %		-1,4 %	-0,5 %			-2,8 %	-0,5 %

Abbildung 3: Analyse der Positionen der Eigenkapital-Überleitungsrechnungen

auch bei einer IFRS-Umstellung beobachtet werden kann. Inwieweit tatsächlich abweichende Bilanzierungs- und Bewertungsvorschriften für diese Veränderung maßgeblich sind bzw. welche Effekte sich aus Konsolidierungskreisänderungen insbesondere auf die Höhe des Eigenkapitals ergeben, zeigt die zweite illustrative Analyse. Sie betrachtet die Veränderungen einzelner Positionen der Eigenkapital-Überleitungsrechnungen der untersuchten Unternehmen (vgl. Abbildung 3).

Hierbei werden positive Positionen (Effekte, die zu einer Erhöhung des Eigenkapitals führen), und negative Positionen (Effekte, aus denen eine Reduktion des Eigenkapitals resultiert), getrennt dargestellt. In der Analyse werden zu jeder Position die Unternehmenswerte in Relation zum jeweiligen Eigenkapital nach HGB gesetzt sowie abschließend ein Mittelwert über diese Anteilswerte gebildet.

Hierbei zeigt sich zunächst deutlich, dass die *Veränderungen im Konsolidierungskreis* nur eine untergeordnete Bedeutung besitzen: Sowohl bei einer resultierenden Eigenkapitalerhöhung (positive Positionen) als auch bei einer resultierenden Eigenkapitalsenkung (negative Positionen) liegt ihr Volumen bei durchschnittlich 0,3 % bzw. 2,5 % des jeweiligen HGB-Eigenkapitalwerts.

Innerhalb der *positiven Positionen* ist die größte Veränderung bei der Bewertung der Sachanlagen festzustellen. Durch die Umstellung der Rechnungslegung auf IFRS steigt der Wert der Sachanlagen in Relation zum Eigenkapital nach HGB um durchschnittlich 21,7 %. Weitere starke Zuwächse ergeben sich durch die Eliminierung von Sonderposten z. B. aus steuerlichen Abschreibungen mit durchschnittlich 6,6 %, aus der Aktivierung latente Steuern mit im Schnitt 5,4 % sowie die Bewertung immaterieller Vermögensgegenstände mit im Schnitt 5,2 % des HGB-Eigenkapitals. Bei der Betrachtung der *negativen Positionen*, d. h. der Effekte, die eine Eigenkapitalminderung induzieren, ist eine Erhöhung der Pensionsrückstellungen um durchschnittlich 8,7 % des jeweiligen Eigenkapitalwertes nach HGB hervorzuheben. Darüber hinaus müssen zusätzlich passive latente Steuern in Höhe von durchschnittlich 7,6 % des Eigenkapitals nach HGB gebildet werden.

Veränderungen in den Eingangsgrößen von Steuerungskennzahlen im Rahmen einer integrierten Rechnungslegung

Die Ergebnisse der praktischen Betrachtung von Konzernabschlüssen und Eigenkapitalüberleitungsrechnungen lassen sich in einen allgemeinen Kontext einordnen, wenn aus den Bilanzierungs- und Bewertungsvorschriften der IFRS grundsätzliche Aussagen über die Veränderungen von Vermögen, (Eigen-)Kapital, Ergebnis und Cashflow aus laufender Geschäftstätigkeit in kurz- und langfristiger Perspektive hergeleitet werden (vgl. hierzu ausführlich auch Weißenberger/ Haas 2003).

Vermögen

Das Vermögen der IFRS-Bilanz eines Unternehmens ist – wie im vorangegangenen Abschnitt gezeigt – von der Tendenz her nachhaltig höher in der HGB-Bilanz. Zum einen beinhalten die IFRS mehr Ansatzmöglichkeiten bzw. -pflichten als das HGB und zum anderen werden höhere Bewertungen der Aktivpositionen gestattet sogar vorgeschrieben. Dazu gehört unter anderem die unter vergleichsweise weitreichenden Bedingungen geltende Pflicht zur Aktivierung von selbst erstellten immateriellen Vermögensgegenständen, bspw. von im Unternehmen entwickelter Software oder selbst erstellten Patenten bzw. Lizenzen (IAS 38) sowie von Entwicklungskosten, was nach deutschem Bilanzrecht strikt verboten ist (§ 248 HGB), die Pflicht zur Aktivierung von Goodwill aus der Kapitalkonsolidierung (IFRS 3) im Gegensatz zum Aktivierungswahlrecht des § 309 HGB, die Vorschriften zur Abschreibung des Sachanlagevermögens in Abhängigkeit von der wirtschaftlichen Nutzungsdauer gem. IAS 16, die häufig länger ist als die in Deutschland typischerweise im Kontext des Maßgeblichkeitsprinzips verwendete steuerliche Nutzungsdauer (AfA-Werte), sowie die ebenfalls in IAS 16 enthaltene Option zur Neubewertung des Sachanlagevermögens über die Anschaffungskosten hinaus (die allerdings von deutschen Unternehmen kaum wahrgenommen wird (vgl. Keitz 2003), die Pflicht zur Aktivierung latenter Steuern gem. IAS 12 u. a. auch auf Verlustvorträge, oder auch die vielfach abweichende Einordnung von Leasingverträgen, die in Deutschland als operating lease – d. h. als mietähnlich – zu bilanzieren sind, gem. IAS 17 als finance lease – d. h. als Finanzierungsvorgang – zu klassifizieren, da hier auf die Zuordnung der wesentlichen wirtschaftlichen Chancen und Risiken abgestellt wird.

Mit Blick in die Unternehmenspraxis zeigt sich, dass – zumindest bezogen auf die im vorangegangenen Abschnitt betrachteten Unternehmen – die veränderte, d. h. verlängerte Abschreibungsdauer einen ganz wesentlichen Einfluss auf die Erhöhung von Vermögen und Eigenkapital besitzen.

Die Vorschriften gem. IAS 39 zur Marktwertbilanzierung von Finanzinstrumenten, wie Wertpapieren des Handelsbestands (trading) bzw. die zur Veräußerung gehalten werden (available-for-sale) sowie von Finanzderivaten können je nach Marktwertveränderung zu einer Erhöhung oder einer Senkung des Vermögens im Vergleich zur Bilanzierung nach HGB führen. Nicht zuletzt aufgrund der illustrativen Analyse des vorangegangenen Abschnitts lässt sich allerdings die These aufstellen, dass die das Vermögen senkenden Effekte die vorgenannten Punkte nur in seltenen Fällen aufwiegen. Insgesamt dominieren damit sowohl kurzfristig, als auch in einer langfristigen Perspektive die das Vermögen erhöhenden Effekte.

Eigenkapital

Eine Umstellung der Rechnungslegung von HGB auf IFRS wirkt sich ebenfalls auf die Passivseite der Unternehmensbilanz aus. Aufgrund der Identität von Gesamtvermögen und Gesamtkapital muss letzteres ebenfalls nachhaltig zunehmen. Ob sich diese Veränderung insgesamt in einer Erhöhung des Eigenkapital als Residualgröße resultiert, hängt auch von den Veränderungen der Schulden durch die IFRS-Bilanzierung ab.

Obwohl hier die Grundtendenzen weniger deutlich als beim Ausweis des Vermögens formuliert werden können, sind in vielen Fällen die Schulden nachhaltig geringer und das Eigenkapital damit dementsprechend nachhaltig höher als bei einer Rechnungslegung nach HGB. Dies ist intuitiv plausibel, da die Bilanzierungs- und Bewertungsvorschriften der IFRS weniger auf eine vorsichtige Bilanzierung abzielen als das HGB, sondern vielmehr eine Offenlegung stiller Reserven und unrealisierter Gewinne forcieren.

Im Einzelnen wird der niedrigere Ausweis der Schulden nach IFRS vor allem durch folgende Vorschriften beeinflusst:

Ansatz von langfristigen Verbindlichkeiten gem. IAS 39 mit dem niedrigeren Barwert im Gegensatz zum Rückzahlungsbetrag nach HGB,

Verbot des Ansatzes von Aufwandsrückstellungen (mit Ausnahme von Restrukturierungsrückstellungen), oder strengere Anforderungen an die Wahrscheinlichkeit des zukünftigen Anfalls von Drohverlusten bzw. ungewissen Verbindlichkeiten zur Bildung entsprechender Rückstellungen gem. IAS 37.

Inwieweit speziell die Pensionsrückstellungen, die nach IAS 19 wie auch nach HGB im Falle entsprechender Pensionszusagen gebildet werden müssen, durch die Umstellung auf IFRS höher oder niedriger zu bewerten sind, hängt im Einzelfall von den spezifischen Parametern der Pensionszusage, dem relevanten Kapitalmarktzins und der erwarteten Entwicklung von Löhnen und Gehältern und den daran gekoppelten Betriebsrenten ab. Die illustrative Analyse der Unternehmenspraxis im vorangegangenen Abschnitt zeigt hier allerdings durchweg, dass die Pensionsrückstellungen nach IFRS höher als nach HGB ausgewiesen werden.

Auch wenn Leasingverträge, die nach deutschem Recht als operate lease einzuordnen waren, gem. IAS 17 als finance lease zu beurteilen sind, nehmen die Schulden durch die Umstellung auf IFRS aufgrund der notwendigen Passivierung der Leasingverpflichtungen zu. Die illustrative Analyse der Unternehmenspraxis zeigt hier divergente Ergebnisse: So führt die Umklassifizierung von Leasingverträgen z. B. bei BMW zu einer relativen Erhöhung des Eigenkapitals um 20 %, bei TUI bzw. VW jedoch zu einer Reduktion um 13,5 % bzw. 9,4 %.

Jahresergebnis

Eine Veränderung der Bilanzierung und Bewertung von Vermögensgegenständen und Schulden wirkt sich nicht nur unmittelbar auf das Eigenkapital, sondern auch auf das in der Gewinn- und Verlustrechnung ausgewiesene Jahresergebnis aus. Aufgrund der stärkeren Bedeutung einer periodengerechten Abgrenzung der Aufwendungen und Erträge im Vergleich zum Vorsichtsprinzip, bewirkt die Rechnungslegung nach IFRS eine zeitliche *Vorverlagerung* von Gewinnen. Dabei ist allerdings zu beachten, dass bestimmte Erfolgskomponenten nicht über das Jahresergebnis abgebildet werden, sondern erfolgsneutral in das Eigenkapital eingebucht werden müssen. Dazu gehört z. B. seit der jüngsten Überarbeitung von IAS 39 (revised 2003) der unrealisierte Erfolg aus als „available-for-sale" klassifizierten Finanzinstrumenten.

Eine Ergebnis-Vorverlagerung resultiert u. a. unmittelbar aus der bereits beschriebenen fair value-Bewertung aber auch aus den erweiterten Aktivierungsmöglichkeiten. Auch die Regelungen zum impairment-only approach (IFRS 3) für Goodwill aus der Kapitalkonsolidierung führen tendenziell zu einer Vorverlagerung von Gewinnen, da im Gegensatz zu einer planmäßigen Abschreibung nach HGB Aufwendungen erst bei einem außerplanmäßigen Wertverlust des Goodwills anfallen. Schließlich führen weiterhin die Vorschriften zur Langfristfertigung (IAS 11) durch die Gewinnrealisierung analog zum fortgeschrittenen Fertigstellungsgrad i. d. R. zu einem früheren Gewinnausweis.

Zu beachten ist, dass die Vorverlagerung der Gewinne nicht zu einem dauerhaft höheren Gewinnausweis führen kann. In einem repetitiven Szenario, in dem z. B. in jedem Jahr Entwicklungsaufwendungen in gleicher Höhe anfallen oder langfristige Fertigungsaufträge von gleichem Volumen und erwartetem Ergebnis abgeschlossen werden, gleichen sich die Auswirkungen auf das Ergebnis, nicht jedoch auf das Vermögen, im Zeitablauf aus.

Neben der zeitlichen Vorverlagerung von Gewinnen ist die Rechnungslegung nach IFRS auch durch eine nachhaltig höhere *Volatilität* im Ergebnisausweis gekennzeichnet. Dies ist insoweit bedeutsam, als dass dadurch die Höhe des Risikoabschlags beeinflusst wird, der einer Unternehmensbewertung durch Externe zugrunde liegt.

Mehrere Gründe sind für die höhere Ergebnisvolatilität ausschlaggebend. Zum einen ist in der Rechnungslegung nach IFRS in vielen Fällen eine Bilanzierung zum Zeit- bzw. Marktwert (fair value) – unabhängig von den ursprünglichen Anschaffungskosten – vorgeschrieben, so dass durch den eventuellen Ausweis unrealisierter Gewinne die Bandbreite möglicher Jahresergebnisse zunimmt. Weiterhin fehlen den IFRS viele Bilanzierungs- und Bewertungswahlrechte, die in Deutschland häufig zur Glättung der Gewinne im Sinne eines kontinuierlichen Ergebnisausweises gewählt werden. Auch die geringere Bedeutung des Vorsichtsprinzips im Rahmen der IFRS reduziert die Spielräume zur Gewinnglättung.

Andererseits verringern umgekehrt einzelne Vorschriften der IFRS die Volatilität im Ergebnisausweis. So tragen z. B. die erweiterten Möglichkeiten zur Aktivierung von Entwicklungsaufwendungen dazu bei, die Effekte von im Zeitablauf steigenden bzw. sinkenden Aufwandsvolumina aufzufangen. Auch die Vorschriften zur anteiligen Gewinnrealisation senken die Ergebnisvolatilität. Es ist jedoch zu vermuten, dass in den meisten Fällen bei der Umstellung von HGB auf IFRS die die Volatilität verstärkenden Effekte überwiegen.

Cashflow aus laufender Geschäftstätigkeit

In der Kapitalflussrechnung wird die Veränderung des Bestands an liquiden Mitteln abgebildet, die aus drei verschiedenen Quellen gespeist wird (DRS 2, IAS 7). Dies sind der Cashflow aus laufender Geschäftstätigkeit (operating activities), dem z. B. Einzahlungen aus Umsatzerlösen oder zahlungswirksame Aufwendungen für Material und Personal zugerechnet werden, der Cashflow aus Investitionstätigkeit (investing activities), zu dem z. B. Zahlungen für Investitionen in das materielle und immaterielle Anlagevermögen gezählt werden, und der Cashflow aus Finanzierungstätigkeit (financing activities), der u. a. Zahlungen aus Kredittransaktionen, Kapitalerhöhungen oder Dividendenzahlungen abbildet.

Für die Generierung von Steuerungskennzahlen ist insbesondere der Cashflow aus laufender Geschäftstätigkeit von Bedeutung. Seine Höhe wird dadurch beeinflusst, dass bestimmte zahlungswirksame Vorgänge nach IFRS anders zugeordnet werden (müssen) als nach HGB. Eine wichtige Rolle spielen hier Auszahlungen, die nach IFRS aktivierungspflichtig sind – wie für selbst erstellte immaterielle Vermögensgegenstände, hier z. B. Entwicklungsaufwendungen. Sie sind nach nach deutschem Bilanzrecht streng aufwandswirksam zu behandeln und damit als Minderungen des Cashflows aus laufender Geschäftstätigkeit auszuweisen, während sie nach IAS 7 den Cashflow aus Investitionstätigkeit reduzieren. Entsprechend fällt der Cashflow aus laufender Geschäftstätigkeit bei einem IFRS-Abschluss um diese Beträge höher aus.

Man kann deshalb davon ausgehen, dass aufgrund des weiteren asset-Begriffs und der stärkeren Möglichkeit zur Aktivierung bestimmter zahlungswirksamer Aufwendungen mit Investitionscharakter der Cashflow aus laufender Geschäftstätigkeit nach IFRS tendenziell nachhaltig höher ausgewiesen wird als bei einer Rechnungslegung nach HGB.

Veränderte Interpretation von Steuerungskennzahlen: Das Beispiel Entwicklungsaufwendungen

Im Folgenden wird am Beispiel der unterschiedlichen Behandlung von Entwicklungsaufwendungen – Aktivierungsverbot gem. § 248 HGB, Aktivierungspflicht (unter bestimmten Bedingungen) gem. IAS 38 – die aus den veränderten Eingangsgrößen resultierenden neuen Interpretationsbedarfe typischer Steuerungskennzahlen veranschaulicht. Dabei wird aus Vereinfachungsgründen eine stationäre Betrachtung unterstellt.

Ausgangspunkt unserer Überlegungen (vgl. Abbildung 4) ist das Jahr 0, in dem (noch) keine Entwicklungsausgaben getätigt werden. Die Steuerungskennzahlen einer Rechnungslegung nach HGB sind aufgrund des stationären Zusammenhangs ab Jahr 1, in dem erstmals Entwicklungsausgaben anfallen, identisch, die Steuerungskennzahlen bei einer IFRS-Rechnungslegung verändern sich jedoch aufgrund der einmaligen wie dauerhaften Umstellungseffekte. Es wird unterstellt, dass bei einer Rechnungslegung nach HGB das Jahresergebnis jeweils vollständig ausgeschüttet wird, bei einer Rechnungslegung nach IFRS das Ergebnis abzüglich der vollständig eigenfinanzierten Entwicklungsausgaben. Von Steuereffekten wird der Einfachheit halber abstrahiert. Schließlich wird angenommen, dass aus den Entwicklungsprozessen Neuprodukte mit einem erwarteten Lebenszyklus von zwei Jahren ab dem der Entwicklung folgenden Jahr resultieren, die jeweils Altprodukte ersetzen. Eine Umsatzerhöhung ist demzufolge nicht zu beobachten, aktivierte Entwicklungskosten sind nach IFRS in zwei Jahren zu jeweils 50 % abzuschreiben.

Insgesamt ergeben sich dann die in Abbildung 4 dargestellten Effekte auf verschiedene Steuerungskennzahlen:

Rechnungslegung nach HGB	Jahr 0	Jahr 1	Jahr 2	ab Jahr 3
Umsatz	330 GE	330 GE	330 GE	330 GE
Zinsaufwand	– 12 GE	– 12 GE	– 12 GE	– 12 GE
Entwicklungskosten (aufwandswirksam)	0 GE	– 24 GE	– 24 GE	– 24 GE
Sonstiger zahlungswirksamer Aufwand	– 184 GE	– 184 GE	– 184 GE	– 184 GE
Sonstiger nicht zahlungswirksamer Aufwand	– 101 GE	– 101 GE	– 101 GE	– 101 GE
Jahresergebnis	**33 GE**	**9 GE**	**9 GE**	**9 GE**
Cashflow aus laufender Geschäftstätigkeit	**134 GE**	**110 GE**	**110 GE**	**110 GE**
Vermögen	**300 GE**	**300 GE**	**300 GE**	**300 GE**
Eigenkapital	**120 GE**	**120 GE**	**120 GE**	**120 GE**
Schulden	180 GE	180 GE	180 GE	180 GE

Rechnungslegung nach IFRS	Jahr 0	Jahr 1	Jahr 2	ab Jahr 3
Umsatz	330 GE	330 GE	330 GE	330 GE
Zinsaufwand	– 12 GE	– 12 GE	– 12 GE	– 12 GE
Sonstiger zahlungswirksamer Aufwand	– 184 GE	– 184 GE	– 184 GE	– 184 GE
Abschreibung aktivierte Entwicklungskosten	0 GE	0 GE	– 12 GE	– 24 GE
Sonstiger nicht zahlungswirksamer Aufwand	– 101 GE	– 101 GE	– 101 GE	– 101 GE
Jahresergebnis	**33 GE**	**33 GE**	**21 GE**	**9 GE**
Cashflow aus laufender Geschäftstätigkeit	**134 GE**	**134 GE**	**134 GE**	**134 GE**
Entwicklungskosten (aktivierungspflichtig)*	0 GE	– 24 GE	– 24 GE	– 24 GE
Vermögen	**300 GE**	**324 GE**	**336 GE**	**336 GE**
Eigenkapital	**120 GE**	**144 GE**	**156 GE**	**156 GE**
Schulden	180 GE	180 GE	180 GE	180 GE

* entsprechen hier dem Cashflow aus Investitionstätigkeit

Unternehmenskennzahlen	HGB (ab Jahr 1)	IFRS (Jahr 1)	IFRS (Jahr 2)	IFRS (ab Jahr 3)
Eigenkaptialquote	40,0 %	44,4 %	46,4 %	46,4 %
Eigenkapitalrentabilität	7,5 %	25,0 %	14,0 %	5,8 %
Gesamtkapitalrentabilität	7,0 %	14,4 %	10,0 %	6,3 %
Umsatzrentabilität	6,4 %	13,6 %	10,0 %	6,4 %
Kapitalumschlag	1,10	1,06	1,00	0,98
Cashflow-Rentabilität	40,7 %	46,8 %	44,2 %	43,5 %
Residualgewinn (WACC 6 %)	3,00 GE	27,00 GE	13,56 GE	0,84 GE

Abbildung 4: Auswirkungen einer Rechnungslegung nach HGB versus IFRS auf wichtige Steuerungskennzahlen

- *Eigenkapitalquote:* Die Eigenkapitalquote als Relation von Eigenkapital und Gesamtkapital (= Gesamtvermögen) ist nach IFRS langfristig tendenziell höher als nach HGB, da die Veränderungen durch die IFRS-Rechnungslegung regelmäßig zu einer Offenlegung stiller Reserven führen, die die Eigenkapitalbasis des Unternehmens stärkt. Dies zeigt sich auch im Beispiel: Die Eigenkapitalquote steigt dort von 40,0 % auf langfristig 46,4 %.
- *Eigenkapitalrentabilität (Return on Equity) bzw. Gesamtkapitalrentabilität (Return on Capital Employed):* Die Eigenkapitalrentabilität ist der Quotient aus Jahresergebnis und durchschnittlichem Eigenkapital des Geschäftsjahres. Durch die Rechnungslegung nach IFRS werden so-

wohl Zähler als auch Nenner dieser Größe beeinflusst, d. h. Eigenkapital und Ergebnis nehmen zunächst zu. Da der Einfluss auf das Jahresergebnis i. d. R. relativ stärker ist als auf das Eigenkapital, steigt zunächst auch die Eigenkapitalrendite – statt 7,5 % bei HGB-Rechnungslegung ergeben sich 25,0 % bei einer Rechnungslegung nach IFRS. Während die Veränderung des Eigenkapitals aber dauerhaft wirksam ist, pendelt sich das Jahresergebnis langfristig auf gleichem Niveau ein. Damit ist die Eigenkapitalrentabilität in dem unterstellten stationären Zusammenhang bei einer Rechnungslegung nach IFRS langfristig geringer als bei einer Rechnungslegung nach HGB, nämlich nur 5,8 % statt 7,5 %. Vergleichbare Überlegungen lassen sich auch für die Gesamtkapitalrentabilität als Relation von Jahresergebnis zuzüglich Zinsaufwand und dem durchschnittlichen Gesamtkapital (= Gesamtvermögen) anstellen, die langfristig nur 6,3 % im Vergleich zu 7,0 % bei HGB-Bilanzierung sinkt.

- *Umsatzrentabilität:* Die Umsatzrentabilität ist hier das Verhältnis von Jahresergebnis zuzüglich Zinsaufwand zum Umsatz. Hintergrund der Berücksichtigung des Zinsaufwands ist hier analog zur Gesamtkapitalrentabilität die Neutralisierung von Kapitalstruktureffekten. Da der Umsatz im Beispiel sowohl nach HGB als auch nach IFRS in unveränderter Höhe anfällt, wird die Umsatzrentabilität lediglich durch den temporären Effekt der Aktivierung der Entwicklungsaufwendungen im Jahresergebnis beeinflusst. In Konsequenz steigt die Umsatzrentabilität bei IFRS-Rechnungslegung zunächst an (13,6 %), sinkt langfristig aber wieder auf das HGB-Niveau ab (6,4 %).
- *Kapitalumschlag:* Der Kapitalumschlag wird als Quotient von Umsatz und durchschnittlichem Gesamtkapital (= Gesamtvermögen) ermittelt und dient u. a. als Indikator für die kurz- und mittelfristige Liquidität des Unternehmens. Da der Umsatz in beiden Szenarien unverändert ist, das Gesamtkapital bei der IFRS-Bilanzierung jedoch zunimmt, sinkt der Kapitalumschlag in diesem Fall dauerhaft (von 1,10 auf 1,06 im ersten bzw. 0,98 ab dem dritten Jahr).
- *Cashflow-Rentabilität:* Im Gegensatz zu den anderen hier dargestellten Kennzahlen ist die Cashflow-Rentabilität, d. h. der Cashflow aus laufender Geschäftstätigkeit zuzüglich Zinsaufwand in Relation zum durchschnittlichen Gesamtkapital (= Gesamtvermögen), bei einer Rechnungslegung nach IFRS im Beispiel nicht nur in den Anfangsjahren, sondern dauerhaft höher als bei einer HGB-Bilanzierung. Hintergrund ist die Aktivierung der Entwicklungsausgaben, die zu einer abweichenden IFRS-Klassifizierung dieses Abflusses an Zahlungsmitteln führt, nämlich zum Cashflow aus Investitionstätigkeit. Zwar steigt auch das durchschnittliche Gesamtkapital dauerhaft an, im Beispiel jedoch um einen geringeren Betrag, so dass der Gesamteffekt zu einem günstigeren Ausweis der Cashflow-Rentabilität nach IFRS führt.
- *Residualgewinn:* Der Residualgewinn, z. B. in Form eines Economic Value Added (EVA), ist aus gesamtunternehmensbezogener Perspektive die Differenz aus Jahresergebnis zuzüglich Zinsaufwand und den Kapitalkosten, für die hier ein Zinssatz (weighted average cost of capital, WACC) von 6 % unterstellt wird, die jeweils auf das Gesamtvermögen (= Gesamtkapital) zu Geschäftsjahresbeginn ermittelt werden. Hier ergeben sich statt 3,00 GE im HGB-Modell ab dem dritten Jahr lediglich 0,84 GE. Hintergrund ist erneut die dauerhafte Erhöhung des Gesamtvermögens durch die stärkere Offenlegung stiller Reserven im Rahmen einer IFRS-Bilanzierung. Allerdings fällt dieser Effekt schwächer aus als z. B. bei der oben dargestellten Eigen- oder Gesamtkapitalrentabilität, da die Erhöhung des Gesamtvermögens mit dem Kapitalkostensatz von hier unterstellten 6 % gewichtet wird. Je niedriger (höher) die Kapitalkosten, umso schwächer (stärker) ist der Effekt der dauerhaften Veränderung des Gesamtvermögens auf den Residualgewinn bei IFRS-Bilanzierung.

Aus dem hier vorgestellten Beispiel – das allerdings vor dem Hintergrund der unterstellten Annahmen, insbesondere der Gleichförmigkeit des Unternehmensgeschehens gewürdigt werden muss – ergeben sich unmittelbar mehrere Hinweise für die Interpretationsaufgaben des Controllers:

- Zunächst ist festzuhalten, dass bei identischen güterwirtschaftlichen Sachverhalten eine Rechnungslegung nach HGB zu anderen *Kennzahlen* führt als eine Rechnungslegung nach IFRS. Werden dauerhaft beide Rechenwerke vorgehalten, kann dies zu Interpretationsschwierigkeiten und Verwirrung führen. Gleichzeitig wird deutlich, dass ein Unternehmensvergleich nur auf Basis einheitlicher Rechnungslegungsstandards möglich ist. Dies bedeutet auch, dass bei Zeitreihenanalysen das Umstellungsjahr einen Strukturbruch beinhaltet. Die Kennzahlen vorher und nachher sind folglich nicht vergleichbar.
- Weiterhin wird deutlich, dass bei einer Umstellung der Rechnungslegung von HGB auf IFRS der temporäre Effekt der Gewinnvorverlagerung zunächst den nachhaltigen Effekt des Anstiegs von Vermögen bzw. Eigenkapital dominiert. In Konsequenz fallen die ergebnisbezogenen Kennzahlen unmittelbar nach der Umstellung günstiger aus, sinken dann langfristig jedoch unter HGB-Niveau. Für die *Unternehmenssteuerung* bedeutet dies, dass bei der Formulierung von Vorgaben nicht nur kurz-, sondern auch langfristige Effekte der IFRS-Rechnungslegung beachtet werden müssen, um nicht überhöhte Erwartungen – bspw. bezogen auf die Höhe des Residualgewinns oder der Gesamtkapitalrendite zu wecken. In diesem Zusammenhang erweisen sich cashflow-bezogene Kennzahlen als vorteilhaft. Sie sind zum einen immun gegen Periodisierungseffekte, zum anderen ist der Cashflow aus laufender Geschäftstätigkeit – wie bereits gezeigt – aufgrund der erweiterten Möglichkeiten zur Aktivierung

von Entwicklungsausgaben bei einer IFRS-Bilanzierung nachhaltig höher als bei der HGB-Bilanzierung.

- Schließlich zeigt eine tiefer gehende Analyse der Gründe für die scheinbar besseren HGB-Kennzahlen, dass damit keine *realwirtschaftliche Leistungsverbesserung* angezeigt wird. Vielmehr werden die HGB-Kennzahlen durch die Möglichkeit zur Bildung stiller Reserven geschönt: Sie führen zu einem für Informationszwecke letztlich zu niedrigen Ausweis des eingesetzten Vermögens bzw. des eingebrachten Eigenkapitals und damit auch zu einem zu niedrigen Ausweis der anfallenden Kapitalkosten. Damit wird jedoch ein ineffizientes Vermögensmanagement begünstigt. Bei einer Bilanzierung nach IFRS werden stille Reserven dagegen zumindest teilweise offen gelegt, sodass die entsprechenden Kennzahlen die realwirtschaftliche Situation und die damit zusammenhängenden Ineffizienzen deutlicher ausweisen. Die verbesserte Abbildung durch die IFRS zwingt zu einem effizienteren Umgang mit den bereitgestellten Ressourcen und wirkt damit unmittelbar auf die betriebliche Leistungserstellung zurück.

Zusammenfassung

Die IFRS gewinnen für europäische Unternehmen zunehmend an Relevanz. Dies nicht zuletzt aufgrund der EU-Verordnung, die ab 2005 eine Bilanzierung nach IFRS für kapitalmarktorientierte Konzerne verbindlich vorschreibt. Dabei führt die Rechnungslegung nach IFRS zu tief greifenden Veränderungen innerhalb wichtiger Steuerungskennzahlen und beeinflusst damit unmittelbar die Interpretationsfunktion des Controllings im Rahmen einer integrierten Rechnungslegung. Tendenziell gilt: Vermögen, Eigenkapital und Cashflows aus laufender Geschäftstätigkeit nehmen nachhaltig zu, Gewinne werden nachhaltig volatiler und steigen gleichzeitig temporär an. Dies impliziert, dass insbesondere ergebnisbezogene Kennzahlen bei einer Umstellung auf IFRS zunächst steigen, in einem stationären Szenario mittelfristig jedoch unter HGB-Niveau sinken. Dies erzwingt von den Unternehmen insbesondere auch ein effizienteres Management des eingesetzten Vermögens, da Effekte aus unwirtschaftlichen Vermögensstrukturen im Gegensatz zur Rechnungslegung nach HGB bei einer Bilanzierung nach IFRS unmittelbar offen gelegt werden.

Literatur

BALLWIESER, W.: Was bewirkt eine Umstellung der Rechnungslegung vom HGB auf US-GAAP, in: Ballwieser, W. (Hrsg.): US-amerikanische Rechnungslegung. Grundlagen und Vergleiche mit dem deutschen Recht, Stuttgart 2002, S. 447 – 466.

GLAUM, M./STREET, D.: Rechnungslegung der Unternehmen am Neuen Markt. Die Einhaltung der Ausweispflichten nach IAS und US-GAAP, in: Zeitschrift für kapitalmarktorientierte Rechnungslegung, 2. Jg. (2002), S. 122 – 138.

KEITZ, I. VON: Praxis der IASB-Rechnungslegung, Stuttgart 2003.

WEIßENBERGER, B. E.: Controlling als Teilgebiet der Betriebswirtschaftslehre – Konzeptionelle Einordnung und Konsequenzen für Forschung und Lehre, in: WEBER, J./HIRSCH, BERNHARD (Hrsg.): Controlling als akademische Disziplin. Eine Bestandsaufnahme, Wiesbaden 2002, S. 389 – 408.

WEIßENBERGER, B. E./HAAS, C. A. J.: IAS/IFRS: Der Veränderungsbedarf in Unternehmensrechnung und Controlling, in: Der Controlling-Berater, o. Jg. (2003), S. 49 – 78.

Integriertes Reporting unter IFRS bei der Lufthansa

Jörg Beißel / Karl-Heinz Steinke

- Bei der Lufthansa wurde die Datenbasis des internen und externen Rechnungswesens auf Konzernebene sukzessive angepasst. Seit 2004 wird ein einheitlich definitives operatives Ergebnis ausgewiesen. Hierdurch soll die Transparenz und Akzeptanz nach innen erhöht werden.
- Durch den Wegfall glättender kalkulatorischer Ansätze und der Verwendung von Stichtagswerten nach IAS/IFRS kommt es zu einer erhöhten Volatilität des operativen Ergebnisses, die eine ausführliche Analyse notwendig macht.
- Zur Erfüllung der Verhaltenssteuerungsfunktion wird im internen Berichtswesen die wertorientierte Kennzahl Cash Value Added (CVA) verwendet, bei dessen Ermittlung explizit Korrekturen zur Verhaltenssteuerung vorgenommen werden.
- Allerdings besteht durch die Konvergenz ein einheitliches (Zwischen-)Ergebnis, dessen Entwicklung ausführlich kommentiert wird.
- Eine zunehmende vair-value-Bewertung kann bei der Lufthansa die Konvergenz der beiden Rechnungswesen gefährden.

Die Konvergenzdebatte im Lufthansa Konzern

Seit Beginn der 90er Jahre findet auch im Lufthansakonzern eine Diskussion zur Konvergenz des externen und internen Rechnungswesens statt. Auslöser dieser Debatte waren nicht unerhebliche Differenzen im Ergebnisausweis der beiden Rechenwerke. Stärker als vielleicht andere Unternehmen ist die Lufthansa hinsichtlich der Unterschiedlichkeit im Ergebnisausweis von ihren eigenen Erfahrungen geprägt. In der größten Unternehmenskrise der Lufthansa 1991/92 wurde „intern" bzw. kalkulatorisch noch ein Gewinn ausgewiesen, während sich „extern" ein Milliardenverlust und Illiquidität abzeichneten. Zunächst stand die Bewältigung der akuten Probleme im Vordergrund, doch wurden umgehend auch die Methoden, Verfahren und Systeme der Berichterstattung modernisiert, was zu einer ersten Annäherung des Ergebnisausweises im ersten und zweiten Rechenkreis führte. Die wachsende Bedeutung der internationalen Kapitalmärkte erschütterte zusätzlich die Vorherrschaft des internen Rechnungswesens. Auf diesen bestanden höhere Anforderungen an die Transparenz der Berichterstattung als auf dem deutschen Kapitalmarkt. Deswegen wurde es für den Vorstand immer wichtiger, nicht nur relevante Informationen für die interne Steuerung zu erhalten, sondern auch die Entwicklung der Größen des externen Rechnungswesens nach außen kommentieren zu können (vgl. hierzu auch Küting/Lorson 1998, S. 2258).

Vor diesem Hintergrund wurde bei der Lufthansa die Frage diskutiert, inwieweit ein unterschiedlicher Ergebnisausweis im internen und externen Rechnungswesen sinnvoll und wünschenswert ist. Meldungen, dass Unternehmen auf eine eigene Zweikreisrechnung verzichten, haben die Diskussion noch verstärkt (vgl. z. B. Ziegler 1994).

Der folgende Beitrag zeigt die Erfahrungen der Lufthansa auf ihrem Weg zur Angleichung des externen und internen Berichtswesens. Dazu werden zunächst die Rahmenbedingungen und Aufgaben des Berichtswesens aus Sicht des Lufthansa-Konzerncontrollings beschrieben, bevor der Weg der Angleichung des internen und externen Berichtswesens skizziert wird. Im Anschluss erfolgt die Beschreibung des derzeitigen internen Konzernberichtswesens und die Verbindungen zum externen Berichtwesen. Abschließend werden Möglichkeiten und Grenzen eines integrierten Berichtswesens aus Sicht des Konzerncontrollings der Deutschen Lufthansa besprochen.

Dr. rer. pol. Jörg Beißel
Deutsche Lufthansa AG, Referent Konzerncontrolling, Lufthansa Basis, 60546 Frankfurt,
E-Mail: joerg.beissel@dlh.de

Dipl.-Oek. Karl-Heinz Steinke
Deutsche Lufthansa AG, Leiter Konzerncontrolling, Lufthansa Basis, 60546 Frankfurt,
E-Mail: karl-heinz.steinke@dlh.de

Rahmenbedingungen und Aufgaben des Konzernberichtswesens im Lufthansa Konzern

Der Lufthansa Konzern wurde 1995 im Zuge einer strategischen Neuorientierung unter dem Begriff des „Aviation Konzerns" in die Geschäftsfelder Passage, Logistik, Technik, Catering, IT-Services und Touristik aufgeteilt. Alle Konzerngesellschaften sind entsprechend ihrem Unternehmenszweck dem jeweiligen Geschäftsfeld zugeordnet. Der Konzern selbst ist dabei nach den Prinzipien einer Management Holding (vgl. Kley 2000, S. 3–5) organisiert, wobei die Mehrzahl der geschäftsfeldführenden Gesellschaften zu 100 % dem Lufthansa Konzern gehört. Nur im Bereich Touristik ist die Deutsche Lufthansa AG lediglich mit 50 % an der geschäftsfeldführenden Gesellschaft Thomas Cook beteiligt.

In dieser Struktur erfolgt die Führung des Konzerns weitgehend dezentral, d. h. auf Basis eines „management by objectives". Als oberstes Ziel ist den einzelnen Geschäftsfeldern analog zum konzernweiten Ziel die Unternehmenswertmaximierung vorgegeben. In welcher Weise dieses Ziel erreicht wird, liegt weitgehend in der Verantwortung der Vorstände der einzelnen Geschäftsfelder. Hieraus folgt, dass insbesondere die operative Führung in die Verantwortung des jeweiligen Vorstandes der geschäftsfeldführenden Gesellschaft fällt. Darüber hinaus werden von den Geschäftsfeldern auch die Geschäftsfeldstrategie und die Investitionsprogramme selbst entwickelt, allerdings bedarf es bei wesentlichen Sachverhalten einer finalen Abstimmung mit der Konzernführung (vgl. Beißel/Steinke/Wirth 2004). Die Organisation des Lufthansa Konzerns als Management Holding und die dafür typische Zielsetzung der Wertsteigerung wirkt sich auf die Aufgaben des Konzernberichtswesens aus.

Dem Berichtswesen werden allgemein zwei Funktionen (vgl. z. B. Gjesdal 1981 oder Wagenhofer 1993) zugewiesen, nämlich

- die Informations- und Entscheidungsfunktion und
- die Verhaltenssteuerungsfunktion,

die auch im Lufthansakonzern Grundlage von Gestaltungsentscheidungen sind.

Zur Erfüllung der *Informations- und Entscheidungsfunktion* hat das Konzernberichtswesen dem Konzernvorstand entscheidungsnützliche Informationen zur wertoptimierenden Unternehmensführung zur Verfügung zu stellen. Dabei ist es elementar, aufzuzeigen, wo Werte geschaffen oder vernichtet werden.

Gleichzeitig soll das Berichtswesen zur *Verhaltenssteuerung* dienen. Auch diese Funktion beinhaltet die Beeinflussung von Entscheidungen, jedoch nicht von eigenen, sondern von „Dritten". Hierbei handelt es sich um Personen, an die im Rahmen der Organisation Entscheidungen delegiert werden. Die Verhaltenssteuerungsfunktion ist von Bedeutung, wenn von asymmetrischer Informationsverteilung zwischen dem Konzernvorstand und den einzelnen Geschäftsfeldern ausgegangen werden muss und (zumindest potenziell) Zielkonflikte zwischen den beiden Parteien bestehen können (vgl. z. B. Ewert/Wagenhofer 2002, S. 9).

Asymmetrische Information besteht in dem beschriebenen Zusammenhang schon deswegen, weil mit der Ausgründung der einzelnen Gesellschaften 1995 der Konzernvorstand von operativen Aufgaben entlastet wurde (vgl. Kley 2002), was zum Verlust von Informationen führt. Die Gefahr von Zielkonflikten ergibt sich z. B. aufgrund der Organisation. So kann es durch die i. d. R. gewollte stärkere Eigenverantwortlichkeit der Bereiche zu Bereichsegoismen kommen, die aus Konzernsicht zu nicht optimalen Entscheidungen führen können.

Das Berichtswesen soll zur Linderung dieser auch als Agency-Probleme bezeichneten Effekte beitragen. Die bereitgestellten Informationen können der Kontrolle und der Koordination der Bereiche dienen. Im Rahmen des Berichtswesens kommt es zur Ergebniskontrolle, bei der Abweichungen ermittelt und analysiert werden. Diese Kontrolle hat nicht nur eine Lernfunktion, sondern soll auch Entscheidungsträger motivieren, ihre Aufgaben möglichst im Sinne einer Konzernwertmaximierung zu erfüllen. Damit entfaltet das Berichtswesen schon im vorhinein eine Verhaltenssteuerungswirkung. Dies gilt streng genommen aber nur dann, wenn an die berichteten Größen auch Konsequenzen für die Entscheidungsträger gekoppelt sind, z. B. wenn diese als Beurteilungsgrößen in ein Anreizsystem einfließen. Dies ist bei der Lufthansa der Fall. Die leistungsvariable Vergütung der Führungskräfte der Geschäftsfelder ist an die wertorientierte Spitzenkennzahl, den Cash Value Added (CVA) geknüpft (vgl. hierzu Beißel/Steinke 2004 und Lang 2003), auf die auch das Berichtswesen ausgerichtet ist. Im Folgenden wird die Entwicklung und der aktuelle Aufbau des Berichtswesens dargestellt.

Konzernberichtswesen bei der LH

Überblick

Das Konzernberichtswesen setzt entsprechend der Konzernorganisation nach Geschäftsfeldern auf den Monatsabschlüssen der geschäftsfeldführenden Gesellschaften Deutsche Lufthansa AG (Passage), Lufthansa Cargo AG, Lufthansa Technik AG, LSG Sky Chefs sowie der Thomas Cook AG und Lufthansa Systems GmbH auf. Die Berichterstattung bezieht sich sowohl auf den Einzelabschluss, als auch auf die Abschlüsse der zugeordneten Beteiligungsgesellschaften. Dies betrifft gleichermaßen die Berichterstattung nach innen wie nach außen.

Seit Beginn des Jahres 2004 besteht volle Konvergenz in dem Sinne, dass in der internen monatlichen Berichterstattung an den Konzern das „Operative Ergebnis" der jeweiligen Konzerngesellschaft berichtet wird, welches auf Basis einer nach den IAS übergeleiteten Gewinn- und Verlustrechnungen ermittelt wird.

Vom „Operativen Ergebnis" wird zum EBITDA^{plus} (Earnings before Interest, Tax, Deprecation, Amortization und Nettoveränderungen der Pensionsrückstellungen) übergeleitet. Dabei wird zwischen dem EBITDA^{plus} aus dem operativen Geschäft und aus Finanzgeschäften unterschieden. Ergänzt wird die Berichterstattung durch Kennzahlen und Werttreiber, sowie den Angaben zur Personalmengenentwicklung.

Berichtet wird, neben dem Ergebnis des Einzelmonats, das kumulative Ergebnis, sowie ab dem Berichtsmonat Februar eine monatliche Hochrechnung für das Gesamtjahr. Abweichungen zum Plan und Vorjahr werden für alle Parameter als Grundlage der Analyse ausgewiesen. Der Konzernmonatsbericht erscheint am 10. Arbeitstag (AT) des Folgemonats differenziert nach den Geschäftsfeldern.

Wöchentlich werden zur Früherkennung für die „fliegenden" Geschäftsfelder Passage und Cargo rollierend die Leistungs- und Erlösdaten der Vorwochen nach Verkehrsgebieten, der Cashflow und die Personalentwicklung berichtet. Für die Passage und die Touristik werden darüber hinaus die Buchungsprognosen aufgeführt.

Teilergebnisse der vorgenannten Berichte werden sofort nach Vorliegen berichtet, so werden z. B. die Erlöse des Monats bereits am 3. Werktag des Folgemonats mittels einer detaillierten Prognose bestimmt und der Ergebnisberichterstattung zugrundegelegt. Abweichungen mit den am 12. Arbeitstag buchhalterisch genau ermittelten Erlöse werden im Folgemonat als Kumulativabweichung berücksichtigt.

Weitere wesentliche Berichte im Monat sind der „Konzern-Beteiligungsbericht", der die Ergebnisse der rd. 400 Beteiligungen jeweils im Vergleich zum Plan und Vorjahr ausweist und ebenfalls eine Hochrechnung auf das voraussichtliche Jahresergebnis enthält. Er erscheint am 20. Arbeitstag des Folgemonats. Im Zuge einer erweiterten Berichterstattung sind die Geschäftsfelder aufgefordert, zu diesem Zeitpunkt zusätzlich die Ergebnisse ihrer Sparten auszuweisen.

Der Berichtszyklus schließt mit dem Zwischenbericht, der quartalsweise das operative Ergebnis des Konzerns und die Segmentergebnisse auf Basis konsolidierter Werte zeigt.

Konvergenzentwicklungen des Konzernberichtswesens bei der Lufthansa

Die Entwicklung von einer getrennten internen und externen Berichterstattung bzw. ersten und zweiten Kreisrechnung bis zu einer vollständigen Konvergenz auf Konzernebene dauerte mehr als 10 Jahre und erfolgte in Teilschritten. Ausgehend von der Krise 1991/92 wurde im Rahmen eines Projekts „Ergebnismechanik" durch die Vereinfachung der Überleitung vom internen zum externen Rechnungswesen eine höhere Transparenz geschaffen. Im weiteren Verlauf wurden auf Konzernebene sukzessive die kalkulatorischen Elemente entfernt. So erfolgte zum Beispiel 1996 der Ersatz der kalkulatorischen Abschreibungen durch die bilanziellen Abschreibungen. Auslöser war die Unzufriedenheit mit der durch die unterschiedlichen Abschreibungshöhen entstandenen Differenz im Ergebnisausweis. Intern wurde ein Ergebnis nahe null berichtet, extern allerdings ein überdurchschnittlich gutes Ergebnis. 1998 wurde erstmalig ein Konzernabschluss nach IAS aufgestellt, was aber zunächst zu keinen Veränderungen im internen Berichtswesen führte. Erst mit der Entwicklung eines wertorientierten Steuerungskonzepts erfolgte 1999 auch die Neuregelung des internen Berichtswesens auf Konzernebene. Ab 2001 basierte das monatliche Berichtswesen auf einem sogenannten IAS-nahen Betriebsergebnis, welches übergeleitet wurde zum EBITDA^{plus}. Letzte wesentliche Unterschiede zum operativen Ergebnis waren die Bereinigung von Währungseinflüssen auf offene Forderungen und Verbindlichkeiten sowie die Glättung von Urlaubsgeldern und des Aufwands für Liegezeiten. Bei letzterem handelt es sich um Überholungsereignisse von Flugzeugen, die abhängig vom Flugzeugmuster und Nutzungsgrad circa alle sieben Jahre anfallen. Seit 2002 werden im internen Berichtswesen die IAS auch monatlich konsequent angewendet. Seit 2004 wird auf Konzernebene kein eigenes internes Betriebsergebnis mehr berichtet. Somit entsprechen auf dieser Ebene Aufwand und Ertrag den Kosten und Leistungen. Eine Konsolidierung der Ergebnisse wird quartalsweise im Zuge der Zwischenberichterstattung vorgenommen (IAS 34). Als weitere wesentliche Ergebnisgröße werden hier die Segmentergebnisse ausgewiesen. Abweichungen aus der Konsolidierung im Vergleich zu den monatlich additiv ermittelten Konzernergebnissen sind für Steuerungszwecke materiell nicht bedeutsam und können deswegen vernachlässigt werden. Im Folgenden wird erläutert, wie die unternehmenswertorientierte Performancemessung erfolgt und welche Rolle hier den IAS zukommt.

Performancemessung im integrierten und wertorientierten Berichtswesen

Der Cash Value Added (CVA) stellt die finanzielle Spitzenkennzahl im Berichtswesen dar (vgl. zu einer ausführlichen Darstellung des Lufthansa-Konzepts der

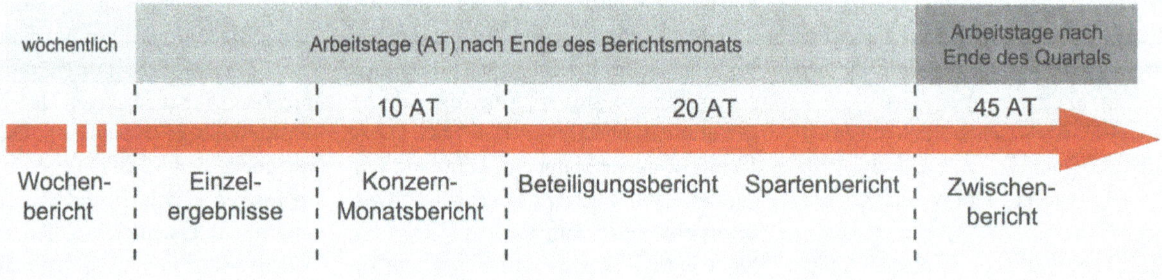

Abbildung 1: Zeitliche Abfolge der Berichte und Präsentationen auf Konzernebene

wertorientierten Unternehmensführung Beißel/Steinke 2004). Er ergibt sich aus der Differenz zwischen dem erwirtschafteten Cashflow und einem Mindest-Cashflow, der aus den Kosten für das investierte Kapital resultiert (vgl. Abbildung 2). Als absolute Übergewinngröße fällt der CVA positiv aus, wenn der erreichte Cashflow größer ist, als der zur Deckung der Bedürfnisse der Kapitalgeber notwendige Mindest-Cashflow. Vereinfachend wird ein positiver CVA mit einer Unternehmenswertsteigerung gleichgesetzt.

Im Konzern wird unterschieden zwischen einem CVA für die externe Berichterstattung und für die interne Performancemessung. Zunächst wird der CVA zur internen Performancemessung dargestellt, bevor die Unterschiede zum extern berichteten CVA erläutert werden. Als Ist-Cashflow wird bei Lufthansa der EBITDA^{plus} verwendet, der auf Basis von IAS-Größen abgeleitet wird.

Der Mindest-Cashflow ergibt sich aus der Verzinsung des eingesetzten Kapitals, der Kapitalwiedergewinnung und einem Steuerzuschlag (T), der bei der Ermittlung des CVA zur internen Performancemessung einfließt. Als Zinssatz dienen die durchschnittlichen Gesamtkapitalkosten (WACC) des Lufthansa Konzerns bzw. der einzelnen Geschäftsfelder (vgl. Beißel/Steinke 2004). Die Kapitalwiedergewinnung wird angesetzt um den Verbrauch des Anlagevermögens im Produktionsprozess zu berücksichtigen, es handelt sich hierbei inhaltlich um eine ökonomische Abschreibung (vgl. allgemein zum CVA Konzept Stelter 1999). Zu deren Ermittlung werden für einzelne Anlageklassen Kapitalwiedergewinnungsfaktoren (KWF) bestimmt, die angeben wie viel Prozent eines Anlagegutes jährlich wiedergewonnen werden muss. Anders als bei Residualgewinnkonzepten wird beim CVA zur Bestimmung der Kapitalbasis das Anlagevermögen zu historischen Anschaffungskosten auf Basis der IAS angesetzt. Mit dem Steuerzuschlag werden vereinfachend Ertragssteuern berücksichtigt, wobei der Steuerzuschlag T von 1,2 % dem Verhältnis von in der Vergangenheit gezahlten Steuern und der Kapitalbasis entspricht.

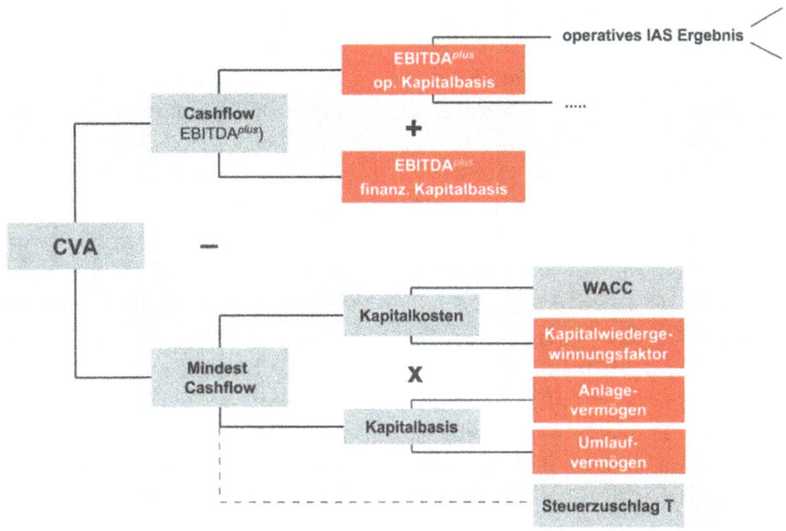

Abbildung 2: Ermittlung des „internen" Cash Value Added

Der externe CVA unterscheidet sich im Wesentlichen dadurch, dass für die berichteten Segmente eine Steuerzahlung ermittelt wird und mit dem EBITDA^{plus} eine Nachsteuergröße zum Einsatz kommt. Analog dazu entfällt auch der vereinfachende Steuerzuschlag (T) im Mindest-Cashflow. Diese Vorgehensweise ist intern nicht durchgängig möglich, da auch für kleinere Teileinheiten ein CVA bestimmt wird, für die eine separate Berechnung von Steuern nicht wünschenswert und zum Teil auch gar nicht möglich ist.

In Abbildung 2 werden die Verbindungen zwischen dem internen Berichtswesen bzw. dem dort ausgewiesenen CVA und den IAS deutlich. Eine wesentliche Rolle im internen Berichtswesen kommt dem operativen IAS-Ergebnis zu. Es ist der für die unterjährige Steuerung wichtigste Einflussfaktor auf den CVA, da vor allem bei ihm bzw. den einzelnen Aufwands- und Ertragsbestandteilen Planabweichungen auftreten.

Weiterhin bestimmen die nach IAS ermittelten historischen Anschaffungskosten die Kapitalbasis und die im externen Berichtswesen angesetzten Nutzungsdauern beeinflussen die Kapitalwiedergewinnungsfaktoren (KWF). Zur Erläuterung, inwieweit bei der Lufthansa bereits heute ein einheitliches Konzernberichtswesen vorliegt, wird im Folgenden ausgehend von dem Ergebnis der betrieblichen Tätigkeit die Ableitung des operativen Ergebnisses und des EBITDA^{plus} dargestellt.

Aufgrund der bisher noch nicht durch die IAS vorgeschriebene Ermittlung eines Performancemaßes hat die Lufthansa selbst ein operatives Ergebnis definiert, dessen Ermittlung in Abbildung 3 dargestellt ist.

Das Ergebnis der betrieblichen Tätigkeit der Gesellschaften bzw. Geschäftsfelder beinhaltet alle Erträge und Aufwendungen ohne Ergebnisabführungen, Dividenden, Zinsen, Tradingergebnisse und Abschreibungen auf Finanzanlagevermögen. Somit sind hier alle Buchgewinne/-verluste, Rückstellungsveränderungen, wie auch Kursgewinne und Kursverluste enthalten. Darüber hinaus sind auch die Zuschreibungen auf Finanzanlagevermögen im Ergebnis der betrieblichen Tätigkeit nach IAS enthalten, jedoch nicht die Abschreibungen auf Finanzanlagevermögen.

Bei der Überleitung zum operativen Ergebnis der Lufthansa werden die nicht aus dem operativen Geschäft resultierenden Komponenten, also ungewöhnliche bzw. nicht regelmäßige Posten dem

Ergebnis entnommen. Ziel ist es, einen Hinweis über die Ertragskraft aus dem originären Geschäft zu erhalten, um Anhaltspunkte über die künftigen Erfolge zu erhalten. Ausgewählte Korrekturen lassen sich wie folgt begründen:

- *Zuführungen, Verbrauch und Auflösung wesentlicher Drohverlustrückstellungen:* Hierbei handelt es sich um eine Stichtagsbetrachtung von zukünftigen Verlusten, die bereits heute ergebniswirksam Berücksichtigung finden. Sie sollen nicht das aktuelle, sondern die zukünftigen operativen Ergebnisse beeinflussen. Deswegen werden Bildung und Auflösung dieser Rückstellungen neutralisiert. Um diese Nachverfolgung nicht unnötig komplex zu gestalten, werden nur außergewöhnliche und langfristige Drohverlustrückstellungen erfasst.
- *Erträge aus der Auflösung von Rückstellungen:* Die Auflösungen von zu hoch gebildeten Rückstellungen werden dem operativen Ergebnis nicht mehr gut geschrieben. Das soll verhindern, dass durch Fehleinschätzungen Ergebnisverlagerungen in die Zukunft stattfinden.
- *Gewinne / Verluste aus der Stichtagsbewertung von langfristigen Finanzschulden und langfristigem Finanzvermögen:* Hier werden – wie auch bei den Drohverlustrückstellungen – reine Stichtagsbewertungen aus den o. g. Posten neutralisiert und in die Perioden verlagert, in denen diese Verluste bzw. Gewinne realisiert werden. So wird explizit eine fair-value-Bewertung neutralisiert. Bei Forderungen wird dem Realisiationsprinzip gefolgt.
- *Impairment und Zuschreibungen auf Sachanlagevermögen:* Außerordentliche Abschreibungen auf Sachanlagevermögen werden nicht erfasst, da sie nicht dem operativen Geschäft einer Periode zugeordnet werden können. Die (teilweise) Wiederaufhebung eines Impairments durch Zuschreibung wird analog dazu im operativen Ergebnis neutralisiert.
- *Impairment auf Goodwill:* Auch hier handelt es sich um einen einmaligen Effekt, welcher aus dem Ergebnis eliminiert wird. Entsprechend dazu wird der Goodwill in der Kapitalbasis nicht reduziert, sodass der Verzinsungsanspruch aufgrund von Impairments nicht geringer wird.

	Umsatz
+	Sonstige betriebliche Erträge *(inkl. Buchgewinne, Rückstellungsauflösungen, Stichtagsbewertung, Zuschreibungen Sach- und Finanzanlagen etc.)*
–	Materialaufwand
–	Personalaufwand
–	Abschreibungen (**ohne** Abschreibungen auf Finanzanlagen)
–	Sonstige betriebliche Aufwendungen *(inkl. Buchverlusten, Rückstellungszuführungen, Stichtagsbewertung etc.)*
=	**Ergebnis der betrieblichen Tätigkeit nach IAS**
–/+	Buchgewinne/–verluste aus Anlagenabgängen (Sachanlagen und Finanzanlagen)
–	Zuschreibungen Finanzanlagen
–	Zuführungen für wesentliche Drohverlustrückstellungen
+	Verbrauch / Inanspruchnahme wesentlicher Drohverlustrückstellungen
–	Erträge aus der Auflösung von Rückstellungen
– / +	Gewinne / Verluste aus kurzfristigen Finanzinvestitionen (z. B. Spezialfonds, Wertpapiere)
– / +	Gewinne / Verluste aus der Stichtagsbewertung von langfristigen Finanzschulden und langfristigen Finanzvermögen (Forderungen)
+	Nachzuverrechnender Dienstzeitaufwand (past service)
+ / –	Impairments/Zuschreibungen auf Sachanlagevermögen
+	Impairments auf Goodwill
–	sonstige Steuern (sog. Kostensteuern)
=	**operatives IAS–Ergebnis**

Abbildung 3: Ermittlung des operativen IAS-Ergebnisses

Lufthansa hat sich im Rahmen der wertorientierten Unternehmensführung für einen Gesamtkapitalansatz entschieden, um unabhängig von unterschiedlichen Kapitalstrukturen eine Vergleichbarkeit der wirtschaftlichen Leistungsfähigkeit der einzelnen Geschäftsfelder zu ermöglichen. Aus diesem Grund wird für die Berechnung des CVA eine Ergebnisgröße vor Zinsen benötigt. Die zur Ermittlung des CVA nötige Cashflow-Größe wird indirekt bestimmt, also durch die Korrektur einer bilanziellen Ergebnisgröße um die wichtigsten nicht-zahlungswirksamen Aufwandsgrößen (Abschreibungen und die Veränderungen der Pensionsrückstellungen).

Die gesamte Überleitung vom operativen IAS-Ergebnis zum EBITDA^{plus} ist in Abbildung 4 dargestellt. Dabei wird zwischen

- dem EBITDA^{plus} aus dem operativen Geschäft und
- dem EBITDA^{plus} aus dem finanziellen Geschäft differenziert.

Bei der Überleitung vom operativen Ergebnis zum EBITDA^{plus} werden zuvor bereinigte außergewöhnliche Ergebniskomponenten, wieder hinzugerechnet. Hierbei handelt es sich um Gewinne bzw. Verluste, die für eine sinnvolle Performancemessung eines Unternehmens, wie auch für die erfolgsabhängige Vergütung nicht herausgelassen werden sollten, da diese durch das Management aktuell wie auch in Vorperioden beeinflusst worden sind. Auch hier sollen einige Überleitungspositionen erklärt werden:

- *Gewinne/Verluste aus Abgang Sachanlagevermögen:* Buchgewinne/-verluste sind zwar in der aktuellen

Periode außergewöhnliche Posten, jedoch müssen diese Posten in der EBITDA^{plus} Berechnung einbezogen werden, da hierdurch ein Anreiz geschaffen wird, Anlagevermögen möglichst noch gewinnbringend zu verkaufen, wenn dieses nicht mehr benötigt wird. Im Gegenzug werden Buchverluste performance mindernd berücksichtigt. Unter den Sachanlagen werden auch die immateriellen Vermögensgegenstände subsumiert.

- *Impairments auf Sachanlagen/Zuschreibungen auf Sachanlagen:* Impairments auf Sachanlagevermögen müssen beim EBITDA^{plus} dann wieder in Abzuge gebracht werden, wenn ein Restwert außerordentlich abgeschrieben wird. In diesem Fall wird das Vermögen aus der Kapitalbasis herausgenommen und ohne Kompensation wäre der Vermögensgegenstand über die Kapitalwiedergewinnung nicht komplett verdient. Der Teil der Wiedergewinnung erfolgt näherungsweise im Jahr der außerordentlichen Abschreibung (Impairment), wenn diese EBITDA^{plus} mindernd angesetzt wird.

Der „finanzielle" EBITDA^{plus} wird nicht von einem Finanzergebnis hergeleitet, sondern ergibt sich aus folgenden Ergebniskomponenten.

- *Anteilige EBT's nicht vollkonsolidierte Gesellschaften:* Hier werden die aktuellen Ergebnisse vor Steuern der nicht konsolidierten Gesellschaften des entsprechenden Geschäftsfeldes ermittelt und dem EBITDA^{plus} hinzugerechnet. Die Abschreibungen (D) werden nicht hinzugerechnet, da diese – als Vereinfachung – der Kapitalwiedergewinnung dienen. Bei nicht konsolidierten Unternehmen wird damit nicht der Kapitalwiedergewinnungsfaktor und das brutto abschreibbare Vermögen explizit ermittelt.
- *Wertberichtigungen / Zuschreibungen auf finanzielle Vermögensgegenstände:* Wertberichtigungen auf Finanzanlagen werden als endgültige Auszahlungen angesehen, sodass hier die Performance des Jahres gemindert wird und gleichzeitig auch die Kapitalbasis gemindert wird. Zuschreibungen – welche im Endeffekt erfolgreiche Verbesserungen der Ertragssituationen der Beteiligungen sind – werden der Performance wieder hinzugerechnet.

	Operatives IAS–Ergebnis der Obergesellschaft
+	Operative IAS–Ergebnisse vollkonsolidierter Beteiligungen
+ / –	Gewinne / Verluste aus Abgang Sachanlagevermögen *)
+	Abschreibungen inkl. planmäßiger Goodwillabschreibung **ohne** Impairment *)
+ / –	Veränderung Pensionsrückstellungen vor Zinsen *)
– / +	Impairments auf Sachanlagen / Zuschreibungen auf Sachanlagen
(=	**EBITDA^{plus} operative Kapitalbasis [1])**
+	(anteilige) EBT nicht vollkonsolidierter Beteiligungen **) (an die Obergesellschaft ausschüttbares Ergebnis statt der von dieser vereinnahmten Gewinnausschüttung des Vorjahres)
+	Zinserträge (ohne Zinszahlungen zwischen vollkonsolidierten Beteiligungen) *)
+ / –	Gewinne / Verluste aus Abgang Finanzanlagevermögen *)
+ / –	realisierte Trading-Geschäfte (z.B. Ergebnisse aus Finanzderivaten)
– / +	Wertberichtigungen/Zuschreibungen auf die finanzielle Kapitalbasis *)
+ / –	Erträge/Aufwendungen aus Wertpapieren *)
(=	**EBITDA^{plus} finanzielle Kapitalbasis [2])**
=	**EBITDA^{plus} des Geschäftsfelds = [1]+[2]**

*) inkl. der vollkonsolidierten Beteiligungen **) inkl. zugeordnete Beteiligungen

Abbildung 4: Überleitungsrechnung vom operativen IAS-Ergebnis zum EBITDAplus

Auch wenn einige IAS-Erfolgskomponenten bei der Überleitung zum operativen Ergebnis und zum EBITDA^{plus} neutralisiert werden, bestimmen die IAS wesentlich den ausgewiesenen CVA und haben somit eine Auswirkung auf die Informations- und Verhaltenssteuerungsfunktion des Berichtswesens. Die Bedeutung der Konvergenz bei der Lufthansa und die Grenzen dieser Konvergenz werden im folgenden Abschnitt erläutert.

Möglichkeiten und Grenzen der Konvergenz aus Controllingsicht

Bei der Lufthansa wurde auf Konzernebene wie beschrieben sukzessive eine gemeinsame Datengrundlage geschaffen und die (bilanzielle) Gewinn- und Verlustrechnung und die (kostenrechnerische) kurzfristige Erfolgsrechnung angeglichen. Der wesentliche Grund hierfür ist bei der Lufthansa darin zu sehen, dass der Konzernvorstand die erwirtschafteten Ergebnisse nach innen und außen darstellen muss. Bei unterschiedlichen Ergebnissen ergeben sich Probleme in der internen und externen Kommunikation. Die Verständlichkeit und damit auch die Akzeptanz wird behindert (vgl. Kley 2002, S. 278). Zwei unterschiedliche Ergebnisse mit zwei zumindest teilweise unterschiedlichen Analysen sind verwirrend. Es besteht die Gefahr einer interessengeleiteten Diskussion, z. B. mit den Tarifpartnern um das richtige Ergebnis. Da das externe Ergebnis auf jeden Fall analysiert und kommentiert werden muss, liegt es nahe, dieses auch als einheitliches Ergebnis zu verwenden.

Die vollzogene Annäherung wurde mit der Anwendung der IAS und deren Abkehr vom Vorsichtprinzip unterstützt. Im internen Rechnungswesen mussten Anders- und Zusatzkosten abgeschafft und kalkulatorische Elemente auf Konzernebene aus der Kosten- und Leistungsrechnung eliminiert werden, was eine Abkehr von den wertmäßigen hin zu den pagatorischen Kosten bedeutet. Die typischen Kosten- und Leistungsrechnungen (z. B. die Kostenstellen- und Kostenträgerrechnung) sind erhalten geblieben. Ergebnis dieser Konvergenz ist die Identität des operativen Ergebnisses im internen und externen Rechnungswesen. Dies bedeutet allerdings nicht, dass nur noch eine universelle Ergebnisgröße im Lufthansakonzern existiert, die extern wie intern kommuniziert wird und die Entscheidungs- und Verhaltenssteuerungsfunktion erfüllt. Wie gezeigt, stellt der CVA die Spitzenkennzahl des Berichtswesens dar, wobei hier unterschieden wird zwischen einem CVA zur Performancemessung und einem zur externen Kommunikation. Der Anspruch der IAS, eine Ergebnisgröße zur Verfügung zu stellen, die auch für die Bedürfnisse der internen Steuerung geeignet ist, wird bei der Lufthansa kritisch gesehen. Zwar heißt es in der Zielsetzung der IAS:

„*The objective of financial statements is to provide Information about the financial position of an enterprise that is useful to a wide range of users in making economic decisions*" (F.12).

Allerdings ist die Formulierung „wide range of users" problematisch, da die Zweckmäßigkeit einer Verdichtung und Präsentation von Informationen nicht unabhängig von der Art der Entscheidungen ist, die auf Basis der Informationen getroffen werden sollen (vgl. z. B. Baschke/Nölte 2004, S. 38). Vorrangig sind Anleger als Adressaten des externen Rechnungswesens anzusehen, die im Wesentlichen Anlageentscheidungen und keine Steuerungsentscheidungen treffen.

Aus Sicht der Informations- und Entscheidungsfunktion ist der Wegfall der kalkulatorischen Elemente der Kosten- und Leistungsrechnung als unproblematisch zu sehen. Die Grundidee der Berücksichtigung von Opportunitätskosten, nämlich die Knappheit bestimmter Produktionsfaktoren bereits im Wertansatz und damit nicht explizit bei der Entscheidung zu berücksichtigen, scheitert in der Regel, da die Ermittlung der korrekten Opportunitätskosten regelmäßig erst nach Lösung des zugrundeliegenden Entscheidungsproblems gelingt (vgl. Ewert/Wagenhofer 2002, S. 124 – 132). Auch die Ausführungen von Pfaff (1994), dass durch den Ansatz der Opportunitätskosten eventuell optimale Entscheidungen bei Risiko induziert werden können, sind unserem Ermessen nach nicht überzeugend. Denn dies geschieht eher zufällig und ist nicht ex ante überprüfbar. Bei regelmäßiger Kontrolle, ob der Einsatz von Opportunitätskosten sinnvoll war, besteht kein Grund, nicht gleich explizit Risiko und Risikoneigung zu berücksichtigen. Eine normalisierende und glättende Wirkung von tatsächlich eingetretenem Aufwand z. B. durch den Ansatz kalkulatorischer Wagnisse ist unseres Erachtens auf der Konzernebene problematisch. Fallen beispielsweise große Schuldner aus, sollte der dadurch entstehende Aufwand durch Abschreibung der Forderung explizit ausgewiesen werden und nicht geglättet in Form von kalkulatorischen Wagnissen. Ansonsten kann das interne Ergebnis Scheinerfolge in nicht unerheblicher Höhe ausweisen.

Allerdings würde die Informations- und Entscheidungsfunktion des internen Berichtswesen durch eine fortgesetzte fair-value-Bilanzierung gefährdet, wenn deren Auswirkungen auch erfolgswirksam berücksichtigt würden. Schon heute wird bei der Lufthansa bei der Ermittlung der Kapitalbasis der IAS 39 nicht angewendet. Finanzinstrumente werden mit ihren historischen Anschaffungskosten und nicht mit ihren Stichtagskursen bewertet, da die Schwankungen der Kapitalbasis aufgrund nicht realisierter Gewinne und Verluste keinen Informationsgewinn bedeuten würden. In dem Konzept der wertorientierten Steuerung interessiert das einmal investierte Kapital und nicht der aktuelle Marktwert. Letzteres wiederspricht auch dem Going-Concern-Prinzip. Noch problematischer wäre die Erfassung der Wertschwankungen in der Gewinn- und Verlustrechnung. Kauft die Lufthansa z. B. ein Flugzeug, welches in der Regel in USD fakturiert wird, wird ein nicht unerheblicher Teil der Kaufsumme abgesichert. Steigt nachfolgend der Dollarkurs würde durch die Erfassung der Wertschwankung der Sicherungsgeschäfte ein Ertrag ausgewiesen. Bei Zugang des Flugzeugs würde dies dann zu dem höheren Europreis aktiviert und die höheren Abschreibungen belasten die zukünftigen Perioden. Bei Preisen von 40 bis zu über 200 Mio. USD pro Flugzeug käme es hier zum Ausweis von nicht unerheblichen Ergebnissen, die sich zwar im Zeitablauf neutralisieren, aber zu keinem Zeitpunkt Zahlungsströme auslösen (vgl. Kley 2002, S. 281). Zum Erhalt der Informations- und Entscheidungsfunktion würde bei einer ausgeweiteten Bewertung des Buchvermögens mit fair-values die Konvergenz wieder aufgegeben werden müssen. Es müsste (wieder) ein zweiter Rechnungskreis geschaffen werden, um die Neubewertungsänderungen bei den einzelnen Aufwands- und Ertragsarten getrennt zu erfassen.

Sowohl für die Entscheidungsunterstützung als auch die Verhaltenssteuerung ist die Erweiterung der Berichterstattung um die Kapitalbasis und die Kapitalkosten notwendig. Diese Elemente finden weder bei den internationalen noch den nationalen Rechnungslegungsnormen Berücksichtigung, was neben den bilanziellen Ergebnisgrößen weitere, nämlich wertorientierte Größen notwendig macht. Da der Konzernvorstand gegenüber den Geschäftsfeldern eine Investorrolle einnimmt, ist für ihn interessant, wo Werte geschaffen und evtl. auch vernichtet werden. Zur Beantwortung dieser Frage wurde bei der Lufthansa der CVA eingeführt, weil positive bilanzielle Ergebnisse durchaus mit einer Wertvernichtung einhergehen können.

In diesem Zusammenhang wird als ein Vorteil der IAS der leistungsgetreuere Ausweis von Erträgen angeführt, z. B. durch die Verwendung der „Percentage of Completion" Methode (IAS 11). Im Rahmen der wertorientierten Erfolgskonzepte kommt es dadurch schneller zu dem Ausweis eines Unternehmenswertanstiegs. Dies ist deswegen von Bedeutung, weil analog zu einem Residualgewinn (z. B. EVA®) auch der CVA nur in Ausnahmefällen die gesamte in einer Periode verursachte Unternehmenswertsteigerung ausweist. Es wird nur der Teil gezeigt, der sich bereits durch zusätzliche Erträge ermitteln lässt. Entscheidungen, die erst zukünftig zu zusätzlichen Erträgen führen, sind nicht enthalten. Liegt keine vollständige Zeitwertbilanzierung vor, wird allerdings nur ein Teil der Wertänderung angezeigt. Durch die IAS mit ihrer zumindest teilweisen fair-value-Bilanzierung kommt es in der Regel zu dem Ausweis eines größeren Teils der Wertänderung als in HGB basierten Rechnungswerken. Dies unterstützt die Verwendung des operativen Ergebnisses als Grundlage der Ermittlung der wertorientierten Steuerung.

Auch zur Verhaltenssteuerung wird eine vom operativen Ergebnis abweichende Beurteilungsgröße benötigt. Bei der Lufthansa fließt der CVA als Beurteilungsgröße in die jährlich gezahlte leistungsvariable Vergütung des Topmanagements ein. Die leistungsvariable Vergütung der Geschäftsfeldvorstände hängt z. B. zu 60 % von dem erreichten CVA ab. Der Grundgedanke hierbei ist, dass der Barwert der CVAs eines Investitionsprojekts mit dem Barwert der Cashflows übereinstimmt. (vgl. z. B. Ewert/ Wagenhofer 2000, S. 22). Damit kommt es unter bestimmten Bedingungen zu einer Zielkongruenz zwischen Konzern und Geschäftsfeld. Im Rahmen des „management by objectives" ist die Schaffung dieser Zielkongruenz notwendig. Das operative Ergebnis würde hier zu falschen Anreizen führen. Beispielweise könnte es zur Überinvestition kommen, weil Investitionen getätigt werden, die zwar einen positiven Beitrag zum operativen Ergebnis leisten, aber die Kapitalkosten nicht vollständig verdienen.

Der interne CVA beinhaltet neben der Neutralisierung der Abschreibungen und Pensionsrückstellungen noch weitere Korrekturen des operativen IAS-Ergebnisses zur Verhaltenssteuerung. So werden Erträge aus der Auflösung von Rückstellungen nicht erfasst. Dies soll einer Ergebnisgestaltung über die Perioden durch Rückstellungsbildungen entgegen wirken. Eine weitere Korrektur ist die bereits erläuterte Neutralisierung der Auswirkungen des IAS 39 bei der Bestimmung des finanziellen EBITDA^{plus} und der Kapitalbasis.

Diese Art von Korrekturen sind nicht lufthansaspezifisch. Stern&Stewart schlägt für den von ihnen vermarkteten EVA® eine Vielzahl von Korrekturen vor. Damit zeigt sich, dass die vielfach aufgestellte Behauptung, dass mit den Ergebnissen einer internationalen Rechnungslegung alle Aufgaben im Unternehmen erfüllt werden könnten, in der Praxis nicht ungeteilte Zustimmung findet. Die interne Entscheidungsfundierung und gerade die Verhaltenssteuerung (vgl. hierzu Wagenhofer/Ewert 2002, S. 89 – 96) kann andere Ergebnisse notwendig machen, als die von Kapitalanlegern benötigten Informationen.

Inwieweit sich die Konvergenz zwischen internem und externem Rechnungswesen fortsetzten lässt, wird auch von den zukünftigen Entwicklungen der IAS bzw. IFRS abhängen. Bei immer größeren Bewertungseinflüssen durch fair-values, die mit der tatsächlichen Performance nicht in Verbindung stehen, ist zu erwarten, dass in der Unternehmenspraxis nicht nur neue „Zwischen-"Ergebnisse definiert, (vgl. auch Kley 2002, S. 281), sondern auch wieder um Bewertungseffekte bereinigte Größen getrennt erfasst werden. Nur dies würde den unternehmensinternen Entscheidungsträgern steuerungsrelevante Informationen zur Verfügung stellen. Bei der Lufthansa werden zur Zeit alle Bewertungseinflüsse in der (Abweichungs-)Analyse des operativen Ergebnisses dargestellt. Je nach deren Anzahl lässt sich die Definition eines weiteren Zwischenergebnisses vermeiden, die Effekte können einzeln ausgewiesen werden. Bei der Zunahme der Neubewertungseffekte ist eine erneute Trennung des externen und internen Rechnungswesens unumgänglich. Dies wäre aus Gründen der Akzeptanz und der Transparenz nicht zu begrüßen. Damit sind die bei den aktuellen IASB Projekten zu beobachtende Tendenzen, die fair-value-Bewertung zu begrenzen aus Controllingsicht als vorteilhaft zu bewerten.

Literatur

BASCHKE, K./NÖLTE, U.: Reporting Comprehensive Income und bilanzielle Behandlung von Entsorgungs-, Rekultivierungs- und ähnlichen Verpflichtungen, in: Kapitalmarktorientierte Rechnungslegung, 4. Jg. (2004), Heft 1, S. 36 – 39.

BEIßEL, J./STEINKE, K.-H./WIRTH, M.: Investitions- und Projektcontrolling im Lufthansa Konzern, in: Controlling & Management, 48. Jg. (2004), Sonderheft 1, S. 58 – 64.

BEIßEL, J./STEINKE, K.-H.: Der CVA als wertorientierte Spitzenkennzahl im Lufthansa Konzern, in: Hirsch, B. (Hrsg.): Wertorientierte Unternehmenssteuerung: Konzepte, Implementierung und kritische Würdigung, Wiesbaden erscheint in 2004.

CRASSELT, N./PELLENS, B./SCHREMPER, R.: Konvergenz wertorientierter Erfolgskennzahlen, in: Das Wirtschaftsstudium, 29. Jg. (2000); Heft 1 und Heft 2, S. 72 – 78 und S. 205 – 208.

EWERT, R./WAGENHOFER, A.: Rechnungslegung und Kennzahlen für das wertorientierte Management, in: WAGENHOFER, A./HREBICEK, G. (Hrsg.): Wertorientiertes Management, Konzepte und Umsetzungen zur Unternehmenswertsteigerung, Stuttgart 2000, S. 3 – 62.

EWERT, R./WAGENHOFER, A.: Interne Unternehmensrechnung, 5. Aufl., Berlin et al. 2003.

GJESDAL, F.: Accounting for Stewardship, in: Journal of Accounting Research, 19. Jg. (1981), Spring, S. 208 – 231.

KLEY, K. L.: Wertorientiertes Konzerncontrolling bei der Deutsche Lufthansa AG, in: HORVÁTH, P. (Hrsg.): Strategische Steuerung und Tools in der Praxis, Stuttgart 2000, S. 1 – 27.

KLEY, K. L.: IAS und wertorientiertes Controlling, in: Kostenrechnungspraxis, 46. Jg. (2002), Heft 5, S. 277 – 281.

KÜTING, K./LORSON, P.: Grundsätze eines Konzernsteuerungskonzepts auf „externer" Basis. – Ein Beitrag zur Konvergenz von internem und externem Rechnungswesen – (Teil I), in: Betriebs-Berater, 53. Jg. (1998), Heft 44, S. 2251 – 2258.

LANG, J.: Das Lufthansa Bonusmodell, in: Personalwirtschaft, 30. Jg. (2003), Heft 8, S. 42 – 46.

PFAFF, D.: Zur Notwendigkeit einer eigenständigen Kostenrechnung – Anmerkungen zur Neuorientierung des internen Rechnungswesens im Hause Siemens, in: Zeitschrift für betriebswirtschaftliche Forschung, 46. Jg. (1994), Heft 12, S. 1065 – 1084.

RIEGLER, C.: Anreizsysteme und wertorientiertes Management, in: WAGENHOFER, A./HREBICEK, G. (Hrsg.): Wertorientiertes Management, Konzepte und Umsetzungen zur Unternehmenswertsteigerung, Stuttgart 2000, S. 145 – 176.

STELTER, D.: Wertorientierte Anreizsysteme für Führungskräfte und Mitarbeiter, in: BÜHLER, W./SIEGERT, T. (Hrsg.): Unternehmenssteuerung und Anreizsysteme, Stuttgart, 1999, S. 207 – 241.

Wagenhofer, A./Ewert, R.: Externe Unternehmensrechnung, Berlin et al. 2003.

ZIEGLER, H.: Neuorientierung des internen Rechnungswesens für das Unternehmens-Controlling im Hause Siemens, 46. Jg. (1994), Heft 2, S. 175 – 188.

Integrierte Rechnungslegung und Unternehmenssteuerung: Bedarf an kalkulatorischen Erfolgsgrößen auch unter IFRS?

Barbara E. Weißenberger

Einführung

Spätestens seit Beginn der neunziger Jahre zeichnet sich in Europa ein umfassender Wandel in der internen Unternehmensrechnung als zentraler Bestandteil des Controllings ab. Angestoßen durch international agierende Konzerne wie Siemens, Bayer, DaimlerChrysler oder Lufthansa verzichten immer mehr Unternehmen in der Gestaltung der internen Erfolgsrechnung auf die Verwendung eigenständiger kalkulatorischer Größen und greifen hierfür zunehmend auf unveränderte Erfolgsgrößen der externen Rechnungslegung zurück. Diese Entwicklung wird auch als Konvergenz oder *Integration externer und interner Rechnungslegungssysteme* bezeichnet.

Aus wissenschaftlicher Perspektive ist diese Entwicklung mit besonderer Faszination verbunden, denn die wachsende Implementierung integrierter Rechnungslegungssysteme beschreibt faktisch die Überwindung tradierter betriebswirtschaftlicher Paradigmen im deutschsprachigen Raum. Seit den grundlegenden Arbeiten Eugen Schmalenbachs zu Beginn des 20. Jahrhunderts (vgl. Schmalenbach 1899, 1919) galt die eigenständige interne Erfolgsrechnung auf Basis kalkulatorischer Zusatz- und Anderskosten, die typischerweise als Abschreibungen, Wagnisse, Mieten, Unternehmerlöhne und Zinsen systematisiert werden, als konzeptioneller „State-of-the-Art".

Abbildung 1 belegt demgegenüber die abnehmende Bedeutung eines durch kalkulatorische Größen beeinflussten Erfolgsbegriffs anhand empirischer Untersuchungen zur Gestaltung der Kostenrechnung im deutschsprachigen Raum. Eine Ausnahme zu der konstatierten, abnehmenden Bedeutung kalkulatorischer Erfolgsgrößen stellen lediglich kalkulatorische Zinsen dar, die im Rahmen wertorientierter Steuerungssysteme vielfach als Hurdle-Rate für die Identifikation wertschaffender Projekte eingesetzt werden.

An diesem *„Theorie-Praxis-Paradoxon"*, d.h. dem scheinbaren Widerspruch von theoretischem Postulat und praktischer Umsetzung, setzt der vorliegende Beitrag an. Zum einen wird gezeigt, dass aus konzeptioneller Perspektive auch heute noch ein Bedarf an kalkulatorischen Erfolgsgrößen, mithin einer eigenständigen internen Erfolgsrechnung besteht. Zum anderen wird dargestellt, unter welchen Bedingungen eine Integra-

- Insbesondere in Großunternehmen werden zunehmend integrierte Rechnungslegungssysteme eingesetzt, d. h. im internen Reporting wird auf den Ansatz eigenständiger kalkulatorischer Erfolgsgrößen mit Ausnahme kalkulatorischer Zinsen verzichtet.
- Vielfach wird die These vertreten, dass die Rechnungslegung nach IFRS durch ihre Ausrichtung auf Entscheidungsnützlichkeit und dynamische Erfolgsmessung eine solche Entwicklung begründet.
- Es lässt sich jedoch zeigen, dass im Kontext der Steuerung dezentraler Einheiten vor dem Hintergrund von Interessenkonflikten und asymmetrischer Information ein eigenständiger Bedarf an kalkulatorischen Erfolgsgrößen besteht.
- Für die wachsende Relevanz einer integrierten Rechnungslegung im Kontext der Umstellung auf IFRS sind deshalb andere Erklärungsansätze heranzuziehen.

Prof. Dr.
Barbara E. Weißenberger
Inhaberin der Professur für Industrielles Management und Controlling, Justus-Liebig-Universität Gießen
Licher Str. 62, D-35394 Gießen
Tel. (06 41) 99-2 22-60
Fax (06 41) 99-2 22-69
E-Mail: barbara.weissenberger@wirtschaft.uni-giessen.de

tion von externer und interner Rechnungslegung gerade unter IFRS eine sinnvolle Strategie in der Gestaltung der internen Unternehmensrechnung und des Controllings darstellt.

	Frost/Meyer (1981)	Becker (1984)	Kind (1986)	Hauer (1994)	Lange/Schauer (1996)	Währisch (1998)
kalkulatorische Abschreibungen	74 %	72 %	72 %	83 %	79 %	46 %
kalkulatorische Zinsen	68 %	51 %	51 %	76 %	65 %	88 %
kalkulatorische Wagnisse		32 %	28 %	39 %	33 %	20 %
kalkulatorischer Unternehmerlohn	1 %	45 %	28 %	19 %	25 %	11 %
kalkulatorische Eigenmiete	25 %	–	–	30 %	31 %	13 %
keine	16 %	25 %	23 %	12 %	16 %	keine Angabe

Abbildung 1: Bedeutung kalkulatorischer Kostenarten in der Unternehmenspraxis

Konzeptionelle Grundlagen für die Relevanz eines eigenständigen kalkulatorischen Erfolgsbegriffs

Bedarf an einer anreizkompatiblen Erfolgsrechnung im Konzern

Die Umsetzung integrierter Rechnungslegungssysteme findet sich in der Praxis insbesondere in großen (Konzern-)Unternehmen. Hier ist die Unternehmenssteuerung durch die *Delegation von Entscheidungskompetenzen* von der Konzernzentrale an die einzelnen Steuerungseinheiten oder Divisionen, z. B. Geschäftsbereiche, rechtliche Einheiten oder Regionen, gekennzeichnet. Je nach Konzernstruktur führt diese Aufgabendelegation zu weitreichender dezentraler Autonomie (Abbildung 2, vgl. ähnlich Siefke 1999, S. 36).

Grund für die Aufgabendelegation ist die Realisierung von Spezialisierungsvorteilen in den dezentralen Divisionen des Konzerns, z. B. durch höhere Marktnähe oder besseres Produkt-Know-how. Allerdings wird die Ausnutzung dieser *Spezialisierungsvorteile* durch so genannte *institutionale Interdependenzen* zwischen Konzernzentrale und Divisionen begrenzt. Je weniger die Konzernzentrale das Geschäft der Divisionen kennt und einschätzen kann, umso stärker besteht die Gefahr, dass in den Divisionen Ziele verfolgt werden, die den Interessen der Konzernleitung zuwider laufen.

Denkbar ist beispielsweise, dass die Divisionen Synergien im Konzern nicht oder nur mangelhaft realisieren oder dass bestimmte, prestigeträchtige Projekte trotz voraussichtlich negativem Wertbeitrag umgesetzt werden. Möglich ist auch, dass in den Divisionen stärker risikobehaftete Geschäfte durchgeführt werden, als dies aus Konzernsicht opportun ist.

Diese Interessenkonflikte können zum einen durch eine ganz oder teilweise realisierte Rücknahme der Aufgabendelegation, d. h. praktisch durch intensive Kontrollen der Konzernzentrale gelöst werden. Diese Strategie ist jedoch vergleichsweise aufwändig und führt in der Regel zum weitgehenden Verlust der eigentlich erhofften Spezialisierungsvorteile.

Aus diesem Grund wird praktisch die *interne Erfolgsrechnung zur Lösung von Steuerungsproblemen* eingesetzt. Durch eine geschickte, d. h. anreizkompatible, Gestaltung der Messgrößen für den Erfolg der Konzerndivisionen soll sichergestellt werden, dass die dort verankerten Aufgaben tatsächlich im Sinne der Konzernzentrale gelöst werden, ohne dass diese die Aktivitäten innerhalb der Divisionen im Einzelnen überprüfen muss: In den Worten von Illetschko (1955, S. 31) ersetzt die derivative Information „durch Bericht" die unmittelbare Information „durch Besicht".

Ausgewählte Grundprinzipien einer anreizkompatiblen Erfolgsrechnung

Damit die Erfolgsrechnung – unabhängig von ihrer Ausgestaltung als integrierte oder eigenständige Form der internen Unternehmensrechnung – für Zwecke der Konzernsteuerung unter Berücksichtigung von Interessenkonflikten und Informationsdivergenzen zwischen Konzernzentrale und Divisionen möglichst gut geeignet, d. h. anreizkompatibel ist, muss sie verschiedene Grundprinzipien erfüllen. Dazu gehören u. a. (vgl. Weißenberger 2003, S. 71 ff.):

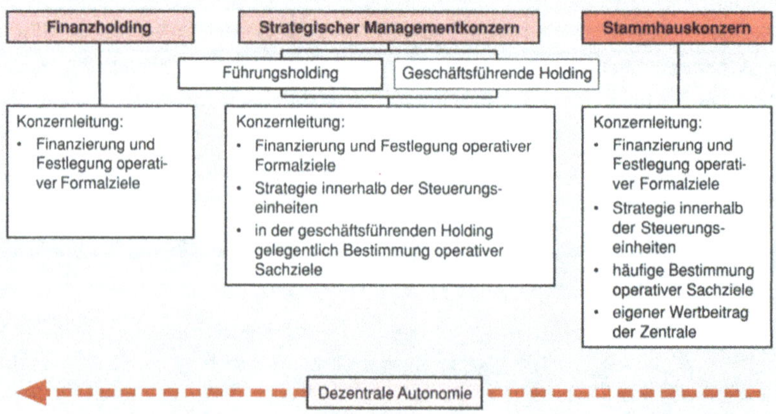

Abbildung 2: Idealtypische Konzernstrukturen und Aufgabendelegation

- *Verhaltenssteuerungsprinzip:* Im Mittelpunkt der Gestaltung einer anreizkompatiblen Erfolgsrechnung steht die Beeinflussung des Verhaltens dezentraler Entscheidungsträger. Andere Zwecke, wie z. B. die objektive Abbildung des Erfolgs dezentraler Einheiten, müssen demgegenüber zurücktreten.
  So kann beispielsweise durch die Zurechnung von – gegenüber dem tatsächlichen Aufwand überhöhten – Gemeinkostenzuschlägen erreicht werden, dass bestimmte zentrale Ressourcen von den Divisionen nicht übermäßig beansprucht werden.
  Dies ist u. a. dann von Relevanz, wenn auf Ebene der Divisionen so genannte Ressourcenpräferenzen zu beobachten sind, beispielsweise wenn die Konzernzentrale vermutet, dass dezentral in bestimmte Großprojekte lediglich aus Prestigegründen investiert wird. Die überhöhten Gemeinkostenzuschläge, z. B. in Form kalkulatorischer Abschreibungen oder Wagnisse, können dann unerwünschte Prestigeprojekte künstlich verteuern und damit für die Divisionen unattraktiv machen. Ein anderes Beispiel für den gleichen Zusammenhang ist die Belegung von Spezialbauteilen in der Konstruktion mit hohen kalkulatorischen Gemeinkostenzuschlägen im Vergleich zu Standardbauteilen, um deren vornehmlichen Einsatz bei der Entwicklung von Neuprodukten sicher zu stellen (vgl. zu Belegen für dieses und ähnliche Szenarien Pfaff 1996, S. 156).
- *Prinzip der relativen Erfolgsmessung:* Ein zentrales Problem bei der Gestaltung anreizkompatibler Formen der Erfolgsrechnung besteht darin, die von den Divisionen nicht beeinflussbaren Geschäftsrisiken aus der Messgröße herauszufiltern. Gelingt dies nicht, wird dadurch auch die Möglichkeit der Beeinflussung des Verhaltens der Entscheidungsträger in den Konzerndivisionen eingeschränkt.
  Eine praktische Möglichkeit zum Herausfiltern solcher Geschäftsrisiken besteht im Benchmarking z. B. gegenüber Wettbewerbern oder einem Branchendurchschnitt. Es ist aber auch möglich, bestimmte Risiken lediglich mit ihrem durchschnittlichen Wert zu erfassen, um die Erfolgsrechnung gegenüber einzelfallbezogenen Schwankungen zu immunisieren, wie dies z. B. beim Ansatz kalkulatorischer Wagnisse oder implizit bei der Verwendung kalkulatorischer Abschreibungen geschieht.
- *Prinzip der Manipulationsfreiheit:* Schließlich ist es erforderlich, dass die Aussagen einer anreizkompatiblen Erfolgsrechnung durch die Divisionen nicht beeinflusst werden können – andernfalls ist der Einsatz als Instrument zum Auffangen von Interessenkonflikten und Informationsdivergenzen nicht mehr bzw. nur noch in sehr eingeschränkter Form möglich.
  In der Unternehmenspraxis ist das Prinzip der Manipulationsfreiheit immer dann verletzt, wenn die Erfolgsmessung der Divisionen wesentlich auch auf deren individueller Beurteilung der Erfolgssituation aufsetzt bzw. wenn durch Ermessensspielräume bei der Bewertung von Sachverhalten eine aktive Ergebnisbeeinflussung – quasi im Sinne einer „Bilanzpolitik“ der dezentralen Einheiten – möglich wird.

Eigenständige versus integrierte Erfolgsrechnung: Eine Diskussion am Beispiel der IFRS

Bereits vor dem Hintergrund der im vorangegangenen Abschnitt dargestellten ausgewählten Prinzipien für eine anreizkompatible Erfolgsrechnung zeigt sich, dass es eine Vielzahl von Szenarien gibt, in denen ganz offensichtlich eine *eigenständige kalkulatorische interne Erfolgsrechnung* dem unmittelbaren Rückgriff auf Aufwands- und Ertragsgrößen der externen Rechnungslegung *überlegen* ist (vgl. auch Wagenhofer/Ewert 2003, S. 88 – 96).

Diese Überlegungen greifen auch vor dem Hintergrund der zunehmenden Internationalisierung der Rechnungslegung. Gerade die International Financial Reporting Standards (IFRS), deren Anwendung für kapitalmarktorientierte Konzerne innerhalb der EU ab 2005/2007 verpflichtend ist (vgl. zu der dahinter stehenden EU-Verordnung 1606/2002 vom 19.07.2002 ausführlich Weißenberger et al. 2003), werden gerade in der praxisorientierten Literatur (vgl. hierzu statt vieler bereits Haller 1997, damals noch bezüglich US-GAAP, Klein 1999, Heyd 2001, Kirsch/Steinhauer 2003 sowie neuer Kahle 2003, S. 773 ff.) wie auch in der Unternehmenspraxis (vgl. z. B. Wenning 2001).

Im Vergleich zu kontinentaleuropäisch ausgelegten Rechnungslegungssystemen, wie z. B. dem deutschen HGB mag diese Überlegung begründet sein: Die Fokussierung auf Fragen des Gläubigerschutzes durch Ausschüttungsbemessung, die damit verbundene dominierende Rolle des Vorsichtsprinzips sowie die Beeinflussung von Wertansätzen durch rein steuerlich motivierte Überlegungen im Rahmen der Maßgeblichkeit führen dazu, dass der Bezug zwischen dem ausgewiesenen HGB-Ergebnis und der ökonomischen Leistungserstellung im Unternehmen kaum noch herstellbar ist. Damit ist eine *HGB-basierte Erfolgsmessung* als Grundlage für Unternehmensrechnung und Controlling nicht geeignet.

Dennoch zeigt sich vor dem Hintergrund der oben dargestellten ausgewählten Prinzipien für eine anreizkompatible interne Erfolgsrechnung, dass selbst ein informationsorientierter dynamischer und damit am periodengerechten Erfolgsausweis orientierter Rechnungslegungsstandard wie die *IFRS* im Vergleich zu einer eigenständigen kalkulatorischen Erfolgsrechnung nicht überlegen ist (vgl. in anderem Zusammenhang, aber mit ähnlichem Ergebnis auch Wagenhofer 1996, S. 1051 ff.).

Aus konzeptioneller Perspektive ist dieses Ergebnis wenig überraschend. Wesentlicher Rechenzweck der IFRS ist es, die Entscheidungen ökonomischer Akteure, insbesondere der Investoren, zu fundieren (vgl. IFRS F.12). Fragen der Verhaltenssteuerung werden im Rahmen des Standardsetting nicht thematisiert; das International Accounting Standards Board (IASB) sieht dies auch explizit nicht als seine Aufgabe an (vgl. IFRS P.6).

Damit mag zwar die Erfolgsmessung auf der Basis der IFRS im Sinne einer fair presentation ein den tatsächlichen Verhältnissen entsprechendes Bild der Ertragslage des Konzerns und seiner Divisionen zeichnen. Dies impliziert jedoch nicht notwendigerweise die Erfüllung der Grundprinzipien für eine anreizkompatible Erfolgsrechnung:

- Für Zwecke der *Verhaltenssteuerung* ist es vielfach notwendig, Erfolge der Divisionen verzerrt zu messen, um die Entscheidungsträger beispielsweise im Falle von Ressourcenpräferenzen zu den gewünschten Handlungen im Sinne der Konzernzentrale zu motivieren.
- Der Notwendigkeit einer *Relativierung der Erfolgsmessung* durch die Eliminierung von Risikobestandteilen für Zwecke der internen Steuerung wird durch die IFRS nicht Rechnung getragen. Vielmehr werden innerhalb der IFRS im Sinne einer informationsorientierten Rechnungslegung realisierte Risiken unmittelbar abgebildet, was sich in der vergleichsweise starken Volatilität der Erfolgsrechnung nach IFRS äußert (vgl. hierzu u.a. die Beiträge von Beißel/Steinke, Löw und Weißenberger/Haas in diesem Sonderheft). Dieser Kritikpunkt ist allerdings langfristig zu relativieren, wenn die Überlegungen des IASB-Projekts „Reporting Comprehensive Income" (vgl. hierzu den Beitrag von Ballwieser/Hettich in dem vorliegenden Band) und die konsequente Differenzierung einer Erfolgsmessung vor und nach Bewertungsänderungen umgesetzt werden.
- Schließlich bestehen innerhalb der IFRS an vielen Stellen *Ermessensspielräume* – so z.B. im Rahmen des Impairment (IAS 36, ED 3) oder der Aktivierung selbst erstellter immaterieller Vermögensgegenstände (IAS 38) –, für deren Gestaltung auf die Informationen der Divisionen zurückgegriffen werden muss (vgl. hierzu die Beiträge von Hayn, Glaum/Vogel oder Bartelheimer et al. in dem vorliegenden Band). Damit ist jedoch die *Manipulationsfreiheit* einer Erfolgsrechnung auf Basis der IFRS für Zwecke der internen Steuerung nicht mehr gegeben.

Bereits diese kursorische Analyse belegt also auf konzeptioneller Ebene den grundsätzlichen Bedarf nach einer eigenständigen kalkulatorischen Erfolgsrechnung auf interner Ebene. Plakativ lässt sich dies in folgender Aussage zusammenfassen: „Wer richtig steuern will, muss falsch Erfolge messen".

Dennoch finden wir in der Unternehmenspraxis – wie oben dargestellt – derzeit in vielen Fällen eher die Hinwendung zur integrierten Rechnungslegung. Damit ergibt sich unmittelbar die Frage, ob hier ein neues „Theorie-Praxis-Paradoxon" bezüglich der internen Unternehmensrechnung entsteht, oder ob es vielmehr Gründe gibt, die bei bestehender Gültigkeit der dargestellten theoretischen Konzeption die praktische Implementierung einer integrierten Rechnungslegung rechtfertigen. Dieser Thematik widmet sich der abschließende Abschnitt des vorliegenden Beitrags.

Integrierte Rechnungslegung: Ansatzpunkt für den Bedeutungsverlust einer eigenständigen kalkulatorischen Erfolgsrechnung

Komplexität des Steuerungsproblems der Konzernzentrale

Die Gestaltung einer anreizkompatiblen eigenständigen Erfolgsrechnung für interne Steuerungszwecke setzt voraus, dass die Konzernzentrale die relevanten Parameter ihres Steuerungsproblems möglichst gut einschätzen kann. So muss die Konzernzentrale beurteilen, welche Entscheidungsprobleme in den dezentralen Einheiten tatsächlich anfallen können, wie aus ihrer Sicht deren optimale Lösung aussieht und welche Lösung die Entscheidungsträger stattdessen präferieren. Zudem muss die Konzernzentrale die dezentralen Entscheidungsträger so gut kennen, dass sie in der Lage ist, durch die allgemeine Gestaltung der Erfolgsrechnung eine Entscheidung im Sinne der Konzernzentrale anzustoßen.

Im Falle von Ressourcenpräferenzen muss die Konzernzentrale beispielsweise einschätzen können, inwieweit in einer Division die Neigung zu aus Konzernsicht langfristig wertvernichtenden, aber für die Division prestigeträchtigen Projekten besteht, um durch den Ansatz verzerrter, d.h. kalkulatorischer Kostenarten diese Projekte für die Division faktisch zu verteuern.

Es ist unmittelbar einleuchtend, dass es mit wachsendem Umfang und Komplexität der Aufgabendelegation der Konzernzentrale zunehmend schwer fällt, die *Erfolgsrechnung an die individuellen Parameter der vorhandenen Steuerungsprobleme anzupassen.* Ökonomisch gesprochen bedeutet dies: Die optimale Problemlösung, sprich die Gestaltung einer eigenständigen kalkula-

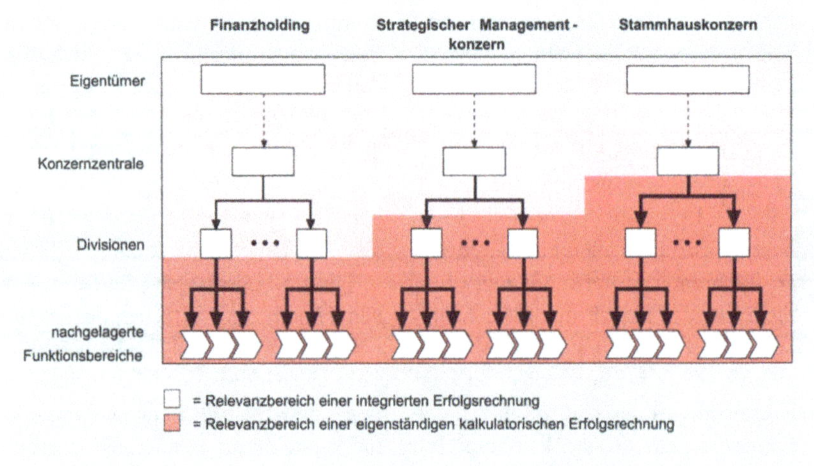

Abbildung 3: Relevanzbereich einer eigenständigen kalkulatorischen versus integrierten Rechnungslegung

torischen Erfolgsrechnung, wird so aufwändig, dass es aus Sicht der Konzernzentrale preiswerter ist, für die interne Erfolgsmessung auf die suboptimale, jedoch quasi „kostenlos“ zur Verfügung stehende externe Rechnungslegung zurück zu greifen, die gerade im Kontext der IFRS durch das Ziel der Vermittlung entscheidungsnützlicher Informationen und damit einhergehend durch eine dynamisch ausgerichtete Erfolgsmessung charakterisiert. Damit reduziert sich konsequent der Relevanzbereich einer eigenständigen kalkulatorischen Erfolgsrechnung (Abbildung 3, vgl. Weißenberger 2003, S. 203 ff).

Dysfunktionalitäten in der Informationsbeziehung zwischen Konzernzentrale und Rechnungswesen

Ein Grund für den Verzicht auf eine eigenständige kalkulatorische Erfolgsrechnung durch die Konzernzentrale liegt auch dann vor, wenn die Qualität der durch das Rechnungswesen bereitgestellten kalkulatorischen Erfolgsmaße nicht ausreicht (vgl. hierzu ausführlich die Darstellung bei Weißenberger 1997). Das Delegationsproblem, das oben für die Beziehung zwischen Konzernzentrale und Divisionen skizziert wurde, kann nämlich in vergleichbarer Weise auch von Seiten der Konzernzentrale als Informationsempfänger gegenüber den Funktionsträgern im Rechnungswesen des Unternehmens als Informationserzeugern bestehen.

Insbesondere dann, wenn die interne Erfolgsrechnung eine Vertrauensleistung darstellt, sich die Konzernzentrale also auf die Qualität der eingesetzten Rechnungssysteme verlassen muss, ohne sie im Einzelfall überprüfen zu können, besteht die Gefahr, dass Interessenkonflikte zwischen Konzernzentrale und Rechnungswesen auf Dauer ungelöst bleiben. Die Konsequenz ist *Delegationsversagen*, d. h. der faktische Verzicht der Konzernzentrale auf die Nutzung der generierten Informationen bis hin zum Abbau der entsprechenden betrieblichen Funktionen – eine Entwicklung, die durch die Hinwendung zu integrierten Formen der Erfolgsrechnung bestätigt wird.

Nutzung eines nicht informationseffizienten Kapitalmarkts als Governance-Mechanismus

Ein dritter Grund für den Einsatz integrierter Rechnungslegungssysteme in der Unternehmenspraxis ist die *Nutzung des Kapitalmarkts als Governance-Mechanismus,* wie es gerade im Kontext wertorientierter Steuerungssysteme propagiert wird (vgl. zu den im Folgenden dargestellten Überlegungen ausführlich Bärtl 2001). In dem Fall ist die Entlohnung der Konzernzentrale, z. B. über Aktienoptionen oder andere aktienkursbasierte Incentivierungssysteme, an den beobachteten Marktwert des Unternehmens gekoppelt. Hintergrund ist die Annahme, dass Unternehmenseigner an einer Maximierung des Marktwerts ihrer Anteile interessiert sind und dass der Kapitalmarkt durch die regelmäßige Bewertung börsennotierter Konzerne wertschaffendes Verhalten belohnt (steigende Aktienkurse) bzw. wertvernichtendes Verhalten bestraft (sinkende Aktienkurse).

Diese Überlegung impliziert jedoch eine wesentliche Grundannahme: Der Kapitalmarkt muss streng informationseffizient sein, d. h. sämtliche realwirtschaftlichen Informationen über die Konzerne und das Verhalten ihrer Entscheidungsträger unverzüglich im Preis verarbeiten (vgl. Fama 1970, S. 383 ff.). Diese Form der Informationseffizienz ist in der Realität jedoch meist nicht gegeben; auch auf konzeptioneller Ebene lässt sie sich nicht mit der Existenz der oben geschilderten Informationsasymmetrien vereinbaren. Vielmehr bilden sich in der Praxis Aktienkurse am Kapitalmarkt vor allem als Reaktion auf vom Unternehmen veröffentlichte Informationen der externen Rechnungslegung.

Damit besteht für die Konzernzentrale bei Implementierung (markt-)wertorientierter Entlohnungssysteme streng genommen kein Anreiz mehr zu einer realwirtschaftlichen Wertschaffung bzw. zu einer entsprechenden Motivation der Divisionen. Vielmehr geht es aus Sicht der Konzernzentrale vor allem darum, eine wertsteigernde Darstellung des Konzerns und seiner Einheiten in der externen Rechnungslegung zu erreichen. Genau dann werden aber auch die Divisionen von der Konzernzentrale gemessen, wie sie sich innerhalb der externen Rechnungslegung präsentieren. Eine eigenständige kalkulatorische Form der Erfolgsrechnung hat in diesem Szenario keine Bedeutung mehr.

Fazit

Im Mittelpunkt des vorliegenden Beitrags steht die Frage, ob durch eine integrierte Rechnungslegung auf der Basis der IFRS ein eigenständiger kalkulatorischer Erfolgsbegriff obsolet ist. Hintergrund sind konzeptionelle Überlegungen zur Gestaltung anreizkompatibler Formen der internen Erfolgsrechnung. Sie zeigen, dass die Erfolgsgrößen der externen Rechnungslegung zur Lösung von Steuerungsproblemen im Konzern, d. h. zur Beeinflussung dezentraler Entscheidungsträger in den Konzerndivisionen, nicht in allen Fällen geeignet sind.

Trotz des aufgezeigten konzeptionellen Bedarfs nach einer eigenständigen kalkulatorischen Erfolgsrechnung gibt es dennoch eine Reihe von Szenarien, die eine praktische Umsetzung integrierter Systeme der Rechnungslegung begründen können. Dazu gehört u. a. eine hohe Komplexität des Steuerungsproblems der Konzernzentrale, wie sie bei weitreichender Aufgabendelegation vor allem in der Finanzholding, aber auch im strategischen Managementkonzern zu beobachten ist. Auch ungelöste Dysfunktionalitäten in der Informationsbeziehung zwischen Konzernzentrale und Funktionsträgern des internen Rechnungswesens oder die Nutzung eines nicht streng informationseffizienten Kapitalmarkts als Governance-Mechanismus begründen den Einsatz einer integrierten Erfolgsrechnung.

Ein Theorie-Praxis-Paradoxon für die interne Unternehmensrechnung lässt sich mithin nicht konstatieren. Vielmehr folgt aus den hier dargestellten Überlegungen die Notwendigkeit, die Erfolgsmessung auf konzeptioneller Ebene weiter zu entwickeln, um damit der Unternehmenspraxis langfristig ebenso leistungsfähige wie anreizkompatible Erfolgsmaße für die interne Steuerung zur Verfügung stellen zu können.

Literatur

BÄRTL, O.: Wertorientierte Unternehmenssteuerung. Zum Zusammenhang von Kapitalmarkt, interner und externer Rechnungslegung, Frankfurt/Main 2001.

BECKER, H. P.: Verwendung und Gestaltung der Kosten- und Leistungsrechnung in mittelgroßen Industrieunternehmen, Darmstadt 1984.

FAMA, E.: Efficient Capital Markets: A Review of Theory and Empirical Work, in: Journal of Finance, 25. Jg. (1970), o. Heft, S. 383 – 417.

FROST, A. / MEYER, P.: Ausgestaltungsformen der Kostenrechnungssysteme in deutschen Großunternehmen. Eine empirische Untersuchung, Kiel 1984.

HALLER, A.: Zur Eignung der US-GAAP für Zwecke des internen Rechnungswesens, in: Controlling, 9. Jg. (1997), Heft 4, S. 270 – 277.

HAUER, G.: Hierarchische kennzahlenorientierte Entscheidungsrechnung. Ein Beitrag zum Investitions- und Kostenmanagement, München 1994.

HEYD, R.: Zur Harmonisierung von internem und externem Rechnungswesen nach US-GAAP, in: Der Schweizer Treuhänder, 75. Jg. (2001), Heft 3, S. 201 – 214.

ILLETSCHKO, L. L.: Dokumentar- und Instrumentalcharakter des betrieblichen Rechnungswesens, in: ILLETSCHKO, L. L. (Hrsg.): Management und Betriebswirtschaft. Vorträge und Aufsätze, Wien 1955, S. 25 – 35.

KAHLE, H.: Unternehmenssteuerung auf Basis internationaler Rechnungslegungsstandards?, in: Schmalenbachs Zeitschrift für betriebswirtschaftliche Forschung, 55. Jg. (2003), Heft 8, S. 773 – 789.

KIND, H.: Das interne Rechnungswesen mittelständischer Industrieunternehmen – Ergebnisse einer empirischen Untersuchung, Speyer 1986.

KIRSCH, H.-J. / STEINHAUER, L.: Zum Einfluss der internationalen Rechnungslegung auf das Controlling, in: Zeitschrift für Planung, 14. Jg. (2003), S. 415 – 435

KLEIN, G. A.: Unternehmenssteuerung auf der Basis der International Accounting Standards, München 1999.

LANGE, J.-U. / SCHAUER, B. D.: Ausgestaltung und Rechenzwecke mittelständischer Kostenrechnung, in: Kostenrechnungspraxis, 40. Jg. (1996), S. 202 – 208.

PFAFF, D.: Kostenrechnung als Instrument der Entscheidungssteuerung: Chancen und Probleme, in: Kostenrechnungspraxis, 40. Jg. (1996), Heft 3, S. 151 – 156.

SCHMALENBACH, E.: Buchführung und Kalkulation im Fabrikgeschäft, in: Deutsche Metall-Industrie-Zeitung, 15. Jg. (1899), o. Heft, S. 98 – 172.

SCHMALENBACH, E.: Selbstkostenrechnung, in: Zeitschrift für handelswissenschaftliche Forschung, 13. Jg. (1919), o. Heft, S. 98 – 172, 321 – 356.

SIEFKE, M.: Externes Rechnungswesen als Datenbasis der Unternehmenssteuerung. Vergleich mit der Kostenrechnung und Shareholder-Value-Ansätzen, Wiesbaden 1999.

WÄHRISCH, M.: Kostenrechnungspraxis in der deutschen Industrie – eine empirische Studie, Wiesbaden 1998.

WAGENHOFER, A.: Vorsichtsprinzip und Managementanreize, in: Zeitschrift für betriebswirtschaftliche Forschung, 48. Jg. (1996), Heft 12, S. 1051 – 1075.

WAGENHOFER, A. / EWERT, R.: Externe Unternehmensrechnung, Berlin et al. 2003.

WEIßENBERGER, B. E.: Die Informationsbeziehung zwischen Management und Rechnungswesen. Analyse institutionaler Koordination, Wiesbaden 1997.

WEIßENBERGER, B. E.: Anreizkompatible Erfolgsrechnung im Konzern. Grundmuster und Gestaltungsalternativen, Wiesbaden 2003.

WEIßENBERGER, B. E. / WEBER, J. / LÖBIG, M. / HAAS, C.: IAS / IFRS: Quo vadis Unternehmensrechnung? Konsequenzen für die Unternehmensrechnung in deutschen Unternehmen. Advanced Controlling Band 31, Vallendar 2003.

WENNING, W.: Internationale Rechnungslegung als Instrument der Unternehmenssteuerung, in: COENENBERG, A. G. / POHLE, K. (Hrsg.): Internationale Rechnungslegung, Stuttgart 2001, S. 27 – 44.

Das IASB-Projekt „Reporting Comprehensive Income“: Bedeutung für das Controlling

Wolfgang Ballwieser / Silvia Hettich

Problemstellung

Die Gewinnermittlung und die Darstellung der Ertragslage eines Unternehmens ist eine, wenn nicht *die* zentrale Frage der Rechnungslegung. Seit Beginn der Buchführung ist von Interesse, wie sich das Vermögen im Geschäftsjahr entwickelt hat und inwieweit es sich im günstigen Fall vermehrt, im schlechten Fall vermindert hat. Adressaten des Jahresabschlusses wie Eigen- und Fremdkapitalgeber stützen ihre Entscheidungen vermutlich zu einem erheblichen Teil auf die veröffentlichten Daten, insbesondere den Gewinn und dessen Änderung als Indikator für den Erfolg unternehmerischer Tätigkeit.

Für das Financial Accounting Standards Board (FASB) und das International Accounting Standards Board (IASB) steht bei der Erstellung des Jahresabschlusses das Ziel der Entscheidungsnützlichkeit im Mittelpunkt (vgl. SFAC 1, insb. 1.32 f.; IAS F.12 und IAS 1.5). Die Rechnungslegung soll die Adressaten dabei unterstützen, ihre Entscheidungen zu treffen und vergangene Entscheidungen einschätzen zu können. Anders als im HGB dient der ermittelte Gewinn nicht der Ausschüttungs- oder Steuerbemessung.

Die bisherige Regelung von FASB und IASB über die Darstellung des Gewinns in der Gewinn- und Verlustrechnung wird aus diversen Gründen als unbefriedigend erachtet. Daher gab es in den letzten Jahren verschiedene Papiere, die sich mit einem besseren Format auseinandergesetzt haben. Zu nennen sind z. B. der Bericht der Association for Investment Management and Research „Financial Reporting in the 1990s and Beyond“ (vgl. AIMR 1993) sowie die Diskussionspapiere der G4+1-Gruppe „Reporting Financial Performance: Current Developments and Future Directions“ (vgl. IASC 1998) und „G4+1 Position Paper: Reporting Financial Performance“ (vgl. Johnson/Lennard 1999).

Sowohl auf der Agenda des IASB als auch des FASB stehen Projekte zu diesem Thema, wobei die ursprüngliche Bezeichnung des IASB-Projektes „Reporting Performance“ mittlerweile in „Reporting Comprehensive Income“ geändert worden ist (vgl. zum aktuellen Stand FASB 2004, IASB 2003b). Beim FASB läuft das Projekt unter dem Titel „Financial Performance Reporting By Business Enterprises“. IASB und FASB arbeiten zusammen, hegen derzeit jedoch unterschiedliche Vorstellungen. Das IASB

- Die Gewinnermittlung und die Darstellung der Ertragslage eines Unternehmens ist die zentrale Frage von Rechnungslegung und Controlling.
- Das IASB ist mit der bisherigen Darstellung unzufrieden und schlägt den Ersatz der traditionellen GuV durch eine (6,3)-Matrix vor, die durch die Angabe von Vorjahreswerten noch umfangreicher wird.
- Wir beleuchten den Vorschlag im Lichte der qualitativen Kriterien des Rahmenkonzepts für die Zwecke der externen Rechnungslegung und ergänzen die Diskussion um Aspekte des Controlling.
- In beiden Fällen gibt es noch viele offene Punkte und ungeklärte Fragen. Generell krankt das Projekt daran, dass man mit der Darstellung des Gewinns den zweiten Schritt vor dem ersten, nämlich der Klärung seiner wünschenswerten Eigenschaften, macht.

Prof. Dr. Dr. h.c.
Wolfgang Ballwieser
Inhaber des Lehrstuhls für Rechnungswesen und Prüfung, LMU München, Ludwigstr. 28 RG, 80539 München
Tel. 0 89/21 80-63 23,
Fax 0 89/21 80-63 27
E-Mail: ballwieser@bwl.uni-muenchen.de

kooperiert zusätzlich eng mit dem britischen Accounting Standards Board (ASB). Ursprünglich war ein *Exposure Draft* vom IASB für das vierte Quartal des Jahres 2003 vorgesehen. Aufgrund von Feldstudien wurde das Projekt einer eingehenden Analyse unterzogen. Im April diesen Jahres einigten sich IASB und FASB auf eine Bearbeitung des Projektes in zwei Segmenten (vgl. IASB 2004, FASB 2004). Beide Segmente sollen parallel bearbeitet werden. Ein Diskussionspapier zu Segment A wird für das 2. Quartal 2005 erwartet. Da man möglicherweise das Papier zugleich dem Konvergenzprozess von IFRS und SFAS unterwerfen will, ist wohl nicht vor 2006 mit einem Standard zu rechnen.

Die derzeitigen Vorschläge des IASB sehen eine vollständige Neugestaltung der Gewinn- und Verlustrechnung vor. Danach sollen sämtliche, das Eigenkapital verändernden Erfolgskomponenten – abgesehen von Transaktionen mit Eigentümern – in einem Statement abgebildet werden. Es ist deshalb zum einen die Zusammenfassung von Gewinn- und Verlustrechnung und Eigenkapitalveränderungsrechnung vorgesehen. Zum anderen erfolgt der Ausweis nicht wie bisher (ohne Vorjahreswerte) einspaltig in Staffelform, vielmehr sollen sämtliche Erträge und Aufwendungen in eine Matrix mit verschiedenen Zeilen und Spalten eingeordnet werden.

Der folgende Beitrag prüft, welche Ziele das IASB mit dem Projekt „Reporting Comprehensive Income“ verfolgt und welche Überlegungen zur Umsetzung derzeit bestehen. Ohne klare Zielsetzungen ist die Zielerreichung durch die Darstellungsformate nicht zu prüfen. Anschließend soll aufgezeigt werden, welche Konsequenzen sich für das externe Rechnungswesen ergeben. Dies erfolgt anhand der aus dem Rahmenkonzept entlehnten qualitativen Kriterien Entscheidungsrelevanz, Verlässlichkeit, Verständlichkeit, Vergleichbarkeit und Praktikabilität. Im Hinblick auf diese Kriterien müsste sich gegenüber dem status quo durch die Vorschläge eine Verbesserung ergeben. Hierbei ist zwischen inhaltlichen Punkten im Hinblick auf eine bessere Leistungsermittlung und formaler Darstellung zu unterscheiden. Darüber hinaus wird das interne Rechnungswesen betrachtet. Hier sind die Konvergenz von in- und externem Rechnungswesen und die Konsequenzen des neuen Berichtsformats für die interne Steuerung und Kennzahlengewinnung zu diskutieren.

Die Diskussion des Themas ist weitgehend neu. Zwar liegen im deutschsprachigen Schrifttum insbesondere die Dissertation von Sebastian Hollmann über Reporting Performance (vgl. Hollmann 2003) und die kritischen Anmerkungen von Haller/Schloßgangl über den Handlungsbedarf des IASB vor (vgl. Haller/Schloßgangl 2003). Aber die 2003 erschienene Arbeit von Hollmann baut auf dem Vorschlag vom Herbst 2001 des IASB auf, der noch zahlreiche Handlungsalternativen beließ, wobei die derzeit erwogene noch nicht vorzufinden war. Seine Würdigung des damaligen Vorschlags baut auf zuvor erarbeiteten Kriterien für die formale und sachliche Darstellung des Ausweises von Erträgen und Aufwendungen auf, die weniger als bei uns vom Rahmenkonzept des IASB ausgehen. Haller/Schloßgangl kritisieren zu Recht Inkonsistenzen in der Begriffswelt des IASB, auf die wir unter Punkt „Unklares Gewinnkonzept“ kurz eingehen werden. Ohne einem Ergebnis an dieser Stelle vorgreifen zu wollen, sei die Anmerkung erlaubt, dass zum derzeitigen Stand die Vorschläge nicht sehr ausgereift sind, was eine abschließende Beurteilung erschwert.

Ziele und Stand des IASB-Projektes

Das Folgende basiert auf der zusammenfassenden Darstellung des IASB zu dem Projekt „Reporting Comprehensive Income“, dem vormaligen „The Income Statement (Reporting Performance)“ (vgl. IASB 2003). Das IASB ist mit den bisherigen Regelungen zum Ausweis des Gewinns in Gewinn- und Verlustrechnung sowie Eigenkapitalveränderungsrechnung unzufrieden. Diese Unzufriedenheit basiert hauptsächlich auf folgenden Gründen:

(1) Die verschiedenen Kategorien von Erträgen und Aufwendungen sind nur unvollständig in den IFRS definiert und führen zu Inkonsistenzen.
(2) Die Unternehmen weisen verschiedene, eigendefinierte Ergebnisgrößen aus (z. B. ProForma-Earnings, Core Earnings, EBIT, EBITDA), was zu unklaren Inhalten und Mehrdeutigkeiten führt.
(3) Die Gewinn- und Verlustrechnung enthält Positionen, die sich in ihrer Natur erheblich unterscheiden. Diese könnten homogener kategorisiert und besser dargestellt werden.
(4) Die Wiedergabe von erfolgswirksamen und erfolgsneutralen Vorgängen folgt keiner klaren konzeptionellen Begründung.

Aufbauend darauf hat das IASB als Ziel für das Projekt „Reporting Comprehensive Income“ formuliert:

„The objective is to categorise and display all income and expenses for the

Dipl.-Kffr., MBA
(Calif. State Univ., Fresno)
Silvia Hettich
wissenschaftl. Mitarbeiterin am selben Lehrstuhl
Ludwigstr. 28 RG, 80539 München
Tel. 089/2180-6309,
Fax 089/2180-6327
E-Mail:
hettich@bwl.uni-muenchen.de

period in a way that enhances users' understanding of the entity's achieved performance and that assists users in forming expectations of future performance." (IASB 2003b, S. 2)

Ziel ist nicht die inhaltliche Definition, sondern die formale Darstellung des Erfolgs *(performance)* eines Unternehmens. Geplant ist der Ausweis der Eigenkapitalveränderung in einer Gesamtreinvermögensänderungsrechnung *(statement of comprehensive income)*: Das *comprehensive income* ist die Differenz zwischen sämtlichen Erträgen *(income)* und Aufwendungen *(expenses)* oder die Eigenkapitaländerung *(change in equity)*, die nicht auf Kapitaleinlagen oder Kapitalentnahmen zurückgeht.

Die Zerlegung der Ergebnisgröße in bestimmte Komponenten soll die Prognoserelevanz verbessern. Die Standardisierung der Darstellung soll unterschiedliche, eigendefinierte Gewinngrößen vermeiden und die zwischenbetriebliche Vergleichbarkeit erhöhen, was die Analyse von Jahresabschlüssen erleichtert. Man erwartet auch Auswirkungen auf die Kapitalflussrechnung und den Eigenkapitalspiegel. Was konkret daraus folgt, ist bisher nicht diskutiert worden.

Nach Aussage des IASB sollen alle Aspekte der *financial performance* eines Unternehmens berücksichtigt und in Spalten und Zeilen in einer Matrixform geordnet werden. Die Matrixform soll eine geeignete Disaggregation der Daten erlauben. Als Zeilen oder horizontal finden sich die Kategorien operative Geschäftstätigkeit (*business* oder *operating*), Finanzierungstätigkeit (*financing*), Steuern (*taxes*), eingestellte Geschäftsbereiche *(discontinued operations), cash flow hedges* und (als Summenzeile) *comprehensive income.* Vertikal werden die drei Spalten Gesamtbetrag *(total)*, Ergebnis vor Neubewertung *(income before re-measurement)* und Neubewertung *(re-measurement)* ausgewiesen. Abbildung 1 gibt einen Überblick.

Die Kategorie operative Geschäftstätigkeit wird als Residualkategorie betrachtet und damit negativ abgegrenzt. Erträge und Aufwendungen, die nicht den übrigen Kategorien zugeordnet werden können, werden hier subsumiert. Das Gesamtergebnis der operativen Geschäftstätigkeit wird in operatives Ergebnis *(operating profit), other business profit* und *financial income* unterteilt. *Financial income* stellt die Erträge aus Finanzanlagen unabhängig von deren Finanzierung dar. Die Kategorie Finanzierungstätigkeit *(financing)* enthält alle Aufwendungen durch Kapitalgeber, insbesondere den Zinsaufwand. Das Gesamtergebnis der operativen Geschäftstätigkeit *(total business profit)* soll anzeigen, was unabhängig von der Kapitalstruktur erwirtschaftet wurde. Das stimmt mit dem EBIT *(earnings before interest and taxes)* überein. Die Größe soll es erlauben, den Wert des Gesamtkapitals zu berechnen. Das Ergebnis aus der Finanzierungstätigkeit soll den Marktwert der Schulden zu berechnen erlauben. Das *comprehensive income* soll Basis für die Bestimmung des Shareholder Value sein.

Die vertikale Einteilung zerlegt die Ergebnisse in zwei Komponenten: (i) Erträge und Aufwendungen aus Neubewertung und (ii) alle übrigen Erträge und Aufwendungen. Die Spalte Neubewertung nimmt Änderungen in Preisen oder Schätzungen, die zu Änderungen der Buchwerte führen, auf. Zu denken ist hier z. B. an Goodwillabschreibungen, *fair value*-Änderungen bei Finanzinstrumenten oder Neubewertungen von Sachanlagevermögen. Die Spalte Gesamtbetrag *(total)* summiert die beiden übrigen Spalten auf.

In dem Vorschlag nennt das IASB einige Beispiele zur Einordnung von Erfolgen. So würden z. B. planmäßige Abschreibungen auf Anlagevermögen unter *operating profit* und Ergebnis vor Neubewertung eingeordnet, die Neubewertung von Vermögenswerten des Anlagevermögens in *operating profit* und Neubewertung. Bei Finanzinstrumenten würden die Zinserträge in das *financial income* vor Neubewertung eingeordnet, Zinsaufwendungen in *financing* vor Neubewertung. Andere Erträge und Aufwendungen bei Finanzinstrumenten *(non-interest income or expense)* werden in die Kategorie *financial income* und Neubewertung bei Vermögenswerten sowie *financing* und Neubewertung bei Schulden eingeordnet. In die Kategorie *other business profit* und Neubewertung fallen z. B. die Wertminderungen beim Goodwill. Abbildung 2 gibt diese Zuordnung wieder.

Der Vorschlag sieht nicht vor, weitere als die genannten Zwischenergebnisse auszuweisen. Die Unternehmen dürfen aber freiwillig eigene Zwischensummen zeigen. Die Darstellung dieser selbstgewählten Zwischensummen darf jedoch nicht herausgehobener sein als die des

	Total	Income before Re-Measurement	Re-Measurement
Business/Operating Components Operating Profit Other Business Profit Financial Income Total Business/Operating Profit			
Financing Components Total Financing			
Tax Components Total Taxes			
Discontinued Operations			
Cash Flow Hedges			
Comprehensive Income			

Abbildung 1: Statement of Comprehensive Income

comprehensive income. Zudem müssen Überleitungen zu diesem erfolgen.

Die bisherige Vorgehensweise, bestimmte Ergebnisse erfolgsneutral zunächst im Eigenkapital und erst bei Verlassen des Unternehmens in der Gewinn- und Verlustrechnung zu erfassen (sog. *Recycling*), wird abgeschafft. Hier handelt es sich z. B. um unrealisierte Wertänderungen aus der Zeitbewertung von Wertpapieren der Kategorie *available for sale*, die direkt im Eigenkapital erfasst werden (vgl. IAS 39.55(b), Ausnahmen regelt IAS 39.67-.70, rev. 2003). Bisher werden diese Wertänderungen erst bei Verkauf in die Gewinn- und Verlustrechnung überführt, also ergebniswirksam. Durch die Zusammenfassung der beiden Rechnungen entfällt die Unterscheidung zwischen erfolgswirksamer und erfolgsneutraler Buchung, die Wertänderungen und der Erfolg aus dem Verkauf des Wertpapieres werden jeweils sofort in der Gesamtreinvermögensänderungsrechnung ausgewiesen. Zu fragen ist, welche Auswirkungen das auf die Einhaltung des Kongruenzprinzips hat.

Das Kongruenzprinzip (oder die *clean surplus relation*) besagt, dass die Summe der Periodenerfolge (als Differenz von Erträgen und Aufwendungen) gleich dem Totalerfolg und damit der Differenz aus Einzahlungen und Auszahlungen entspricht (vgl. Schmalenbach 1962, S. 64–66, Ordelheide 1998, Schildbach 1999). Ein Verstoß gegen das Kongruenzprinzip scheint auf den ersten Blick durch den Vorschlag behoben, da jetzt alle Ergebnisse in der Gewinn- und Verlustrechnung ergebniswirksam erfasst werden. Allerdings darf nicht übersehen werden, dass sich einige *fair value*-Änderungen möglicherweise niemals in Ein- oder Auszahlungen niederschlagen. Als Beispiel seien Währungsumrechnungsdifferenzen genannt (vgl. Ordelheide 1998, 522 f.). Damit ist das genannte Prinzip nicht erfüllt.

Kritik und Konsequenzen für das externe Rechnungswesen

Unklares Gewinnkonzept

Das Projekt behandelt die formale Darstellung des Erfolgs eines Unternehmens. Dabei wird die inhaltliche Gewinnkonzeption vollständig vernachlässigt. Für das Verständnis der Darstellung ist es jedoch nötig, den materiellen Gehalt der Gewinnziffer zu kennen. Am Anfang der Diskussion sollten daher eine Definition der *performance* eines Unternehmens und eine Einigung auf ein Gewinnkonzept stehen, um darauf aufbauend eine geeignete Gliederung für die Erträge und Aufwendungen zu entwickeln.

Der mögliche Einwand, das Gewinnkonzept der IFRS sei klar, trifft nicht zu. Im Rahmenkonzept der IFRS wird der Gewinn als ein Maß für die *performance* eines Unternehmens genannt (IAS F.69-.73). Was genau unter *performance* verstanden wird, wird nicht erläutert. Der Gewinn stellt einerseits die nicht auf Kapitaleinlagen und -entnahmen zurückgehende Eigenkapitalveränderung (vgl. IAS 1.87), andererseits (enger) die Differenz aus Erträgen und Aufwendungen dar (IAS F.69), deren Erfassung und Bemessung teilweise von dem zugrundeliegenden Kapitalerhaltungskonzept abhängt (wobei sich das IASB nicht auf ein Konzept festlegt, vgl. IAS F.100-.110). Nach welchen inhaltlichen Regelungen Erträge und Aufwendungen abgegrenzt werden, ergibt sich nicht aus einem klaren bilanztheoretischen Konzept (vgl. hierzu insbesondere Moxter 1984; vgl. ferner Ballwieser 2004, S. 60 – 68), sondern nur aus einer Zusammenschau der einzelnen IFRS. Diesen unbefriedigenden Punkt konstatiert das IASB selbst und nennt ihn einen Grund für das vorliegende Projekt (siehe Abschnitt „Ziele und Stand des IASB-Projektes" Nr. 4), stellt seine Behandlung aber unzulässigerweise zurück.

Darüber hinaus ist nicht einmal die Begriffsbildung einheitlich: Wie Haller/Schloßgangl zeigen, verwenden die IFRS bspw. die Begriffe *gains* und *losses* sowohl als Ober- als auch als Unterbegriff von *income* und *expenses* (vgl. Haller/Schloßgangl 2003, S. 319).

Die Darstellung des Gewinns sollte derart erfolgen, dass sie entscheidungsnützliche Informationen liefert. Wie das bei einem unklaren Gewinnkonzept möglich sein soll, lässt das IASB offen.

	Total	Income before Re-Measurement	Re-Measurement
Business/Operating Components			
Operating Profit		Planmäßige Abschreibung des Anlagevermögens	Neubewertung Anlagevermögen
Other Business Profit			Goodwillabschreibungen
Financial Income		Zinserträge von Finanzinstrumenten	Nicht-Zinserträge/-aufwendungen bei Vermögenswerten
Total Business/Operating Profit			
Financing Components		Zinsaufwendungen von Finanzinstrumenten	Nicht-Zinserträge/-aufwendungen bei Schulden
Total Financing			
Tax Components			
Total Taxes			
Discontinued Operations			
Cash Flow Hedges			
Comprehensive Income			

Abbildung 2: Beispiele für die Einordnung von Erfolgen

Entscheidungsrelevanz

Ein nach IFRS aufgestellter Abschluss soll dem Investor, als wichtigstem Adressat der Rechnungslegung (vgl. IAS F.10, auch Ballwieser 2003, S. 340), *entscheidungsnützliche Informationen* liefern (IAS F.12, .26). Eine Information ist nach dem Rahmenkonzept dann entscheidungsnützlich, wenn sie es dem Investor ermöglicht, vergangene, gegenwärtige oder künftige Ereignisse zu beurteilen und gegebenenfalls vergangene Entscheidungen zu revidieren (IAS F.26). Um den Entscheidungsprozess von Adressaten zu beeinflussen, müssen die im Abschluss offengelegten Informationen vollständig (IAS F.38), in ihrem Risikogehalt erkennbar, prognosegeeignet (IAS F.28) und aktuell (IAS F.43) sein.

Der Abschluss muss unter Beachtung von Wesentlichkeit und Kosten *alle Informationen* enthalten, da ein Weglassen bestimmter Informationen zu irreführenden oder falschen Schlüssen führen kann (IAS F.38). Die Zusammenfassung von Gewinn- und Verlustrechnung und Eigenkapitalveränderungsrechnung führt zu einer vollständigen Erfassung der Informationen zur Eigenkapitalveränderung – abgesehen von Transaktionen mit den Eigentümern – in einem Statement. Die Informationen zu den Erfolgen aus der Tätigkeit mit Dritten und Wertänderungen von Vermögenswerten werden nicht mehr verteilt auf mehrere Statements, sondern in einem gebündelt ausgewiesen. Da die bisherigen Zuordnungen zu Bilanz, GuV und Anhang (z. B. bei Eventualverbindlichkeiten nach IAS 37.10, .27, .86) nicht geändert wurden, bleibt die Vollständigkeit in bisherigem Maße erhalten.

Das *Realisationsprinzip* der IFRS weicht von dem des HGB ab: „Die Definition der Erträge umfasst auch unrealisierte Erträge, beispielsweise Erträge aus der Neubewertung marktfähiger Wertpapiere sowie Erträge aus der Erhöhung des Buchwertes langfristiger Vermögenswerte." (IAS F.76) Dies hat den Vorteil, dass die Möglichkeiten des Managements, Gewinnsteuerung durch gezielten Verkauf oder gezieltes Halten bestimmter Vermögenswerte und Schulden zu betreiben, beseitigt werden. Dem Bilanzleser werden durch den Ausweis unrealisierter Erträge zusätzliche Einblicke gewährt. Damit er die Erträge richtig einschätzen kann, ist es aber notwendig, dass die einzelnen Kategorien hinreichend voneinander abgegrenzt sind und die Zuordnung der Erfolge eindeutig ist. Insbesondere muss deutlich sein, welche Erfolge bereits realisiert sind und welche nicht, um dem Bilanzleser dadurch Aussagen über den Risikogehalt des Gewinns zu ermöglichen. Hierbei ergibt sich folgendes Problem:

Zwar gehen die unrealisierten Erträge in die Spalte Neubewertung ein, ohne dass man sagen kann, dass hier nur unrealisierte Erträge vorzufinden sind. Hier finden sich bspw. auch Erhöhungen oder Minderungen von Rückstellungen, wobei letztere aufgrund besserer Information durchaus als realisiert angesehen werden können.

Neben dem Risikogehalt interessiert unter dem Gesichtspunkt der Entscheidungsrelevanz die *Prognoseeignung*: Gibt es für ausgewiesene Komponenten die Wiederkehrvermutung und lässt sich der wiederkehrende Wert mit großem oder geringem Risiko prognostizieren, d. h. streut er stark oder gering? Die Zielsetzung der Erfolgsrechnung muss die Aufgliederung bestimmen. Beispielsweise liefert eine Trennung in realisierte und nicht realisierte Ergebnisse einen Einblick in die Liquidität oder Ausschüttbarkeit von Gewinnen. Eine Einteilung in dispositionsabhängige und nicht dispositionsabhängige Erfolgskomponenten erlaubt eine Kontrolle der Managementleistung.

Eine Beurteilung des Vorschlags im Hinblick auf die Prognoseeignung ist bisher noch nicht abschließend möglich, weil die genaue Einteilung und die Art des Ausweises noch nicht geklärt sind. Jedoch soll auf eine Unterteilung von Gewinnkomponenten in wiederkehrend und nicht wiederkehrend verzichtet werden. Diese Einteilung ist aber aus Adressatensicht wünschenswert, was auch das Rahmenkonzept festhält (vgl. IAS F.28), um die Nachhaltigkeit und Extrapolierbarkeit der Erfolgsgrößen beurteilen zu können. Als Grund für das heutige Vorgehen führt das IASB an, dass die Einteilung zu willkürlich sei (vgl. IASB 2003b, S. 2, so auch Haller/Schloßgangl 2003, S. 319 f.). Welche Zielsetzung genau unter dem Aspekt der Prognoserelevanz verfolgt wird, ist erneut angesichts des nicht präzisierten Gewinnkonzepts unklar.

Der Abschluss eines Unternehmens ist *jährlich für das abgelaufene Geschäftsjahr* aufzustellen (IAS 1.7). Zusätzlich sind Zwischenberichte für kürzere Berichtsperioden (z. B. quartalsmäßig) vorgesehen (IAS 34.4). Diese können vollständig oder verkürzt erfolgen. Dadurch soll ein aktueller Informationsstand gewährleistet werden. Welche Angaben eines verkürzten Zwischenberichts für die Gesamtreinvermögensänderungsrechnung offenzulegen sind, harrt noch der Klärung.

Verlässlichkeit

Damit eine Information nützlich ist, muss sie auch verlässlich sein (IAS F.31-.34, .36). Die Verlässlichkeit ist zugleich Voraussetzung und Grenze für die Relevanz von Informationen (zum Spannungsverhältnis von Relevanz und Verlässlichkeit vgl. Kuhner 2001, S. 530–537). Die Verlässlichkeit äußert sich in der *Willkürfreiheit* der offengelegten Informationen. Dazu notwendig ist die Nachprüfbarkeit samt zuverlässiger Messbarkeit sowie die Neutralität und Ausgewogenheit von Informationen.

Nachprüfbarkeit des Erfolgsausweises erfordert, dass die Informationen und ihre Zuordnung zu einer bestimmten Ausweiskategorie von Abschlussprüfern und Dritten nachvollziehbar sind. Hierzu müssten eindeutige Vorgaben seitens des IASB erfolgen, die noch fehlen. Diese sollten möglichst einfach und verständlich sein. Das Unternehmen ist verpflichtet, die Vorgaben zu erfüllen und bei faktischen oder expliziten Wahlrechten die zugrundeliegenden Prämissen und Kriterien für die Einordnung zu erläutern.

Zuverlässige Messbarkeit verlangt, dass nur solche Informationen in den Jahresabschluss gelangen, deren Inhalte zuverlässig ermittelt werden können. Für die Erfolgsermittlung bedeutet das, dass die aufgenommenen Werte einen bestimmten Sicherheitsgrad aufweisen müssen. Bei dessen Vorgabe handelt es sich jedoch um ein zentrales Problem der Ermittlung von Erfolgen aus einzelnen Geschäftsvorfällen und Wertänderungen von Vermögenswerten, die mit der formalen Darstellung des Erfolgs eines Unternehmens wenig zu tun haben. Die Abgrenzung von Aktiva und Passiva wie die des Realisationsprinzips ist schließlich nichts anderes als eine Risikoteilungsregel. So werden Eventualforderungen aus Risikogründen in der Bilanz nicht angesetzt; entsprechendes gilt für ungewisse Schulden. Was als realisierter Gewinn anzusehen ist, resultiert gleichermaßen aus Risikoabwägungen (vgl. Ordelheide 1988a, S. 282–283, Ordelheide 1988b, 280–281, Ballwieser 1999, Tz. 27). Hier zeigt sich erneut, wie brüchig die versuchte Trennung von inhaltlichen und formalen Fragen ist.

Die Unsicherheiten bestimmter Erfolgskomponenten werden zwar in bestimmter Hinsicht durch die getrennte Offenlegung von Erfolgen aus Wertänderungen aufgezeigt (siehe Abschnitt „Entscheidungsrelevanz"). Aber zusätzliche Informationen über mit Unsicherheiten behafteten Posten sollten ergänzend gemacht werden. Dadurch werden dem Bilanzleser die weniger zuverlässig ermittelbaren Erfoge transparent (z. B. bei *fair value*-Bewertungen, für die kein Marktpreis erhebbar ist).

Damit eine Information verlässlich ist, soll sie *neutral und ausgewogen* sein (vgl. IAS F.36). Dies bedeutet, dass die Information unverzerrt dargestellt werden soll. Sie darf nicht darauf gerichtet sein, bestimmte Handlungen beim Adressaten auszulösen. Entscheidend hängt die Neutralität der Darstellung von den Spielräumen ab, die dem Rechnungslegenden bei der Erstellung des Abschlusses gewährt werden. Da derzeit die Zuordnung der einzelnen Erfolge in die Matrix sowie die dem Rechnungslegenden gewährten Möglichkeiten nicht genau umrissen sind, bleibt dieser Punkt offen. Sofern die Einteilung nicht überschneidungsfrei ist oder nicht eindeutig vorgenommen und dem Abschlussersteller vorgegeben wird, steht dem Management die Möglichkeit offen, die entsprechenden Informationen an aus seiner Sicht geeigneten Stellen unterzubringen. Dies eröffnet die Möglichkeit, entweder nach dem Gedanken der *faithful representation* zu berichten oder die Information bewusst dort offenzulegen, wo sich das Management den größten Nutzen erhofft.

Verständlichkeit

Verständlichkeit bedeutet, dass eine gegebene Information *ohne Probleme von Adressaten aufgenommen* werden kann (vgl. IAS F.25, Ballwieser 2001, S. 160). Formal äußert sich dies in der Übersichtlichkeit und Transparenz, in der die Informationen strukturiert präsentiert werden und damit rasch gefunden werden können. Materiell ist die Eindeutigkeit von Darstellungen und Formulierungen gemeint (vgl. Moxter 2003, S. 231 f.). Des Weiteren spielt die Nachprüfbarkeit der gegebenen Information eine Rolle, diese wird jedoch unter Verlässlichkeit subsumiert.

Die *Übersichtlichkeit und Transparenz* der Gesamtreinvermögensänderungsrechnung erhöht sich durch den oben wiedergegebenen Vorschlag insofern, als im Vergleich zur bisherigen Regelung eine striktere Anzahl von Posten, deren Reihenfolge, Bezeichnungen sowie Inhalte vorgeschrieben sind. Eine klare und verbindliche Gliederung wird durch den Standard Setter vorgegeben. Zudem weist die Rechnung einen hohen Grad an Disaggregation auf, da ein getrennter Ausweis von Erfolgskomponenten erfolgt. Die Einteilung in drei Spalten ermöglicht es dem Bilanzleser zu erkennen, welche Erfolge aus Neubewertungen stammen und welche aus übrigen Geschäftsvorfällen resultieren. Die unterschiedlichen Effekte werden transparenter. Dies verbessert die Verständlichkeit des Statements. Die Ursache von Ergebnisvolatilitäten wird deutlich. Die Daten sind im bisherigen Jahresabschluss bereits enthalten, allerdings auf verschiedene Statements (Gewinn- und Verlustrechnung, Eigenkapitalveränderungsrechnung, Anhang) verteilt. Durch die Zusammenfassung in einem Statement sinken die Suchkosten und steigt die Transparenz.

Nachteilig wirkt sich bei der formalen Darstellung jedoch die mangelnde Übersichtlichkeit und hohe Komplexität aus. Die bisherige Gewinn- und Verlustrechnung bestand aus den einzelnen Positionen für Aufwendungen und Erträge sowie den zugehörigen Zahlen für das aktuelle Geschäftsjahr und das Vorjahr. Das neue Statement sieht für das aktuelle Geschäftsjahr allein drei Spalten vor. Um wie bisher einen Vergleich mit dem Vorjahr zu ermöglichen, würde sich das Statement neben der Aufzählung der einzelnen Positionen auf sechs Spalten erhöhen. Sofern für zwei Vorjahre Zahlen angegeben werden, erhöht sich das ganze auf neun Spalten. Fraglich ist, wie dies im Abschluss selbst übersichtlich dargestellt werden kann. Es besteht die Gefahr, dass das Statement als Zahlenfriedhof wahrgenommen wird. Diskutiert wird daher, nur für die Spalte *total* Vorjahreszahlen zu verlangen. Dies erhöht zwar die Verständlichkeit, hat – neben einer beschnittenen Vergleichbarkeit – aber den Nachteil, dass für das Vorjahr nicht klar ist, welche Erfolge aus Neubewertungen stammen und welche nicht.

Auch die Matrixform selbst erfordert ein Umgewöhnen. Die Verständlichkeit sinkt, weil die Komplexität durch Zusammenfassung verschiedener Statements steigt. Bisher war der Bilanzleser damit vertraut, in unterschiedlichen Statements die gesuchten Zahlen zu finden. Eine formale Neugliederung führt zumindest anfangs zu Verwirrung, da die Zahlen sich in einem Statement befinden und der Bilanzleser erst erkennen muss, in welcher Position die gesuchte Zahl nun enthalten ist.

Materiell ist zu prüfen, ob die Darstellungen und Formulierungen *eindeutig* sind. Die Postenbezeichnungen müssen dafür überschneidungsfrei und deren Inhalte genau zuordenbar sein, so dass sich hinter der gleichen Position bei verschiedenen Unternehmen auch der gleiche Sachverhalt verbirgt. Dazu ist notwendig, dass sich die Geschäftsvorfälle eindeutig den einzelnen Positionen und Kategorien zuordnen lassen. Dies ist bisher jedoch (noch) nicht geklärt. Eine genaue Abgrenzung der einzelnen Positionen und Kategorien ist unabdingbar.

Die Umgestaltung der bisherigen Gewinn- und Verlustrechnung und die Zusammenfassung verschiedener Statements erfordern bei den Bilanzlesern eine Umorientierung. Eine umfassende Aufklärungsarbeit und Kommunikation sowie die Erläuterung von Spalten und Zeilen ist unerlässlich.

Darüber hinaus muss das Verständnis für die *Ergebnisgröße comprehensive income* geweckt werden, denn die neue Gewinn- und Verlustrechnung verzichtet auf den Ausweis eines *net income*. Diese Größe wird jedoch insbesondere von Bilanzanalysten genutzt. Was sich hinter der Größe *comprehensive income* genau verbirgt, ist vielen unklar. Zudem ist in der Praxis die Größe *comprehensive income* relativ unwichtig (vgl. auch die empirischen Studien von Dhaliwal/Subramanyam/Trezevant 1999, mit Überblick Obinata 2002). Da dem Schema kein klares Gewinnkonzept zugrunde liegt, bleibt der materielle Informationsgehalt insgesamt unklar.

Vergleichbarkeit

Eine erhöhte Vergleichbarkeit verschiedener *statements of comprehensive income* wird als ein Ziel des Projektes genannt. Dies bezieht sich in erster Linie auf die zwischenbetriebliche Vergleichbarkeit. Des Weiteren soll das Statement auch eine Vergleichbarkeit im Sinne der Stetigkeit mit Statements aus vergangenen Geschäftsjahren gewährleisten (zeitliche Vergleichbarkeit, IAS F.39-42).

Die *zwischenbetriebliche Vergleichbarkeit* wird durch die Normierung der Darstellung erhöht. Die Unternehmen sind gezwungen, ein Statement nach den gleichen Regelungen aufzustellen. Die Reihenfolge, Bezeichnung und Inhalte der Positionen sind – im Vergleich zu den Minimalvorschriften auch des im Dezember 2003 überarbeiteten IAS 1 – genauer festgelegt. Dies trägt zur Objektivierung bei und erleichtert eine Analyse von Abschlüssen verschiedener Unternehmen. Zusätzlich entfällt ein Teil der Suchkosten, und den Unternehmen wird die Freiheit genommen, die Bezeichnung der Posten selbst zu wählen. Nachteilig ist dies nur insofern, als es dem Grundsatz der *faithful representation* widersprechen könnte, wenn in Einzelfällen eine andere Postenbezeichnung passender wäre (vgl. auch Hollmann 2003, S. 274–276). Für Bilanzleser wird die Sachlage jedoch vereinfacht.

Auch für das Management ergeben sich insofern Vorteile, als Software standardisiert werden kann. Bspw. wird für die elektronische Darstellung und Auswertung mit XBRL keine Option zur Darstellung möglich sein. Zudem erleichtert die Standardisierung der Erfolgsrechnung die Analyse konkurrierender Unternehmen. Dafür müssen die einzelnen Spalten und Zeilen hinreichend voneinander abgegrenzt und die Zuordnung eindeutig und kontrollierbar sein.

Die *intertemporale Vergleichbarkeit* im Sinne der *formalen Stetigkeit* ist durch eine Umstellung auf das neue Statement kurzfristig gestört. Die Zusammenfassung von Gewinn- und Verlustrechnung sowie Eigenkapitalspiegel birgt einen Bruch, der durch die geänderte Zuordnung der Erfolge noch erhöht wird. Hier ist eine ausreichende Dokumentation unerlässlich. Langfristig erhöht sich jedoch die Vergleichbarkeit, da die Angaben im Vergleich zur bisherigen Regelung strikter sind und weniger Spielräume gewähren. Nach einer Umgewöhnungsphase wird dem Bilanzleser die neue Darstellung vertraut sein. Die Angabe der Vorjahreszahlen erleichtert den Vergleich zweier Perioden. Wie oben bereits angesprochen, steht dies jedoch im Konflikt mit der Verständlichkeit und Übersichtlichkeit der Darstellung.

Im Sinne der *materiellen Stetigkeit* wird die Vergleichbarkeit insofern untergraben, als bisherige Gewinngrößen wie das *net income* nicht mehr ausgewiesen werden. Es gibt verschiedene vorgeschriebene Zwischensummen, die ein Unternehmen um freiwillige Angaben ergänzen kann. Als Restgröße oder *bottom line-figure* erhält man das *comprehensive income*. Hier werden sämtliche Erfolgsgrößen des Unternehmens erfasst, eine Einteilung in erfolgsneutral und erfolgswirksam entfällt. Dadurch fließen in das Ergebnis auch Wertänderungen bei *fair value*-Bewertung ein. Die Zeitbewertung verschiedener Positionen, z. B. Wertpapiere, Zinsen, Devisen, unterliegt jedoch zufälligen Schwankungen der Märkte, die sich voll im Ergebnis niederschlagen. Inwiefern die Größe des *comprehensive income* daher aussagekräftig und im Zeitablauf vergleichbar ist, ist fraglich.

Praktikabilität

Als letztes Kriterium soll die Praktikabilität der Gesamtreinvermögensänderungsrechnung betrachtet werden. Als vorteilhaft ist anzusehen, dass eine Umstellung des bisherigen auf das neue Berichtssystems nicht allzu problematisch sein sollte. Die offenzulegenden Informationen sind größtenteils bereits im Unternehmen vorhanden und werden auch heute – wenngleich in verschiedenen Rechnungslegungsinstrumenten – ausgewiesen.

Andererseits sind hohe Anpassungskosten zu erwarten. Dies zeigt sich zum einen beim Unternehmen selbst durch die Umstellung der IT-Systeme auf das neue Berichtsformat. Durch den hohen Detaillierungsgrad, die Art der Darstellung und die Aufbereitung der Informationen sind zeit- und kostenintensive Anpassungen nötig. Zum anderen ist auch von Seiten der Bilanzleser eine Anpassung notwendig. Dies äußert sich durch Gewöhnung an das neue Format und durch die Umstellung der IT-Systeme bspw. bei Rating-Agenturen und Banken im Rahmen der Bilanzanalyse.

Konsequenzen für das Controlling

Konvergenz von internem und externem Rechnungswesen

In den letzten zehn Jahren ist die Konvergenz von in- und externem Rechnungswesen vielfach als wünschenswert beschrieben worden (vgl. Ziegler 1994, Coenenberg 1995, Küpper 1998a). Zweifellos sind mehrfache Rechnungen für denselben Sachverhalt verwirrend und erschweren die Kommunikation[1], aber aufgrund der Zweckabhängigkeit von Rechnungen verlangen konvergierende Rechnungen denselben oder zumindest einen sehr ähnlichen Rechnungszweck.

Ähnliche oder gar identische Zwecke liegen aber keineswegs vor, wenn man bspw. die Rechenschaftsfunktion des externen Rechnungswesens mit der Verhaltenssteuerungsfunktion des internen Rechnungswesens vergleicht (vgl. auch Weißenberger 2003, S. 262). Für letztere ist der Abzug von Opportunitätskosten zweckmäßig, selbst wenn diese nur schwer ermittelbar sind und gegebenenfalls schlichtweg vorgegeben werden: Gewinn entsteht erst, wenn neben den Fremdkapitalkosten auch die Eigenkapitalkosten gedeckt sind. Für die Rechenschaftsfunktion wäre der Abzug von nur schwer ermittelbaren oder gar nur vorgegebenen Eigenkapitalkosten zweckwidrig.

Nun ist bei dem beschriebenen Projekt (merkwürdigerweise) die Gewinnermittlung gar nicht zentral; vielmehr steht die Gewinndarstellung im Vordergrund. Wir können deshalb im Folgenden die Konvergenz als gewünschte Eigenschaft unterstellen. Unter dem Aspekt der Informationsfunktion sowohl von internem als auch von externem Rechnungswesen kann eine Angleichung propagiert werden (vgl. im Zusammenhang mit den IFRS Klein 1999, insb. S. 63 – 111). Dennoch sollte nicht übersehen werden, dass beide Rechnungen für einen unterschiedlichen Adressatenkreis erstellt werden.

Interne Steuerung und Kennzahlengewinnung

Die interne Unternehmensrechnung erfolgt mit dem Ziel der (Verhaltens-) Steuerung, Planung, Entscheidung und Kontrolle (vgl. Küpper 1998b, S. 519, Coenenberg 1995, S. 2078). Planungs- und Entscheidungsrechnungen können mit Hilfe externer Rechnungslegung kaum erfolgen. Der Fokus liegt daher bei uns auf der Kontrollrechnung. An diese sind folgende Anforderungen zu stellen (vgl. Coenenberg 1995, S. 2080 f., Klein 1999, S. 64 – 71):

(1) *Analysefähigkeit der erfassten Sachverhalte:* Zum einen sind alle relevanten Sachverhalte durch das Steuerungssystem zu erfassen. Zum anderen müssen die gelieferten Daten verständlich und vergleichbar sein. Die Vergleichbarkeit hat eine zeitliche und objektbezogene (z. B. Profit Center, Tochterunternehmen) Ebene.

(2) *Anreizverträglichkeit:* Unterschiedliche Interessen und Informationsstände der Beteiligten erzeugen ein Prinzipal-Agenten-Problem. Daher ist es wichtig, Zielkongruenz zu schaffen. Dies erfordert das Setzen entsprechender Anreize. Zusätzlich müssen die Rechen- und Zielgrößen, an denen das Verhalten der Mitarbeiter gemessen und beurteilt wird, möglichst ermessensunabhängig sein.

(3) *Kommunikationsfähigkeit:* Die Rechnung muss Dritten verständlich sein und von ihnen akzeptiert werden. Ein einfach gehaltenes, nachvollziehbares Steuerungssystem, das einheitliche und eindeutige Begriffe verwendet, wirkt unterstützend.

(4) *Wirtschaftlichkeit:* Das Steuerungssystem sollte möglichst effizient aufgebaut sein.

Die Analysefähigkeit mit den Kriterien Relevanz und Vergleichbarkeit wurde für das neue Statement bereits in den Abschnitten „Entscheidungsrelevanz“ und „Vergleichbarkeit“ diskutiert. Zur objektbezogenen Vergleichbarkeit sei lediglich angemerkt, dass die Gesamtreinvermögensänderungsrechnung grundsätzlich für ganze Unternehmen erfolgt. Es ist fraglich, wie weit sie auf einzelne Unternehmensteile herabgebrochen werden kann.

Auch die Kommunikationsfähigkeit mit den Kriterien Verständlichkeit und Akzeptanz wurde bereits im Abschnitt „Verständlichkeit“ erörtert. Wirtschaftlichkeit soll hier nicht weiter betrachtet werden. Zur Verlässlichkeit und Nachprüfbarkeit der jeweiligen Messgrößen aus der Gesamtreinvermögensänderungsrechnung sei auf den Abschnitt „Verlässlichkeit“ verwiesen. Es bleibt an dieser Stelle, auf die Anreizverträglichkeit näher einzugehen.

Bei Vertragsgestaltungen von Eigen- und Fremdkapitalgebern sowie dem Management werden häufig Größen des externen Rechnungswesens zugrunde gelegt (vgl. Klein 1999, S. 93). Die zur Steuerung verwendeten *performance*-Maße müssen so ausgestaltet sein, dass sie das Management dazu veranlassen, die Ziele des Unternehmens zu verfolgen (vgl. Laux 1999, S. 31). Aus Sicht der Investoren ist eine Orientierung am Shareholder Value geboten. In diesem Zusammenhang werden oft Wertbeitragskennzahlen als anreizverträgliches *performance*-Maß herangezogen (vgl. Hachmeister 2002). Die Kennzahlen können auf Basis des Gewinns oder auf Basis von Cashflows ermittelt werden. In praxi bedeutsamer sind Kennzahlen, die auf dem Gewinn basieren. Zu nennen sind hier insbesondere der Economic Value Added (EVA) als absolute Kennzahl sowie der Return on Capital Employed (ROCE) und der Return on Net Assets (RONA) als relative Kennzahlen (vgl. auch Weißenberger 2003, S. 257), obwohl diese unter dem Gesichtspunkt der Anreizverträglichkeit durchaus als kritisch angesehen werden können (vgl. Laux 2003, S. 493 – 521, Weißenberger 2003, S. 261, Hebertinger 2002, S. 138 – 159, Richter/Honold 2000, S. 272 – 274).

Für die Berechnung gewinnorientierter Kennzahlen ist die Ermittlung des Periodenerfolgs zentral. Dazu sind Anpassungen der Ergebnisgröße aus dem externen Rechnungswesen notwendig. *Net income* ebenso wie EBIT können dabei als Grundlage dienen (vgl. ausführlicher Pellens/Basche/Crasselt 2004). Diese Größe wird derzeit von den Unternehmen jedoch uneinheitlich gebraucht. Grundsätzlich verbirgt sich dahinter das Ergebnis vor Zinsen und Steuern. Das neue Ausweisformat fördert die Vereinheitlichung dieser Zwischensumme. Das Ergebnis aus der Geschäftstätigkeit *(total business profit)* stimmt mit dem EBIT überein. Die oben wiedergegebene Matrix enthält Elemente, die für eine Bereinigung in Frage kommen können.

Es ist unwahrscheinlich, dass die Wertänderungen am ruhenden Vermögen, wie Auf- und Abwertungen von Finanzinstrumenten oder bestimmten Immobilien, für das interne Rechnungswesen interessant sind. Vielfach wird im internen Rechnungswesen gerade auf Durchschnittswerte Bezug genommen, um Wertschwankungen zu eliminieren. Insofern ist die Bedeutung der Spalte Neubewertung fragwürdig. Darüber hinaus wird es geboten sein, vor Steuern, Kosten aus einzustellenden Geschäftsbereichen und Hedges zu rechnen. Stimmt die These, so werden lediglich die Daten aus der mittleren Spalte im oberen Bereich relevant. Zudem wird es, bspw. für eine gestufte Deckungsbeitragsrechnung, nötig, einen Gesamtgewinn im Sinne eines *net income* zu erzeugen. Genau dieser fehlt aber im obigen Vorschlag.

Die Verwendung von Kennzahlen schlägt auch auf das Verhalten des Managements durch. Daher sollten Kennzahlen so gestaltet sein, dass sie die Entscheidungen des Managements in die gewünschte Richtung lenken. Dies kann mit Hilfe eines Entlohnungssystems erreicht werden. Die Entlohnung des Managements steigt bspw., wenn die wertorientierte Kennzahl steigt. Rentabilitätskennzahlen können dabei suboptimale Investitionsentscheidungen auslösen. Dies ist dann der Fall, wenn ein Projekt mit hoher Rentabilität durchgeführt wird, während andere, kapitalwerterhöhende Projekte mit niedriger Rentabilität nicht durchgeführt werden (vgl. Ewert/Wagenhofer 2000, S. 44). Oft hegt das Management auch unterschiedliche Zeitpräferenzen. Es ist bspw. aufgrund eines kürzeren Zeithorizonts mehr an gegenwärtigen als an zukünftigen Ergebnissen interessiert. Diesem Effekt kann durch Bereinigung der Ergebnisgrößen entgegen gesteuert werden (vgl. Ewert/Wagenhofer 2000, S. 45). Die disaggregierte Darstellung der Komponenten der Ertragskraft des Unternehmens in dem neuen Statement kann möglicherweise entsprechende Informationen hierfür liefern. Die Ausgestaltung hat jedoch unternehmensindividuell zu erfolgen, insofern sind allgemeine Aussagen schwer zu treffen.

Thesenförmige Zusammenfassung

(1) Das Projekt „Reporting Comprehensive Income“ liefert keine inhaltliche Definition von *income* und widmet sich dem zweiten vor dem ersten Schritt: Die Darstellung des Gewinns ist in dem Projekt zentral, nicht die Vorgabe von seinen wünschenswerten Eigenschaften.

(2) Die Darstellung soll in einer (6,3)-Matrix erfolgen, wobei Vorjahreswerte noch nicht berücksichtigt sind. Gewinn ist Reinvermögensänderung ohne Einlagen oder Entnahmen der Gesellschafter *(comprehensive income)*. Einen Gewinn im Sinne bisheriger Gewinn- und Verlustrechnungen (Jahresüberschuss, Jahresfehlbetrag, *net income*) gibt es nicht mehr.

(3) Der Bilanzadressat soll sich aus unrealisierten und realisierten sowie (überwiegend) aus Funktionsbereichen stammenden Gewinnkomponenten das ihn interessierende zusammenstellen. Es bleibt unbefriedigend, dass ihm von Seiten des IASB keine Hilfe gewährt wird, was ihn warum interessieren sollte.

(4) Positiv ist aus Sicht des externen Rechnungswesens die Zusammenführung von bisheriger Gewinn- und Verlustrechnung und Eigenkapitalspiegel sowie die Trennung der Gewinnkomponenten nach Risikogehalt in realisiert und unrealisiert. Negativ ist die Komplexität der Darstellung. Darüber hinaus ist noch offen, ob die Abgrenzung der Kategorien überschneidungsfrei und eindeutig vorgenommen werden wird.

(5) Das interne Rechnungswesen kann von dem neuen Vorschlag nur bedingt profitieren. Unrealisierte Komponenten wie auch Daten der Bereiche Steuern, Kosten aus einzustellenden Geschäftsbereichen und Hedges dürften uninteressant sein. Darüber hinaus erscheint das Fehlen einer klassischen Gewinngröße als Nachteil. Inwieweit die disaggregierte Darstellung Komponenten erzeugt, die für die Steuerung relevant sein können, muss offen bleiben.

Anmerkungen

1 Musterfälle waren Gewinne nach HGB und US-GAAP, die zeitweise von Daimler-Benz parallel ausgewiesen werden mussten, sowie Gewinnermittlungen nach dem Imparitätsprinzip und nach Marktwerten bei den Händlern von Banken.

Literatur

Association for Investment Management and Research (Hrsg.): Financial Reporting in the 1990s and Beyond, Charlottesville 1993.

Ballwieser, W.: Grundsätze ordnungsmäßiger Buchführung, in: Castan, E./Heymann, G./Müller, E./Ordelheide, D./Scheffler, E. (Hrsg.): Beck'sches Handbuch der Rechnungslegung, München 1987 (Stand 1999), Abschnitt B 105.

Ballwieser, W.: Anforderungen des Kapitalmarkts an Bilanzansatz- und Bilanzbewertungsregeln, in: Zeitschrift für kapitalmarktorientierte Rechnungslegung, 1. Jg. (2001), S. 160 – 164.

Ballwieser, W.: Rahmenkonzepte der Rechnungslegung: Funktionen, Vergleich, Bedeutung, in: Der Konzern, 1. Jg. (2003), S. 337 – 348.

Ballwieser, W.: The Limitations of Financial Reporting, in: Leuz, C./Pfaff, D./Hopwood, A. (Hrsg.): The Economics and Politics of Accounting, Oxford 2004, S. 58 – 77.

Coenenberg, A. G.: Einheitlichkeit oder Differenzierung von internem und externem Rechnungswesen: Die Anforderungen der internen Steuerung, in: Der Betrieb, 48. Jg. (1995), S. 2077 – 2083.

Dhaliwal, D./Subramanyam, K. R./Trezevant, R.: Is Comprehensive Income Superior to Net Income as a Measure of Firm Performance?, in: Journal of Accounting and Economics, Vol. 26 (1999), S. 43 – 67.

Ewert, R./Wagenhofer, A.: Rechnungslegung und Kennzahlen für das wertorientierte Management, in: Wagenhofer, A./Hrebicek, G. (Hrsg.): Wertorientiertes Management – Konzepte und Umsetzungen zur Unternehmenswertsteigerung, Stuttgart 2000, S. 2 – 64.

Financial Accounting Standards Board (Hrsg.): Original Pronouncements – Accounting Standards as of June 1, 2003, Vol. I-III, New York et al. 2003.

Financial Accounting Standards Board: Financial Performance Reporting by Business Enterprises, 2004. Abrufbar unter: http://www.fasb.org/project/fin_reporting.shtml (Stand: 21.07.2004).

Haller, A./Schloßgangl, M.: Notwendigkeit einer Neugestaltung des Performance Reporting nach International Accounting (Financial Reporting) Standards – Konzeptionelle und empirische Evidenzen, in: Zeitschrift für kapitalmarktorientierte Rechnungslegung, 3. Jg. (2003), S. 317 – 327.

Hachmeister, D.: Performancemaße, erfolgsorientierte, in: Küpper, H.-U./Wagenhofer, A. (Hrsg.): Handwörterbuch Unternehmensrechnung und Controlling, 4. Aufl., Stuttgart 2002, Sp. 1385 – 1395.

Hebertinger, M.: Wertsteigerungsmaße – Eine kritische Analyse, Frankfurt a.M. 2002.

Hollmann, S.: Reporting Performance – Analyse des Ausweises der Erträge und Aufwendungen in einem Abschluß nach den Rechnungslegungsvorschriften des IASB, Düsseldorf 2003.

International Accounting Standards Board (Hrsg.): International Accounting Standards 2002 (Deutsche Ausgabe), Stuttgart 2002.

International Accounting Standards Board (Hrsg.): Reporting Comprehensive Income, 2003. Abrufbar unter: http://www.iasb.org/uploaded_files/documents/16_19_rci-ps.pdf (Stand: 21.07.2004).

International Accounting Standards Board (Hrsg.): IASB Update, April 2004. Abrufbar unter: http://www.iasb.org/uploaded-files/documents/8_133_upd04.04.pdf (Stand 21.07.2004).

International Accounting Standards Committee: G4+1 Position Paper: Reporting Financial Performance. A Discussion Paper Issued for the Comment by the Staff of the International Accounting Standards Committee, London 1999.

International Accounting Standards Committee Foundation (Hrsg.): International Financial Reporting Standards, London 2003.

Johnson, L. T./Lennard, A.: Reporting Financial Performance: Current Developments and Future Directions, Norwalk 1998.

Klein, G. A.: Unternehmenssteuerung auf Basis der International Accounting Standards, München 1999.

Kuhner, C.: Das Spannungsverhältnis zwischen Einzelfallgerechtigkeit und Willkürfreiheit – im Recht und in der Rechnungslegung, in: Betriebswirtschaftliche Forschung und Praxis, 53. Jg. (2001), S. 523 – 542.

Küpper, H.-U.: Angleichung des externen und internen Rechnungswesens, in: Börsig, C./Coenenberg, A.G. (Hrsg.): Controlling und Rechnungswesen im internationalen Wettbewerb, Stuttgart 1998a, S. 143 – 162.

Küpper, H.-U.: Marktwertorientierung – neue und realisierbare Ausrichtung für die interne Unternehmensrechnung?, in: Betriebswirtschaftliche Forschung und Praxis, 50. Jg. (1998b), S. 517 – 539.

Laux, H.: Unternehmensrechnung, Anreiz und Kontrolle, 2. Aufl., Berlin et al. 1999.

Laux, H.: Wertorientierte Unternehmensführung und Kapitalmarkt, Berlin et al. 2003.

Moxter, A.: Bilanzlehre, Band 1: Einführung in die Bilanztheorie, 3. Aufl., Wiesbaden 1984.

Moxter, A.: Grundsätze ordnungsgemäßer Rechnungslegung, Düsseldorf 2003.

Obinata, T.: Concept and Relevance of Income, Working Paper University of Tokyo, 2002.

Ordelheide, D.: Kaufmännischer Gewinn als ökonomischer Gewinn – Zur Unsicherheitsrepräsentation bei der Konzeption von Erfolgsgrößen, in: Domsch, M./Eisenführ, F./Ordelheide, D./Perlitz, M. (Hrsg.): Unternehmungserfolg, FS für Walther Busse von Colbe, Wiesbaden 1988a, S. 275 – 302.

Ordelheide, D.: Zur neoinstitutionalistischen Theorie der Rechnungslegung, in: Budäus, D./Gerum, E./Zimmermann, G. (Hrsg.): Betriebswirtschaftslehre und Theorie der Verfügungsrechte, Wiesbaden 1988b, S. 269 – 295.

Ordelheide, D.: Bedeutung und Wahrung des Kongruenzprinzips („clean surplus") im internationalen Rechnungswesen, in: Matschke, M. J./Schildbach, T. (Hrsg.): Unternehmensberatung und Wirtschaftsprüfung, FS für Günter Sieben, Stuttgart 1998, S. 515 – 530.

Pellens, B./Basche, K./Crasselt, N. (2004): Eignung des IASB-Vorschlags zur Ergebnisspaltung für die Steuerung von Geschäftsbereichen, in: Bank, M./Schiller, B. (Hrsg.): Finanzintermediation: Theoretische, wirtschaftspolitische und praktische Aspekte aktueller Entwicklungen im Bank- und Börsenwesen, Festschrift für Wolfgang Gerke, Stuttgart 2004, S. 599 – 613.

Richter, F./Honold, D.: Das Schöne, das Unattraktive und das Hässliche an EVA & Co., in: FinanzBetrieb, 2. Jg. (2000), S. 265 – 274.

Schildbach, T.: Externe Rechnungslegung und Kongruenz – Ursache für die Unterlegenheit deutscher verglichen mit angelsächsischer Bilanzierung, in: Der Betrieb, 52. Jg. (1999), S. 1813 – 1820.

Schmalenbach, E.: Dynamische Bilanz, 13. Aufl., Köln, Opladen 1962.

Weißenberger, B. E.: Anreizkompatible Erfolgsrechnung im Konzern, Wiesbaden 2003.

Ziegler, H.: Neuorientierung des internen Rechnungswesens für das Unternehmens-Controlling im Hause Siemens, in: Schmalenbachs Zeitschrift für betriebswirtschaftliche Forschung, 46. Jg. (1994), S. 175 – 188.

Konsequenzen einer IFRS-Umstellung auf die Informationssysteme – am Beispiel SAP

Michael Sylvester

Rahmenbedingungen der Umstellung auf IFRS

Über die Konsequenzen einer IFRS-Umstellung ist inzwischen viel berichtet worden; oft findet man aufgrund der Themenzuordnung „Konzernabschluss“ eine starke Betonung der Probleme in der Konsolidierung. Die Konsolidierung ist jedoch nur der letzte Schritt auf dem Weg zum Konzernabschluss. Die Herausforderung beginnt weit vorher: *Die Qualität des Konzernabschlusses ist nur so gut wie die der zugrunde liegenden Quelldaten und der Prozesse, die zum Einzelabschluss führen.* Relativ früh muss ein Unternehmen beispielsweise entscheiden, welche Relevanz der IFRS-Konzernabschluss für interne Entscheidungsträger haben wird und damit auch, wie man ihn erstellt. Die Analyse der Informations-(IT-)Systeme führt in diesem Zusammenhang in vielen Fällen dazu, dass die Herausforderungen – aber auch Chancen – der IFRS-Umstellung in ihrer vollen Tragweite und Detail erkannt werden: Anforderungen, die aus dem Text der IFRS absichtlich allgemein formuliert sind, müssen auf einmal in der IT-Implementierung und -Konfiguration sehr konkret gelöst werden.

Die Frage nach der *Bedeutung des IFRS-Abschlusses für interne Entscheidungs- und Steuerungszwecke* mutet zunächst philosophisch an. Schon eine kurze Analyse macht jedoch sichtbar, dass die Beantwortung dieser „Sinnfrage“ notwendig ist, um die praktischen Auswirkungen einer IFRS-Umstellung auch auf IT-Systeme einschätzen zu können. In manchen Unternehmen kann man dabei beobachten, dass der IFRS-Abschluss als „lästige Pflicht“ angesehen wird und demnach die bestehenden Prozesse und Organisationen im Rechnungswesen und in der übrigen Organisation möglichst wenig „stören“ soll. Entsprechend der Wertstellung des externen Abschlusses soll dieser dann mit geringem Aufwand erstellt werden: Einzelabschlüsse werden nach den bisherigen Rechnungslegungsstandards (oft je nach Land nach unterschiedlichen) geliefert und in der Konsolidierung manuell oder mit Hilfe von Tabellenkalkulationen angepasst bzw. übergeleitet.

Aufgrund der Ineffizienzen, die mit einer solchen Vorgehensweise verbunden sind ergreifen inzwischen immer mehr IFRS-Bilanzierer umfangreiche Maßnahmen, um die *IFRS zum einheitlichen Bewertungsansatz für das externe und das interne Rechnungswesen* zu machen. Die Grundsätze der IFRS lassen diese Konvergenz dabei deutlich sinnvoller erscheinen, als dies unter HGB oder anderen fiskalisch orientierten Rechnungslegungsvorschriften sein konnte. Während die Maßgeblichkeit der Handelbilanz für die Steuerbilanz (und die umgekehrte Maßgeblichkeit in einigen Fällen) die Aussagekraft des externen Abschlusses stark einschränkte, sind die IFRS von dieser Restriktion nicht betroffen. Vielmehr ist der IFRS-Grundsatz des „true and fair view“, also eine an der wirtschaftlichen Realität orientierten Betrachtungsweise durchaus mit den Zielen des Controllings vereinbar. Auch wenn sich die IFRS im

- Durch die wachsende Bedeutung der IFRS wird auch das Controlling mit dem Problem konfrontiert, mehr, komplexere und qualitativ höherwertige Information schneller zur Verfügung zu stellen.
- Dies macht bei einer Umstellung der Rechnungslegung auf IFRS eine Anpassung der Informations- und Kommunikationstechnologien (IT-Umgebung) im Unternehmen erforderlich.
- Inhaltlich muss in diesem Zusammenhang zunächst die Entscheidung darüber getroffen werden, in welchem Rechnungslegungsstandard die Verbuchung der Geschäftsvorfälle erfolgen soll.
- Darüber hinaus ergeben sich vielfältige Auswirkungen auf Eingangs- und Ausgangsgrößen im Controlling, die im SAP-System R/3 insbesondere im Modul CO generiert werden.

Michael Sylvester
Certified Public Accountant
Development Architect, SAP AG
Neurottstraße 16, 69190 Walldorf
Tel. 0 62 27/76 33 59, Fax 7 82 92 42
E-Mail: michael.sylvester@sap.com

Detail vielleicht mit der Controllingpraxis in Unternehmen unterscheiden, so stehen sie dieser Praxis doch zumindest wesentlich näher als das gläubigerschutzorientierte und daher durch das Vorsichtsprinzip dominierte HGB.

Auch nicht börsennotierte Unternehmen aus dem Mittelstand werden in Richtung IFRS getrieben. Hier ist das Stichwort *Basel II* zu nennen. Die genauen Auswirkungen von Basel II auf die Rechnungslegungspraxis können heute zwar nicht in vollem Umfang eingeschätzt werden (vgl. hierzu z. B. die Untersuchung von Mandler 2003), aber einige Grundsätze sind deutlich erkennbar und werden sich in den kommenden Jahren auch in den IT-Systemen bemerkbar machen. Die Transparenz der Risikoschätzung, die den Kreditinstituten abverlangt wird, wird den Kreditnehmern durchgereicht. Die interne Organisation und Kontrollen der Kreditnehmer werden noch mehr als bisher einem Kreditgeber offenbart werden müssen. Die internationale Reichweite von Basel II und die Weiterentwicklung des einheitlichen europäischen Wirtschaftsraums deuten darauf hin, dass die Vergleichbarkeit der Abschlüsse europaweit stärker verlangt werden wird. IFRS wird dadurch zur gemeinsamen Sprache und damit relevant für einen sehr viel weiteren Unternehmenskreis als bisher vermutet.

Die Tendenz zur Konvergenz von interner und externer Rechnungslegung erhält zur Zeit weiteren Auftrieb durch die wachsende Forderungen nach Unternehmenstransparenz: Aktionäre und andere interessierte Parteien sollen aufgrund derselben Finanzdaten – wenn auch nicht in derselben Detaillierung – Entscheidungen treffen können wie das Management. Die Bilanzskandale der letzten Jahre führen zu einer neuen Betonung von *Corporate Governance* und ihrer gesetzlichen Ausprägung in den Vereinigten Staaten, dem *Sarbanes-Oxley Act*, der in Europa eine (wenn auch vielleicht weniger dramatische) Entsprechung finden wird. In jedem Fall wird aber auch aus dieser Perspektive dem externen Abschluss vermehrt Aufmerksamkeit zukommen.

Schließlich beeinflusst die Konvergenz von interner und externer Rechnungslegung unter IFRS auch die Schnelligkeit der Abschlusserstellung. Schon seit längerer Zeit sind Unternehmen bemüht, den (Konzern-)Abschlussprozess, z. B. im Rahmen von *Fast Close-Projekten* (vgl. statt vieler Hüttche/Diemer 2000 oder Eggemann/Petry 2002) zu beschleunigen. Ein Vorteil besteht darin, eine höhere Relevanz der Zahlen und damit ein verbessertes Steuerungsinstrument für die Unternehmensleitung zu erhalten, denn nur aktuelle Daten können für den laufenden Entscheidungsprozess relevant sein. Zudem schätzen Kapitalmärkte eine zeitnahe Belieferung mit Finanzdaten; es hat sich ein regelrechter Wettbewerb börsennotierter Unternehmen entwickelt, wer schnell den Abschluss veröffentlicht: Wer nach Ansicht der Anleger und Analysten (zu) spät liefert, wird mit Misstrauen bestraft.

Parallelität von Konzern- und Einzelabschlüssen

Auch bei einer Umstellung auf einen IFRS-Konzernabschluss besteht in aller Regel zusätzlich noch die Aufgabe, den Einzelabschluss der Rechtseinheiten im Konzern nach HGB bzw. dem jeweils geltenden Landesrecht aufzustellen. Die daraus resultierende Parallelbilanzierung erhöht die Komplexität des IT-Umfelds. Dies bleibt jedoch nicht auf die externe Rechnungslegung begrenzt, sondern wirkt sich auch auf die Schnittstelle zur Kostenrechnung aus. So müssen nicht nur die Primärkosten parallel nach unterschiedlichen Normen ermittelt werden, sondern auch die ein- bzw. mehrstufige Verrechnung von Kosten muss nach den jeweiligen Standards nachvollzogen werden. Auch Zuschläge, Tarife oder die Aktivierbarkeit verschiedener Kostenarten müssen neu analysiert bzw. errechnet werden.

Konsequenz für die IT im Rechnungswesen

Zusammenfassend lässt sich sagen, dass der *Druck auf das Rechnungswesen durch die wachsende Bedeutung der IFRS* zunimmt und sowohl Bilanzierung und Controlling mit dem Problem konfrontiert, mehr, komplexere und qualitativ höherwertige Information schneller zur Verfügung zu stellen. Es gibt andererseits kaum zusätzliche Ressourcen im Rechnungswesen, um dieser Herausforderung zu begegnen. Im Gegenteil: Kostendruck erzwingt schmerzhafte Sparmaßnahmen, die die Aufgabe weiter erschweren.

Als Konsequenz des zunehmenden Drucks kommt den im Rechnungswesen eingesetzten IT-Systemen eine entscheidende Rolle zu. Fast zwangläufig sind IT-Anpassungen nötig, um den neuen Anforderungen gerecht zu werden. Diese Veränderungen haben zum Ziel:

- die erforderlichen Daten für den IFRS-Abschluss zu erzeugen,
- parallel dazu die erforderlichen Daten für den lokalen Abschluss zu generieren, und
- gleichzeitig die Vereinfachung und Beschleunigung der Prozesse im Rechnungswesen sicherzustellen

Ein in Praxis oft anzutreffender Lösungsansatz besteht darin, den *Grad der Integration innerhalb der IT so weit wie möglich zu erhöhen.* Hochintegrierte Softwarelösungen, wie z. B. das SAP-System R/3, bieten dafür Voraussetzungen (vgl. ausführlich u. a. die Darstellung bei Kagermann/Küting/Wirth 2002). Die Erfahrungen der letzten Jahre zeigen, dass Anwender von SAP-Lösungen Verbesserungen im Rechnungswesen durch höhere Automatisierung und durch weitere organisatorische und IT-technische Standardisierung erzielen. Die IFRS-Umstellung dient in vielen Fällen als Katalyse, auch die anderen Ziele bezüglich Qualität, Sicherheit und Geschwindigkeit in der Informationsverarbeitung zu erreichen. Aus diesem Grund werden im Folgenden abteilungs- und applikationsübergreifend Themen angesprochen, die häufig in IFRS-Projekten im SAP-Umfeld anzutreffen sind. Dabei ist zu berücksichtigen, dass der Umfang einer IFRS-Umstellung die IT-bezogenen Aspekte häufig übersteigt, denn die erforderlichen Projektmaßnahmen machen keineswegs Halt an vorhandenen Organisations- oder Softwaregrenzen.

Qualitätskriterien

Die erfolgreiche Umsetzung von IFRS einschließlich einer ggf. notwendigen parallelen HGB-Bilanzierung in den Einzelabschlüssen in den entsprechenden SAP-Softwaremodulen muss vor allem folgenden Qualitätskriterien genügen:

- *Transparenz:* Die Lösung muss die relevanten Finanzdaten so darbieten, dass Mitarbeiter, Entscheidungsträger und Prüfer die Ergebnisse im Detail nachvollziehen und nachprüfen können. Die zunehmende Bedeutung von Corporate-Governance-Grundsätzen unterstreicht die Notwendigkeit, auf Klarheit und Nachvollziehbarkeit zu achten.
- *Einfachheit:* Die implementierte Lösung im SAP-Umfeld muss selbstverständlich so beschaffen sein, dass Mitarbeiter sie auch bewältigen können, was eine Voraussetzung ist, dass die Transparenz gewahrt wird. Ein Maximum von Standardfunktionen kommt zum Einsatz.
- *Geschwindigkeit:* Die Lösung muss last but not least auch die gewünschten Daten in der gewünschten Qualität auch in angemessener Zeit liefern. Hier ist das größtmögliche Maß an Automatisierung notwendig.

Bilanzierung oder Controlling?

Die Relevanz einer IFRS-Umstellung für das Controlling und damit auch für den IT-Bereich lässt sich aus der Beantwortung der Grundsatzfrage nach der Bedeutung des IFRS-Abschlusses im Unternehmen ableiten.

Selbst im *einfachsten Fall einer Überleitungsrechnung zwischen dem Einzelabschluss nach einer lokalen Rechnungslegung nach IFRS* ist es notwenig, die einschlägigen Ansatz- und Bewertungsmethoden nach IFRS zur Anwendung zu bringen, auch wenn dies nur manuell geschieht. Konsequent wird es in der Konsolidierung nur mit eingeschränkter Präzision möglich sein, beispielsweise die planmäßige Abschreibung auf Sachanlagen linear statt degressiv zu berechnen oder nach der *percentage-of-completion* Methode für einen langfristigen Auftrag das periodengerechte Ergebnis nach Leistungs- oder Kostenfortschritt zu ermitteln. Auch die Transparenz einer solchen manuellen Nebenrechnung erscheint fraglich.

Im Fall einer weitergehenden Umgestaltung des Rechnungswesens wird gerade auf der IT-Seite schnell ein hoher Projektumfang erreicht, der nicht ohne Weiteres neben dem Tagesgeschäft bewältigt werden kann. Die IFRS sprechen potenziell jede Bilanzposition (und damit jede Position der Gewinn- und Verlustrechnung) an. Während einige dieser Positionen aus der Bilanzbuchhaltung heraus generiert werden können, sind die Ansätze anderer Positionen, wie z.B. selbsterstellte Vorräte, Ware in Arbeit, Anlagen in Bau usw., nur aus dem Controlling heraus zu ermitteln. Auch die Einführung des Umsatzkostenverfahrens als Darstellungsform der GuV ist meistens (und im Fall von R/3 fast immer) eng mit der Informationsbereitstellung aus dem Controlling heraus verbunden.

Diese *enge betriebswirtschaftliche Verflechtung zwischen IFRS-Bilanzierung und Controlling verlangt auch in der IT eine intensive Integration der jeweiligen Funktionen.* Dies lässt sich an einem Beispiel aus SAP R/3 illustrieren. Zu einem typischen Produktionsvorgang gehören annahmegemäß folgende Teilvorgänge:

(1) Entnahme Rohmaterial
(2) Buchung Abschreibung Maschine
(3) Ermittlung der Ware in Arbeit zum Stichtag
(4) Verrechnung Gemeinkosten auf Auftrag
(5) Lieferung an Lager

Ad (1) Die Preise für das Rohmaterial sowie die erforderlichen Bewertungsprozesse zum Stichtag (Niederstwertermittlung bzw. Marktwertermittlung) sind Bestandteil des Moduls Materialwirtschaft (MM).

Ad (2) Die Festlegung der anzuwendenden Abschreibungsmethode sowie der Nutzungsdauer findet in der Anlagenbuchhaltung statt (FI-AA).

Ad (3) Um die richtigen Primärkosten auch in die Kostenrechnung zu leiten, ist es erforderlich, diese über das Hauptbuch zu buchen (FI-GL).

Ad (4) Die Definition der Kostenarten im Controlling sowie die Ermittlung der Tarife für Leistungsarten in der Kostenrechnung ist Aufgabe des Gemeinkostencontrollings (CO-OM).

Ad (5) Die Festlegung der aktivierbaren Kosten und die Ermittlung der Ware in Arbeit zum Stichtag sind im Produktkostencontrolling (CO-PC) angesiedelt. Gleichfalls ist die Kalkulation von Standardpreisen, mit denen der Warenzugang gebucht wird, Bestandteil von CO-PC.

Die bereits an diesem einfachen Beispiel anschaulich dargestellte übergreifende Auswirkung der IFRS impliziert die Notwendigkeit, ein Projektteam zur Einführung der IFRS interdisziplinär aufzusetzen.

Um unabgestimmte Veränderungen zu vermeiden, die zu einer inkonsistenten oder unzulässigen und damit nicht funktionsfähigen Systemkonfiguration führen können, sollte das Projektteam bereits für die Systemdiskussionen Vertreter aus allen betroffenen Bereichen zusammenführen. Dies sind insbesondere Finanzbuchhaltung, Anlagenbuchhaltung, Controlling, Projektmanagement, IT und Wirtschaftprüfung.

Nur in diesem Rahmen wird es möglich, die vielfachen Verflechtungen sowohl betriebswirtschaftlich als auch im SAP-Umfeld zu überblicken und die anstehenden Probleme in der Umsetzung der IFRS zu lösen.

Grundsätzliche IT-bezogene Überlegungen im Rahmen einer IFRS-Umstellung

Die nachfolgende Diskussion bespricht einige ausgewählte Fragen zur IFRS-Implementiertung im SAP-Umfeld vor dem Hintergrund der oben angesprochenen

Kriterien Einfachheit, Transparenz und einer schnellen, d. h. möglichst automatischen Abwicklung.

Bevor dabei Fragen zum Ansatz und Bewertung einzelner Positionen diskutiert werden können, müssen zwei Parameter der Infrastruktur festgelegt werden. Zum einen geht es um die Gesamtintegration der Komponenten im SAP-Umfeld und die Wahl des führenden Rechnungslegungssystems für die laufende Verbuchung von Geschäftsvorfällen, zum anderen um die Ausgestaltung der parallelen Datenhaltung.

Verbuchung nach HGB vs. IFRS

Für eine erfolgreiche Implementierung der IFRS-Rechnungslegung ist es – nicht nur im Kontext von SAP – unerlässlich, den Zweck des IFRS-Konzernabschlusses aus Unternehmenssicht genau zu definieren. Aufgrund der vielfältigen Schnittstellen von Bilanzierung und Controlling unter IFRS bedeutet die Einführung immer auch einen tiefen Eingriff in die Philosophie und Prozesse des Controllings.

Die *Erstellung paralleler Abschlüsse impliziert dabei nicht zwangsläufig, den gesamten Buchungsstoff mehrfach zu erstellen.* Wenn z. B. von Konzernseite ein Monatsabschluss nach IFRS verlangt wird, spricht vieles dafür, originär nach IFRS zu buchen und auf dieser Basis auch das Unternehmenscontrolling aufzusetzen (vgl. den Beitrag von Beißel/ Steinke in dem vorliegenden Band). Der HGB-Abschluss spielt dann eine untergeordnete Rolle und kann periodisch z. B. zum Geschäftsjahresende aus den IFRS-Zahlen hergeleitet werden. Wenn andererseits der IFRS-Abschluss eine nur untergeordnete Rolle spielen soll, kann das HGB als führender Standard für die laufende Verbuchung beibehalten werden.

Ein integrierter *Realtime*-Lösungsansatz durch SAP MM, FI, CO und Profit-Center-Rechnung (PCA) empfiehlt sich nur für die führende Bewertung, die die Basis für Unternehmensentscheidungen liefert. Eine andere Implementierung z. B. die Kalkulation und Anwendung von parallelen Tarifen im Modul CO, ist zu komplex und auch zu zeitaufwändig. Allerdings gibt es aufgrund der steigenden Bedeutung von IFRS (auch künftig für den Einzelabschluss!) eine deutliche Tendenz, IFRS zur Grundlage der laufenden Verbuchung von Geschäftsvorfällen zu machen.

Die Entscheidung für IFRS vs. HGB ist an dieser Stelle besonders wichtig im Hinblick auf das Ziel des Fast Close, d. h. eines schnellen internen und externen Reportings. Wenn operativ, d. h. Realtime, IFRS bewertet und gebucht wird, so sind die Ablieferung der Einzelabschlüsse und die Erstellung des Konzernabschlusses bedeutend schneller, als wenn von einer Reihe von Einzelabschlüssen nach lokalem Recht manuell auf IFRS übergeleitet werden muss.

Ausgestaltung der parallelen Datenhaltung

Unabhängig davon, welcher Rechnungslegungsstandard als führend für die Verbuchung ausgewählt wird, muss entschieden werden, wie ggf. parallel notwendige Daten vorgehalten werden. Dies ist besonders im Hauptbuch wichtig, da hier die Integration mit anderen Komponenten am stärksten wirksam wird: Das Hauptbuch (general ledger) ist gleichsam die informationale Drehscheibe für liefernde Komponenten wie die Anlagenbuchhaltung, Materialwirtschaft usw. In der SAP-Systemkomponente FI-GL trennt das Hauptbuch jedoch nicht nach Rechnungslegungsvorschrift. Deshalb muss die parallele Datenhaltung auf andere Weise erreicht werden. Dazu gibt es eine Reihe von Möglichkeiten, deren Anwendbarkeit sehr unterschiedlich ist.

Alternative 1: Parallele Buchungskreise
In der SAP-Praxis wird diese Abbildungsmöglichkeit selten verwendet, da ihre Nachteile überwiegen. Aus integrativer Sicht unterstützt lediglich die Anlagenbuchhaltung diesen Lösungsansatz nicht aber andere Module wie z. B. CO und Treasury. Ein wichtiger Nachteil sind die Kontentexte des Kontenplansegments, das mandantenweit nur einmal zur Verfügung steht: An der Bezeichnung des Kontos lässt sich bei dieser Abbildungsform nicht festmachen ob es sich um ein HGB-, IFRS- oder „gemeinsames“ Konto handelt. Auch die durchgängige Integration mit CO, CO-PA und der Profit-Center-Rechnung ist nicht umsetzbar. Schließlich kommt es zu umfangreichen Datenredundanzen bzw. Abstimmungsproblemen, so dass sich parallele Buchungskreise nur für sehr begrenzte Anforderungen eignen und allgemein nicht empfehlenswert sind.

Alternative 2: Special Ledger
Ein Special Ledger (SL) ist ein flexibles Werkzeug, das eine kundenindividuelle Auswahl von Berichtsdimensionen und Reporting zulässt. Buchungen werden dort als eigenständiger zusätzlicher Beleg abgespeichert. Das kundenindividuelle Customizing entscheidet, welche Belege (Quantität) und Beleginhalte (Merkmale, Qualität) dort vorgehalten werden. Aufgrund dieser Flexibilität existieren für das Special Ledger nur wenige Standardauswertungen.

Allerdings ist das Special Ledger nicht mit einem zweiten General Ledger (FI-GL) zu verwechseln. Vielmehr besitzt es eigene Anzeige- und Erfassungsfunktionen, die anders gestaltet sind als in FI-GL. Dies macht das Special Ledger zu einem nützlichen Reportingtool, erhöht aber bei einer Verwendung als „zweites Hauptbuch“ die Eigenverantwortung des Unternehmens, sicherzustellen, dass die richtigen Daten – auch prüfbar – hineinfließen und berichtet werden können.

Ab der Software SAP-R/3 Enterprise unterstützen einige Komponenten die direkte Buchung in das SL, ohne gleichzeitig das Hauptbuch zu berühren (siehe nachfolgende Abbildung 1, Fall 4). Während diese Funktion unter bestimmten Umständen sehr nützlich sein kann, muss bedacht werden, dass die Komponente SL nicht mit nachfolgenden Komponenten wie CO, CO-PA oder PCA integriert ist. Damit gibt es keinen Fluss und auch keinen Rückfluss (Wertermittlung bei Fertigung) von Werten zwischen dem „zweiten Hauptbuch“ im SL und CO. Damit ist diese Option vor allem für solche Unternehmen relevant, die auf die

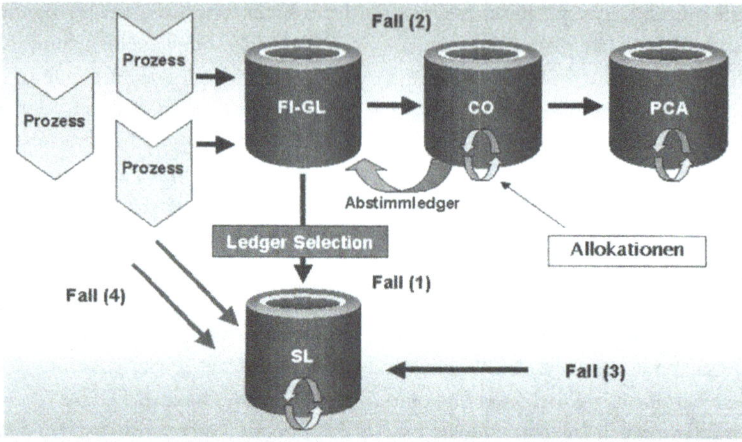

Fall 1: Die Daten werden in das Hauptbuch gebucht und direkt an das Special Ledger weitergeleitet.

Fall 2: Aufgrund der Ledgerselektion werden Belege, die nicht für das Special Ledger gedacht sind, auch nicht weitergeleitet, z. B. aufgrund der Belegart.

Fall 3: Manuelle Anpassungsbuchungen direkt im Special Ledger (Transaktion GB01)

Fall 4: Die Daten werden am Hauptbuch vorbei direkt ins Special Ledger gebucht.

Abbildung 1: Alternative Buchungsfalle bei Einsatz eines Special Ledger (SL)

Integration an dieser Stelle nicht angewiesen sind. In der Praxis sind dies z. B. dienstleistungsorientierte Unternehmen wie Versicherungen oder Banken.

Alternative 3: Konten

In diesem Szenario trennen unterschiedliche Kontenbereiche die verschiedenen Wertansätze. Diese Alternative ist nicht nur einfach zu implementieren, sondern auch prüfungssicher und integrativ von allen anderen SAP Modulen verwendbar. Für Buchungs- und Reportingzwecke sollten die verwendeten Konten dabei in drei Kategorien aufgeteilt werden:

- Gemeinsame Konten:
  keine Bewertungsunterschiede, z. B. Bankkonten, Zinserträge usw.
- IFRS-Konten z. B. Abschreibungskonten, Rückstellungskonten
- HGB-Konten: z. B.Abschreibungskonten, Rückstellungskonten

Beispiel:

bisher:	XXXXXX	6 Stellen
neu:	0XXXXXX	gemeinsame Konten = bisherige Konten die 0 wird automatischer voran gestellt
	1XXXXXX	IFRS-Konten; neu anlegen
	2XXXXXX	HGB-Konten; neu anlegen. Die ehemaligen HGB Werte werden von den Konten XXXXXX umgebucht; anschließend mit einer Buchungssperre versehen.

Das Reporting erfolgt dann bei vollständigen Buchungen über gemeinsame und IFRS-Konten bzw. gemeinsame und HGB-Konten. Drei Saldovortragskonten werden an dieser Stelle benötigt.

Wenn ein völlig neuer Kontenplan aufgebaut werden muss, sollten die Konten gleich in diese drei Kategorien aufgeteilt werden. Ein nummerisches Präfix eignet sich dabei zur Unterscheidung: (0 = gemeinsam, 1 = IFRS, 2 = HGB). Ergänzend sollte die Möglichkeit einer bis zu 10 Zeichen umfassenden Kontonummer genutzt werden.

Eine wichtige Folgeaktivität ist in diesem Zusammenhang auch die eventuelle Neubestimmung der Kostenarten im Sinne der führenden Bewertung. Wenn eine Umstellung des Kontenplans stattfindet, müssen in aller Regel auch die Kostenarten in CO berücksichtigt werden. Dies muss innerhalb eines Geschäftsjahres konsistent erfolgen.

Ausgewählte Konsequenzen der IFRS-Umstellung im SAP-Umfeld auf das Controlling

Konkrete Auswirkungen einer IFRS-Umstellung auf das Controlling im SAP-Umfeld gibt es sowohl bezüglich der Eingangs-, als auch der Ausgangsgrößen. Unter Eingangsgrößen versteht man die Primärkosten, die je nach Rechnungszweck unterschiedlichen Umfang haben können. Welche Primärkosten im Controlling berücksichtigt werden und vor allem die Methoden, wie die Primärkosten berechnet werden, beeinflussen maßgeblich die Aussagekraft der Zahlen im Controlling. Zudem dienen die Primärkosten als wichtige Grundlage für weitere Prozesse im Controlling, so z. B. Gemeinkostenumlage, Tarifermittlung und Gemeinkostenzuschläge in der Produktion.

Unter den Ausgangsgrößen des Controllings im SAP-Umfeld ist vor allem die Bewertung der Produktion zu verstehen, die im Modul CO liegt. Im Folgenden sollen stellvertretend für die Ein- und Ausgangsgrößen jeweils ein Detailproblem und deren Lösung im SAP-Umfeld beleuchtet werden. Dabei werden die Abhängigkeiten sowohl zwischen betriebswirtschaftlichen Themen als auch technisch in den einzelnen SAP-Modulen etwas verdeutlicht.

Eingangsgröße: Primärkosten am Beispiel Abschreibung

Ein bei fast allen Umstellungsprojekten anzutreffendes Problemfeld liegt in der *Anlagenbuchhaltung*, da sich hier regelmäßig die Frage nach dem Ansatz und der Folgebewertung des Anlagevermögens stellt. Die planmäßigen Abschreibungen auf Anlagen bilden meistens einen wesentlichen Anteil der Primärkosten für die Kostenrechnung. Dadurch rückt eine durch die IFRS-Umstellung motivierte Veränderung der Abschreibungsmethoden und/oder der Nutzungsdauer der Sachanlagen automatisch auch in den Aufgabenbereich des Controllings.

Neben den *steuerrechtlich orientierten Abschreibungen* für den HGB-Abschluss errechnen nämlich viele Unternehmen auch *für Entscheidungszwecke relevantere kalkulatorische Abschreibungen*. Gerade hier ergibt sich die Möglichkeit, zwischen Bilanzierung und Controlling eine Synergie zu erzielen: Die IFRS ist gerade nicht durch den Grundsatz der Maßgeblichkeit daran gehindert, kostenrechnerisch sinnvolle Abschreibungen anzuwenden. IAS 16 schreibt keine Methode explizit vor, sondern verlangt eine systematische Verteilung entsprechend dem Verbrauch des wirtschaftlichen Nutzens. Die praktische Erfahrung aus mehreren SAP-Anwendern liefert hier ein interessantes Bild: Sie kamen – in Abstimmung mit ihren jeweiligen Wirtschaftsprüfern – zu dem Schluss, dass die bisher im Controlling verwendeten kalkulatorischen Abschreibungsmethoden der IFRS-Anforderung nach „true and fair view“ genügen und haben diese in ihrer SAP-Installation schlichtweg „umgetauft“ und verwenden sie für IFRS-Reportingzwecke.

Die Notwendigkeit der Ermittlung eigenständiger steuerlicher Abschreibungen besteht jedoch auch weiterhin. Im SAP-Umfeld kommen deshalb in der Anlagenbuchhaltung (FI-AA) so genannte *Bewertungsbereiche* zur Anwendung. Diese Bewertungsbereiche führen die einzeln notwendigen Informationen, um die verschiedenen Bewertungen durchführen zu können, wie z. B. die Abschreibungsmethode, die Nutzungsdauer und den Beginn der Abschreibung, aber auch Informationen darüber wie diese Bewertungen weiterverarbeitet werden sollen. Ebenso wird hier festgelegt, welche Arten der Abschreibung zulässig sind, also Normalabschreibung, Sonderabschreibung oder außerplanmäßige Abschreibung.

Für die weitere Betrachtung wollen wir von folgenden Festlegungen zur parallelen Abbildung in einem bestehenden System ausgehen:

- Bewertungsbereich 01: HGB
- Bewertungsbereich 10: IFRS
- Bewertungsbereich 20: Kalkulatorisch

Dabei nimmt der Bewertungsbereich 01 eine Sonderstellung ein: Dieser Bereich berührt immer auch das Hauptbuch (Mitbuch-Effekt). Zudem wird der Bewertungsbereich 01 immer online gebucht, was eine Auswirkung auf das Reporting innerhalb einer Periode hat. Schließlich wird der Bereich in der lokalen Währung des Buchungskreises geführt und beinhaltet immer Anschaffungs- oder Herstellungskosten (AHK), wobei diese Werte positiv oder null sein müssen (also keine negativen Werte annehmen können). Der Bereich 10 in unserem Beispiel soll die Wertansätze einer IFRS Bewertung führen, also ebenfalls positive AHK. Um eine parallele Bewertung nun auch im Hauptbuch zu erreichen, wird dieser Bereich entsprechend im Customizing gekennzeichnet, so dass über die periodische Bestandsbuchung jeder Wert auch im Hauptbuch mitgebucht wird. Dies erfolgt im SAP-Umfeld bis inklusive der R/3 Version 4.6 periodisch mittels Sammelbelege. Die dazu notwendigen Hauptbuchkonten sind keine Abstimmkonten, das heißt nur automatisch buchbare Konten, sondern können direkt auch manuell angesprochen werden.

Der kalkulatorische Bereich (20) verliert an Bedeutung, wenn Unternehmen dazu übergehen, eine eigenständige kalkulatorische Bewertung abzuschaffen. Der kalkulatorische Bereich kann aber auch weiterhin als reiner Informationsbereich mitgeführt werden, und dabei auch zusätzlich seine Abschreibungswerte auf kalkulatorische Konten im Hauptbuch buchen, falls diese nicht aus den Bereichen 01 oder 10 versorgt werden sollen. Eine weitere Verwendung könnte ein solcher Bereich für eine etwaige Indizierung finden, um zum Beispiel Wiederbeschaffungswerte darzustellen.

Für die operative Umsetzung können drei Fälle unterschieden werden:

Ist die Anlagenbuchhaltung bereits im Einsatz, so bestehen in vielen Fällen bereits mehrere Bereiche. Für die IFRS-Umstellung kann dann *einer dieser bereits bestehenden Bereiche* verwendet werden.

Dabei müssen folgende Fragen beantwortet werden:

- Soll die bisherige Bewertung beibehalten werden (Abschreibungsparameter, Nutzungsdauer)?
- Können die bisherigen Wertansätze beibehalten und für die Erstanwendung von IFRS übernommen werden (AHK, Kumulierte Abschreibungen)?

Der einfachste Fall ist die Übernahme einer bestehenden Bewertung und gegebenenfalls die Anpassung einzelner Parameter, z. B. das Setzen einer neuen Nutzungsdauer oder eines neuen Abschreibungsschlüssels.

Gibt es bisher keinen weiteren Bewertungsbereich, so kann der *Aufbau eines neuen Bereichs* im SAP-Umfeld durch das SAP-Standardprogramm RAFABNEW aufgebaut werden. Dieses Programm bietet folgende Möglichkeiten:

- Kopie aller Parameter inklusive der Wertansätze und Bewegungen eines bereits bestehenden Bereichs. Ein solcher neuer Bereich könnte dann wie oben beschrieben weiter verarbeitet werden.
- Kopie der Parameter, nicht aber der Werte und Bewegungen, eines bereits bestehenden Bereiches. Bei dieser Lösung muss im Anschluss dafür gesorgt werden, dass der Bereich mit den notwendigen Werten (AHK und anteilige Wertberichtigungen) versorgt wird. Dabei kann grundsätzlich auch eine neue, eigene Wertzusammenstellung erfolgen, (Historische Rückbetrachtung, als wäre schon immer so abgeschrieben

worden). Im Standard gibt es hierfür kein eigenes Software-Tool, eine Unterstützung durch SAP ist aber möglich.

In allen Fällen müssen beim Aufbauen eines neuen Bereichs anschließend die Anfangsbestände der Sachkonten im Hauptbuch durch manuelle Buchung aufgebaut werden.

Die dritte Möglichkeit ist die des *Tauschs von Bereichen.* Gerade in letzter Zeit kommt oft die Frage auf, in welchem Bereich welche Bewertung geführt werden soll. SAP hat in Vergangenheit als Standardempfehlung ausgesprochen, die jeweils lokale handelsrechtliche Bewertung in Bereich 01 zu führen. Speziell in Konzernen ist es aber unter Umständen sinnvoller die gemeinsame Bewertung nach IFRS im Bereich 01 zu führen, und die lokale Bewertung in einem anderen Bereich umzusetzen. Die Entscheidung muss unter Berücksichtigung und Kenntnis der Besonderheiten und Möglichkeiten einer solchen Lösung erfolgen:

- Außer im Bereich 01 erfolgen nur Summenbuchungen, d. h. Abstimmung gegen das Anlagengitter notwendig, Einzelposten nur aus Nebenbuch
- Nur im Bereich 01 erfolgt die automatische Ermittlung der Investitionsförderung
- Nur im Bereich 01 ist die statistische CO Fortschreibung möglich

Eine Darstellung IFRS im Bereich 01, und HGB im Bereich 10 sollte deshalb generell mit dem jeweiligen Wirtschaftsprüfer abgestimmt werden. Ist eine solche Entscheidung gefallen, kann es notwendig sein, bestehende Bereiche jetzt tauschen zu müssen, also Bereich 01 bisher HGB soll nach Bereich 10 getauscht werden.

Im Standard gibt es hierzu keine Tools, so dass hier individuelle Lösungen erarbeitet werden müssen. Beachtet werden sollte dabei, einen solchen Tausch zu Beginn eines Geschäftsjahres durchzuführen, um den Buchungsaufwand auf den Konten möglichst gering zu halten.

Ausgangsgröße: Bewertung von Vorräten

Die Realisierung von IAS 2 (Inventories) ist eine zentrale Aufgabe des Controllings bei der IFRS-Implementierung. Hierbei handelt es sich um die höchste Komplexität im SAP-Umfeld, da Kostenrechnung und Controlling (CO) weitläufig mit den anderen R/3-Komponenten integriert sind.

Die *Komplexität der Vorratsbewertung* resultiert aus verschiedenen Faktoren:

- das hohe Volumen bzw. die Umschlagshäufigkeit
- die verschiedenen zulässigen Verbrauchsfolgeverfahren
- die Einteilung in verschiedene Gruppen von Vorräten (z. B. Rohstoffe, Fertigfabrikate, usw.)

Im Gegensatz zu Handelsunternehmen, die i. d. R. nur eine Kategorie von Vorräten haben (Handelswaren), arbeiten produzierende Unternehmen in der Regel mit drei verschiedenen Vorratskategorien: Rohstoffe, Ware in Arbeit (WIP) und Fertigfabrikate. Unter Ware in Arbeit werden dabei alle Materialien zusammengefasst, für die die Produktion begonnen hat, aber noch nicht abgeschlossen ist.

Für beide Unternehmenstypen gemeinsam stellen sich allerdings folgende *Grundfragen in der Vorratsbewertung,* die von IAS 2 adressiert werden:

1. Von welchem Zeitpunkt an sollten Materialien zum Vorratsvermögen gezählt werden (Eigentumsübergang)?
2. Welche Kosten sollten bei der Bewertung von Vorräten berücksichtigt werden?
3. Welches Verbrauchsfolgeverfahren sollte angewendet werden?
4. Zu welchem Wert sollen die Vorräte in der Bilanz ausgewiesen werden (Nettoveräußerungswert)?

Nach IAS 2 sind die historischen Kosten die primäre Grundlage für die Vorratsbewertung. Dabei werden Kosten als die Summe aller Anschaffungskosten, Produktionskosten sowie anderer Kosten definiert, die erbracht werden mussten um die Vorräte an ihren gegenwärtigen Standort und in ihren gegenwärtigen Zustand zu bringen. Diese Definition lässt einen wesentlichen Interpretationsspielraum der Anschaffungs- und Herstellungskosten (AHK) zu, da sich nicht alle Kostenbestandteile eindeutig einem Produkt zuordnen lassen. Außerdem gibt es für die einzelnen Kostenbestandteile nicht unwesentliche Bewertungsspielräume.

Im SAP-System entspricht ein Buchungskreis immer einer bilanzierenden Einheit. Pro Buchungskreis kann damit eine vollständige, in sich abgeschlossene Buchhaltung zur Durchführung der Vorratsbewertung abgebildet werden. Folgende Bewertungsverfahren stehen im System zur Verfügung:

- Niederstwertermittlung
- LIFO-Verfahren (nicht mehr zulässig nach IFRS 2)
- FIFO-Verfahren
- Inventurkalkulationen

Neben den Preisen aus Niederstwertermittlung, LIFO-, FIFO-Verfahren und Inventurkalkulation, kommen als Maximalwert für den Bilanzpreis prinzipiell auch folgende Preise in Frage:

- Standardpreis
- Gleitender Durchschnittspreis
- Periodischer gleitender Durchschnittspreis aus dem Material Ledger
- Mittlerer Zugangspreis

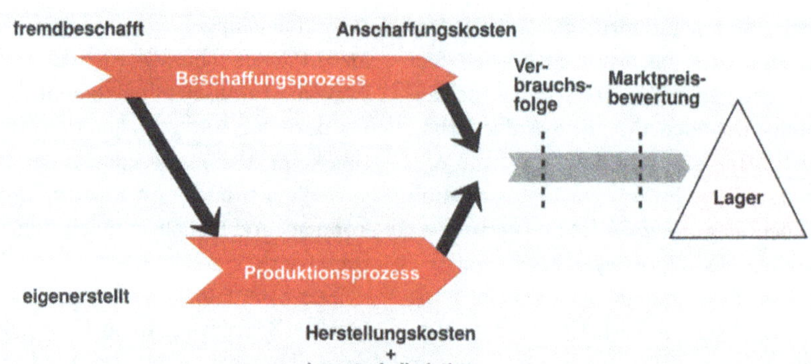

Abbildung 2: Überblick über den Prozess der Vorratsbewertung

In der Regel schreibt jedes Verfahren der Bilanzbewertung die Ergebnisse in ein bestimmtes Inventurpreisfeld im Materialstamm. Da die Bezeichnung dieser Preisfelder nicht kundenspezifisch angepasst werden kann, muss die logische Zuordnung der Felder zum jeweiligen Verfahren außerhalb des SAP-Umfelds erfolgen. Ab Release 4.6C gibt es alternativ zu den Inventurpreisfeldern im Materialstamm die Option, eine *Tabelle mit verschiedenen Bewertungsalternativen direkt aus der Bilanzbewertung* fortzuschreiben bzw. in die Bilanzbewertung mit einzubeziehen. Mit Release 4.7 wird die Funktionalität noch um eine Anzeigeoption erweitert (Transaktion MRY3). Gerade im Zusammenhang mit der parallelen Rechnungslegung bietet diese Tabelle Vorteile gegenüber den Inventurpreisen, da beliebig viele Bewertungsalternativen pro Material fortgeschrieben werden können und die Bezeichnung der Bewertungsalternativen frei wählbar ist.

Die Bewertungsalternativen bzw. Inventurpreise können dann auf verschiedene Weise genutzt werden:

- Sie können einander gegenübergestellt werden, dadurch lassen sich die Verfahren beliebig miteinander verknüpfen.
- Auf Basis der Ergebnisse der einzelnen Verfahren können Saldendarstellungen bezogen auf die Bestandskonten erstellt werden.

Auf Basis dieser Salden können manuell Buchungen auf Bilanz- und Aufwandskonten vorgenommen werden. Als weitere Alternative zur Fortschreibung der ermittelten Bilanzpreise in die Inventurpreisfelder des Materialstamms, können die Bilanzpreise mit der Transaktion „Preisänderung" direkt als neue Bewertungspreise des Materials übernommen werden. Dabei werden Buchhaltungsbelege mit Buchungen auf das Bestandskonto und auf ein Aufwandskonto erzeugt. Allerdings ist es in der Regel nicht sinnvoll, Zwischenergebnisse sofort als Materialbewertungspreis zu übernehmen, wenn Verfahren der Bilanzbewertung miteinander verknüpft werden sollen. Es ist grundsätzlich zu entscheiden, ob die Ergebnisse der Bilanzbewertung als Materialpreis übernommen werden oder ob nach Auswertung der Bilanzwerte pro Konto manuelle Buchungen durchgeführt werden sollen.

Das Verfahren der *Inventurkalkulation* soll im Folgenden ausführlich erläutert werden. Es kann verwendet werden, um IFRS-spezifische Wertansätze für die Bestandsbewertung selbsterstellter Produkte zu ermitteln. Die Inventurkalkulation bewertet das aktuelle Mengengerüst (= aktueller Arbeitsplan, aktuelle Stückliste) mit den Preisen, die über andere Verfahren für fremdbeschaffte Vorprodukte bereits ermittelt wurden. Für Eigenleistungen besteht die Option in einer separaten Planversion spezielle „IFRS-Tarife" zu ermitteln. Gemeinkostenzuschläge können in einem „IFRS-Kalkulationsschema" so angepasst werden, dasss die tatsächliche Kostensituation möglichst zutreffend wiedergegeben wird. Die Ergebnisse der Inventurkalkulation werden in den Materialstamm übernommen.

Die *Schritte der Inventurkalkulation* umfassen im Einzelnen:

1. *Niederstwertermittlung für Rohstoffe und Zukaufteile:*
   In der Materialwirtschaft (MM) werden Niederstwerte für Rohstoffe und Zukaufteile ermittelt. Materialbestände werden beim Jahresabschluss nach dem Niederstwertprinzip abgewertet. Ziel dieser Methode ist es, die vorhandenen Bestände nach dem Imparitätsprinzip möglichst pessimistisch zu bewerten. Die Ergebnisse werden als handels- oder steuerrechtliche Preise in den Materialstamm übernommen.

2. *Ermittlung von Leistungsartentarifen für die Inventurkalkulation:*
   Für die Inventurkalkulation können über die Kostenstellenrechnung spezielle „Inventurtarife" ermittelt werden. Eine mögliche Vorgehensweise ist es, die Kostenplanung aus einer beliebigen Planversion in eine neue Planversion zu kopieren und zu überarbeiten. Die ursprünglichen Planwerte können bereits beim Kopieren über Faktoren auf- oder abgewertet werden. Über die automatische Tarifermittlung werden anschließend die Inventurtarife berechnet.

3. *Erstellung eines Kalkulationsschemas für die Inventurkalkulation:*
   Bei Bedarf kann im Customizing ein „Inventur-Kalkulationsschema" angelegt werden. Dadurch können für die Inventurkalkulation abweichende Gemeinkostenzuschläge verwendet werden.

4. *Durchführung der Inventurkalkulation für Halb- und Fertigfabrikate und Übernahme der Ergebnisse in den Materialstamm:*
   Die Bestände an Rohstoffen und Einsatzmaterialien wurden nach dem Niederstwertprinzip bewertet (Schritt 1), spezielle Leistungstarife (Schritt 2) und Gemeinkostenzuschläge (Schritt 3) geplant. Ausgehend davon können nun die Halb- und Fertigfabrikate mit Hilfe der Inventurkalkulation kalkuliert werden, um die Bestände an Halb- und Fertigfabrikaten nach IFRS zu bewerten.
   Um Fehler aufgund einer neuen Mengengerüstauflösung zu vermeiden und die Sysstemlaufzeiten zu verkürzen, kann eine vorhandene Kalkulation, z. B. die Plankalkulation, als Vorlage für die Inventurkalkulation herangezogen werden.
   Dazu wird in der Kalkulationsvariante eine Referenzvariante hinterlegt. Über die Referenzvariante wird gesteuert, welche vorhandene Kalkulation referenziert wird und welche Kalkulationspositionen neu bewertet bzw. übernommen werden. Das System greift nun auf das Mengengerüst der vorhandenen Kalkulation zu, ohne dieses neu ermitteln zu müssen.
   Häufig steht bei einer Inventurkalkulation auch die Bewertung der Materialbestände im Vordergrund, und die Bewertung von Eigenleistungen unterscheidet sich nicht von der Plankalkulation. In diesem Fall kann in der Referenzvariante festgelegt werden, dass nur die Materialpositionen und Materialgemeinkosten neu ermittelt werden sollen, nicht aber die Eigenleistungen und Lohnbearbeitungspositionen.

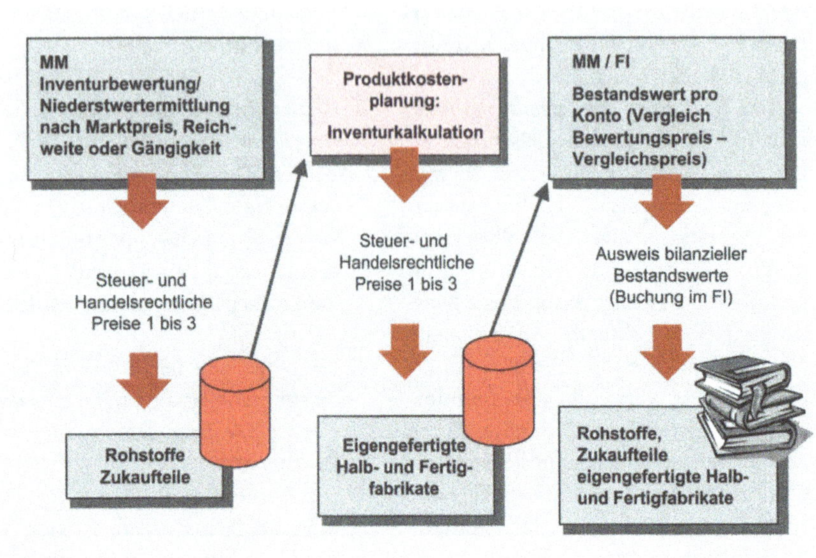

Abbildung 3: Inventurkalkulation

5. *Ermittlung des Bestandswertes für die Bilanz:*
   Als letzter Schritt wird im Menü der MM-Bewertung die Funktion Niederstwert pro Konto ausgeführt. Dabei ermittelt das System je Sachkonto die Differenz aus Bestandswert gemäß Bewertungspreis laut Preissteuerung und Bestandswert gemäß Vergleichswert (z. B. steuerrechtlicher Preis 1, 2 oder 3). Der Vergleichswert wurde in diesem Fall durch die Inventurkalkulation ermittelt.

Fazit für die IFRS-Umstellung: Aus der Not eine Tugend machen

Was ist der Mehrwert der umfangreichen und tiefgreifenden Maßnahmen für den IFRS-Konzernabschluss sowie der Aufwand zur Erstellung von Parallelabschlüssen? Allein die Erfüllung regulatorischer Anforderungen mag dies zwar erzwingen, bringt jedoch keine erkennbaren Vorteile für Unternehmen. Dennoch bietet die Umstellung der Rechnungslegung auf IFRS gerade auch die Chance, insbesondere die IT-Umgebung im Rechnungswesen und die Umsetzung von Prozessen und Systemen genau zu analysieren und zu verbessern. Gerade der extern vom Unternehmen erzeugte Druck kann hier die Möglichkeit schaffen, Maßnahmen durchzuführen, die sonst zu aufwändig wären bzw. mit dem Verweis auf die Belastungen aus dem laufenden Tagesgeschäft abgelehnt würden. Aus der Praxis gibt es hierzu eine Reihe von Beispielen. Eine Vereinheitlichung verschiedener Kontenpläne im Konzern ist „freiwillig" in vielen Fällen kaum noch möglich, in Umstellungsprojekten häufig jedoch ein ausgedehnter und letztlich effizienzsteigernder Prozess.

Die Notwendigkeit paralleler Abschlüsse und der dadurch verursachte zusätzliche Aufwand ist in manchen Projekten auch der Auslöser, bisher unbenutzte Funktionen im SAP-Umfeld zu nutzen – Funktionen, die durchaus die Geschwindigkeit und Transparenz des Abschlussprozesses verbessern können. Hier ist z. B. das Investitionsmanagement zu nennen, das nicht nur eine unabhängige parallele Aktivierung von Kosten erlaubt, sondern auch die Planung unterstützt und ein gezieltes Maßnahmencontrolling für Investitionsprojekte ermöglicht.

Kritischer Erfolgsfaktor ist jedoch in allen Fällen, die Integration sowohl systemseitig als auch von der Organisation zu beachten. Es gibt in der Regel keine „lokalen" Veränderungen, sondern eine Wechselwirkung zwischen Bilanzierung und Controlling. Die IFRS-Umstellung bietet die Möglichkeit, die Ziele und Methoden beider Bereiche enger zusammenzubringen und dadurch gleichzeitig Verbesserungen in Prozessen und Systemen zu erreichen.

Literatur

Eggemann, G. / Petry, M.: Fast Close – Verkürzung von Aufstellungs- und Veröffentlichungszeiten für Jahres- und Konzernabschlüsse, in: Der Betriebs-Berater, 57. Jg. (2002), S. 1635 – 1638.

Hüttche, T. / Diemer, N.: Fast Close – Ordnungsmäßigkeit eines verkürzten Aufstellungszeitraums? In: Der Betriebs-Berater, 55. Jg. (2000), S. 2035 – 2041.

Kagermann, H. / Küting, K.-H. / Wirth, J.: IAS-Konzernabschluss mit SAP, Stuttgart 2002.

Mandler, U.: IAS/IFRS für mittelständische Unternehmen: Ergebnisse einer Unternehmensbefragung, in: Zeitschrift für kapitalmarktorientierte Rechnungslegung, 3. Jg. (2003), S. 143 – 149.

Anpassung von Kontenplänen im Kontext einer IFRS-Umstellung

Hanno Kirsch

- Die Umstellung der externen Rechnungslegung auf IFRS löst vielfältige rechnungslegungstechnische Anpassungsbedarfe aus. Diese bestehen auch in der Generierung eines Kontenplans, welcher die IFRS-spezifischen Anhangangaben weitgehend berücksichtigt.
- Der kontenmäßige Nachweis zur Anlagenentwicklungsrechnung ist nach IFRS stärker als nach HGB zu differenzieren (z. B. Abspaltung der im Financial Lease stehenden Vermögenswerte, Erweiterung der Anlagenentwicklungsrechnung, paralleler Nachweis der Neuwerte und der fortgeführten AHK bei Anwendung der Neubewertungsmethode).
- Die finanziellen Vermögenswerte sind im Kontenplan nach den in IAS 39 genannten Kategorien und gleichzeitig nach den angewendeten Bewertungsmaßstäben zu differenzieren.
- Der Rückstellungsspiegel ist um die Zinskomponente und den Effekt aus der Änderung des Zinssatzes zu erweitern.
- Für die erfolgsneutral vorzunehmenden Eigenkapitalverrechnungen (sowie die korrespondierenden Steuereffekte), einem Spezifikum der IFRS-Rechnungslegung, sind separate Konten anzulegen.
- Der Steueraufwand/-ertrag ist im Kontennachweis nach Ergebnisebene, auf welche sich die Ertragsteuern beziehen, und nach Art der Ertragsteuern (tatsächliche und latente Ertragsteuern, letztere untergliedert nach Verlustvorträgen und temporären Differenzen) zu zerlegen.

Der Kontenplan zur Abbildung quantitativer Anhangangaben nach IFRS

Der Übergang des externen Rechnungswesens vom HGB auf IFRS löst eine Umstrukturierung in der Finanzbuchhaltung aus. Dieser Anpassungsbedarf in der Finanzbuchhaltung bezieht sich einerseits auf die Art der Überleitung zwischen einer den landesrechtlichen Anforderungen entsprechenden Finanzbuchhaltung, die weiterhin als Grundlage der Einzelbilanz und der Steuerbilanz dient, und der zur Generierung des IFRS-Abschlusses benötigten Finanzbuchhaltung. Die hierfür in der Literatur diskutierten Lösungsansätze (Überleitung mit reinen Differenzbuchungen, modifizierten Differenzbuchungen oder Originalbuchungen) sind nicht Gegenstand dieses Beitrags (vgl. Hirschberger/Karl, 2002, S. 2236 ff.; Kirsch, 2003a, Tz. 20 ff.).

Ein Spezifikum der IFRS-Rechnungslegung im Vergleich zum HGB stellen die umfangreichen *quantitativen und qualitativen Anhangangaben* dar (vgl. Baetge u. a., 2002, Teil C. Anhang 1). Diese können allgemein durch entsprechende Ausgestaltung des Kontenplans, entsprechende Kontenauswertung und/oder statistische Aufzeichnungen bzw. sonstige Erhebungen gewonnen werden. Dabei kommt dem *Kontenplan* potenziell die Aufgabe zu, die *quantitativen und gegenwartsbezogenen Informationen* zu erfassen. Gegenstand dieses Beitrags ist es somit zu untersuchen, welche Erweiterungen des Kontenplans erforderlich sind, um zentrale IFRS-spezifische Anhangangaben generieren zu können.

Kontenplanerweiterungen für immaterielle Vermögenswerte und Sachanlagevermögen

Anlagespiegel

Wegen des bei IFRS vorgeschriebenen getrennten *Ausweises planmäßiger und außerplanmäßiger Abschreibungen (Wert-*

Prof. Dr., CPA/StB
Hanno Kirsch
Rektor der FH Westküste und Inhaber der Professur für controllingorientierte Unternehmensrechnung an der FH Westküste, Heide
Fritz-Thiedemann-Ring 20,
25746 Heide

minderungen) für das Anlagevermögen sowie seiner bedeutenden Gruppen (IAS 16.73 e und 38.118 e) bietet sich eine Trennung der Abschreibungen im Kontenplan an. Darüber hinaus sind *Zugänge aus Unternehmenszusammenschlüssen* getrennt von den übrigen Anlagenzugängen auszuweisen. Die Entwicklungsrechnung für Gebäude, die im rechtlichen und wirtschaftlichen Eigentum stehen, hat z. B. folgende Gestalt: (Die Angabe der – vorgeschlagenen Endziffern – erfolgt zwecks einfacherer Darstellung der Entwicklungsrechnungen in Abbildung 1.)

----- 100 Gebäude, AHK, Brutto, Anfangsbestand
----- 101 Gebäude, AHK, Brutto, Zugang
----- 102 Gebäude, AHK, Brutto, Abgang
----- 103 Gebäude, AHK, Brutto, Umbuchungen
----- 104 Gebäude, AHK, Brutto, Zugang durch Unternehmenszusammenschlüsse
----- 106 Gebäude, AHK, Brutto, Endbestand
----- 120 Gebäude, AHK, Wertberichtigung, Anfangsbestand
----- 121 Gebäude, AHK, Wertberichtigung, Zugang durch planmäßige Abschreibungen
----- 122 Gebäude, AHK, Wertberichtigung, Abgang
----- 123 Gebäude, AHK, Wertberichtigung, Umbuchungen
----- 124 Gebäude, AHK, Wertberichtigung, Zugang durch Wertminderungsaufwand
----- 125 Gebäude, AHK, Wertberichtigung, Wertaufholung
----- 126 Gebäude, AHK, Wertberichtigung, Endbestand

Bei Anwendung der *Neubewertungsmethode* für die Bewertung von immateriellen Vermögenswerten und Sachanlagen (vgl. IAS 16.31 und IAS 38.75) sind neben den Neuwerten auch die sich bei Bewertung zu fortgeführten Anschaffungs- oder Herstellungskosten für die jeweilige Gruppe von Vermögenswerten ergebenden Wertansätze offen zu legen (vgl. IAS 16.77 e und IAS 38.124 a (iii)). Dementsprechend muss die Buchführung parallel die Ableitung der fortgeführten Anschaffungs- oder Herstellungskosten (AHK) als auch der Neuwerte gestatten. Somit sind für jede neubewertete Gruppe von Vermögenswerten zwei weitere Entwicklungsrechnungen, welche die Differenzbeträge zwischen den Neuwerten und den fortgeführten Anschaffungs- oder Herstellungskosten aufnehmen, anzulegen:

----- 110 Gebäude, Differenz Zeitwert/AHK, Brutto, Anfangsbestand
----- 111 Gebäude, Differenz Zeitwert/AHK, Brutto, Veränderung durch Neubewertung
----- 112 Gebäude, Differenz Zeitwert/AHK, Brutto, Abgang
----- 113 Gebäude, Differenz Zeitwert/AHK, Brutto, Umbuchungen
----- 116 Gebäude, Differenz Zeitwert/AHK, Brutto, Endbestand
----- 130 Gebäude, Differenz Zeitwert/AHK, Wertberichtigung, Anfangsbestand
----- 131 Gebäude, Differenz Zeitwert/AHK, Wertberichtigung, Zugang durch planmäßige Abschreibungen
----- 132 Gebäude, Differenz Zeitwert/AHK, Wertberichtigung, Abgang
----- 133 Gebäude, Differenz Zeitwert/AHK, Wertberichtigung, Umbuchung
----- 136 Gebäude, Differenz Zeitwert/AHK, Wertberichtigung, Endbestand

Die nach IAS 16.73 e bzw. IAS 38.118 e im Anhang darzustellende Entwicklungsrechnung hat damit bei Anwendung der Neubewertungsmethode in der Bilanzierung die unter Abbildung 1 dargestellte Form.

Selbst geschaffene immaterielle Vermögenswerte

Für selbst geschaffene immaterielle Vermögenswerte (z. B. Software, Mastertonträger oder Masterfilme) existiert in der IFRS-Rechnungslegung eine Aktivierungspflicht, sofern die Bedingungen des IAS 38.57 kumulativ erfüllt sind. Für jede bedeutende Kategorie selbst geschaffener immaterieller Vermögenswerte des Anlagevermögens sind damit die Entwicklungsrechnungen – wie sie für die anderen Gruppen des Anlagevermögens vorgeschrieben sind – einzurichten.

Im Vergleich mit dem HGB und dem hierin enthaltenen Aktivierungsverbot für selbstgeschaffene immaterielle Vermögensgegenstände des Anlagevermögens (vgl. § 248 Abs. 2 HGB) sind zur kontenmäßigen Abbildung aktivierter selbst erstellter immaterieller Vermögenswerte und zur Generierung der Anhangangabe des IAS 38.126 folgende Konten in einer IFRS-Buchführung (zusätzlich zu denen des HGB) einzurichten:

----- Erträge aus der Aktivierung selbst geschaffener immaterieller Vermögenswerte
----- sonstige betriebliche Erträge, Gewinne aus dem Abgang selbst geschaffener immaterieller Vermögenswerte
----- sonstige betriebliche Erträge, Zuschreibungen auf selbst geschaffene immaterielle Vermögenswerte
----- sonstige betriebliche Aufwendungen, Verluste aus dem Abgang selbst geschaffener immaterieller Vermögenswerte
----- planmäßige Abschreibungen für selbst geschaffene immaterielle Vermögenswerte
----- außerplanmäßige Abschreibungen (Wertminderungsaufwand) für selbst geschaffene immaterielle Vermögenswerte
----- Forschungs- und Entwicklungsaufwand

Finanzierungs-Leasing

Auf Grund der bei IFRS *weiter gefassten Kriterien für ein Finanzierungs-Leasing* sind vom Umfang mehr Vermögenswerte beim Leasingnehmer zu aktivieren und entsprechend abzuschreiben als nach den deutschen steuerlichen Vorschriften (vgl. IAS 17.10 sowie stellvertretend BdF, 1971, S. 264). Dies impliziert, dass einzelne Vermögenswerte in das IFRS-Anlagevermögen des Leasingnehmers aufgenommen werden, nicht jedoch in das HGB-Anlagevermögen. Da nach IAS 17.31 a die Leasingnehmer für jede Klasse von Vermögenswerten (vergleichbar Anlageklassen) den *Nettobuchwert zum Bilanzstichtag* der im Finanzierungs-

Anlagenentwicklungsrechnung, Brutto	Entwicklungskonten
Gebäude, Brutto, Anfangsbestand	-----100 + -----110
Gebäude, Brutto, Zugang	-----101
Gebäude, Brutto, Veränderung durch Neubewertung	-----111
Gebäude, Brutto, Abgang	-----102 + -----112
Gebäude, Brutto, Umbuchungen	-----103 + -----113
Gebäude, Brutto, Zugang durch Unternehmenszusammenschlüsse	-----104
Gebäude, Brutto, Endbestand	-----106 + -----116

Anlagenentwicklungsrechnung, Wertberichtigungen	Entwicklungskonten
Gebäude, WB, Anfangsbestand	-----120 + -----130
Gebäude, WB, Zugang durch planmäßige Abschreibungen	-----121 + -----131
Gebäude, WB, Abgang	-----122 + -----132
Gebäude, WB, Umbuchungen	-----123 + -----133
Gebäude, WB, Zugang durch Wertminderungsaufwand	-----124
Gebäude, WB, Wertaufholung	-----125
Gebäude, WB, Endbestand	-----126 + -----136

Abbildung 1: Anlagenentwicklungsrechnung für Gebäude nach IFRS

Leasing stehenden Vermögenswerte angeben müssen, ist dieser aus der Finanzbuchhaltung abzuleiten. Dies bedeutet für den Leasingnehmer, dass die in seiner IFRS-Bilanz enthaltenen Vermögenswerte in der Buchhaltung getrennt werden müssen in die Vermögenswerte, die in seinem rechtlichen Eigentum stehen, und in solche, die sich nur in seinem wirtschaftlichen Eigentum befinden (Finanzierungs-Leasing).

Sofern ein Unternehmen bei den Sachanlagen Gebäude, Maschinen sowie Betriebs- und Geschäftsausstattung (BGA) von einem anderen Unternehmen (im Rahmen eines Finanzierungs-Leasing) least, als auch entsprechende Wirtschaftsgüter rechtlich und wirtschaftlich besitzt, sind daher folgende Entwicklungsrechnungen (jeweils Bruttowerte und Wertberichtigungen) im Kontenplan anzulegen:

- Gebäude, geleast im Rahmen eines Finanzierungs-Leasing
- Gebäude im rechtlichen und wirtschaftlichen Eigentum des Unternehmens stehend
- Maschinen, geleast im Rahmen eines Finanzierungs-Leasing
- Maschinen im rechtlichen und wirtschaftlichen Eigentum des Unternehmens stehend
- BGA, geleast im Rahmen eines Finanzierungs-Leasing
- BGA im rechtlichen und wirtschaftlichen Eigentum des Unternehmens stehend

Eine zusätzliche Erweiterung des Kontenplans ergibt sich aus der Notwendigkeit, dass unter bestimmten Bedingungen *Veräußerungsgewinne und/oder Veräußerungsverluste, die in einer Sale-and-Lease-Back-Transaktion* entstanden sind, nicht sofort realisiert werden dürfen, sondern sich über die Laufzeit des Leasingverhältnisses verteilt erfolgswirksam in der GuV niederschlagen (vgl. IAS 17.59 und IAS 17.61). Zur Abbildung der Ergebnisabgrenzung von Sale-and-Lease-Back-Transaktionen sind folgende Konten einzurichten:

----- sonstige betriebliche Erträge, Auflösung der abgegrenzten Gewinne aus einem Sale-and-Lease-Back

----- sonstige betriebliche Aufwendungen, Auflösung der abgegrenzten Verluste aus einem Sale-and-Lease-Back

----- passiver Rechnungsabgrenzungsposten, abgegrenzte Gewinne aus einem Sale-and-Lease-Back

----- aktiver Rechnungsabgrenzungsposten, abgegrenzte Verluste aus einem Sale-and-Lease-Back

Kontenplanerweiterungen für das Finanzvermögen

IAS 39.9 untergliedert die finanziellen Vermögenswerte ausgenommen Beteiligungen in vier Kategorien. Abbildung 2 zeigt unter Verwendung der Gliederung der Finanzinstrumente nach HGB sowie nach IAS 39 sämtliche möglichen Kombinationen auf.

Die ausgereichten Kredite und Forderungen sowie die bis zur Endfälligkeit zu haltenden Finanzinvestitionen sind stets mit den fortgeführten Anschaffungskosten (IAS 39.46 a und b) zu bewerten. Die anderen Kategorien finanzieller Vermögenswerte sind nach IAS 39.46 mit dem Zeitwert anzusetzen, sofern dieser bestimmbar ist. Ist der Zeitwert eines Eigenkapitalinstruments – ausnahmsweise – nicht verlässlich ermittelbar, sind auch die financial assets at fair value through profit or loss und die available-for-sale financial assets mit den fortgeführten Anschaffungskosten in die IFRS-Bilanz aufzunehmen (IAS 39.46 c). Für die nicht zu Zeitwerten angesetzten Eigenkapitalinstrumente existierte eine gesonderte Angabepflicht (IAS 32.90), sodass in der kontenmäßigen Darstellung diese Finanzinstrumente als eigene Kategorie zu berücksichtigen sind.

Falls die Buchhaltungskonten sämtliche Anforderungen gleichzeitig sowohl nach HGB als auch IAS 39 erfüllen sollen, sind entsprechende *Entwicklungsrechnungen* für alle in Abbildung 2 *vorkommenden Kombinationsmöglichkeiten* aufzustellen:

- Ausleihungen, loans/receivables (Brutto und Wertberichtigungen/WB)
- Ausleihungen, held-to-maturity investments (Brutto und WB)
- Ausleihungen, available-for-sale financial assets (Brutto und WB)
- Wertpapiere des Anlagevermögens, loans/receivables (Brutto und WB)
- Wertpapiere des Anlagevermögens, held-to-maturity investments (Brutto und WB)
- Wertpapiere des Anlagevermögens, available-for-sale financial assets (Brutto und WB)
- Wertpapiere des Anlagevermögens, equity instruments without a reliable fair value (Brutto und WB)
- Forderungen aus Lieferungen und Leistungen, loans/receivables (Brutto und WB)
- Wertpapiere des Umlaufvermögens, available-for-sale financial assets (Brutto)
- Wertpapiere des Umlaufvermögens, financial assets at fair value through profit or loss (Brutto)
- Wertpapiere des Umlaufvermögens, equity instruments without a reliable fair value (Brutto und WB)

Innerhalb der Entwicklungsrechnungen sind Positionen für Umgliederungen zwischen den Finanzinstrumenten anzulegen. Beispielsweise ergibt sich für die Kategorie der erfolgswirksam zum Zeitwert angesetzten finanziellen Vermögenswerte (financial assets at fair value through profit or loss) folgende in einer Entwicklungsrechnung anzulegende Kontenstruktur, welche die genannten Anforderungen erfüllt:

----- financial assets at fair value through profit or loss, Anfangsbestand
----- financial assets at fair value through profit or loss, Zugang
----- financial assets at fair value through profit or loss, Umbuchung von bislang mit fortgeführten Anschaffungskosten bewerteten Finanzinstrumenten
----- financial assets at fair value through profit or loss, Wertanpassung
----- financial assets at fair value through profit or loss, Abgang
----- financial assets at fair value through profit or loss, Umbuchung in künftig mit fortgeführten Anschaffungskosten bewerteten Finanzinstrumenten
----- financial assets at fair value through profit or loss, Endbestand

	Ausgereichte Kredite und Forderungen (loans and receivables)	Bis zur Endfälligkeit zu haltende Finanzinvestitionen (held-to-maturity investments)	Zur Veräußerung verfügbare finanzielle Vermögenswerte (available-for-sale investments)	Erfolgswirksam zum Zeitwert angesetzte Vermögenswerte (financial assets at fair value through profit or loss)	Eigenkapitalinstrumente ohne verlässlich bestimmbaren Zeitwert (equity instruments without a reliable fair value)
Ausleihungen	X	X	X		
Wertpapiere des Anlagevermögens	X	X	X		X
Forderungen aus Lieferungen und Leistungen	X				
Wertpapiere des Umlaufvermögens			X	X	X

Abbildung 2: Kombinationsmöglichkeiten der finanziellen Vermögenswerte gemäß der Klassifizierung nach HGB und IAS 39

Weiterhin sind im IFRS-Kontenplan die Konten „Gewinne aus der Zeitwertanpassung von financial assets at fair value through profit or loss" und „Verluste aus der Zeitwertanpassung von financial assets at fair value through profit or loss" mit Zuschlüsselung zu den sonstigen finanziellen Erträgen bzw. den sonstigen finanziellen Aufwendungen einzurichten.

Kontenplanerweiterungen bei Rückstellungen und abgegrenzten Verbindlichkeiten

Pensionsrückstellungen

Nach IAS 19.120 f sind die in der GuV erfassten Komponenten des Altersversorgungsaufwands sowie der jeweilige GuV-Posten, in dem diese enthalten sind, offen zu legen. Zu den im Anhang darzustellenden Komponenten des Altersversorgungsaufwands zählen:

- laufender Dienstzeitaufwand,
- Zinsaufwand,
- nachzuverrechnender Dienstzeitaufwand,
- erwartete Erträge aus dem Planvermögen,
- versicherungsmathematische Gewinne/Verluste sowie
- Auswirkungen von Plankürzungen oder -abgeltungen

Aus dem *versicherungsmathematischen Gutachten* ergibt sich – unabhängig von einer eventuellen Aktivierung – die gesamte Höhe der jeweiligen Komponenten. Sofern für die Komponenten des Altersversorgungsaufwands die kontenmäßige Darstellung gewählt wird, ist der Altersversorgungsaufwand dementsprechend in folgende Konten zu zerlegen:

----- Altersversorgungsaufwand, Dienstzeitaufwand bei Pensionsverpflichtungen
----- Altersversorgungsaufwand, Zinsaufwand bei Pensionsverpflichtungen
----- Altersversorgungsaufwand, nachzuverrechnender Dienstzeitaufwand
----- Altersversorgungsaufwand, erwartete Vermögenserträge bei Planvermögen
----- Altersversorgungsaufwand, versicherungsmathematische Gewinne/Verluste bei Pensionsverpflichtungen
----- Altersversorgungsaufwand, Plankürzungen/Planabgeltungen

Die Zinskomponente des Altersversorgungsaufwands kann entweder im Zinsaufwand oder im Altersversorgungsaufwand erfasst werden (vgl. Rhiel, 2003, Tz. 52). Sofern das Zinsergebnis die Zinskomponente des Altersversorgungsaufwands enthält, ist im IFRS-Kontenplan innerhalb der Zinsaufwendungen ein entsprechendes Konto anzulegen. Weiterhin kann die Reduktion des Altersversorgungsaufwands auf Grund von Plankürzungen/Planabgeltungen auch als Auflösung von Pensionsrückstellungen in den sonstigen betrieblichen Erträgen ausgewiesen sein.

Die Komponenten des Altersversorgungsaufwands wirken sich jedoch wegen der Einbeziehung(spflicht) der fertigungsbezogenen Kosten der betrieblichen Altersversorgung (teilweise) im Wertansatz der selbst erstellten Vorräte und der aktivierten Eigenleistungen aus. Zur Erfüllung der Offenlegungspflicht des IAS 19.120 f müssen beispielsweise beim Gesamtkostenverfahren die in den *Bestandserhöhungen/-verminderungen* sowie *aktivierten Eigenleistungen enthaltenen Komponenten des Altersversorgungsaufwands* erfasst und gegen den Gesamtbetrag der entsprechenden Komponente (laut versicherungsmathematisches Gutachten) gebucht werden. Damit sind bei Anwendung des Gesamtkostenverfahrens in der GuV folgende Konten für Bestandsveränderungen im IFRS-Kontenplan (analoges gilt für aktivierte Eigenleistungen) anzulegen:

- ----- Bestandsveränderungen an unfertigen/fertigen Erzeugnissen, Dienstzeitaufwand bei Pensionsverpflichtungen
- ----- Bestandsveränderungen an unfertigen/fertigen Erzeugnissen, Zinsaufwand bei Pensionsverpflichtungen
- ----- Bestandsveränderungen an unfertigen/fertigen Erzeugnissen, nachzuverrechnender Dienstzeitaufwand
- ----- Bestandsveränderungen an unfertigen/fertigen Erzeugnissen, erwartete Vermögenserträge bei Planvermögen
- ----- Bestandsveränderungen an unfertigen/fertigen Erzeugnissen, versicherungsmathematische Gewinne/Verluste bei Pensionsverpflichtungen
- ----- Bestandsveränderungen an unfertigen/fertigen Erzeugnissen, Plankürzungen/ Planabgeltungen

Hinsichtlich der *Einbeziehung des Zinsaufwands* in die Herstellungskosten sogenannter „qualifizierter" Vorräte hat der IFRS-Bilanzierende ein *Wahlrecht* (vgl. IAS 23.7 und IAS 23.10). Sofern vom Einbeziehungswahlrecht der Zinsen kein Gebrauch gemacht wird, unterbleibt das Anlegen der Konten „Bestandsveränderungen an unfertigen/fertigen Erzeugnissen, Zinsaufwand bei Pensionsverpflichtungen" sowie „andere aktivierte Eigenleistungen, Zinsaufwand bei Pensionsverpflichtungen".

Sonstige Rückstellungen

IAS 37.84 fordert die *Offenlegung der Rückstellungsentwicklung* im Anhang. Spezifika des Rückstellungsspiegels sind der separate *Ausweis der Zinskomponente* aus der Aufzinsung von Rückstellungen sowie des Effektes aus *einer Änderung des zugrunde gelegten Zinssatzes*. Zur kontenmäßigen Abbildung dieser Anforderungen sind beispielsweise für die Rückstellung aus Gewährleistungen folgende Konten anzulegen:

- ----- Rückstellung aus Gewährleistungen, Anfangsbestand
- ----- Rückstellung aus Gewährleistungen, Zugang
- ----- Rückstellung aus Gewährleistungen, Verbrauch
- ----- Rückstellung aus Gewährleistungen, Auflösung
- ----- Rückstellung aus Gewährleistungen, Zuführung auf Grund von Abzinsung
- ----- Rückstellung aus Gewährleistungen, Effekte aus der Änderung des Abzinsungssatzes
- ----- Rückstellung aus Gewährleistungen, Endbestand

Abgegrenzte Verbindlichkeiten

Nach IAS 37.11 erfolgt der *Ausweis weitgehend sicherer Verpflichtungen*, die auf bereits vollzogenen Lieferungs- und Leistungsbeziehungen der Vergangenheit basieren (sogenannte Verbindlichkeits-Rückstellungen) unter den *Verbindlichkeiten*. Diese Verpflichtungen werden als *„accruals"* oder *„abgegrenzte Verbindlichkeiten"* bezeichnet. Beispiele hierfür bilden Verpflichtungen aus ausstehenden Rechnungen, aus nicht genommenem Urlaub oder Arbeitszeitguthaben der Mitarbeiter sowie aus Tantiemen und Provisionen, die das abgelaufene Geschäftsjahr betreffen.

Nach HGB würden diese Sachverhalte als Rückstellungen ausgewiesen. Zur Umsetzung dieser Anforderung bedarf es *keiner zusätzlichen Konten;* allerdings sind die entsprechenden Konten zur Generierung des IFRS-Abschlusses den zugehörigen *Verbindlichkeitsgruppen* (Verbindlichkeiten aus Lieferungen und Leistungen oder sonstige Verbindlichkeiten) *zuzuschlüsseln.*

Abbildung erfolgsneutraler Eigenkapitalverrechnungen im Kontenplan

Anpassung der Gewinnrücklagen im IFRS-Abschluss

Sofern ein Unternehmen erstmalig nach IFRS bilanziert, hat das Unternehmen grundsätzlich den Jahresabschluss so aufzustellen, als ob es seit Beginn der Unternehmenstätigkeit nach den IFRS-Bilanzierungsgrundsätzen, welche bei der Veröffentlichung des ersten vollständigen IFRS-Abschlusses gelten (vgl. IFRS 1.7), bilanziert hätte. Der *kumulierte Eigenkapitaleffekt* aus dem Übergang zu IFRS ist nach IFRS 1.11 unmittelbar in den Gewinnrücklagen (oder falls angemessen in einer anderen Eigenkapitalkategorie) zum Übergangsstichtag zu erfassen. (Im Gegensatz zur Vorgängerregelung des SIC-8.5 konzediert IFRS 1.11, dass auch Übergangseffekte in anderen Eigenkapitalkategorien, insbesondere beim sonstigen Bilanzgewinn/-verlust auftreten können.) Somit ist innerhalb der Entwicklung der Gewinnrücklagen ein eigenes Konto anzulegen.

Bilanzierungsfehler beinhalten Rechenfehler, die fehlerhafte Anwendung von Bilanzierungsmethoden, Fehlinterpretationen, Unterschlagungen oder aber auch versehentliche Fehler. Im Gegensatz zu der bisherigen Fassung des IAS 8 (revised 1993) differenziert die Neufassung des IAS 8 (revised 2003) nicht zwischen grundlegenden und sonstigen Fehler; stattdessen sind die IAS 8.41 ff. auf sämtliche wesentliche Fehler anzuwenden. Sofern die retrospektive Korrektur wesentlicher Fehler praktikabel ist, sind die Jahresabschlussinformationen der Periode so anzupassen, als ob in der Vergangenheit kein Fehler gemacht worden wäre. Falls die retrospektive Korrektur sich auf das Ergebnis einer abgelaufenen Periode ausgewirkt hätte, ist der Anfangsbestand der Gewinnrücklagen in der Berichtsperiode entsprechend anzupassen. Dementsprechend ist innerhalb der Entwicklung der Gewinnrücklagen ein *eigenes Konto* zur Aufnahme des Eigenkapitaleffektes einzurichten.

Eine *Änderung von Bilanzierungs- und Bewertungsmethoden* ist nach IAS 8.14 – wegen des bei IFRS anzuwendenden *Grundsatzes der Stetigkeit* (vgl. Framework.39) – nur gestattet, wenn dies von einer Satzung oder einem Standardsetter verlangt wird oder wenn diese Änderung zu einer besseren Darstellung von Ereignissen oder Geschäftsvorfällen in den Abschlüssen des Unternehmens führt. Sofern der Effekt aus einer Umstellung der Bilanzierungs- und Bewertungsmethoden verlässlich bestimmt werden kann, ist diese Änderung grundsätzlich *retrospektiv* vorzunehmen. In diesem Fall sind die im IFRS-Abschluss gezeigten Positionen so abzubilden, als ob bereits von Anfang an nach der nunmehr angewandten Bilanzierungsmethode verfahren worden wäre. Der *Umstellungseffekt* bei vollständig retrospektiver Anwendung der nunmehr verwendeten Bilanzierungs- und Bewertungsmethoden *ist im Anfangsbestand der Gewinnrücklagen* zu erfassen (IAS 8.22), woraus sich ebenfalls die Notwendigkeit der *Einrichtung eines eigenen Kontos* innerhalb der Entwicklung der Gewinnrücklagen zur Erfassung der Eigenkapitalauswirkung aus der Änderung von Bilanzierungs- und Bewertungsmethoden ergibt.

Da nach IAS 12.81 a die Summe der dem Eigenkapital direkt belasteten bzw. gutgeschriebenen Steuern offenlegungspflichtig ist und in den Gewinnrücklagen die Effekte nach Steuern (aus dem Übergang zu IFRS, aus grundlegenden Bilanzierungsfehlern sowie aus der Änderung von Bilanzierungs- und Bewertungsmethoden) darzustellen sind, müssen zu den genannten Konten *korrespondierende Konten* angelegt werden, welche die auf diesen Effekten lastenden *erfolgsneutral verrechneten Ertragsteuern* beinhalten.

Neubewertungsrücklage

Nach IAS 16.31 sowie IAS 38.75 hat ein nach IFRS rechnungslegendes Unternehmen das Wahlrecht, Vermögenswerte des Sachanlagevermögens sowie des immateriellen Vermögens im Falle eines aktiven Marktes für letztgenannte Vermögenswerte zu den fortgeführten Anschaffungs- oder Herstellungskosten oder zum Neubewertungsbetrag anzusetzen.

Die Neubewertungsrücklage beinhaltet ausschließlich die *erfolgsunwirksam verrechneten Zeitwertanpassungen* von Vermögenswerten des Sachanlagevermögens und des immateriellen Anlagevermögens. Die Buchwerterhöhung auf Grund einer Neubewertung wird erfolgsneutral in der *Neubewertungsrücklage* erfasst (vgl. IAS 16.39). Falls im Rahmen einer Neubewertung der Buchwert eines zuvor aufgewerteten Vermögenswerts zu verringern ist, wird zunächst die Neubewertungsrücklage bis zu den fortgeführten Anschaffungs- oder Herstellungskosten aufgelöst. Weitergehende Verminderungen des Zeitwerts sind dann gemäß IAS 16.40 als Wertminderungsaufwand in der GuV zu erfassen. Die *Neubewertungsrücklage* ist bei Veräußerung bzw. Abgang des neubewerteten Vermögenswerts durch *Umbuchung in die Gewinnrücklagen* aufzulösen (vgl. Ballwieser, 2002, Tz. 44).

Da die Neubewertungsrücklage einen Bestandteil des Eigenkapitals bildet, ist auch die Entwicklung dieser Eigenkapitalposition offen zu legen, woraus die Einrichtung separater Konten für die möglichen Veränderungen der Neubewertungsrücklagen folgt.

Da stets die *Eigenkapitalwirkungen aus der Bewertung zum Neubewertungsbetrag* bzw. dessen Realisierung darzustellen sind, müssen zu den genannten Bewegungskonten korrespondierende Konten angelegt werden, welche die *Steuereffekte* enthalten. Überdies empfiehlt sich die Einrichtung eines weiteren Kontos, welches die übrigen steuerlichen Effekte auf die Neubewertungsrücklage (z. B. Steuersatz- oder Steuervorschriftenänderung) aufnimmt, die weder auf die Bewertung zum Neubewertungsbetrag noch auf dessen Realisierung zurückzuführen sind.

Bewertungsergebnisse der zur Veräußerung verfügbaren finanziellen Vermögenswerte und Cashflow-Hedges

Erfolgsunwirksame Eigenkapitaleffekte resultieren bei IFRS ebenfalls aus Bewertungsergebnissen der zur Veräußerung verfügbaren finanziellen Vermögenswerte und Cashflow-Hedges. Gemeinsam mit dem Translationsergebnis sowie einer ergebnisunwirksamen Anpassung der Pensionsrückstellungen auf einen Mindestbetrag gemäß SFAS 87 – ein Spezifikum der us-amerikanischen Bilanzierung – stellen diese Komponenten in der us-amerikanischen Rechnungslegung das separat auszuweisende „other comprehensive income" dar. Den IFRS anwendenden Unternehmen dürfte es freistehen, entweder die Eigenkapitaleffekte unter der sachlich entsprechenden Bezeichnung, z. B. „Bewertungsergebnisse der zur Veräußerung verfügbaren finanziellen Vermögenswerte", oder als „other comprehensive income" bzw. „sonstiger oder erfolgsneutral verrechneter Bilanzgewinn/-verlust" offen zu legen (vgl. Holzer/Ernst, 1999, S. 361).

Bei *Veräußerung der available-for-sale financial assets* besteht für die erfolgsneutrale Behandlung von Kursgewinnen und Kursverlusten keine Berechtigung mehr. Die bis zum Zeitpunkt der Veräußerung für den abgehenden Vermögenswert erfassten kumulierten Bewertungsergebnisse sind *erfolgsneutral*, d. h. als Abnahme des sonstigen Bilanzgewinns/-verlusts, auszubuchen. Gleichzeitig wird ein Veräußerungsgewinn bzw. -verlust in Höhe der Differenz aus Veräußerungspreis und historischen Anschaffungskosten (gegebenenfalls gemindert um den Wertminderungsaufwand) in der GuV realisiert.

Im Falle der Wertminderung eines finanziellen Vermögenswerts hat das Unternehmen in der Periode, in der die Wertminderung stattgefunden hat, die Wertminderung in der GuV zu erfassen und gleichzeitig den bislang für diesen Vermögenswert erfassten sonstigen Bilanzgewinn bzw. -verlust aufzulösen (vgl. IAS 39.67).

Zur Erfüllung der Anforderung der Eigenkapitalveränderungsrechnung sowie der Angabepflichten gemäß IAS 39.94 h (ii) sind folgende Bewegungskonten anzulegen:

----- Veränderung Bewertungsergebnisse für available-for-sale finacial assets auf Grund der Zeitbewertung

----- Veränderung Bewertungsergebnisse für available-for-sale finacial assets auf Grund der Reklassifizierung

IAS 32 und 39 schreiben keine Unterteilung des Reklassifizierungsbetrags in denjenigen, der auf Grund des Abgangs/Verkaufs entsteht, sowie denjenigen, der durch eingetretene Wertminderungen verursacht ist, vor. Hinsichtlich der Steuereffekte auf die available-for-sale investments gilt Analoges zur Neubewertungsrücklage.

Zusätzlich ist für die bis zum Übergangsstichtag auf IFRS aufgelaufenen kumulierten Bewertungseffekte eine separate Eigenkapitalposition einzurichten (vgl. IFRS 1.11).

Das Eigenkapital eines Unternehmens wird in gleicher Weise *erfolgsneutral durch Cashflow-Hedges* beeinflusst (vgl. IAS 39.95 a). Unter der Voraussetzung der Wirksamkeit des Sicherungsgeschäfts im Hinblick auf die abzusichernden Risiken gemäß IAS 39.88 ist dieses an jedem Bilanzstichtag mit seinem Zeitwert anzusetzen. Der auf den effektiven Teil der Sicherung zurückzuführende Gewinn und Verlust wird erfolgsneutral im Eigenkapital (sonstiger Bilanzgewinn/-verlust) eingestellt. Die Auflösung des im Eigenkapital erfassten sonstigen Bilanzgewinns/-verlusts erfolgt, wenn die abgesicherte Verpflichtung oder die vorgesehene Transaktion eingetreten ist oder die Sicherungsbeziehung als nicht mehr effektiv betrachtet wird (vgl. Scharpf/Luz, 2000, S. 776 f.). Die zur Abbildung von Cashflow-Hedges im Eigenkapital einzurichtenden Konten stimmen mit denjenigen überein, welche für available-for-sale finacial assets anzulegen sind.

Eigenkapital-beschaffungskosten

Ebenfalls erfolgsneutral sind die *Eigenkapitalbeschaffungskosten* zu erfassen, sofern diese Kosten andernfalls vermieden worden wären und gleichzeitig die Eigenkapitalbeschaffungsaktion erfolgreich war. Zu den Eigenkapitalbeschaffungskosten zählen nur die im Rahmen einer Eigenkapitalbeschaffungstransaktion anfallenden direkten Kosten (z. B. Registerkosten und behördliche Gebühren sowie an Rechtsberater, Wirtschaftsprüfer und Unternehmensberater gezahlte Beträge, Druckkosten, Börsenumsatzsteuer, Kosten für die Inanspruchnahme von Finanzintermediären).

Falls die Eigenkapitalbeschaffungskosten steuerlich abzugsfähig sind, ist der aus den Eigenkapitalbeschaffungskosten gezogene steuerliche Vorteil erfolgsneutral abzusetzen (vgl. IAS 32.39). IAS 32.37 ff. enthält in Ermangelung einer explizit vorgegebenen Gliederung für das Eigenkapital nach IFRS auch keine Vorschrift, mit welcher Position des Eigenkapitals eine Verrechnung der Eigenkapitalbeschaffungskosten vorzunehmen ist. Sachlich überzeugt eine *Verrechnung mit der Kapitalrücklage* (vgl. Fessler/Hegmann/ Lemaitre, 2000, S. 1071), da dann das im Rahmen der Eigenkapitalbeschaffung eingeworbene Kapital um die hierfür benötigten Eigenkapitalbeschaffungskosten gekürzt ausgewiesen wird.

Eigene Aktien

Die Bilanzierung eigener Aktien regelt IAS 32.33. Im Zeitpunkt des Erwerbs eigener Aktien findet nach IAS 32.33 eine erfolgsneutrale Kürzung des Eigenkapitals um die Anschaffungskosten der eigenen Aktien statt. Für die Darstellung bestehen in Anlehnung an die US-amerikanische Bilanzierung sowie den inzwischen aufgehobenen SIC-16.10 folgende alternative Bilanzierungsmöglichkeiten:

(1) Verrechnung der Kosten für eigene Aktien in einem Posten mit dem Eigenkapital *(Cost Method)*

(2) Verrechnung des Nennwerts der zurückgekauften Aktien mit dem gezeichneten Kapital und Verrechnung der verbleibenden Differenz mit einem der anderen Eigenkapitalbestandteile (Kapitalrücklage oder Gewinnrücklagen) *(Par value method)*

(3) *Verrechnung der Kosten für eigene Aktien* mit *jeder Eigenkapitalkategorie* (analog par value method)

Auf Grund der flexiblen Bilanzierungsmöglichkeiten (vgl. Schmidbauer, 2002, S. 191) sind in Abhängigkeit der alternativ möglichen Methode entsprechende Konten anzulegen. Bei *Bilanzierung nach der Cost-Method* werden folgende Konten benötigt:

----- Gezeichnetes Kapital, Verminderung durch Einziehung eigener Aktien

----- Kapitalrücklage, Erhöhung durch Ausgabe eigener Aktien

----- Kapitalrücklage, Verminderung durch Ausgabe eigener Aktien

----- Kapitalrücklage, Verminderung durch Einziehung eigener Aktien

----- Gewinnrücklagen, Verminderung durch Ausgabe eigener Aktien

----- Gewinnrücklagen, Verminderung durch Einziehung eigener Aktien

----- Eigene Aktien, Zugang durch Rückkauf

----- Eigene Aktien, Abgang durch Ausgabe

----- Eigene Aktien, Abgang durch Einziehung

Bei *Rückkauf der eigenen Aktien* ist eine Buchung in Höhe der Anschaffungskosten gegen das gesamte Eigenkapital des Unternehmens, ohne Aufteilung auf die einzelnen Eigenkapitalarten vorzunehmen:

Eigene Aktien, Zugang durch Rückkauf
an Bank

Werden die zurückgekauften eigenen Aktien zu einem späteren Zeitpunkt zu den historischen Anschaffungskosten ausgegeben, dann ist die bei Rückkauf vorgenommene Pauschalkorrektur auf das Eigenkapital aufzulösen:

Bank an
Eigene Aktien, Abgang durch Ausgabe

Bei einem von den Anschaffungskosten abweichenden Ausgabekurs ist in Höhe des Differenzbetrags entweder die Kapitalrücklage zu erhöhen bzw. ebenfalls erfolgsneutral entweder die Kapitalrücklage oder die Gewinnrücklagen zu verringern (vgl. Arbeitskreis „Externe Rechnungslegung" der Schmalenbach-Gesellschaft, 1998, S. 1674).

Zur Abbildung der *Einziehung eigener Aktien* ist der Nennwert der eingezogenen Anteile mit dem gezeichneten Kapital zu saldieren. Der über den Nennbetrag hinausgehende Rückkaufbetrag ist entweder mit der Kapitalrücklage oder den Gewinnrücklagen zu verrechnen (vgl. Schmidbauer, 2002, S. 191).

Bei *Bilanzierung der eigenen Aktien nach der Par value method* sind folgende Konten einzurichten:

----- gezeichnetes Kapital, Verminderung durch Einziehung eigener Aktien
----- gezeichnetes Kapital – Korrektur, Zugang durch Rückkauf eigener Aktien
----- gezeichnetes Kapital – Korrektur, Abgang durch Ausgabe eigener Aktien
----- gezeichnetes Kapital – Korrektur, Abgang durch Einziehung eigener Aktien
----- Kapitalrücklage, Verminderung durch Rückkauf eigener Aktien
----- Kapitalrücklage, Erhöhung durch Einziehung eigener Aktien
----- Kapitalrücklage auf eigene Aktien, Erhöhung durch Rückkauf eigener Aktien
----- Kapitalrücklage auf eigene Aktien, Verminderung durch Einziehung eigener Aktien
----- Gewinnrücklagen, Verminderung durch Rückkauf eigener Aktien

Sofern der Rückkaufspreis über dem historischen Ausgabepreis der eigenen Aktien liegt, lautet die Buchung bei *Aktienrückkauf* nach der Par value Method:

gezeichnetes Kapital – Korrektur, Zugang durch Rückkauf eigener Aktien

Kapitalrücklage, Verminderung durch Rückkauf eigener Aktien

Gewinnrücklagen, Verminderung durch Rückkauf eigener Aktien
an Bank

Liegt der Rückkaufspreis unter dem historischen Ausgabepreis der eigenen Aktien, sind in Höhe des gezeichneten Kapitals sowie des ursprünglichen Agios (historischer Ausgabepreis) das gezeichnete Kapital und die Kapitalrücklage zu mindern. Für den Differenzbetrag zwischen Rückkaufspreis und historischem Ausgabepreis ist eine Kapitalrücklage auf eigene Aktien zu bilden.

gezeichnetes Kapital – Korrektur, Zugang durch Rückkauf eigener Aktien

Kapitalrücklage, Verminderung durch Rückkauf eigener Aktien
an Bank
an Kapitalrücklage auf eigene Aktien, Erhöhung durch Rückkauf eigener Aktien

Bei *Einziehung der zurückgekauften Aktien* ist nach der Par value method der Korrekturposten zum gezeichneten Kapital in eine endgültige Minderung des gezeichneten Kapitals umzubuchen. Ebenfalls ist eine eventuell vorhandene Kapitalrücklage auf eigene Aktien zugunsten der Kapitalrücklage aufzulösen.

Die *Ausgabe* vormals zurückgekaufter Aktien ist grundsätzlich wie eine *erstmalige Emission* zu behandeln (vgl. Arbeitskreis „Externe Unternehmensrechnung" der Schmalenbach-Gesellschaft, 1998, S. 1674).

Eigenkapitalveränderungsrechnung nach IFRS

Die Eigenkapitalveränderungsrechnung bildet gemäß IAS 1.8 einen der fünf Bestandteile des IFRS-Abschlusses. In dieser sind zumindest die in IAS 1.96 genannten Posten offen zu legen. Für die *Eigenkapitalveränderungsrechnung* nach IFRS ergibt sich folgender *Musteraufbau*, der die im IFRS-Kontenplan einzurichtenden Konten enthält:

Entwicklung des gezeichneten Kapitals

	gezeichnetes Kapital, Anfangsbestand
+	Erhöhung des gezeichneten Kapitals aus Kapitalerhöhung
–	Verringerung des gezeichneten Kapitals aus Kapitalrückzahlung
+	Umgliederung aus den Rücklagen in das gezeichnete Kapital
–	Umgliederung aus dem gezeichneten Kapital in die Rücklagen
–	Verminderung des gezeichneten Kapitals durch Einziehung eigener Aktien
=	gezeichnetes Kapital, Endbestand

Entwicklung des gezeichneten Kapitals – Korrektur (nur par value method)

	gezeichnetes Kapital – Korrektur, Anfangsbestand
+	gezeichnetes Kapital – Korrektur, Zugang durch Rückkauf eigener Aktien
–	gezeichnetes Kapital – Korrektur, Abgang durch Einziehung eigener Aktien
–	gezeichnetes Kapital – Korrektur, Abgang durch Ausgabe eigener Aktien
=	gezeichnetes Kapital – Korrektur, Endbestand

Entwicklung der Kapitalrücklage

	Kapitalrücklage, Anfangsbestand
+	Erhöhung der Kapitalrücklage aus Kapitalerhöhung
–	Verringerung der Kapitalrücklage aus Kapitalrückzahlung
–	Umgliederung aus der Kapitalrücklage in das gezeichnete Kapital
+	Umgliederung aus dem gezeichneten Kapital in die Kapitalrücklage
–	Umgliederung aus der Kapitalrücklage in die anderen Rücklagen
–	Kosten der Eigenkapitalbeschaffung
+	Steuereffekt aus den Kosten der Eigenkapitalbeschaffung
+	Erhöhung durch Ausgabe eigener Aktien (nur cost method)
–	Verminderung durch Ausgabe eigener Aktien (nur cost method)
–	Verminderung durch Einziehung eigener Aktien (nur cost method)
–	Verminderung durch Rückkauf eigener Aktien (nur par value method)
+	Erhöhung durch Einziehung eigener Aktien (nur par value method)
=	Kapitalrücklage, Endbestand

Entwicklung der Kapitalrücklage auf eigene Aktien (nur par value method)

	Kapitalrücklage auf eigene Aktien, Anfangsbestand
+	Kapitalrücklage auf eigene Aktien, Erhöhung durch Rückkauf eigener Aktien
–	Kapitalrücklage auf eigene Aktien, Verminderung durch Einziehung eigener Aktien
=	Kapitalrücklage auf eigene Aktien, Endbestand

Entwicklung der Gewinnrücklagen

	angesammelte Gewinnrücklagen, Anfangsbestand
+/–	Anpassung aus dem Übergang auf IFRS gemäß IFRS 1 (vor Steuern)
–/+	Steuereffekt auf die Anpassung aus dem Übergang auf IFRS gemäß IFRS 1
+/–	Gesamtauswirkung aus der Änderung der Bilanzierungs- und Bewertungsmethoden gemäß IAS 8 (vor Steuern)
–/+	Steuereffekt auf Gesamtauswirkung aus der Änderung der Bilanzierungs- und Bewertungsmethoden gemäß IAS 8
+/–	Gesamtauswirkung aus retrospektiver Korrektur wesentlicher Fehler gemäß IAS 8 (vor Steuern)
–/+	Steuereffekt auf Gesamtauswirkung aus retrospektiver Korrektur wesentlicher Fehler gemäß IAS 8
+/–	Periodengewinn/-verlust
–	Dividendenausschüttung
+	Umbuchung der Neubewertungsrücklage bei Verkauf/Abgang eines Vermögenswerts
+	Umgliederung aus dem gezeichneten Kapital
+	Umgliederung aus der Kapitalrücklage
–	Umgliederung in das gezeichnete Kapital
–	Verminderung durch Ausgabe eigener Aktien (nur cost method)
–	Verminderung durch Einziehung eigener Aktien (nur cost method)
–	Verminderung durch Rückkauf eigener Aktien (nur par value method)
=	angesammelte Gewinnrücklagen, Endbestand

Entwicklung der Neubewertungsrücklage

	Neubewertungsrücklage, Anfangsbestand
+/–	Veränderung der Neubewertungsrücklage auf Grund von Neubewertungen (vor Steuern)
–/+	Steuereffekt auf die Veränderung der Neubewertungsrücklage auf Grund von Neubewertungen
–	Umbuchung der Neubewertungsrücklage bei Verkauf/Abgang eines Vermögenswerts
+	Steuereffekt aus der Realisierung der Neubewertungsrücklage bei Verkauf/Abgang des Vermögenswerts
+/–	Sonstige Steuereffekte auf die Neubewertungsrücklage
=	Neubewertungsrücklage, Endbestand

Entwicklung der Bewertungsergebnisse für available-for-sale financial assets

	Bewertungsergebnisse für available-for-sale investments, Anfangsbestand
+/–	Anpassung aus dem Übergang auf IFRS gemäß IFRS 1
–/+	Steuereffekt auf die Anpassung aus dem Übergang auf IFRS gemäß IFRS 1
+/–	Veränderung Bewertungsergebnisse für available-for-sale financial assets auf Grund der Zeitbewertung
–/+	Steuereffekt aus der Veränderung Bewertungsergebnisse für available-for-sale financial assets auf Grund der Zeitbewertung
–/+	Realisierung der Bewertungsergebnisse für available-for-sale financial assets auf Grund der Reklassifizierung
+/–	Steuereffekt aus der Realisierung der Bewertungsergebnisse für available-for-sale financial assets auf Grund der Reklassifizierung
+/–	Sonstige Steuereffekte auf Bewertungsergebnisse für available-for-sale financial assets
=	Bewertungsergebnisse für available-for-sale financial assets, Endbestand

In gleicher Weise ist auch die Entwicklungsrechnung für Cashflow-Hedges aufzubauen.

Eigene Aktien (nur cost method)

	Eigene Aktien, Anfangsbestand
+	Eigene Aktien, Zugang durch Rückkauf
–	Eigene Aktien, Abgang durch Ausgabe
–	Eigene Aktien, Abgang durch Einziehung
=	Eigene Aktien, Endbestand

Angaben zu den Ertragsteuern im IFRS-Abschluss und deren Abbildung im Kontenplan

Bestandteile des Steueraufwands und -ertrags

Nach IAS 12.79 sind die *Hauptbestandteile* des Steueraufwands und Steuerertrags getrennt anzugeben. IAS 12.80 enthält eine beispielhafte Aufzählung der Komponenten des Steueraufwands und Steuerertrags; diese ist jedoch nicht vollständig. Die Komponenten des Steueraufwands bzw. -ertrags lassen sich in Form einer Matrix darstellen, dessen eine Achse die Ergebnisebene bzw. die Sachverhalte bilden, auf welche die Ertragsteuern anfallen, und dessen andere Achse die Art der Ertragsteuern (tatsächliche und latente Ertragsteuern, letztere untergliedert nach Verlustvorträgen und temporären Differenzen) darstellen.

Da für die einzelnen *Kategorien der latenten Steueraufwendungen und -erträge* noch die *Ergebniseffekte nach Ursachen* offen zu legen sind (vgl. IAS 12.80 c-g), resultiert für die innerhalb der Abbildung dargestellten aktiven und passiven latenten Ertragsteuern eine weitere Zerlegung (siehe Abbildung 4).

Die aufgezeigten Elemente der tatsächlichen und der latenten Ertragsteuern (einschließlich der Ursachen) sind Aufgliederungen des extern auszuweisenden Ertragsteueraufwands bzw. -ertrags. Daher empfiehlt sich zur Generierung dieser Informationen die *kontenmäßige Abbildung* dieser Bestandteile.

Gemäß IAS 12.81 g (ii) ist für *sämtliche Arten* (bilanzieller) *temporärer Differenzen* der Betrag der *in der GuV erfassten latenten Steueraufwendungen bzw. -erträge* offen zu legen, sofern dieser nicht aus der GuV hervorgeht. Da die auf die einzelnen Bilanzpositionen zuzurechnenden temporären Unterschiede sowohl ergebniswirksame als auch ergebnisneutrale Effekte enthalten können, sind zur Erfüllung des IAS 12.81 g (ii) die *latenten Steueraufwendungen bzw. -erträge aus temporären Differenzen* überdies nach *Sachverhalten,* d. h. nach Art der temporären Differenz, zu untergliedern.

Dementsprechend sind beispielsweise zur Abbildung der Anforderungen des IAS 12.80 c, d und g für *aktive latente Differenzen* (z. B. Pensionsrückstellungen, deren IFRS-Wertansatz regelmäßig den Wert nach § 19 a EStG überschreitet) folgende Konten anzulegen:

----- Veränderung aktiver latenter Steuern aus Pensionsrückstellungen auf Grund der Entstehung/Auflösung temporärer Differenzen
----- Veränderung aktiver latenter Steuern aus Pensionsrückstellungen auf Grund der Änderung des Steuersatzes
----- Wertminderung auf aktive latente Steuern aus Pensionsrückstellungen
----- Wertaufholung auf aktive latente Steuern aus Pensionsrückstellungen

Für passive temporäre Differenzen entfallen die entsprechenden Wertminderungs- und Wertaufholungskonten.

Bilanzielle Steuereffekte

IAS 12 enthält hinsichtlich der IFRS-Bilanz zwei zentrale Anforderungen:

- Untergliederung der (aktiven sowie passiven) temporären Differenzen und der aktivierten steuerlichen Verlustvorträge nach Sachverhalten gemäß IAS 12.81 g (i)
- Angabe der mit dem Eigenkapital zu verrechnenden Steuereffekte gemäß IAS 12.81 a

Die Angabe des IAS 12.81 g (i) bildet einen *Teilschritt bei der Ableitung der abzugrenzenden latenten Steuerdifferenzen.* Für die Bestimmung der aktiven und passiven latenten Steuern ist in einem ersten Schritt der IFRS-Buchwert mit dem Steuerwert der Vermögenswerte und Schulden zu vergleichen (vgl. Coenenberg/Hille, 1997, S. 538 f.). (Letztgenannter ermittelt sich aus dem Wert der Steuerbilanz gegebenenfalls korrigiert um außerbilanzielle steuerliche Korrekturen.) Auf diese Differenzen werden latente Steuern dann abgegrenzt, falls *keine IFRS-spezifischen Ausnahmeregelungen* (IAS 12.15, IAS 12.24, IAS 12.39 und IAS 12.44) entgegen stehen und die *Realisierung aktiver latenter Steuern als hinreichend wahrscheinlich* eingestuft werden kann.

IAS 12.81 a fordert zwar nur die Angabe der auf das Eigenkapital entfallenden Steuereffekte in einer Summe, was sich prinzipiell durch Einrichtung eines einzigen Kontos innerhalb des Eigenkapitals erfüllen lässt. Darüber hinaus ist jedoch einerseits das Eigenkapital in seine Komponenten zu gliedern und andererseits auch die Entwicklung der einzelnen Eigenkapitalbestandteile in Gestalt der Eigenkapitalveränderungsrechnung als selbstständiger Teil des IFRS-Jahresabschlusses zu zeigen. Aus diesem Grund bietet sich zur gleichzeitigen Erfüllung der Anforderungen des IAS 12.81 a sowie der aus der Eigenkapitalveränderungsrechnung folgenden Konsequenzen die Einrichtung von Konten zur Erfassung von Steuereffekten bei allen in der Eigenkapitalveränderungsrechnung dargestellten Eigenkapitalpositionen an, bei denen mit dem Eigenkapital zu verrechnende Steuereffekte zu berücksichtigen sein können. Durch *Aggregation* der auf die-

	tatsächliche Ertragsteuern	latente Ertragsteuern	
		Temporäre Diff.	Verlustvorträge
periodenbezogen	X	X	X
periodenfremd	X	X	X
Periodenergebnis eingestellter Bereiche	X	X	X
Aufgabeergebnis eingestellter Bereiche (einschließlich remeasurement)	X	X	X
Änderung von Bilanzierungs- und Bewertungsmethoden (prospektiv)	X	X	X
Berichtigung wesentlicher Fehler (prospektiv)	X	X	X

Abbildung 3: Komponenten des Ertragsteueraufwands bzw. -ertrags nach IAS 12

Aktive latente Steuern (einschließlich Verlustvorträge)	Passive latente Steuern
Veränderung der aktiven/passiven latenten Steuern auf Grund der Entstehung/Auflösung temporärer Differenzen sowie Verlustvorträge (IAS 12.80 c)	
Veränderung der aktiven/passiven latenten Steuern auf Grund der Änderung von Steuersätzen und Steuervorschriften (IAS 12.80 d)	
Wertminderung (IAS 12.80 g)	
Wertaufholung (IAS 12.80 g)	
Nutzung bislang nicht angesetzter aktiver latenter Steuern (IAS 12.80 e und f)	

Abbildung 4: Ursachen der latenten Steuereffekte nach IAS 12

sen Konten am Periodenende erfassten Steuereffekte ist die *Anhangangabe des IAS 12.81 a* abzuleiten.

Komponenten der steuerlichen Überleitungsrechnung

Nach IAS 12.81 c ist die Relation zwischen dem Steueraufwand bzw. -ertrag und dem IFRS-Periodenergebnis in Form einer Überleitungsrechnung (Abstimmung von Absolutbeträgen oder Abstimmung von Steuersätzen) zu erörtern. Die Struktur der steuerlichen Überleitungsrechnung hat sich an sämtlichen möglichen Abweichungen zwischen dem theoretisch zu erwartenden Steueraufwand bzw. -ertrag, der sich als Produkt aus dem IFRS-Ergebnis vor Steuern und dem anzuwendenden Ertragsteuersatz errechnet, und dem in der GuV ausgewiesenen Steueraufwand bzw. -ertrag zu orientieren. Die Abweichungen zwischen steuerlichem und handelsrechtlichem Ergebnis resultieren aus vier Quellen (vgl. Kirsch, 2003b, S. 705 f.):

- permanente Differenzen zwischen IFRS-Ergebnis und zu versteuerndem Einkommen,
- temporäre Differenzen ohne Abgrenzung latenter Steuern kraft IFRS-spezifischer Regelungen,
- aktive latente Steuern, welche auf Grund fehlender Ansatzvoraussetzungen nicht in voller Höhe angesetzt wurden, und
- periodenfremde nicht abgrenzbare bzw. nicht abgegrenzte Effekte.

Die *Mustergliederung* für die *steuerliche Überleitungsrechnung* hat dann folgende Gestalt:

	Ergebnis vor Steuern
*	anzuwendender inländischer Steuersatz
=	errechnete inländische Ertragsteuern
+/–	Differenz zu ausländischen Ertragsteuer(sätze)n
=	errechnete Ertragsteuern (Anwendung eines Mischertragsteuersatzes für das Unternehmen bzw. den Konzern)
+	Steuereffekt auf (permanent) steuerlich nicht abzugsfähige Aufwendungen
–	Steuereffekt auf (permanent) steuerfreie Erträge
–	Steuereffekt auf (permanent) nicht aufwandswirksame steuerliche Betriebsausgaben
+	Steuereffekt auf (permanent) nicht ertragswirksame steuerliche Betriebseinnahmen
+	Steuereffekt auf Goodwillabschreibungen
+/–	Steuereffekt auf die Entstehung einer aktiven (+)/passiven (-) nicht abgrenzungsfähigen temporären Differenz im Zusammenhang mit Tochterunternehmen, Zweigniederlassungen, Joint Ventures und assoziierten Unternehmen
–/+	Steuereffekt auf die Auflösung einer aktiven (-)/passiven (+) nicht abgrenzungsfähigen temporären Differenz im Zusammenhang mit Tochterunternehmen, Zweigniederlassungen, Joint Ventures und assoziierten Unternehmen
+	Wertberichtigung auf aktive latente Steuern
–	Wertaufholung auf aktive latente Steuern
+	Steuereffekt auf aktive latente Differenzen und Verlustvorträge, für die in der gegenwärtigen Periode keine aktiven latenten Steuern erfasst wurden
–	Steuereffekt aus der Nutzung aktiver latenter Differenzen und Verlustvorträge, für die bislang keine latenten Steuern erfasst wurden
+/–	periodenfremde tatsächliche Ertragsteuern
–	Steuergutschriften
+/–	Effekte aus Steuersatzänderungen
=	ausgewiesener Ertragsteueraufwand

Für die Zwecke der Überleitungsrechnung – wie auch für steuerliche Zwecke – ergibt sich die *gesonderte Aufzeichnungspflicht* steuerlich nicht abzugsfähiger Aufwendungen, steuerfreier Erträge, nicht aufwandswirksamer steuerlicher Betriebsausgaben und nicht ertragswirksamer steuerlicher Betriebseinnahmen. Ebenfalls sind *Goodwillabschreibungen* und *Steuergutschriften auf separaten Konten* zu erfassen.

Die übrigen Elemente der steuerlichen Überleitungsrechnung ergeben sich im Allgemeinen aus den oben besprochenen *Kontenplanerweiterungen*. Im Einzelfall sind für die kontenmäßige Erfassung *sachliche Würdigungen der Steuerabteilung* erforderlich (z. B. Steuergutschriften, Bestimmung der anzuwendenden Steuersätze bzw. des Effektes aus der Änderung von Steuersätzen).

Bei *Unterlassung der Bildung von aktiven latenten Steuern auf temporäre Differenzen und Verlustvorträge* wegen fehlender Realisierungsvoraussetzungen empfiehlt sich für den buchhalterischen Nachweis zunächst die vollständige Erfassung der Bruttowerte ungeachtet ihrer Realisierungswahrscheinlichkeit. Auf einem (ersten) Wertberichtigungskonto sind die Korrekturen für die aktiven latenten Steuern abzubilden, für die mangels Realisierungswahrscheinlichkeit keine aktiven latenten Steuern angesetzt werden. Für den externen Ausweis im IFRS-Jahresabschluss ergibt sich eine direkte Saldierung zwischen dem Bruttowert der Buchführung und diesem (ersten) Wertberichtigungskonto zur *Ableitung des extern offen gelegten Bruttowerts der aktiven latenten Steuern.* Auf einem weiteren (zweiten) Wertberichtigungskonto werden dementsprechend die auch extern darzustellenden Wertberichtigungen erfasst (z. B. Wertminderungen auf bereits extern bilanzierte aktive latente Steuern infolge einer zu einem nach dem Zeitpunkt des erstmaligen Ansatzes geringeren Realisierungswahrscheinlichkeit für die aktiven latenten Differenzen.)

Ausblick

Die bis zum 1.1.2005 bzw. 1.1.2007 erfolgende Umstellung der externen Rechnungslegung für kapitalmarktorientierte Unternehmen in Deutschland von HGB auf IFRS ist nicht nur auf die Erstellung von Geschäftsberichten beschränkt; zur Generierung der in Jahres- und Zwischenberichten veröffentlichten IFRS-Daten sind die Voraussetzungen im Finanz- und Rechnungswesen zu schaffen.

Dies setzt zum einen entsprechende Anpassungen in der Finanzbuchhaltung des nach IFRS berichtenden Unternehmens bzw. Konzerns voraus. Darüber hinaus benötigt man für die Erstellung des IFRS-Abschlusses auch Informationen aus anderen Bereichen des Finanz- und Rechnungswesens. Das *Controlling* und die *Kostenrechnung* sind Datenlieferant für die Segmentberichterstattung, für die Berichterstattung über aufgegebene Geschäftsfelder und Eventualschulden, für die Bewertung langfristiger Aufträge sowie für die Bewertung potenziell wertgeminderter Vermögenswerte und zahlungsmittelgenerierender Einheiten. Sofern die Kostenrechnung – analog der Stellung zur Finanzbuchhaltung nach HGB – unter anderem auch Dienstleistungsaufgaben für die Jahresabschlusserstellung nach IFRS übernehmen soll, setzt dies im Einzelfall voraus, dass die Ausgestaltung des internen Rechnungswesens anzupassen ist. Hierzu zählt beispielsweise die verstärkte Cashflow-Orientierung im internen Berichtswesen oder eine Zuwendung zu zahlungsmittelgenerierenden Einheiten (anstatt zu Produkten) als Kostenträger.

Zur Erfüllung der steuerlichen Berichtsanforderungen nach IAS 12 sowie zur Bewertung der latenten Steuerposten benötigt die auf IFRS basierende Finanzbuchhaltung in erheblichem Maße Informationen, welche in der *Steuerabteilung* (z. B. Ableitung des steuerpflichtigen Einkommens aus dem Handelsbilanzergebnis, Daten für die steuerliche Überleitungsrechnung) vorhanden sind. Darüber hinaus werden zur Erstellung eines IFRS-Abschlusses auch Informationen aus der *Einkaufsabteilung* (z. B. Bestellobligo für Kapitalflussrechnung), *Lagerbuchhaltung* (z. B. Vorratsbewertung), *Finanzabteilung* (z. B. Prüfung der Wirksamkeit der Hedge-Instrumente), *Personalabteilung* (z. B. Berichterstattung über Altersversorgungspläne) und der *Planungsabteilung* (durch wesentlich stärkeren Zukunftsbezug bei der Bewertung nach IFRS im Vergleich zum HGB) benötigt. Insoweit ist es berechtigt bei der IFRS-Umstellung von einem Gemeinschaftsprojekt im kaufmännischen Sektor (eines Unternehmens bzw. Konzerns) zu sprechen.

Literatur

Arbeitskreis „Externe Rechnungslegung" der Schmalenbach-Gesellschaft: Behandlung „eigener Aktien" nach deutschem Recht und US-GAAP unter besonderer Berücksichtigung des KonTraG, in: Der Betrieb, 51. Jg. (1998), Heft 34, S. 1673 – 1677.

Ballwieser, W.: IAS 16, in: Baetge, J. et. al. (Hrsg.): Rechnungslegung nach International Accounting Standards (IAS), 2. Aufl., Stuttgart 2002.

BdF: Schreiben vom 19.4.1971, BStBl. 1971 I S. 264.

Coenenberg, A. G./Hille, K.: Latente Steuern nach der neu gefassten Richtlinie IAS 12, in: Der Betrieb, 50. Jg. (1997), Heft 11, S. 537 – 544.

Fessler, B./Hegmann, G./Lemaitre, C.: Die Behandlung von Börseneinführungskosten unter Beachtung internationaler Rechnungslegungsnormen des „Neuen Marktes", in: Deutsches Steuerrecht, 38. Jg. (2000), Heft 25, S. 1069 – 1072.

Hirschberger, W./Karl, D.: Projektorganisation und -controlling bei der Umstellung der Rechnungslegung auf IAS/IFRS im Mittelstand, in: Deutsches Steuerrecht, 40. Jg. (2002), Heft 51/52, S. 2236 – 2240.

Holzer, H. P./Ernst, C.: (Other) Comprehensive Income and Non-Ownerhip Movements in Equity – Erfassung und Ausweis des Jahresergebnisses nach US-GAAP und IAS, in: Die Wirtschaftsprüfung, 52. Jg. (1999), Heft 9, S. 353 – 370.

Kirsch, H.: Buchführung/IAS-Umstellung (Nr. 28 b), in: Federmann, R. (Hrsg.): Handbuch der Bilanzierung, Freiburg 2003a.

Kirsch, H.: Steuerliche Berichterstattung im Jahresabschluss nach IAS/IFRS, in: Deutsches Steuerrecht, 41. Jg. (2003b), Heft 17, S. 703 – 708.

Rhiel, R.: § 22 Leistungen an Arbeitnehmer, Altersversorgung, in: Lüdenbach, N./Hoffmann, W.-D. (Hrsg.): Haufe IAS-Kommentar, Freiburg 2003.

Scharpf, P./Luz, G.: Risikomanagement, Bilanzierung und Aufsicht von Finanzderivaten, 2. Aufl., Stuttgart 2000.

Schmidbauer, R.: Die Bilanzierung eigener Aktien im internationalen Vergleich, in: Deutsches Steuerrecht, 40. Jg. (2002), Heft 5, S. 187 – 192.

Bündelung von Controllingfunktionen in Shared Service Centern

Wilfried Krüger / Marc Danner

Problemstellung

Die IAS/IFRS-Umstellung betrifft alle Führungskräfte in einem Konzern, die Ergebnisverantwortung tragen. Es geht nicht nur darum, sich mit den neuen oder geänderten Kennzahlen und Standards vertraut zu machen. Vielmehr besteht die besondere Herausforderung und Chance darin, die bestehenden Geschäfte zukünftig konzernweit transparenter und einheitlicher zu steuern und die Ausrichtung auf Kernfähigkeiten und Kerngeschäfte, auch unter Einschluss von M&A-Aktivitäten, gezielter und wirkungsvoller voranzutreiben.

Die Konsequenzen der IAS/IFRS-Einführung gehen über die Spezialfragen der Rechnungslegung weit hinaus. Es ergeben sich insbesondere Querbeziehungen zu aktuellen Organisations- und Führungsproblemen international operierender Konzerne. Dieser Problemkreis wird im Folgenden untersucht, wobei davon ausgegangen wird, dass zukünftig länderübergreifend eine einheitliche Rechnungslegung für Konzernabschluss wie Einzelabschlüsse praktiziert wird. Folgende Fragestellungen werden behandelt:

1. Wodurch ist die derzeitige Entwicklung der Organisation und Führung von Konzernen gekennzeichnet?
2. Welche Unterstützung können IAS/IFRS hierbei leisten?
3. Wie ist das unmittelbare Organisationsumfeld der IAS/IFRS-Aufgaben (damit gemeint sind alle Aufgaben, die von der IAS/IFRS-Anwendung betroffen sind) als einem Teil der Finanzfunktionen des Konzerns beschaffen (Shared Service Center)?
4. Wie ist bei der Bündelung von Finanzfunktionen in einem Shared Service Center vorzugehen?

Konzernentwicklung als Hintergrund

Die IAS/IFRS betreffen (zunächst) börsennotierte Konzerne, also große und meist auch reife Unternehmungen. Um die Bedeutung dieser Rechnungslegungsstandards einzuschätzen, ist es daher erforderlich, die aktuelle Lage von Konzernen zu beleuchten. Bei allen Unterschieden im Detail und im Einzelfall lassen sich zunächst hinsichtlich der *strategischen Ausrichtung* zwei große Entwicklungslinien ausmachen. Zum einen gibt es ein anhaltendes Bemühen um eine (noch) stärkere kosten- und ergebnisorientierte Strukturierung und Steuerung aller Geschäfte und Organisationseinheiten. Die Werthaltigkeit aller Aktivitäten, Prozesse und Geschäfte steht zur Diskussion. Zum anderen fragen sich nicht nur diversifizierte Konzerne, worin denn ihre

- Die Konsequenzen der IAS/IFRS-Einführung gehen über die Spezialfragen der Rechnungslegung weit hinaus. Betroffen sind vielmehr alle Führungskräfte im Konzern, die Ergebnisverantwortung tragen.
- IAS/IFRS unterstützen die finanzielle und strategische Führung und erlauben es, Organisationseinheiten transparent und einheitlich abzubilden und zu steuern.
- Die so erreichte Transparenz und Einheitlichkeit begünstigen die Führung vorhandener Geschäfte und Organisationseinheiten und erleichtern darüber hinaus den Umbau der Wertschöpfungsarchitektur.
- Im Zuge des Umbaus werden IAS/IFRS-Aufgaben – wie andere Unterstützungsaufgaben auch – mehr und mehr in Shared Service Centern gebündelt, um Kosten- und Leistungsvorteile zu erzielen.
- Die IAS/IFRS bieten damit einen weiteren Anlass, die Bündelung von Finanzfunktionen generell zu untersuchen und eine Analyse und Standardisierung der Hauptprozesse in Angriff zu nehmen.

Prof. Dr. Wilfried Krüger
Inhaber der Professur für Unternehmungsführung und Organisation der JLU Gießen
Licher Straße 62, 35394 Giessen
Telefon: +49 (0) 6 41 99-2 24 31
Telefax: +49 (0) 6 41 99-2 24 39
E-Mail: Wilfried.Krueger@wirtschaft.uni-giessen.de

Kernfähigkeiten und Kerngeschäfte bestehen. Die Definition und Entwicklung unternehmungsweiter Kernkompetenzen und die Konzentration auf entsprechende Geschäfte bedingen tiefgreifende Veränderungen der Strukturen und Prozesse. Davon betroffen sind nicht nur die Wertketten einzelner Konzerne, sondern die Wertschöpfungsarchitekturen ganzer Branchen. Man denke z. B. an die Chemie- und Pharmaindustrie und dabei an die Entflechtungsprozesse, die vom vormaligen Hoechst-Konzern zu den „Hoechstnachfolgern“ Celanese, Clariant und Aventis geführt haben. Aus einem integrierten Konzern sind kompetenz-fokussierte Gesellschaften für Commodities (Celanese), Spezialchemie (Clariant) und Pharma (Aventis) geworden. Derartige strukturelle Veränderungen sind Ausdruck und Ergebnis von Wettbewerbsstrategien, die derzeit weithin durch *kernkompetenzorientiertes Vorgehen* geprägt werden (vgl. hierzu Krüger/Homp 1997). Mehr denn je gilt der Satz: „structure follows strategy“ (vgl. Chandler 1962, S. 383 ff.).

Analytischer Ausgangspunkt dieser Organisationsänderungen ist eine Betrachtung der Wertschöpfungskette. Die einzelnen Kettenglieder und die darin enthaltenen Aufgabengebiete werden daraufhin untersucht, ob sie Kernkompetenzgehalt besitzen oder nicht. Auf die kompetenzhaltigen Gebiete wird sich langfristig der Konzern stützen; sie bilden die Kernfunktionen bzw. Kernarbeitsgebiete und prägen die Kerngeschäfte. Für nicht kompetenzhaltige Bereiche ist zu prüfen, ob sie völlig aufgegeben, auf den Markt übertragen, intern restrukturiert oder aber, bei Mehrfachaufgaben, bereichs- und regionenübergreifend gebündelt werden. Ein Verbleib im Konzern bei organisatorischer Bündelung in einer gesonderten Einheit kommt vor allem für die vielfältigen Dienstleistungs- und Administrationsfunktionen in Betracht, die nicht geschäftsspezifisch und nicht ortsgebunden sind. Hierzu zählen auch die kaufmännischen Aufgaben des internen wie externen Rechnungswesens, des Finanzwesens, des Controllings und der Besteuerung, die hier zusammengenommen als *Finanzfunktionen* bezeichnet werden sollen.

Strategische Neuausrichtung und organisatorische Umgestaltung gehen Hand in Hand mit der Regelung der Führungsbeziehung zwischen Konzernspitze (Obergesellschaft) bzw. Zwischeneinheiten (z. B. Führungsgesellschaften, Landesgesellschaften) und den Grundeinheiten (z. B. Werke, Business Units). Kennzeichnend hierfür ist eine straffere und transparentere Führung, in der monetäre Steuerungsgrößen eine tragende Rolle spielen. Die Veränderungen in der Rechnungslegung durch IAS/IFRS setzen genau hier an.

Diese Ausgangsüberlegungen hinsichtlich der Konzernentwicklung machen den Gesamtzusammenhang deutlich, aus dem heraus das Thema des vorliegenden Beitrags behandelt werden soll. Es geht um den Dreiklang von „Strategie“, „Struktur“ und „Führung“ und dessen mögliche Beeinflussung durch die IAS/IFRS-Umstellung (vgl. Abbildung 1). Hierfür ist zunächst zu klären, welche Bezüge sich zur Unternehmungsstrategie und zur Führung ergeben. Daran anschließend ist das nähere Organisationsumfeld zu untersuchen, also die Organisation der Finanzfunktionen, und deren Verhältnis zu den IAS/IFRS-Aufgaben. Dieser Problemkreis ist Teil des Strukturwandels im Konzern.

Dr. Marc Danner
Finanz- und Rechungswesen,
Clariant GmbH
Am Unisys-Park 1, 65840 Sulzbach
Tel. 0 61 96/7 57 75 68
E-Mail: Marc.Danner@clariant.com

Funktionen von IAS/IFRS im Konzern

a) Unterstützung von Konzernstrategie und Konzernführung

Durch IAS/IFRS wird die Konzernrechnungslegung europaweit vereinheitlicht. Die Umstellung auf IAS/IFRS bedingt in vielen Punkten ein neues Informationsgerüst und führt zu einer teilweise anderen Aussage und Interpretation seitheriger Steuerungskennzahlen für Ergebnis, Cashflow und Rendite. *Für eine erfolgreiche Einführung reicht also die rein technische Umstellung nicht aus.* Vielmehr müssen alle Führungskräfte mit den neuen Steuerungskennzahlen vertraut gemacht werden, um sich im Führungsprozess zukünftig daran orientieren zu können.

Zwei zu erwartende Effekte der Umstellung dürften für die beschriebenen Tendenzen der Konzernentwicklung von besonderer Bedeutung sein. Einerseits ist zukünftig eine *bessere Vergleichbarkeit von Einheiten innerhalb eines Rechtsraums,* vor allem aber *zwischen verschiedenen Rechtsräumen* gegeben. Andererseits erhöht sich die *Transparenz* der Konzerne. Hierzu tragen insbesondere die detaillierten Angaben im Anhang, die Segmentberichterstattung und die Kapitalflussrechnung bei.

Dadurch werden wertorientierte wie kompetenzorientierte Strategien sowie deren Umsetzung in den Führungsbeziehungen gleichermaßen erleichtert und verbessert. Mangelnde Transparenz des Konzerngeschehens, ein oft beklagter Tatbestand und ein Hindernis für straffe Führung, könnte bald der Vergangenheit angehören. Ansatzpunkte für eine Optimierung der Wertschöpfungsarchitektur sind durchgehend klarer erkennbar und besser vergleichbar. Konfigurationsmanöver des Abbaus, Umbaus und Aufbaus von Teilen der Wertkette werden erleichtert. Alle diese Wirkungen begünstigen nicht nur die interne Führung, sondern auch die externe. Die Kommunikation mit Investoren wird davon ebenso profitieren wie die Durchführung von M&A-Aktivitäten. Käufe und Verkäufe sowie die Integration von Targets werden informatorisch einfacher. Insgesamt dürften daher die beschriebenen Tendenzen der Konzernentwicklung unterstützt und beschleunigt werden. Die erforderlichen Vereinheitlichungs- und Umstellungsaktivitäten bei der Einführung von IAS/IFRS-Abschlüssen könnten außerdem einen weiteren Anlass bieten, über die konzernweite Organisation der Finanzfunktionen nachzudenken.

b) Abbildung und Steuerung fokussierter Organisationseinheiten

Der kernkompetenzorientierte Umbau historisch gewachsener und vielfältig verflochtener Konzernstrukturen führt im Ergebnis zu klar gegliederten, entflochtenen Organisationseinheiten, die sich auf je unterschiedliche Aufgaben- und Fähigkeitsschwerpunkte konzentrieren. Strategische, operative und Servicefunktionen werden klar getrennt. Es entsteht eine „strategiefokussierte Organisation" (Kaplan/Norton 2001). Die Makrostruktur dieser Unternehmungen lässt sich verallgemeinert anhand des sog. SOS-Konzepts charakterisieren (vgl. Krüger 1994, S. 37 ff.; Krüger 2001, S. 166 ff.). Danach sind in einem Konzern aufgabenanalytisch drei Kategorien von Organisationseinheiten zu unterscheiden:

Steuerungseinheiten (S): Steuerung, hier im weiteren Sinne gebraucht, umfasst die Managementprozesse der Planung, Entscheidung, Steuerung (i. e. S.) und Überwachung. Steuerungsaufgaben fallen bei einer Detailbetrachtung der Organisationshierarchie zwar auf jeder Leitungsebene an. Für die hier anzustellende Makrobetrachtung zählen aber zu den Steuerungseinheiten nur diejenigen rechtlichen bzw. organisatorischen Einheiten, deren Aufgabe nicht die Durchführung des operativen Geschäfts oder dessen Unterstützung ist, sondern die bereichs- bzw. segmentübergreifende Steuerung. Geht man von einem mehrfach gestuften Konzern aus, so geht es dabei zunächst um die Ebene der sog. *Zwischeneinheiten* (z. B. Führungsgesellschaften, Landesgesellschaften), denen die jeweiligen *operativen Einheiten* (z. B. Werke, Niederlassungen, Sparten), allgemein als *Grundeinheiten* bezeichnet, unterstehen. Über den Zwischeneinheiten ist sodann die *Spitzeneinheit* (Obergesellschaft, einschließlich Führungsstäben und Zentralstellen) angeordnet, deren Aufgabe es ist, die Zwischeneinheiten ihrerseits zu führen.

Die *Kernfähigkeiten*, die in den Steuerungseinheiten zu bündeln und zu kultivieren sind, betreffen zum einen die konzernweite strategische Ausrichtung und Führung. Steuerungseinheiten sind *Management-Center.* Zum anderen müssen in diesen Einheiten die Fähigkeiten zum permanenten Wandel und organisationalen Lernen aufgebaut werden, die zur nachhaltigen Weiterentwicklung des Konzerns und seiner Geschäfte benötigt werden. Steuerungseinheiten müssen also zugleich auch *Entwicklungs-Center* sein.

Welche Aufgaben an der Konzernspitze in einem *Corporate Center* gebündelt werden bzw. verbleiben, hängt vom Typ des Konzerns (Stammhauskonzern, Managementholding, Finanzholding) und von dem Führungsanspruch der Spitze ab (vgl. Hungenberg 1995). Die Eingriffstiefe der Spitze bzw. der Handlungsspielraum der nachgelagerten Einheiten, die dadurch geprägt werden, sind nicht zwangsläufig einheitlich geregelt für alle Bereiche des Konzerns. Wo besondere „Management Attention" angemessen ist (z. B. in Krisenbereichen oder jungen Geschäften) werden die Zügel ggf. straff angezogen.

Operative Einheiten (O): Alle für das Geschäft (die Leistung/das Produkt) unmittelbar erforderlichen, spezifischen Aufgaben/Prozesse sind in den operativen Einheiten gebündelt. Im Falle einer industriellen Geschäftseinheit bzw. Produktsparte zählen hierzu typischerweise Produktentwicklung, Leistungserstellung, Auftragsabwicklung, Verkauf und Kundenservice. Die operativen Prozesse erbringen die Wertschöpfung und führen ggf. zu den angestrebten Wettbewerbsvorteilen.

Operative Einheiten sind die erfolgsbestimmenden Kernbereiche jeder Unternehmung. Die dort vorhandenen geschäftsspezifischen funktionalen Fähigkeiten prägen letztlich die Wettbewerbsfähigkeit und Wettbewerbsposition des Ganzen.

Support-Einheiten (S): Alle Aufgaben/Prozesse, die der Unterstützung von „Operation" oder „Steuerung" dienen, werden vermehrt in gesonderten Einheiten (sog. Service- oder Support-Einheiten) zusammengefasst. Es handelt sich dabei um die vielfältigen internen Administrations- und Dienstleistungsaufgaben. Inhaltlich geht es um die Entwicklung und Pflege der Unternehmungsinfrastruktur (Bauten, Technologien, IT, Organisation) sowie die Bereitstellung der notwendigen materiellen, informationellen und personellen Ressourcen. Unterstützungsaufgaben sind, gemessen an der jeweiligen Konzernstrategie, nicht unmittelbar wertsteigernd. Die in der Praxis zunehmend gebildeten *Shared Service Center* sind Anwendungsfälle der Support-Einheiten. In einer Support-Einheit können solche Aufgaben und Fähigkeiten konzentriert werden, die nicht ortsgebunden oder geschäftsspezifisch sind. Dazu zählen weitestgehend auch die Finanzfunktionen. Durch die organisatorische Bündelung von Unterstützungsfunktionen in einem Service-Center können nicht nur *Volumen- und Kostenvorteile* ausgeschöpft werden. Mindestens genauso wichtig sind die durch Poolung von Spezialisten entstehenden Möglichkeiten einer Professionalisierung und Entwicklung entsprechender Leistungen, also *Fähigkeits- und Leistungsvorteile.* Sie lassen sich ggf. nicht nur konzernintern nutzen, sondern auch am externen Markt. Gelegentlich entstehen aus vormaligen „Unterstützungsleistungen" daher eigene Geschäfte oder sogar neue operative Kerne.

Klar strukturierte und entflochtene Einheiten lassen sich auch im Rechenwerk deutlicher und überschaubarer darstellen. Die Organisationsstruktur schafft insofern wesentliche Grundlagen für die Erhöhung der Transparenz. Durch die neuen Regeln nach IAS/IFRS wird die Übersichtlichkeit weiter erhöht. Beides zusammen verbessert in sachbezogener Hinsicht die Führbarkeit des Gesamtkonzerns und aller seiner Teile ganz erheblich. Zugleich liegen damit auch neue Voraussetzungen vor, die vertikale Verteilung von Kompetenz und Verantwortung zu bestimmen, dies insbesondere im Hinblick auf Kosten- und Ergebnisverantwortung. Die Steuerung anhand verursachungsgerechter monetärer Größen, jetzt nach IAS/IFRS definiert, wird erleichtert. Davon sind alle Steuerungskonzepte (vgl. Krüger/Jantzen-Homp 1999) gleichermaßen betroffen. Sei es, dass man inputbezogen über ein Budget („Expense Center“) oder über einzuhaltende Kosten („Cost Center“) steuert, sei es, dass man bewertbare Outputs („Revenue Center“) oder sogar ein erwirtschaftetes Ergebnis („Profit Center“) zur Steuerung heranzieht. Sind schon Profit Center, die diesen Namen wirklich verdienen „Unternehmen im Unternehmen“, so gilt dies erst recht für Einheiten, die über einen Teil ihres Überschusses auch noch selbst verfügen können („Investment Center“). Sie tragen die weitestmögliche unternehmerische Verantwortung.

Im konkreten Einzelfall müssen die Konzernstrategie und die daraus resultierenden organisatorischen Veränderungen mit der (Neu-)Justierung des Führungsanspruchs und der dazu passenden Definition und Ermittlung der IAS/IFRS-Kennzahlen abgestimmt werden. Für die Führungsverantwortlichen bedeutet dies, dass sie die IAS/IFRS-Umstellung nicht lediglich als lästige Veränderungen des Rechenwerks und damit als Arbeit für Spezialisten ansehen, sondern sich bei der Gelegenheit intensiv mit den Zusammenhängen zwischen „Strategie“, „Struktur“, „Führung“ und „Unternehmungsrechnung“ auseinandersetzen. Gerade solche Manager, die dem Grundsatz anhängen „was man nicht messen kann, kann man nicht managen“, müssen sich jetzt fragen *„wer soll was wie managen und was muss dementsprechend wie gemessen werden“*. Den Gesamtzusammenhang des Organisations- und Führungsumfelds der IAS/IFRS-Einführung und seine Wechselwirkungen verdeutlicht Abbildung 1.

Shared Service Center als Organisationsumfeld von IAS/IFRS-Aufgaben

a) Charakteristik und Bildung von SSC

Die bisherigen Überlegungen betrafen den allgemeinen Konzernkontext von IAS/IFRS. Im Folgenden ist nun der Zusammenhang zum unmittelbaren Aufgabenumfeld dieser Rechnungslegungsvorschriften zu untersuchen. IAS/IFRS-Aufgaben sind Teil der Finanzfunktionen. Als Kürzel für diesen Aufgabenkomplex wird hier die Bezeichnung FACT benutzt (Finance, Accounting, Controlling, Taxation).

Die Finanzfunktionen dienen der Unterstützung von „Steuerung“ und „Operation“, zählen also i. S. des beschriebenen SOS-Konzepts zu den Supportaufgaben. Wie für andere Supportaufgaben auch sieht die organisatorische Lösung vielfach so aus, dass die hierfür geeigneten Teilaufgaben und Stellen segment- und ressortübergreifend zusammengefasst und in einer gesonderten Organisationseinheit, einem Shared Service Center (SSC), gebündelt werden. Ehe auf die Besonderheiten eines solchen Centers für Finanzfunktionen (SSC FACT) eingegangen wird, ist auf die allgemeine Charakteristik von SSC hinzuweisen (vgl. zum Folgenden Krüger/Danner 2004).

Ein Shared Service Center ist eine organisatorische Einheit, in der Serviceaufgaben (synonym: Supportaufgaben, Unterstützungsaufgaben) gebündelt werden, die unterschiedliche Einheiten (z. B. Business Units) gemeinsam nutzen (ähnlich Kagelmann 2001, S. 50). SSC sind zwar mit den Zentralbereichen herkömmlicher Prägung verwandt, weisen aber einige Unterschiede auf (vgl. Abbildung 2). Zentralbereiche sind Ausdruck *vertikaler Arbeitsteilung*. Sie entstanden durch Zentralisation bestimmter Aufgaben an der Spitze der jeweils betrachteten Einheit (z. B. Obergesellschaft, Holding, Tochtergesellschaft). SSC dagegen entstehen vorwiegend in Abänderung der *horizontalen Arbeitsteilung* zwischen den Grundeinheiten (z. B. Business Units, Werke, Niederlassungen). SSC stehen organisatorisch „neben“ den Grundeinheiten. Dieser Vorgang lässt sich im Unterschied zur Zentralisation als Konzentration bezeichnen (vgl. Frese/v. Werder 1993, S. 11).

Die Gegenüberstellung von „Zentralbereich“ und „SSC“ in Abbildung 2 zeigt jeweils die Extrempunkte der Merkmalsausprägungen. In der Praxis bestimmen die Gegebenheiten des Einzelfalls über die genaue Ausgestaltung eines SSC. Dies führt zu unterschiedlich ausgeprägten Realtypen („Mischformen“).

Abbildung 1: Kontextfaktoren der IAS/IFRS-Umstellung

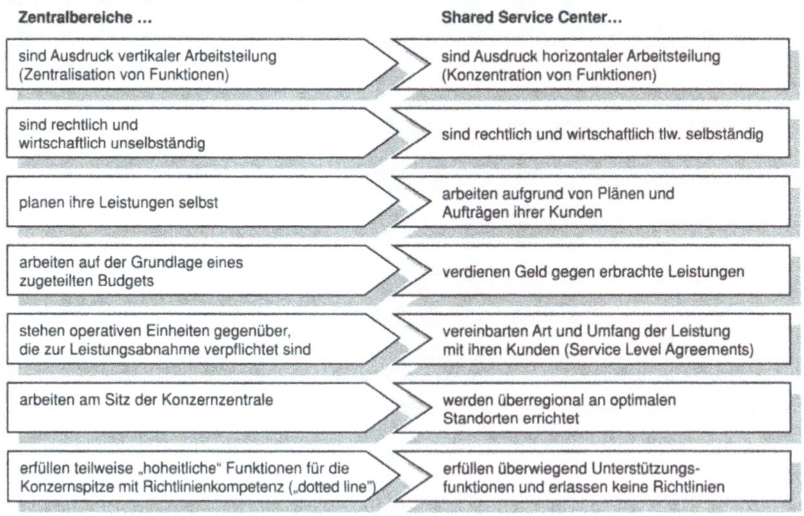

Abbildung 2: Idealtypischer Vergleich von herkömmlichen Zentralbereichen und Shared Service Centern

Eine Machbarkeitsstudie zur Bildung eines SSC hat vor allem drei Fragen zu klären (vgl. Krüger/Danner 2004).

1. Frage: Aufgabenbezogene Machbarkeit

Vorhandensein bündelungsfähiger Aufgaben: Bündelungsfähig bzw. „bündelungsverdächtig" sind im Prinzip solche Unterstützungsaufgaben, die nicht spezifisch für einzelne Geschäfte oder ortsgebunden sind und daher in der jeweiligen Einheit verbleiben müssen.

Mehrfachaufgaben: Eine Konzentration in einer gesonderten Einheit wird umso interessanter, je häufiger gleichartige Aufgaben an verschiedenen Stellen auftreten. Die Dienstleistungen werden aus den Grundeinheiten, ggf. auch den Steuerungseinheiten, ausgegliedert und zukünftig von einem SSC konzernweit oder für bestimmte Regionen bereitgestellt (vgl. Abbildung 3).

Mehrfachaufgaben: Bezogen auf IAS/IFRS-Aufgaben erscheint es mehr als einleuchtend, dass zukünftig nicht nur der Konzernabschluss, sondern auch die Einzelabschlüsse nach den neuen Regeln aufgestellt werden. Nur so lassen sich bei europaweit operierenden Einheiten die beschriebenen Vorteile in Richtung auf mehr Transparenz und verbesserte Steuerung erreichen. Damit entfiele die Notwendigkeit unterschiedlicher Rechnungslegung mit länderspezifischen Besonderheiten, und die Möglichkeit einer Konzentration wäre gegeben. Wie die Teilaufgaben der Rechnungslegung im Verbund der anderen Finanzfunktionen zwischen Corporate Center, SSC und operativen Einheiten genau aufgeteilt werden, lässt sich nur im Einzelfall klären. Konzerntyp und Führungsanspruch der Spitze stellen, wie bereits erwähnt, in sachbezogener Hinsicht wesentliche Einflussgrößen dar.

2. Frage: Kosten-/Nutzenbezogene Vorzugswürdigkeit

Die sachbezogenen Argumente pro und contra Centerbildung lassen sich im Kern auf zwei Tendenzen zurückführen (vgl. Schuurmans/Stoller 1998; Wißkirchen 2001; Wißkirchen 2002): Volumen- und Kostenvorteile einerseits, Fähigkeits- und Leistungsvorteile andererseits.

Volumen- und Kostenvorteile: Es kann in der aktuellen Situation nicht überraschen, dass an erster Stelle der mit SSC verfolgten Ziele die Kostensenkung steht. Die Ausgangssituation, die vor der Einführung eines SSC existiert, ähnelt sich bei vielen Unternehmungen stark. Dazu gehören unterschiedliche IT-Systeme in den unterschiedlichen Regionen und Landesgesellschaften (mit/ohne SAP), eine Vielzahl von Verwaltungsstandorten und eine wenig transparente Prozessland-

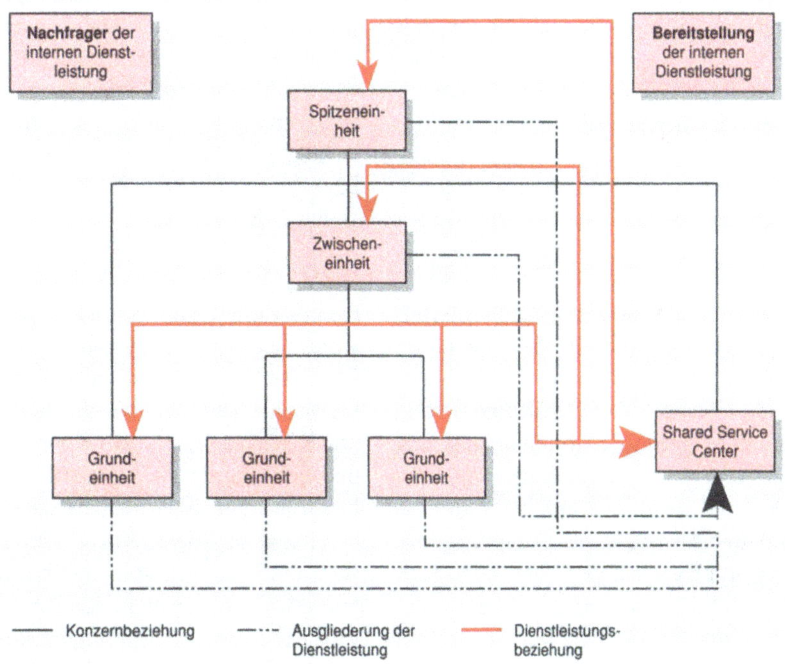

Abbildung 3: Bündelung von Unterstützungsaufgaben in einem Shared Service Center (Kagelmann 2001, S. 50).

schaft mit einer hohen Anzahl an nicht-standardisierten Prozessen.

Wird eine so charakterisierbare Unternehmung mittels Benchmarking mit anderen Anbietern, die Shared Services einsetzten, verglichen, so werden oft Einsparpotenziale von 20 % oder mehr für die einzelnen Bereiche prognostiziert (vgl. Abbildung 4).

Diese Aussage scheint realistisch, wenn man die Ergebnisse von Unternehmungen vergleicht, die bereits mehrere Jahre mit einem Shared-Service-Konzept arbeiten. Generell sollte bei einem Kostenvergleich zur Ermittlung der Vorzugswürdigkeit einer Shared-Service-Lösung ein längerer Betrachtungszeitraum (bspw. fünf Jahre) herangezogen werden, da viele Unternehmungen mit „Startschwierigkeiten" zu kämpfen haben und die erhofften Einsparungen sich nicht sofort wie gewünscht einstellen. Die Errichtung eines SSC ist daher wie eine Investition zu berechnen. Die erwarteten Einsparungen sind über den Investitionszeitraum mit den Einmalkosten der Errichtung zu vergleichen, um ein fundiertes Urteil zu erhalten.

Einsparungen ergeben sich aus der Bündelung von Ressourcen an einem Ort. Vermeidung von Mehrfacharbeit und optimale Standortwahl sind wichtige Ansatzpunkte zur Kostensenkung. Dies betrifft neben den Personalkosten auch die Kosten der baulichen und IT-technischen Infrastruktur. Eine Bündelung führt auch dadurch zu geringerem Aufwand, dass die Vielfalt der Aufgaben und Prozesse reduziert wird. Prozesse zu standardisieren, ist daher eine absolut notwendige Maßnahme der Centerbildung. Genau darauf zielt auch die IAS/IFRS-Einführung ab.

Fähigkeits- und Leistungsvorteile: Standardisierung und Bündelung von Know-how tragen zur Professionalisierung und Spezialisierung bei, also zum Auf- und Ausbau von Expertentum. Poolung von Experten im Center kann auch dazu führen, dass nunmehr Leistungen angeboten werden, die vorher mangels Masse nicht lohnenswert waren. Es verbessern sich das Niveau und der Umfang der angebotenen Leistungen. Ziel eines Centers ist es, dem internen Kunden ein maßgeschneidertes Leistungsangebot zu machen, das marktgerecht ist und sich ggf. auch gegenüber externen Mitbewerbern behaupten kann.

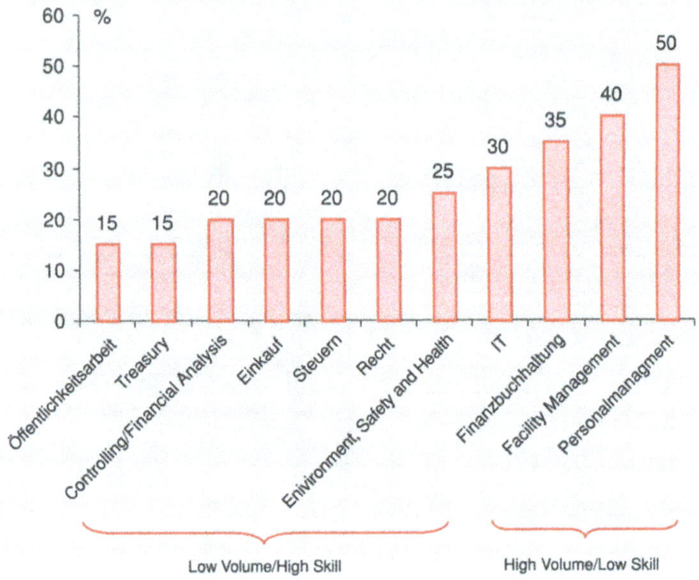

Abbildung 4: Einsparpotentiale durch Shared Services (nach Aguirre et al. 1998, S. 6).

Die Möglichkeit von Poolungseffekten liegt für IAS/IFRS-Aufgaben auf der Hand. Es dürfte wenig sinnvoll sein, wenn jede Einzelgesellschaft sich in vollem Umfang bemühen würde, die notwendigen Kenntnisse dezentral aufzubauen.

Ein Leistungsvorteil, der generell für SSC spricht, und der im Zusammenhang mit IAS/IFRS besondere Erwähnung verdient, ist die höhere Neutralität der gewonnenen Informationen und Analysen. Die Entscheidungsgrundlagen sind stärker versachlicht und vereinheitlicht, wodurch sich Vorteile bei der Koordination und Führung der Divisionen/BUs ergeben. Ziel- und Interessenkonflikte werden teilweise reduziert bzw. vermieden, sollten in jedem Fall aber einer sachlicheren Austragung zugänglich sein. Zum Teil verlagert sich das Abstimmungsproblem auf die Ebene der Koordination zwischen Divisionen/BUs und SSC, allerdings bei reduzierter Anzahl an Schnittstellen (Abstimmung der BUs erfolgt durch das SSC und nicht zwischen den BUs).

3. Frage: Machtbezogene Durchsetzbarkeit
Wie jede (größere) Organisationsänderung ist auch die Bildung von SSC eine Machtfrage. Dies fängt bereits mit der Idee zur Gründung eines Centers an. Aufgrund der Tatsache, dass bestimmten Einheiten Aufgaben und damit Stellen „weggenommen" werden, ist offensichtlich, dass es Betroffene gibt, die sich als „Verlierer" fühlen. Aufgabe des Topmanagements ist es deshalb – wie in jedem Wandlungsprozess – die Notwendigkeit der Organisationsveränderung zu verdeutlichen und Einigkeit im Führungskreis über die Umsetzung der Veränderung zu erzielen. Erfolgreiche Einführungen eines Shared Service Centers stellen in der Mehrzahl der Fälle Top-Down-Lösungen dar, bei denen ein starkes Topmangement (bei SSC FACT: ein starker CEO oder CFO) als Promotor des Wandels agiert.

Dies dürfte auch für die konzernweite Einführung von IAS/IFRS und erst recht für deren Bündelung gelten. Transparenz und bessere Steuerung sind eindeutige

Vorteile für die Spitzeneinheiten und die Zwischeneinheiten, nicht aber ohne weiteres für die Grundeinheiten. Die Top-Down-Sicht ist zwangsläufig nicht deckungsgleich mit der Bottom-Up-Sicht. So kommt es hier ganz besonders auf überzeugende Konzepte und eine akzeptanzsichernde Umsetzung an.

b) Wahl des Centerstandorts

In Deutschland häufig diskutiert wird die Wahl des Centerstandorts. Wann ist der Nutzen höher als die Kosten einer Verlagerung ins Ausland? Sind dort wirklich die notwendigen Fachkräfte vorhanden? Wie viele SSC soll es geben und wo sollen diese angesiedelt sein? Eine explorative Erhebung von v. Camphausen/Rudolf zeigt, dass sich die Mehrheit der Unternehmungen dafür entscheidet, die Anzahl der Standorte mit Serviceaufgaben drastisch zu reduzieren und sich bei der Centerbildung auf ein oder wenige Center zu beschränken (vgl. Abbildung 5).

Bei grober Systematisierung lassen sich drei Fälle unterscheiden:

1. *Länderspezifisches SSC:* Alle in einem Land angesiedelten Einheiten (z. B. BUs) werden durch das SSC betreut. Dies führt dazu, dass in allen Ländern, in denen mehrere BUs vertreten sind, Shared Services eingerichtet werden.
2. *Regionales SSC:* Hierbei werden die BUs länderübergreifend betreut. Typisch ist eine Einteilung in SSC für Nord-/Südamerika, Europa/Afrika und ASEAN.
3. *Globales SSC:* Alle Services eines bestimmten Aufgabentypes werden in einem einzigen SSC gebündelt.

Besonders zur Centerbildung geeignet sind Länder, in denen ein hohes Know-how vorhanden ist, in denen die Kosten niedrig sind und die eine hohe Bedeutung für die jeweilige Gesellschaft besitzen. Gerade dieser letzte Aspekt wird bei der Centerbildung oft vernachlässigt. Einige der mit der Shared-Service-Lösung verbundenen Probleme lassen sich beseitigen, wenn der Standort des SSC in einem Land liegt, dessen Landesgesellschaft eine wichtige Stellung im Konzern einnimmt (bspw. weil sie ein hohes Umsatzgewicht besitzt oder alle Divisionen im Land vorhanden sind). Im Kontext der Rechnungslegung nach IAS/IFRS ist bei der Wahl des Centerstandorts zu beachten, ob das notwendige Know-how, bspw. in Form qualifizierter IAS/IFRS-Mitarbeiter, am jeweiligen Standort in ausreichender Anzahl und zu den geplanten Kosten zu beschaffen ist. An einigen Centerstandorten in Europa (etwa in Irland und Spanien) ist bereits ein deutlicher Anstieg der Gehälter zu verzeichnen, der auf die gestiegene Nachfrage zurückzuführen ist.

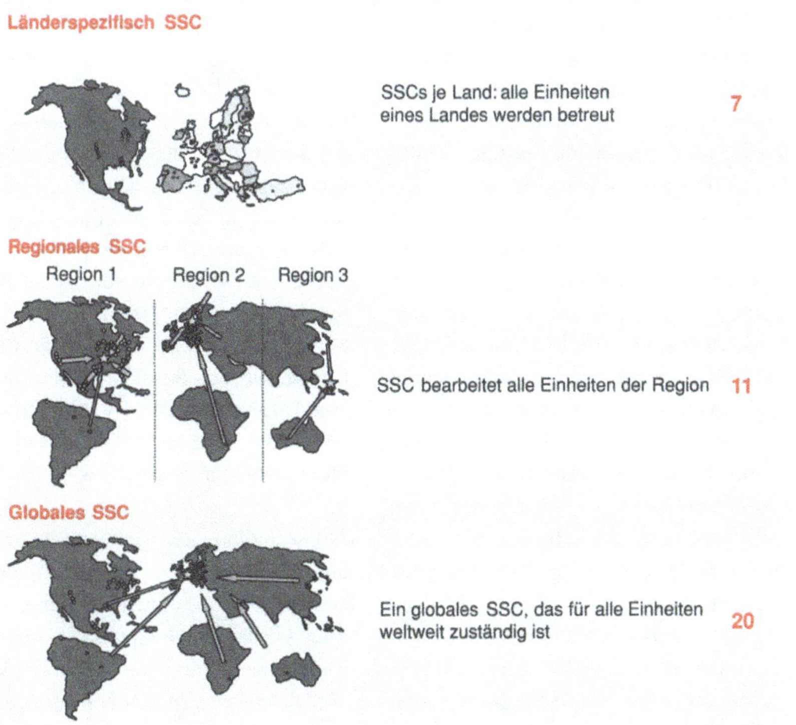

Abbildung 5: Alternativen der geographischen Anordnung von SSC (vgl. v. Camphausen/Rudolf 2001, S. 96).

c) Steuerung eines Shared Service Centers

Monetäre Steuerung von SSC: Die verschiedenen bereits erwähnten Steuerungskonzepte für operative Einheiten können gleichermaßen für SSC Anwendung finden. Die Praxis zeigt, dass dabei auch Profit Center oder sogar Investment Center keine Seltenheit bilden, auch wenn das Cost Center dominiert (vgl. Abbildung 6).

Service Level Agreements als Steuerungsinstrument: Wegen der Abstimmung zwischen den dezentralen Einheiten, dem SSC und der Unternehmungszentrale (Corporate Center, z. B. Konzernbilanzierung) werden bei einer Service-Center-Lösung oft Reibungsverluste kritisiert, die mit dem höheren Abstimmungsbedarf einhergehen. Dazu muss es jedoch nicht kommen, wenn bereits im Vorfeld Schnittstellen geregelt und „Vorfahrtsregeln“ definiert sind. Standardisierte Leistungen erhöhen die Transparenz. Sind die Leistungen in einem Service Level Agreement (SLA) klar formuliert, so lassen sich Reibungsverluste frühzeitig minimieren. Es muss deutlich sein, wie Prozesse verlaufen, welche Aufgaben von wem erfüllt werden und wie die Leistungsverrechung erfolgt. Die Bedeutung des SLA wird dabei häufig unterschätzt. Schriftlich fixiert und gemeinsam ausgearbeitet stellt es aber eine wichtige Basis für die gemeinsame Zusammenarbeit dar.

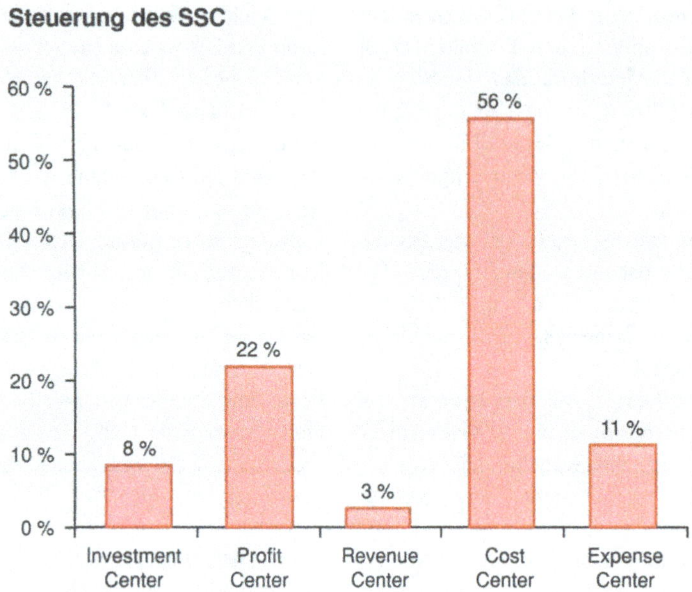

Abbildung 6: Steuerung von Shared Service Centern anhand monetärer Größen (vgl. Kagelmann 2001, S. 103f.).

Das *Service Level Agreement*

- ist ein schriftlicher Vertrag zwischen dem SSC und dem Kunden.
- stellt den Leistungsumfang (Aufgaben) des SSC dar. Enthält dabei auch Aussagen zum Leistungsniveau und regelt die Rechte und Pflichten der Vertragspartner (vgl. v. Camphausen/ Rudolf 2001).
- enthält die Preise der bezogenen Leistungen (zu zahlender Betrag und Zahlungsart – z. B. 12 Monatsraten).
- umfasst wählbare und nicht-wählbare Leistungen (aufgrund staatlicher Regelungen oder Corporate).
- enthält Aussagen zum Verteilungsschlüssel bzw. zur Zuordnung der Kosten auf die Kostenverursacher (vgl. zu SLAs weiterführend Aguirre et al. 1998 und Cuoto et al. 2000).

Bündelung von Finanzfunktionen in einem Shared Service Center

Aufgaben, die bei der Erstellung von Finanzinformationen, Auswertungen oder Bilanzen nach IAS/IFRS anfallen, werden typischerweise den Funktionen Finanzen (i. e. S.), Accounting, Controlling und Tax zugeordnet. Bei Bündelung dieser Funktionen in einem Shared Service Center („SSC FACT") wird zunächst konzeptionell anhand der Machbarkeitsstudie vorgegangen. Die Umsetzung erfolgt, je nach vorliegender Ausgangsorganisation, in mehreren Schritten (vgl. zur organisatorischen Transformation ausführlich Krüger 2002).

In einem divisional strukturierten, internationalen Konzern ist bspw. ein Vorgehen in folgenden drei Schritten denkbar:

Im *1. Schritt* werden die relevanten FACT-Aufgaben definiert und auf ihrer Grundlage Prozesse des Finanz- und Rechnungswesens festgelegt. Die Prozesse liegen quer zu den Regionen, BUs, Standorten des Konzerns. Die Aufgabenteilung wird in diesem ersten Schritt noch nicht geändert, d. h. die Landes- oder Divisionsverantwortung bleibt zunächst erhalten.

Der *2. Schritt* sieht die Institutionalisierung von Prozessverantwortlichen („Process Ownern") vor. Sie übernehmen die Querschnittkoordination und die Verantwortung, jeweils für einen Hauptprozess wie Controlling, Bilanzierung etc. (vgl. Abbildung 7). In der 2. Phase erfolgt die Gründung des SSC. Mit der Institutionalisierung von Prozessverantwortlichen geht die Restrukturierung und Harmonisierung der Prozesse einher (vgl. zum Prozessmanagement Rohm 1997).

Im *3. Schritt* werden die Prozesse vertikalisiert und vollständig im SSC gebündelt. Es entstehen Matrixstrukturen. Der Process Owner ist nun quer über alle Standorte, Länder, BUs hinweg für seinen Prozess zuständig und als Abteilungsleiter oder Bereichsleiter für das übergreifende Management der Prozesse zuständig. Der Centerleiter ist dafür verantwortlich, dass Doppel- und Mehrfacharbeiten vermieden werden. Außerdem kümmert er sich darum, die Transparenz der Prozesse zu gewährleisten (dies kann z. B. durch Dokumentation im Intranet erreicht werden). Seine Herausforderung liegt auch darin, den Zielkonflikt zwischen Kundenorientierung, Kostenneutralität und neuen Prioritäten zu managen. Nicht zuletzt hat er die Aufgabe, die Akzeptanz der Centerlösung durch den (internen) Kunden sicherzustellen. Er kann dies durch umfassende, frühzeitige Kommunikation erreichen.

Ergebnisse

1. Die IAS/IFRS-Einführung ist nur auf den ersten Blick ein Problem der Spezialisten für Rechnungslegung, die sich ein weiteres Mal mit Umstellungsfragen inhaltlicher und IT-technischer Art befassen müssen. Vielmehr sollten die Folgen für die Definition, Ermittlung, Interpretation und Verwendung monetärer Kennzahlen, die sich daraus ergeben, als eine Herausforderung, aber auch eine Chance für die Steuerung und Entwicklung von Konzernen begriffen werden.

2. Die Konzernentwicklung ist weithin durch ein Bemühen um (noch) bessere kosten- und ergebnisorientierte Steuerung vorhandener Geschäfte einerseits, die Konzentration auf Kernfähigkeiten und Kerngeschäfte andererseits gekennzeichnet. Eine konzernweite Anwendung von IAS/IFRS kann dazu führen, erstmals über alle Regionen und Rechtsgebiete

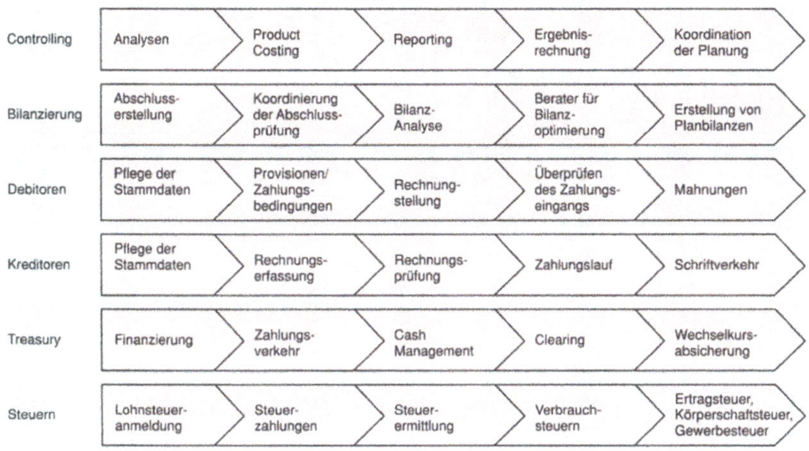

Abbildung 7: Beispielhafte Bündelung ausgewählter Finanzaufgaben in einem Shared Service Center.

hinweg ein einheitliches Zahlenwerk für die ergebnisorientierte Steuerung zu erhalten. Die damit verbundene Erhöhung der Transparenz begünstigt beides: die Führung vorhandener Geschäfte und Organisationseinheiten wie auch den kompetenzorientierten Umbau der Wertschöpfungsarchitektur. Ansatzpunkte zur Entflechtung der Wertkette lassen sich besser erkennen und vergleichen, M&A-Aktivitäten werden erleichtert.

3. IAS/IFRS-Aufgaben sind Teil der gesamten Finanzfunktionen der Unternehmung. Diese wie andere Unterstützungsfunktionen werden im Zuge der Konzernentwicklung mehr und mehr aus den verschiedenen dezentralen Einheiten herausgenommen und in sog. Shared Service Centern gebündelt. Sowohl Volumen- und Kostenvorteile wie Leistungsvorteile sprechen dafür, auch mit den IAS/IFRS-Aufgaben so zu verfahren. Es ist im Einzelfall zu klären, wie für andere Finanzfunktionen auch, welche Teilaufgaben ggf. an der Spitze im Corporate Center zu zentralisieren sind und welche in einem Service Center konzentriert werden sollten.

4. Die IAS/IFRS-Einführung bietet einen weiteren Anlass, die Bündelung der Finanzfunktionen generell zu untersuchen. Es empfiehlt sich in organisatorischer Hinsicht, diese Prozesse über eine Analyse und Standardisierung der Hauptprozesse in Angriff zu nehmen. Für die FACT-Aufgaben (Finance, Accounting, Controlling, Taxation) sind einheitliche Prozeduren die notwendige Voraussetzung, um die angestrebten Vorteile zu erzielen und um den (internen) Kunden eines solchen Centers professionelle Dienstleistungen anbieten zu können.

Literatur

AGUIRRE, D./COUTO, V./DISHER, C./NEILSON, G.: Shared Services: Management Fad or Real Value?, Viewpoint, in: Booz Allen & Hamilton (Hrsg.), o. Ort 1998.

CHANDLER, A. D.: Strategy and structure: chapters in the history of the industrial enterprise, Cambridge, Mass. 1962.

CUOTO, V./DUNN, M./HYDE, P./KOCOUREK, P./LAMBERT, F.: Getting Shared Services Right: Capturing the Promise, Viewpoint, in: BOOZ ALLEN & HAMILTON (Hrsg.), o. Ort 2000.

FRESE, E./v. WERDER, A.: Zentralbereiche – Organisatorische Formen und Effizienzbeurteilung, in: FRESE, E./v. WERDER, A./MALY, W. (Hrsg.): Zentralbereiche: Theoretische Grundlagen und praktische Erfahrungen, Stuttgart 1993, S. 1 – 50.

HUNGENBERG, H.: Zentralisation und Dezentralisation: Strategische Entscheidungsverteilung in Konzernen, Wiesbaden 1995.

KAGELMANN, U.: Shared Services als alternative Organisationsform, Wiesbaden 2001.

KAPLAN, R. S./NORTON, D. P.: Die strategiefokussierte Organisation, Stuttgart 2001.

KRÜGER, W.: Organisation der Unternehmung, 3., verbesserte Aufl., Stuttgart et al. 1994.

KRÜGER, W.: Organisation, in: BEA, F. X./DICHTL., E./SCHWEITZER, M. (Hrsg.): Allgemeine Betriebswirtschaftslehre, Band 2: Führung, 8., neu bearbeitete und erweiterte Aufl., Stuttgart 2001, S. 127 - 216.

KRÜGER, W. (Hrsg.): Excellence in Change, 2. Aufl., Wiesbaden 2002.

KRÜGER, W./DANNER, M.: Einsatz von Shared Service Centern für Finanzfunktionen, in: Controller Magazin, 29. Jg. (2004), Heft 03/04, S. 215 – 220.

KRÜGER, W./HOMP, C.: Kernkompetenz-Management, Wiesbaden 1997.

KRÜGER, W./JANTZEN-HOMP, D.: Vom Cost Center zum Center of Competence, in: Wirtschaftswissenschaftliches Studium, 28. Jg. (1999), Heft 12, S. 642 – 647.

ROHM, C.: Prozeßmanagement als Fokus im Unternehmungswandel, Gießen 1997.

SCHUURMANS, L./STOLLER, C.: Der Shared Service Center Trend, in: io Management, 67. Jg. (1998), Heft 6, S. 27 – 41.

v. CAMPENHAUSEN, C./RUDOLF, A.: Shared Services – profitabel für vernetzte Unternehmen, in: Harvard Business Manager, 23. Jg. (2001), Heft 1, S. 82 – 93.

WIßKIRCHEN, F.: Das Shared Service Center Konzept – alter Wein in neuen Schläuchen?, 2001. Abrufbar unter: http://www.bearingpoint.de/content/solutions/index_1355.htm (Stand: 26.05.2004)

WIßKIRCHEN, F.: Dezentrale Abläufe in einen Topf werfen, in: Personalwirtschaft, 29. Jg. (2002), Heft 9, S. 34 – 39.

Aktuelle Entwicklungen in der Rechnungslegung und Auswirkungen auf das Controlling

Anne d'Arcy

- Maßnahmen des EU Aktionsplans für Finanzdienstleistungen, insbesondere die IAS-Verordnung, bedeuten einen großen Einschnitt für alle kapitalmarktorientierten Unternehmen in der EU.
- Die Bundesregierung setzt nun wesentliche Punkte im Rahmen des Bilanzrechtsreformgesetzes (BilReG-E) und des Bilanzkontrollgesetzes (BilKoG-E) um.
- Zentrale Punkte des BilReG-E sind die Fortentwicklung und Internationalisierung des Bilanzrechts und die Stärkung der Rolle des Abschlussprüfers.
- Ziel des BilKoG-E ist es, ein so genanntes „Enforcement-Verfahren" zur Kontrolle der Rechtmäßigkeit von Unternehmensabschlüssen einzuführen.
- Unternehmen müssen sich auf eine hohe Regelungsdichte und eine große Dynamik von Regelungen einstellen.
- Das Controlling muss eine hohe Kompetenz in den Methoden entwickeln und flexibel auf neue Anforderungen reagieren können.
- Dies erscheint nur kosteneffizient durch eine Konvergenz zwischen internem und externem Rechnungswesen erreicht werden zu können.

Infolge der EU-Verordnung über die Anwendung internationaler Rechnungslegungsstandards (IAS-Verordnung) werden Unternehmen mit Sitz in der EU, deren Wertpapiere an einem regulierten Markt notiert sind, ihre konsolidierten Abschlüsse ab dem Jahr 2005 nach International Accounting Standards (IAS) bzw. International Financial Reporting Standards (IFRS) erstellen müssen. Hiermit ist nicht nur ein wichtiger Meilenstein zur Schaffung eines integrierten Finanzbinnenmarktes in Europa gemäß dem Aktionsplan für Finanzdienstleistungen (Financial Services Action Plan/ FSAP) erreicht. Der FSAP, 1999 lanciert, sieht 43 Maßnahmen vor, mittels derer eine Reihe der verbleibenden Hürden zu einem Finanzbinnenmarkt aus dem Weg geräumt werden sollen (siehe zu einem Überblick über rechnungslegungsspezifische Maßnahmen Abbildung 1). Vielmehr ist die IAS-Verordnung ein wichtiger Teil einer Reihe von Maßnahmen, welche die Rechnungslegung langfristig auch von Nicht-Publikumsgesellschaften stark verändern wird.

Allerdings haben die jüngeren Bilanzskandale in den USA und Europa plastisch vor Augen geführt, dass einheitliche Rechnungslegungsstandards bestenfalls eine notwendige, aber keine hinreichende Bedingung für eine harmonisierte Finanzmarktkommunikation darstellen. Vor allem werfen diese Ereignisse Zweifel an der Zuverlässigkeit der Rechnungslegung auf. Vor diesem Hintergrund rücken neben den Inhalten der Standards andere Themen in das Blickfeld, wie z. B. die Durchsetzung von Standards (Enforcement) oder die Rolle und Verantwortung des Abschlussprüfers. Entsprechend haben sich die Zielvorgaben der EU hinsichtlich des Finanzbinnenmarktes verschärft. Die Maßnahmen müssen neben der Schaffung eines einheitlichen „level playing fields" für alle Marktbeteiligten geeignet sein, dem offensichtlichen Vertrauensverlust der Anleger in die Kapitalmärkte entgegenzusteuern (vgl. d'Arcy, 2002).

Die Bundesregierung hat mit der Vorlage eines 10-Punkte-Programms zur Verbesserung der Unternehmensintegrität und des Anlegerschutzes im Sommer 2002 reagiert. Das Programm wurde im März 2003 durch einen Maßnahmenkatalog konkretisiert. Die Punkte 4 bis 6 sehen die Fortentwicklung und Internationali-

Dr. Anne d'Arcy
Head of European Accounting & Disclosure Regulation
Deutsche Bank AG, Controlling
Taunusanlage 12
60325 Frankfurt

Tel.: 069/910 43035
Fax: 069/910 47532
E-Mail: anne.darcy@db.com

sierung der Rechnungslegung, die Stärkung der Rolle des Abschlussprüfers sowie die Einführung einer Enforcementinstitution vor. Die am 21. April 2004 beschlossenen Entwürfe eines Bilanzrechtsreformgesetzes (BilReG-E) sowie eines Bilanzkontrollgesetzes (BilKoG-E) konkretisieren nun die vorgeschlagenen Maßnahmen und setzen einige Vorgaben der EU in deutsches Recht um (siehe Abbildung 2). Sie sind jedoch nur ein erster Schritt, dem noch weitere Reformen des Bilanzrechts folgen werden.

Ziel dieses Beitrags ist eine Darstellung der IAS-Verordnung und der weiterführenden und ergänzenden Maßnahmen der EU zur Harmonisierung der Publizität von kapitalmarktorientierten Unternehmen sowie der Rechnungslegung insgesamt und die entsprechende Umsetzung in Deutschland. Dabei werden die Konsequenzen auf das Controlling von Unternehmen aufgezeigt.

IAS-Verordnung

Überblick

Gemäß der IAS-Verordnung (2002) werden alle kapitalmarktorientierten Unternehmen mit Sitz in der EU ab 2005 verpflichtet, ihre Konzernabschlüsse nach den IAS/IFRS aufzustellen. Als kapitalmarktorientiert gelten solche Unternehmen, deren Wertpapiere – unabhängig ob Eigen- oder Fremdkapitalpapiere – an einem regulierten Markt innerhalb der EU notiert sind. Dies betrifft somit etwa 7.000 Unternehmen in nunmehr 25 Mitgliedstaaten. Entgegen der alten EU-Strategie einer Harmonisierung durch Richtlinien handelt es sich hierbei somit um eine unmittelbar geltende Standardisierung von Regelungen. Damit wird es nicht mehr möglich sein, dass wie in der Vergangenheit durch Ausnutzung von Mitgliedstaaten- und Unternehmenswahlrechten, ungenaue Transformationen von Regeln in nationales Recht (so genannte „soft transformations"), nationale Unterschiede in der Auslegung sowie große Lücken bei wichtigen Bilanzierungsfragen der bisherige Status quo im nationalen Bilanzrecht erhalten bleibt.

Die EU verbindet mit der Übertragung der Regelungskompetenz auf das IASB als einen privaten Standardsetter die Hoffnung, einen dynamischeren und reaktionsfähigeren Regelungsrahmen für die Rechnungslegung zu schaffen, der schneller als traditionelle Gesetzgebungsverfahren Regelungslücken schließt. Die sicherlich auch pragmatisch getriebene Entscheidung für die IAS/IFRS trifft daher insgesamt auf breite Zustimmung.

Verlängerungsoptionen der Verordnung

Mitgliedstaaten können gemäß der IAS-Verordnung für US GAAP-Bilanzierer eine Übergangsfrist bis maximal 2007 vorsehen, wenn diese an einem geregelten Drittstaatenmarkt – in der Regel in den USA – gelistet sind. Diese Option geht auf das Petitum deutscher US GAAP-Bilanzierer zurück, die an einer US-amerikanischen Börse gelistet sind. Die US-amerikanische Börsenaufsichtsbehörde Securities and Exchange Commission (SEC) akzeptiert keine IAS/IFRS-Abschlüsse, sondern verlangt für eine Notierung in den USA entweder einen Vollabschluss nach US GAAP oder eine Überleitungsrechnung des Eigenkapitals und des Ergebnisses von nationalen Standards auf die US GAAP. Müsste daher neben dem US GAAP-Abschluss noch ein weiterer nach IAS/IFRS aufgestellt werden, würde dies einen Wettbewerbsnachteil gegenüber Unternehmen aus Drittstaaten darstellen. Die zusätzliche zweijährige Übergangsfrist soll die Möglichkeit eröffnen, die beiden Standards soweit aneinander anzupassen, dass keine materiellen Unterschiede mehr bestehen und die SEC IAS/IFRS-Abschlüsse anerkennt. Im Rahmen des Konvergenzprojekts sind schon wichtige Bilanzierungsunterschiede weitgehend nivelliert worden. Allerdings ist es eher unwahrscheinlich, dass alle materiellen Unterschiede bis zu diesem Datum tatsächlich beseitigt werden können.

Die IAS-Verordnung sieht eine weitere Verlängerungsoption bis 2007 für Unternehmen vor, die den Kapitalmarkt ausschließlich mit Fremdkapitaltiteln (Schuldverschreibungen) in Anspruch nehmen. Die Erweiterung der Regelung von zunächst nur börsennotierten auf kapitalmarktorientierte Unternehmen war durchaus umstritten, steht allerdings im Einklang mit dem Ziel der Schaffung eines einheitlichen Binnenmarktes. Auch ist es letztlich unbestritten, dass ebenso bei Fremdkapitaltiteln ein hoher und weltweit einheitlicher Standard an Publi-

2001	Fair Value-Richtlinie
2002	Empfehlung der Kommission zur Unabhängigkeit des Abschlussprüfers
2002	IAS-Verordnung
2002	CESR-Konsultationspapier zum Enforcement
2003	Schwellenwertrichtlinie
2003	Modernisierungsrichtlinie (Modernisierung der 4. und 7. Richtlinie)
2004	Transparenzrichtlinie
2004	Vorschlag für eine Richtlinie zur Abschlussprüfung

Abbildung 1: EU-Maßnahmen zur Rechnungslegung

Gesetz	BilReG-E		BilKoG-E
Inhalt	Reform zur Modernisierung und Internationalisierung des Bilanzrechts	Unabhängigkeit des Prüfers: • Auswahl des Prüfers • Ausschlussgründe	Enforcement: Gründung einer Prüfstelle für Rechnungslegung
EU (Rechts-) Grundlage	• IAS-Verordnung • ModernisierungsRL • SchwellenwertRL • Fair Value-RL	Empfehlung der Kommission zur Unabhängigkeit des Abschlussprüfers	CESR-Konsultationspapier zum Enforcement

Abbildung 2: Inhalt und Rechtsgrundlage des BilReG-E und BilKoG-E

	Kapitalmarktorientiert	Nicht kapitalmarktorientiert
Einzelabschluss	Mitgliedstaatenwahlrecht	Mitgliedstaatenwahlrecht
Konzernabschluss	IAS/IFRS Pflicht	Mitgliedstaatenwahlrecht

Abbildung 3: Mitgliedstaatenwahlrechte der IAS-Verordnung

zität gefordert werden sollte. Die Verlängerungsoption kann somit als Kompromiss gewertet werden, der den nicht börsennotierten Unternehmen eine angemessene Umstellungszeit ermöglicht.

Mitgliedstaatenwahlrechte

Die Verordnung regelt nur für kapitalmarktorientierte Unternehmen die Konzernabschlusspublizität verbindlich. Die Mitgliedstaaten können nicht-kapitalmarktorientierten Unternehmen gestatten oder vorschreiben, ihren Konzernabschluss nach IAS/IFRS aufzustellen (siehe Abbildung 3). Damit wird die Möglichkeit eröffnet, dass die Konzernrechnungslegungsvorschriften internationalisiert und die Aussagekraft der Abschlüsse aller konzernrechnungslegungspflichtigen Unternehmen verbessert wird. Ein Wahlrecht würde somit Unternehmen, die den Gang an den Kapitalmarkt planen oder aus anderen Gründen eine kapitalmarktorientierte Bilanzierung bevorzugen, diesen Schritt erlauben. Gegen eine Pflicht stehen Kosten-Nutzen-Erwägungen. Die IAS/IFRS sind ausschließlich für den Kapitalmarkt entwickelt worden und rechtfertigen wohl auch nur für dessen Nutzung den hohen Aufwand der notwendigen Informationsbereitstellung und -verarbeitung. Dabei sind nicht nur die anspruchsvollen Ansatz- und Bewertungsregeln zu nennen. Insbesondere die umfangreichen Anhangsangaben sind grundsätzlich nur bei einer Publikumsgesellschaft zu rechtfertigen.

Eine zweite, vergleichbare Option sieht die Verordnung für Einzelabschlüsse vor (siehe Abbildung 3). Danach können die Mitgliedstaaten verlangen oder erlauben, den Einzelabschluss nach den IAS/IFRS aufzustellen. Anders als der Konzernabschluss als reines Informationsinstrument hätte dies jedoch für viele europäische Unternehmen weitergehende Implikationen zur Folge. So sind bei einer Übernahme zunächst die Auswirkungen auf die auf der Zweiten EU-Richtlinie basierenden (aktienrechtlichen) Gewinnverwendungs- und Kapitalerhaltungsregeln (Ausschüttungsbemessungsfunktion des Einzelabschlusses), haftungsrechtliche Vorschriften, das Insolvenzrecht sowie das Maßgeblichkeitsprinzip mit den Vorschriften zur steuerlichen Gewinnermittlung zu berücksichtigen. Mit der Übernahme der IAS/IFRS im Einzelabschluss steht damit insbesondere das Maßgeblichkeitsprinzip auf dem Prüfstand, das in letzter Zeit schon durch einige Änderungen von Einzelregelungen eine Aushöhlung erfuhr.

Komitologieverfahren

Der dynamische Verweis innerhalb einer EU-Verordnung auf einen dem EU-Rechtsrahmen fremden Standard ist einmalig und erfordert daher ein rechtsverbindliches Anerkennungsverfahren. Deshalb fordert die IAS-Verordnung, dass die EU-Kommission, vertreten durch das Accounting Regulatory Committee (ARC), über die Akzeptanz der IAS/IFRS entscheidet (Endorsement). Die Anerkennung erfolgt durch ein besonderes EU-Rechtsetzungsverfahren, der Komitologie. Hierbei legt die Kommission ihren Vorschlag für die Anerkennung (oder Ablehnung) eines IAS/IFRS dem ARC vor. Dieses besteht aus Vertretern der Mitgliedstaaten unter Vorsitz der Kommission. Sollte sich das ARC dem Vorschlag der Kommission nicht anschließen, hat die Kommission im Rahmen des Komitologieverfahrens den EU-Rat mit ihrem Vorschlag zu befassen. Der Rat kann den Kommissionsvorschlag billigen oder mit qualifizierter Mehrheit ablehnen. Eine entscheidende Funktion nimmt hierbei die im Frühjahr 2001 gegründete European Financial Reporting Advisory Group (EFRAG) ein. EFRAG ist eine unabhängige private Organisation, welche die Interessen der Rechnungslegungsbranche, der Börsen, der Finanzanalysten und der betroffenen Unternehmen vertritt. Die von der EFRAG am 26. Juni 2001 eingesetzte Technische Sachverständigengruppe (EFRAGTEG) berät die Kommission bei ihrer Entscheidung über die Anerkennung der bestehenden IAS in der EU. Sie nimmt auch aktiv am Standardsettingprozess der IAS/IFRS teil und koordiniert die Standpunkte interessierter Parteien in Bezug auf die Verwendung von IAS/IFRS innerhalb der EU.

Im Juli 2003 hat die Kommission alle IAS/IFRS bzw. SIC im Rahmen des Endorsement anerkannt, mit Ausnahme von IAS 32 und 39, den Standards für die Bilanzierung von Finanzinstrumenten. Mit dem Nicht-Endorsement soll der Druck auf das IASB erhöht werden, der von vielen Seiten geäußerten Kritik an den beiden Standards Rechnung zu tragen. Es gilt als wahrscheinlich, dass der ARC im September 2004 einem Vorschlag der Kommission zum „Partial Endorsement“ zustimmt. Danach wären einzelne Regelungen des IAS 39 zum Hedge Accounting von der Anerkennung ausgeschlossen. Als Folge bliebe unklar, wie zukünftig europäische Unternehmen Finanzinstrumente zu bilanzieren hätten. Europäische Unternehmen könnten dann keinen vollständigen IAS/IFRS-Abschluss erstellen. Jetzige europäische – vor allem deutsche – IAS/IFRS-Bilanzierer würden gegen geltendes EU-Recht verstoßen. Auch gefährdet die Nichtakzeptanz das Ziel, einen weltweit einheitlichen Standard zu etablieren.

Weitere EU-Maßnahmen zur Rechnungslegung und Publizität im Rahmen des Aktionsplans für Finanzdienstleistungen

Fair Value-Richtlinie

Als erste rechnungslegungsspezifische Maßnahme im Rahmen des FSAP konnte am 31. Mai 2001 die EU-Richtlinie verabschiedet werden, mit der die EU-Rechnungslegungsvorschriften durch Einführung der „Fair Value"-Methode modernisiert werden. Ziel der neuen Richtlinie ist es, die EU-Rechnungslegungsrichtlinien den Entwicklungen der Märkte wie etwa der Verbreitung von Derivaten, des Finanzgeschäfts und der internationalen Rechnungslegungsstandards anzupassen. Außerdem sollen Unternehmen die entsprechenden Regeln nach IAS/IFRS uneingeschränkt anwenden können. Mit der Richtlinie werden die Vierte und Siebte Richtlinie sowie die Bankabschlussrichtlinie entsprechend geändert. Sie ist von den Mitgliedstaaten bis 2004 umzusetzen.

- Die Vorschriften zur Abschlussprüfung werden um bestimmte Mindestangaben im Prüfungsbericht und im Bestätigungsvermerk ergänzt.
- Die von den EU-Richtlinien vorgegebenen Bilanz- und GuV-Gliederungen sind nicht mehr zwingend anzuwenden, solange der Informationsgehalt nicht geringer wird.
- Die Vorschriften zur Rückstellungsbildung können von den Mitgliedstaaten auf den Rückstellungsbegriff der IAS/IFRS angepasst werden.
- Das Vorliegen einer Beteiligung am Kapital eines Unternehmens als Bedingung zur Auslösung einer Konsolidierungspflicht entfällt. Eine Konsolidierungspflicht besteht immer dann, wenn ein beherrschender Einfluss vorliegt.
- Das Konsolidierungsverbot bei unterschiedlicher Tätigkeit eines Tochterunternehmens ist aufgehoben.

Abbildung 4: Wesentliche Änderungen durch die Modernisierungsrichtlinie

Neben vielen Wahlrechten enthält die Fair Value-Richtlinie Pflichtbestandteile, die insbesondere Angaben im Anhang und im Lagebericht betreffen. Nach der Richtlinie müssen sämtliche Unternehmen Informationen über derivative Finanzinstrumente wie Optionen, Swaps und Futures offen legen, und zwar zu Art, Umfang, Zeitwerten sowie Wertminderungen von Finanzinstrumenten. Kleinunternehmen können von dieser Pflicht befreit werden.

Die Fair Value-Richtlinie schafft darüber hinaus die Möglichkeit, bestimmte Finanzinstrumente in Zukunft zu ihrem jeweiligen Zeitwert („Fair Value") zu bewerten. Der Fair Value von Finanzinstrumenten wird anhand des Marktwerts oder – falls ein verlässlicher (liquider) Markt fehlt – anhand allgemein akzeptierter Bewertungsmodelle ermittelt. Es besteht für die Mitgliedstaaten ein weitgehendes Wahlrecht, die Bewertung zum Zeitwert wahlweise oder verpflichtend für alle Gesellschaften oder für Gruppen von Gesellschaften zuzulassen. So kann ein Mitgliedstaat die Bewertung zum Fair Value beispielsweise nur für börsennotierte Unternehmen zulassen bzw. vorschreiben.

Durch die Änderung werden die historischen Kosten als Grundlage der Bewertung gemäß den Rechnungslegungsrichtlinien nicht ersetzt, sondern nur ergänzt. Aus diesem Grund wird die Bewertung zum Fair Value nicht für alle Bilanzpositionen zulässig sein (ausgenommen sind z. B. Grundstücke und Gebäude oder technische Anlagen und Maschinen). Auch bestimmte Finanzinstrumente, insbesondere das langfristige Kreditportfolio, sind weiterhin zu historischen Kosten zu bewerten.

Modernisierungsrichtlinie

Mit der Modernisierungsrichtlinie (2003) zielt die Kommission darauf ab, die grundlegende Struktur der Rechnungslegungsrichtlinien zu modernisieren. Es soll ein Rechnungslegungsrahmen geschaffen werden, welcher der modernen Bilanzierungspraxis entspricht und auch flexibel genug ist, um künftigen Entwicklungen der IAS/IFRS Rechnung zu tragen. Darüber hinaus dient er der Beseitigung aller bestehenden Unstimmigkeiten zwischen den Rechnungslegungsrichtlinien und den IAS/IFRS. Auf diese Weise will die Kommission sicherstellen, dass Rechnungslegungswahlrechte, die derzeit im Rahmen der IAS zulässig sind, auch allen nicht nach IAS/IFRS bilanzierenden EU-Gesellschaften zugänglich gemacht werden. Darüber hinaus verstärkt sie die Anforderungen in Bezug auf den Jahresabschluss und den Lagebericht (siehe Abbildung 4).

Die überarbeiteten Richtlinien sind gemäß der IAS-Verordnung die Entscheidungsgrundlage bei der Übernahme der IAS/IFRS als europäische Rechnungslegungsvorschriften. Außerdem sind sie als Rechtsgrundlage für die Rechnungslegung von Unternehmen, die ihren Jahresabschluss bzw. ihren konsolidierten Abschluss nicht nach den IAS/IFRS erstellen, weiterhin maßgeblich. Schließlich enthalten die Richtlinien auch Vorschriften zu wichtigen Fragen, die von der IAS-Verordnung nicht berührt werden. Diese werden auch in Zukunft durch die Richtlinien geregelt.

Schwellenwertrichtlinie

Gemäß den EG-Bilanzrichtlinien werden die Schwellenwerte Bilanzsumme, Umsatzerlöse und Anzahl der Arbeitnehmer im Jahresdurchschnitt, welche zur Einordnung von Kapitalgesellschaften in Größenklassen für Erleichterungen herangezogen werden, turnusgemäß alle fünf Jahre vom Rat auf Vorschlag der EU-Kommission auf Anpassungsbedarf hin überprüft. Nach Initiative von Deutschland können nun die Schwellenwerte für Bilanzsumme und Umsatzerlöse in den EU-Mitgliedstaaten gemäß der Schwellenwertrichtlinie (2003) bis zu 17 % angehoben werden.

Transparenzrichtlinie

Im Rahmen der so genannten Transparenzagenda greift die EU-Kommission neben den Inhalten der Rechnungslegung auch das Thema auf, wie die Informationspflichten der EU-Emittenten von Wertpapieren zu modernisieren sind. Der Vorschlag für eine Richtlinie zur Harmonisierung der Transparenzanforderungen in Bezug auf Informationen über Emittenten, deren Wertpapiere zum Handel auf einem geregelten Markt zugelassen sind, und zur Änderung der Richtlinie 2001/34/EG wurde bereits im April 2004 verabschiedet, muss aber noch in alle Mitgliedstaatsprachen übersetzt und im Amtsblatt veröffentlicht werden. Danach ist die Richtlinie innerhalb von 24 Monaten, also 2006, in das einzelstaatliche Recht der Mitgliedstaaten umzusetzen. Einen Überblick über wesentliche Regelungen zeigt Abbildung 5.

- Verkürzung der Publikationsfristen von Geschäftsberichten und Jahresabschlüssen auf 4 Monate und Zwischenberichten auf 2 Monate nach Ende der Berichtsperiode.
- Publikationen müssen dem Publikum mindestens 5 Jahre zugänglich sein.
- Halbjahresberichte nach IAS 34 mit zusätzlichem Bericht der Geschäftsführung.
- Zwischenlageberichte für Aktienemittenten zum ersten und dritten Quartal.
- Pflicht zur Publikation im Internet.
- Harmonisierung der ad hoc-Berichterstattung inklusive Meldepflichten von wesentlichen Beteiligungen.

Abbildung 5: Wesentliche Regelungen der Transparenzrichtlinie

Einschneidende Änderungen für viele Unternehmen dürften die geplanten Regelungen für die Zwischenberichterstattung nach sich ziehen. Halbjahresfinanzberichte für Eigen- und Fremdkapitalemittenten werden inhaltlich durch den entsprechenden IAS für Zwischenberichterstattung, den IAS 34, geregelt werden. Danach ist ein Zwischenbericht ein vollständiger oder verkürzter Abschluss für eine Zwischenberichtsperiode. Er umfasst mindestens eine verkürzte Bilanz, eine verkürzte Gewinn-und-Verlust-Rechnung, eine verkürzte Eigenkapitalveränderungsrechnung, eine verkürzte Kapitalflussrechnung und ausgewählte Anhangangaben. Zusätzlich soll nach der Transparenzrichtlinie ein so genannter Zwischenbericht der Geschäftsführung zumindest die wichtigsten Ereignisse während der ersten sechs Monate des Geschäftsjahres und ihre Auswirkungen auf die verkürzte Bilanz sowie die wesentlichen Risiken und Ungewissheiten in den restlichen sechs Monaten des Geschäftsjahres beschreiben. Im Fall von Aktienemittenten sind darüber hinaus auch Großgeschäfte mit verbundenen Parteien zu nennen. Die Veröffentlichung soll so schnell wie möglich nach Ablauf des jeweiligen Berichtszeitraums, spätestens aber nach zwei Monaten erfolgen.

Aktienemittenten müssen zukünftig zwischen dem Jahresfinanzbericht und dem Halbjahresfinanzbericht so genannte Zwischenlageberichte veröffentlichen. Darin sollten in Textform die Finanzlage und die Auswirkungen wesentlicher Ereignisse auf die Finanzlage dargelegt werden. Dies ist ein Kompromiss, weil die Mitgliedstaaten sich nicht auf eine generelle Quartalsabschlusspflicht für Aktienemittenten einigen konnten. Von dieser Regelung sind Emittenten ausgenommen, die bereits Quartalsabschlüsse vorlegen.

Nach dem Herkunftslandprinzip dürfen Mitgliedstaaten einem Emittenten keine strengeren Offenlegungspflichten auferlegen als der Mitgliedstaat seiner Herkunft. Somit werden Emittenten mit Notierungen in mehreren Mitgliedstaaten nicht länger mit unterschiedlichen Transparenzanforderungen konfrontiert. Allerdings handelt es sich bei der Transparenzrichtlinie nur um Mindestanforderungen. Daher können einzelne Mitgliedstaaten oder über privatvertragliche Regelungen auch einzelne Börsen strengere Regelungen vorsehen. Dies bedeutet, dass beispielsweise ein Mitgliedstaat für die jeweiligen Inländer eine Quartalsberichtspflicht vorsehen kann und damit Inländer gegenüber ausländischen Emittenten diskriminiert werden.

Da es sich bei der Transparenzrichtlinie um eine Rahmenrichtlinie handelt, werden detailliertere Durchführungsmaßnahmen von der Kommission im Rahmen des so genannten Lamfalussy-Verfahrens unter Berücksichtigung der Ratschläge des Ausschusses der europäischen Wertpapierregulierungsbehörden (CESR) festgelegt. Dies betrifft beispielsweise eine Regelung, welche nichteuropäischen Rechnungslegungssysteme im Sinne der Richtlinie als den internationalen Standards gleichwertig angesehen werden können.

Empfehlung zur Unabhängigkeit des Abschlussprüfers und Vorschlag für eine Richtlinie zur Abschlussprüfung

Die EU-Kommission hat im Juli 2002 eine Empfehlung zur Unabhängigkeit des Abschlussprüfers veröffentlicht. Damit soll ein EU-weiter Anforderungskatalog zur Sicherung und Erhöhung der Unabhängigkeit geschaffen werden. Eine Analyse des Enron-Falles und anderer Bilanzskandale hat nämlich aufgezeigt, dass neben verbesserten und einheitlichen Bilanzierungsstandards auch die Qualität der Prüfung erhöht werden muss. Dabei spielt insbesondere die Unabhängigkeit des Abschlussprüfers eine zentrale Rolle. Abbildung 6 zeigt, welche Maßnahmen im Wesentlichen empfohlen werden. Allerdings ist diese Empfehlung nicht verbindlich. Die Kommission will nach drei Jahren prüfen, inwieweit die Vorschläge in die Praxis umgesetzt wurden.

In Ergänzung und Erweiterung dieser Empfehlung hat die Kommission nun einen Vorschlag zu einer Richtlinie zur Abschlussprüfung als eine Erweiterung und Modernisierung der Achten Richtlinie des Gesellschaftsrechts (84/253/EWG), die bisher die Zulassung zum Abschlussprüferberuf zum Gegenstand hat. Abbildung 7 gibt einen Überblick zu den vorgeschlagenen Maßnahmen (vgl. auch Ballwieser, 2004).

CESR-Konsultationspapier zum Enforcement

Die EU-Kommission hat im Rahmen der Analyse der Auswirkungen des Enron-Skandals das Enforcement-Thema, also die Frage nach der Durchsetzung von Rechnungslegungsstandards, als wichtig klassifiziert. Die Erarbeitung von Vorschlägen wurde jedoch an das CESR als beratendes Gremium delegiert. Das CESR hat im Oktober 2002 ein Konsultationspapier zum Enforcement von Rechnungslegungsstandards vorgelegt.

Gemäß den Vorschlägen soll die Verantwortung für das Enforcement bei einer unabhängigen Verwaltungsbehörde liegen, die mit entsprechenden Kompetenzen und Ressourcen ausgestattet ist. Die eigentliche Durchführung kann an andere Stellen – auch privatrechtlicher Art – delegiert werden. Voraussetzung ist nur, dass die Aufsicht über diese Institution bei der Verwaltungsstelle verbleibt. Das Enforcement erstreckt sich auf alle Publikationen von kapitalmarktorientierten Unternehmen, die Finanzinfor-

- Der Abschlussprüfer soll nur durch von der Geschäftsleitung des geprüften Unternehmens unabhängige Personen bestellt werden.
- Der Prüfer unterrichtet die Geschäftsführungs- und Kontrollgremien regelmäßig über den Fortgang der Prüfung.
- Bei Unternehmen von öffentlichem Interesse (z.B. börsennotierte Unternehmen, Banken, Versicherungen) ist der Aufsichtsrat über die Höhe von Prüfungs- und Beratungshonoraren aufgeteilt nach Leistungskategorien und über Beziehungen, welche die Unabhängigkeit und Objektivität gefährden können, zu informieren.
- Es sind Schutzmaßnahmen für den Fall vorzusehen, dass Führungskräfte zwischen Prüfungsgesellschaft und Mandanten wechseln.
- Wesentliche Mitarbeiter des Prüfungsteams sollen bei Unternehmen von öffentlichem Interesse in einem Turnus von sieben Jahren ausgewechselt werden.
- Die Honorare sind nach den Kategorien Abschlussprüfung, Steuerberatung, sonstige Zusicherungsleistungen und sonstige prüfungsunabhängige Leistungen zu veröffentlichen.

Abbildung 6: Empfehlungen zur Unabhängigkeit des Abschlussprüfers

mationen enthalten, also insbesondere Konzern- und Einzelabschlüsse, Zwischenberichte und Börsenprospekte. Damit sind auch Finanzinformationen, die nach nationalen Rechnungslegungsstandards aufgestellt sind, erfasst. Des Weiteren sieht das Konsultationspapier Standards für die Auswahl der zu untersuchenden Unternehmen, zu möglichen Maßnahmen bei der Aufdeckung falscher Angaben und zum Koordinationsprozess vor.

Insgesamt sind damit die Gestaltungsspielräume für die jeweilige Umsetzung in den einzelnen Mitgliedstaaten relativ groß. So ist eine staatliche Überwachungsstelle nach dem Vorbild der US-amerikanischen Börsenaufsichtsbehörde SEC ebenso denkbar wie ein privates Review Panel nach britischem Vorbild, das allerdings unter staatlicher Aufsicht stehen muss.

Auch formuliert das CESR nur allgemeine Standards zum Enforcementprozess und fordert die jeweiligen Institutionen zur Koordination auf. Dieses Verfahren schließt jedoch nicht aus, dass einzelstaatliche Institutionen zu verschiedenen Praktiken und Auslegungen kommen können. Es ist daher weiterhin denkbar, dass die gleiche Bilanzierungspraxis eines Unternehmens in verschiedenen Mitgliedstaaten unterschiedlich beurteilt wird und völlig verschiedene Konsequenzen beziehungsweise Sanktionen nach sich ziehen kann. Um der Gefahr einer jeweils nationalen Auslegung der IAS/IFRS durch die Enforcementinstitution zu begegnen, sieht daher das Konsultationspapier vor, dass die Institutionen keine generellen Auslegungshinweise veröffentlichen. Darüber hinaus hat CESR im April 2004 einen zweiten Standard zur Koordination von Enforcement-Aktivitäten innerhalb Europas veröffentlicht. Darin ist der Aufbau einer Datenbank der Ergebnisse der Enforcement-Prüfungen und regelmäßige Treffen der verschiedenen nationalen Stellen vorgesehen. Grundsätzlich sollen frühere Entscheidungen von den Stellen berücksichtigt werden.

Umsetzung der EU-Maßnahmen in Deutschland

Überblick

Mit dem BilReG-E und dem BilKoG-E sind zwei wesentliche Vorhaben zur Umsetzung des 10-Punkte-Programms zur Stärkung der Unternehmensintegrität und des Anlegerschutzes der Bundesregierung auf den parlamentarischen Weg gebracht worden. Allerdings steht eine umfassende Bilanzrechtsreform, die dann auch weitergehend Ansatz- und Bewertungsregeln reformiert, noch aus. Darüber hinaus sind noch Änderungen durch Umsetzung der Transparenzrichtlinie zu erwarten.

Zentrale Punkte des BilReG-E sind die Fortentwicklung und Internationalisierung des Bilanzrechts und die Stärkung der Rolle des Abschlussprüfers. Dabei wird das deutsche Bilanzrecht auch an die Vorgaben einiger EU-Richtlinien angepasst. Bis auf wenige Ausnahmen sollen die neuen Regelungen für Geschäftsjahre ab dem 1. Januar 2005 gelten.

Ziel des BilKoG-E ist es, ein so genanntes „Enforcement-Verfahren" zur Kontrolle der Rechtmäßigkeit von Unternehmensabschlüssen einzuführen. Die Bundesregierung reagiert damit auf zahlreiche Bilanzskandale in den letzten Jahren. Mit dem Gesetz werden Rechtsgrundlagen für ein Bilanzkontrollverfahren geschaffen.

Umsetzung der Mitgliedstaatenwahlrechte der IAS-Verordnung

Das BilReG-E gibt die Mitgliedstaatenwahlrechte der IAS-Verordnung teilweise als Unternehmenswahlrechte an die Unternehmen weiter. So sieht § 315a Abs. 1 HGB-E vor, dass auch nicht kapitalmarktorientierte Unternehmen ihren Konzernabschluss nach IAS/IFRS aufstellen dürfen. Das kann beispielsweise für solche Unternehmen von Interesse sein, die sich auf den Gang an die Börse vorbereiten. Die Unternehmen werden damit in die Lage versetzt, sich ihren Geschäftspartnern mit einem auf Informationszwecke zugeschnittenen, international „lesbaren" Abschluss zu präsentieren, ohne die Kosten für zwei parallele Abschlüsse tragen zu müssen. Ein Konzern unterliegt nur dann auch der Konzernabschlusspflicht nach IAS/IFRS, wenn er bereits eine Zulassung von Wertpapieren zum Handel an einem organisierten Markt beantragt hat. Soweit

- Verbindliche Anwendung der International Standards of Auditing (ISA).
- Vollständige Verantwortung des Konzernprüfers für den Bestätigungsvermerk zum konsolidierten Abschluss.
- Stärkung der Unabhängigkeit der Abschlussprüfer durch besondere Bestimmungen für Abschlussprüfungen bei Unternehmen von öffentlichem Interesse (i.W. kapitalmarktorientierte Unternehmen, Banken und Versicherungen):
  - Interne Rotationspflicht des Abschlussprüfers oder des verantwortlichen Partners nach höchstens fünf Jahren
  - Einrichtung eines Prüfungsausschusses
  - Aufschlüsselung der Honorare
- Ausbau der öffentlichen Aufsicht von Abschlussprüfern und Prüfungsgesellschaften auf europäischer und nationaler Ebene.

Abbildung 7: Wesentliche Maßnahmen des Entwurfs zu einer Abschlussprüferrichtlinie

nicht durch die IAS-Verordnung der EU vorgegeben, wird im Übrigen darauf verzichtet, eine IAS/IFRS-Bilanzierung zwingend vorzuschreiben. Die Unternehmen können ihre Entscheidung somit unter Berücksichtigung der jeweiligen Unternehmensinteressen und der Belange der Bilanzadressaten selbst treffen und erhalten bezüglich des Konzernabschlusses größtmögliche Flexibilität. Sämtliche IAS/IFRS-Konzernabschlüsse besitzen somit befreiende Wirkung hinsichtlich der HGB-Konzernrechnungslegungspflichten. Allerdings bleiben einzelne nationale Normen gültig, insbesondere § 315 HGB-E zum Konzernlagebericht. Durch die Neuregelung wird § 292a HGB, der ohnehin bis zum 31.12.2004 befristet ist, aufgehoben.

Für Unternehmen, die nur Wertpapiere in Form von Schuldtiteln emittieren bzw. die ihren Konzernabschluss nach den US GAAP erstellen, ist eine Übergangsregelung vorgesehen, nach der die Anwendung der IAS/IFRS erst ab dem 1.1.2007 verpflichtend ist.

Hinsichtlich des Jahresabschlusses sieht das Gesetz die Anwendung der IAS/IFRS lediglich auf freiwilliger Basis ohne befreiende Wirkung vor. Die Unternehmen sind aus Gründen der Ausschüttungsbemessung und der steuerlichen Gewinnermittlung auch weiterhin verpflichtet, einen HGB-Jahresabschluss zu erstellen. Eine Erleichterung besteht lediglich für große Kapitalgesellschaften, die den Einzelabschluss nach IAS/IFRS anstatt des HGB-Jahresabschlusses unter den Voraussetzungen des § 325 Abs. 2a HGB-E im Bundesanzeiger offen legen können. Daneben bleibt für alle Unternehmen die Pflicht unberührt, den HGB-Jahresabschluss zum Handelsregister einzureichen.

Umsetzung der Fair Value-Richtlinie

Im BilReG-E werden nur die zwingend umzusetzenden Bestimmungen der Fair Value-Richtlinie aufgegriffen. Weitergehende Änderungen des bestehenden Bilanzrechts sind dem für später geplanten Bilanzrechtsmodernisierungsgesetz vorbehalten. Die vorgesehenen Gesetzesänderungen betreffen in erster Linie den Anhang und den Lagebericht.

Im Anhang sind künftig durch die Erweiterung des § 285 HGB um die Nummern 18 und 19 Angaben zu derivativen Finanzinstrumenten und zu den Finanzanlagen zu machen. Insbesondere sind hierbei die beizulegenden Zeitwerte von Finanzanlagen und Finanzinstrumenten anzugeben. Für kleine Kapitalgesellschaften ist eine Befreiung von der Angabepflicht für derivative Finanzinstrumente vorgesehen.

In Umsetzung der Fair Value-Richtlinie betreffend die Lageberichterstattung wird § 289 HGB Abs. 2 Nr. 2 ersetzt. Es wird eine Regelung zur Risikoberichterstattung über die Verwendung von Finanzinstrumenten durch die Gesellschaft aufgenommen. § 315 Abs. 2 Nr. 2 zum Konzernlagebericht wird in entsprechender Weise angepasst. Mit diesen Zusatzangaben soll eine zukunftsbezogene Risikoberichterstattung auch bezüglich der Finanzinstrumente erreicht werden.

Umsetzung der Modernisierungsrichtlinie

Der Referentenentwurf zum BilReG beschränkt sich auf die Umsetzung der durch die Modernisierungsrichtlinie zwingend vorgegebenen Sachverhalte. Namentlich handelt es sich dabei um Regelungen zur Lageberichterstattung, zum Bestätigungsvermerk und zu den Transparenzanforderungen an Kapitalgesellschaften. Die Anpassung des Bilanzrechts an die weitergehenden Bestimmungen der Modernisierungsrichtlinie soll im Rahmen eines weiteren Gesetzgebungsvorhabens, dem Bilanzrechtsmodernisierungsgesetz, erfolgen.

Gemäß § 289 Abs. 1 HGB-E soll der Gehalt des Lageberichts an entscheidungsrelevanten Informationen erhöht werden. Insbesondere ist auf Ziele und Strategien der Geschäftsführung sowie auf Chancen und Risiken einzugehen. Damit sollen auch Soll-Ist-Vergleiche möglich werden. Darüber hinaus sind gemäß Abs. 3 die wichtigsten nichtfinanziellen Leistungsindikatoren zu nennen. Parallel werden die Anforderungen an einen Konzernlagebericht gemäß § 315 HGB-E angepasst. In diesem Zusammenhang ist auch auf den Entwurf zum neuen DRS 20 zu verweisen, der noch hierüber hinausgehende Anforderungen an die Lageberichterstattung z. B. hinsichtlich einer Prognoseberichterstattung stellt (vgl. auch Greinert, 2004).

Gemäß § 291 Abs. 3 Nr. 1 HGB-E müssen nun alle Teilkonzerne, deren Wertpapiere an einem geregelten Markt einer EU-Börse zugelassen sind, einen Konzernabschluss veröffentlichen. Die Befreiung durch einen höherrangigen Konzernabschluss ist nicht mehr möglich. Damit wird der durch das TransPuG eingeführte Wegfall der Konzernabschlussbefreiung bei Unternehmen im Amtlichen Handel auf alle Geregelten Märkte der EU erweitert.

Das Konsolidierungsverbot nach § 295 HGB aufgrund abweichender Tätigkeit wird aufgehoben und damit der Konsolidierungskreis internationalen Gepflogenheiten angepasst.

Umsetzung der Schwellenwertrichtlinie

Die in § 267 des Handelsgesetzbuchs genannten Schwellenwerte (Bilanzsumme und Umsatzerlöse) zur Abgrenzung zwischen kleinen, mittelgroßen und großen Unternehmen sollen um etwa ein Sechstel angehoben werden. Schon ab 2004 werden deshalb mehr Unternehmen in die Kategorie der kleinen und der mittelgroßen Gesellschaften fallen. Das bedeutet für diese Unternehmen Bürokratieabbau und Kostenersparnis, weil sie z. B. als kleine Gesellschaften von der Verpflichtung befreit sind, einen Lagebericht aufzustellen oder ihre Abschlüsse von einem Wirtschaftsprüfer prüfen zu lassen. Als mittelgroße Gesellschaften können sie auf die kostenpflichtige Bekanntmachung ihrer Abschlussunterlagen im Bundesanzeiger verzichten. Vergleichbare Anhebungen erfolgen ferner in § 293 HGB, um auch die Schwellenwerte für die Pflicht zur Aufstellung von Konzernabschlüssen anzupassen.

Stärkung der Unabhängigkeit des Abschlussprüfers

Ein Kernanliegen des BilReG-E ist es, diejenigen Tätigkeiten einzugrenzen und zu präzisieren, die ein Wirtschaftsprüfer zusätzlich für das geprüfte Unternehmen erbringen darf, wenn er als Prüfer des Jahresabschlusses tätig ist. Mit der Neufassung des § 319 HGB-E und der Einfügung des § 319a HGB-E werden die Regelungen zur Unabhängigkeit des Abschlussprüfers wesentlich erweitert. Im Mittelpunkt der Neuregelungen steht die Beachtung des Selbstprüfungsverbotes, d. h. die Unzulässigkeit der gleichzeitigen Erbringung von Beratungs- und Bewertungsdienstleistungen und deren Prüfung im Rahmen der Abschlussprüfung.

Neben der Kodifizierung allgemeiner Grundprinzipien zur Unabhängigkeit des Abschlussprüfers wird in §§ 319, 319a HGB-E eine Liste mit Fällen kodifiziert, die eine unwiderlegbare, gesetzliche Vermutung des Bestehens der Besorgnis der Befangenheit begründen. Die angeführten Ausschlussgründe sind nicht abschließend. Sonstige Gründe, die Anlass zur Besorgnis der Befangenheit geben, aber nicht unter §§ 319 Abs. 3, 319a Abs. 1 HGB-E fallen, werden durch § 319 Abs. 2 HGB-E erfasst.

Eine Neuerung enthält § 319a HGB-E, der eine Verschärfung der Unabhängigkeitsregeln für die Abschlussprüfung von Unternehmen, die einen organisierten Kapitalmarkt in Anspruch nehmen, enthält.

Bilanzkontrollgesetz (BilKoG-E)

Mit dem BilKoG-E wird ein Verfahren zur Überwachung der Rechtmäßigkeit von Unternehmensabschlüssen durch eine unabhängige Stelle (Enforcement) eingeführt. Das Verfahren basiert auf dem Gedanken der Selbstregulierung der Wirtschaft; der Staat soll nur dort, wo es erforderlich ist, hoheitlich eingreifen. Deswegen ist folgendes zweistufige Verfahren vorgesehen (vgl. auch Ernst, 2004):

Auf der ersten Stufe soll gemäß § 342b HGB-E eine privatrechtlich organisierte Institution als Prüfstelle für Rechnungslegung (Deutsche Prüfstelle für Rechnungslegung, DPR) die Masse der Fälle erledigen. Die Prüfstelle soll die Rechtmäßigkeit des Jahresabschlusses oder Konzernabschlusses von kapitalmarktorientierten Unternehmen prüfen. Diese Aufgabe wird ihr durch einen Anerkennungsvertrag mit den Fachministerien übertragen. Die Anerkennung setzt voraus, dass die Besetzung der Prüfstelle mit unabhängigen Fachleuten sichergestellt ist.

Die Prüfstelle wird tätig, wenn ihr Anhaltspunkte für Bilanzfehler vorliegen. Solche Anhaltspunkte könnten sich beispielsweise durch Hinweise von Aktionären oder Gläubigern oder durch Berichte der Wirtschaftspresse ergeben. Explizit wird aber darauf verwiesen, dass es sich um konkrete Umstände tatsächlicher Art handeln muss und dass eine Prüfung unterbleiben kann, wenn kein öffentliches Interesse besteht. Darüber hinaus soll die Prüfstelle auch stichprobenweise Prüfungen durchführen und auf Verlangen der Bundesanstalt für Finanzdienstleistungsaufsicht (BaFin) tätig werden. Die Zusammenarbeit der Unternehmen mit der Prüfstelle ist freiwillig. Nach § 370 Abs. 4 WpHG-E sind die Unternehmensvertreter aber verpflichtet, richtige und vollständige Auskünfte zu erteilen.

Immer dann, wenn das Unternehmen mit der Prüfstelle nicht kooperiert und keine einvernehmliche Lösung zustande kommt, wird auf der zweiten Stufe die BaFin tätig. Sie kann die Prüfung der Rechnungslegung mit öffentlich-rechtlichen Mitteln durchsetzen. Festgestellte Fehler sind vom Unternehmen zu veröffentlichen. Beim Verdacht einer Straftat oder Ordnungswidrigkeit erstattet die BaFin Anzeige bei den Verfolgungsbehörden und schaltet entsprechend die Wirtschaftsprüferkammer beziehungsweise Börsenaufsichtsbehörden ein.

Die Kosten des Enforcement-Verfahrens werden durch Erhebung einer Umlage bei den kapitalmarktorientierten Unternehmen finanziert. Die konkreten Kosten einer Prüfung auf der zweiten Stufe werden jeweils dem betroffenen geprüften Unternehmen gesondert auferlegt. Gemäß § 242e Abs. 2 HGB-E ist ein Bußgeld von maximal 50.000 Euro vorgesehen. Das Management wird nicht direkt bestraft.

Der Trägerverein wurde bereits im Mai 2004 gegründet. Über die Besetzung der Stelle können jedoch noch keine abschließenden Aussagen getroffen werden.

Auswirkungen auf das Controlling

Alle hier vorgestellten Maßnahmen dürften Auswirkungen auf das externe und indirekt auch interne Rechnungswesen vieler Unternehmen haben. Dabei sind natürlich vordergründig zunächst besonders kapitalmarktorientierte Unternehmen von der IAS-Verordnung und den flankierenden Maßnahmen betroffen. Allerdings dürfte die IAS-Verordnung langfristig auch die Abschlüsse von nicht kapitalmarktorientierten Unternehmen beeinflussen.

Eine aktuelle Studie zeigt, dass mehr als die Hälfte der kapitalmarktorientierten und konsolidierungspflichtigen Unternehmen in Deutschland die Umstellung auf IAS/IFRS noch bevorsteht (vgl. PwC, 2004). Insgesamt 452 Konzerne müssen spätestens 2005 auf die für sie neuen IAS/IFRS-Standards umstellen. 72 % davon bilanzieren nach HGB und 28 % nach US-GAAP. Sofern diese Unternehmen nicht schon rechtzeitig mit den Umstellungsvorbereitungen begonnen haben, steht ihnen ein gewaltiger Umstellungsprozess bevor.

Darüber hinaus könnten nicht nur die Konzernmütter, sondern auch Tochterunternehmen betroffen sein. So wirkt die Verordnung unmittelbar in allen 25 EU Mitgliedstaaten. Einige Mitgliedstaaten könnten die vorher beschriebenen Mitgliedstaatenwahlrechte nutzen, und IAS/IFRS für Konzernabschlüsse für nicht kapitalmarktorientierte Konzerne bzw. sogar für Einzelabschlüsse vorsehen. Dabei kann sich diese Pflicht auf bestimmte Branchen, beispielsweise Finanzdienstleister, beschränken. In diesem Zusammenhang ist auf den Wegfall der Befreiungsmöglichkeit von der Konzernabschlusspflicht für Teilkonzerne zu verweisen, wenn diese in der EU zugelassene Wertpapiere emittieren. Gerade bei Banken dürfte durch Emissionen bei Mutterunternehmen von Teilkonzernen eine zusätzliche Konzernabschlusspflicht nach IAS/IFRS entstehen.

Die Umstellung der Rechnungslegung auf IAS/IFRS berührt letztlich alle Informationssysteme der Unternehmen. So

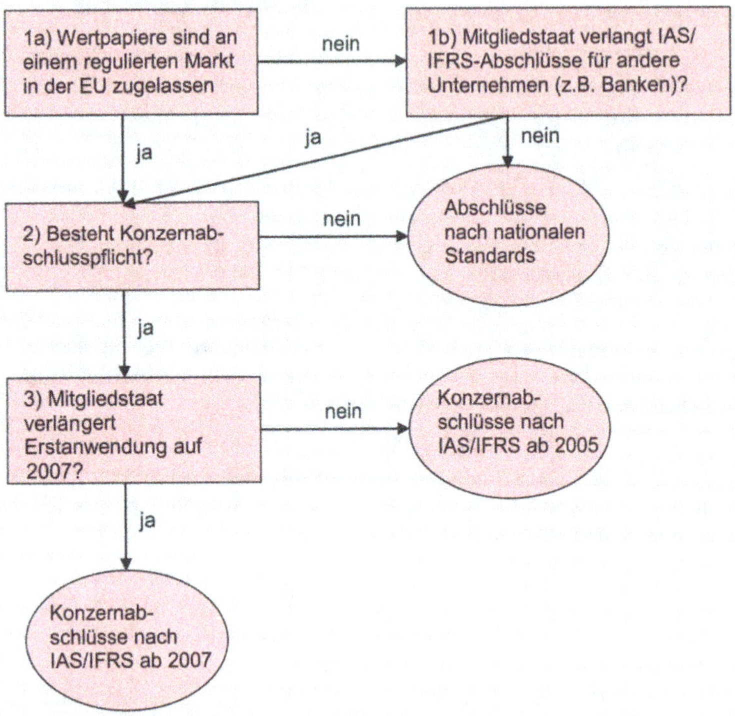

Abbildung 8: Mögliche erweiterte Bilanzierungspflicht für IAS/IFRS ab 2005/2007

ergibt sich aus einigen Bilanzierungsmethoden ein erhöhter Informationsbedarf. Einmal betrifft dies die Anwendung bestimmter Ansatz- und Bewertungsmethoden. Beispielsweise erfordert die Aktivierung von Entwicklungskosten ein entsprechendes Entwicklungsprojektcontrolling, das die für Ansatz und Bewertung erforderlichen Zahlen zur Verfügung stellt. Ähnliches gilt bei langfristigen Fertigungsaufträgen für die Anwendung der Percentage of Completion Method. Zusätzliche Informationen sind im Rahmen der Segmentberichterstattung (vgl. den Beitrag von Auer in diesem Heft) oder bei Fair Value-Informationen für Finanzinstrumente (vgl. den Beitrag von Löw in diesem Heft) erforderlich. Eine besondere Herausforderung dürfte darüber hinaus die Beurteilung von Wertveränderungen im Rahmen des Impairmenttests von immateriellen Vermögensgegenständen und dem Goodwill sein (vgl. die Beiträge von Glaum/Vogel und Kückelhaus/Bartelheimer/Wohlthat in diesem Heft). Hier muss das Controlling eine komplette Unternehmensbewertung für Teileinheiten vornehmen.

Die erhöhten Anforderungen an das Methodenwissen und die entsprechende praktische Umsetzung im Controlling gehen darüber hinaus mit einer in der Regel erhöhten Frequenz der Berichterstattung sowie mit kürzeren Fristen zur Veröffentlichung einher. Gerade für Eigenkapitalemittenten wird an den meisten Märkten ein Quartalsbericht selbstverständlich sein. Fremdkapitalemittenten werden das erste Mal mit einer Zwischenberichtspflicht konfrontiert. Ein Zwischenbericht ist zudem spätestens nach zwei Monaten, der Jahresabschluss nach 4 Monaten nach Ablauf der Berichtsperiode zu veröffentlichen. Die Controllingsysteme müssen also den erhöhten Informationsbedarf schneller und öfter als früher decken.

Hierbei sind Zugeständnisse an die Qualität der Informationen nicht akzeptabel. Die größeren Ermessensspielräume bei Ansatz und Bewertung, z. B. bei der Abschätzung zukünftiger Cashflows im Rahmen eines Impairmenttests, stehen einer höheren Verantwortung des Managements, des Aufsichtsrats und der Abschlussprüfer gegenüber. Die zusätzliche Kontrollinstanz durch das externe Enforcement macht es zudem erforderlich, eine für die Fälle einer Überprüfung notwendige Dokumentation vorzuhalten. Diese Dokumentation der internen Kontrollprozesse wird auch ein verantwortungsvoller Abschlussprüfer verlangen (vgl. zum internen Kontrollsystem Horváth, 2003).

Letztlich darf auch nicht übersehen werden, dass durch die Einführung neuer und zusätzlicher Standardsetter – oft privater Natur – hohe Anforderungen an das Monitoring von Regeländerungen an die Mitarbeiter von Controlling gestellt werden. Gerade das IASB als privater Standardsetter zeigt eine hohe Dynamik in der Entwicklung von Standards. Dabei sind Controllingkollegen mit Standards von hoher Komplexität, oft größeren Umfangs und anfangs in einer fremden Sprache konfrontiert, die in einer relativ kurzen Zeit umgesetzt werden müssen. Beredtes Beispiel hierfür sind die Standards zur Bilanzierung von Finanzinstrumenten, die mehrere Hundert Seiten umfassen.

Die Einführung von IAS/IFRS sollte aber auch als Chance begriffen werden, die internen Berichtssysteme zu reformieren (vgl. zu Zielen im Zusammenhang mit der Umstellung Weißenberger/Stahl/Vorstius, 2004). Der größere Bezug der IAS/IFRS auf Zeitwerte im Vergleich zum Handelsrecht und die Ausrichtung der Anforderungen an der Informationsfunktion eines Abschlusses lassen die Integration der internen und externen Berichtssysteme plausibel erscheinen. Zudem erschien es aus Investorensicht fragwürdig, die operativen Einheiten eines Unternehmens konzeptionell anhand anderer Ergebnisziele zu führen als das Gesamtunternehmen durch das Management. Insgesamt sollten daher externe Berichts- und interne Steuerungsgrößen auf Basis internationaler Rechnungslegungsstandards konvergieren (vgl. Kahle, 2003).

IASB	IAS/IFRS
EU	Richtlinien (indirekt), Verordnungen, Erlasse
Gesetzgeber	Gesetzesänderungen (z. B. HGB, AktG, KWG)
DRSC	DRS

Abbildung 9: Standardsetter für Rechnungslegung

Fazit und Ausblick

Die Maßnahmen des FSAP, insbesondere die IAS-Verordnung, bedeuten einen großen Einschnitt für alle kapitalmarktorientierten Unternehmen in der EU. Sie werden sich aber auch auf die Publizität und das Berichtswesen nicht kapitalmarktorientierter Unternehmen auswirken. Die Umsetzung in Deutschland ist mit dem Bilanzrechtsreform- und -kontrollgesetz in wichtigen Punkten erfolgt. Die noch offene große Bilanzrechtsreform wird dann auch das Berichtswesen nicht kapitalmarktorientierter Unternehmen verstärkt beeinflussen. Besonders bei Bilanzierungsfragen, wie Ansatz und Bewertung von Rückstellungen oder Finanzinstrumenten nach deutschem Handelsrecht, sind größere Veränderungen zu erwarten. Langfristig steht nicht nur die Pflicht für IAS/IFRS für alle konzernabschlusspflichtigen Unternehmen zur Diskussion, sondern die Einführung von internationalen Bilanzierungsprinzipien im Einzelabschluss. Dabei sind die Auswirkungen auf Besteuerung, Ausschüttungsbemessung und Haftung noch offen. Darüber hinaus steht die Umsetzung der weiteren Publizitätspflichten aus der Transparenzrichtlinie noch aus. Der Trend geht insgesamt eindeutig in Richtung hoher Regulierung und Enforcement von Regelungen. Unternehmen müssen sich also auf eine hohe Regelungsdichte und eine große Dynamik von Regelungen einstellen. Das Controlling muss eine hohe Kompetenz in den Methoden entwickeln und flexibel auf neue Anforderungen reagieren können. Dies erscheint nur kosteneffizient durch eine Konvergenz zwischen internem und externem Rechnungswesen erreicht werden zu können.

Literatur

Die im Text genannten Veröffentlichungen der Europäischen Union sind über http://europa.eu.int/comm/internal_market/accounting/officialdocs_de.htm) erhältlich.

Deutsche Gesetzentwürfe

(erhältlich über http://www.bmj.bund.de/enid/ 17.html)

Regierungsentwurf eines Gesetzes zur Kontrolle von Unternehmensabschlüssen (Bilanzkontrollgesetz) vom 21. April 2004.

Regierungsentwurf eines Bilanzrechtsreformgesetzes vom 21. April 2004.

Aufsätze

BALLWIESER, W.: Entwurf zur Modernisierung der EU-Abschlussprüferrichtlinie: neue Transparenzvorschriften für Abschlussprüfer und Geprüfte, in: Betriebs-Berater, 59. Jg. (2004), Heft 17, S. I.

D'ARCY, A.: Neue Rechnungslegungsregeln in der EU, in: Deutsche Bank Research (Hrsg.): EU-Finanzmarkt Spezial, Frankfurt 2002.

Deutsche Bank Research (Hrsg.): Aktuelle Themen Nr. 231, v. 4. Juni 2002, Finanzmarkt Spezial, Frankfurt 2002.

ERNST, C.: BB-Gesetzgebungsreport: Regierungsentwurf des BilKoG, in Betriebs-Berater, 59. Jg. (2004), Heft 17, S. 936 – 937.

GREINERT, M.: Weitergehende Anforderungen an den Konzernlagebericht durch E-DRS 20 sowie das Bilanzrechtsreformgesetz, in: Zeitschrift für kapitalmarktorientierte Rechnungslegung, 4. Jg. (2004), Heft 2, S. 51 – 60.

HOMMELHOFF, P., MATTHEAUS, D.: BB-Gesetzgebungsreport: Verlässliche Rechnungslegung – Enforcement nach dem geplanten Bilanzkontrollgesetz, in: Betriebs-Berater, 59. Jg. (2004), Heft 2, S. 93 – 100.

HORVÁTH, P: Anforderungen an ein modernes Internes Kontrollsystem, in: Die Wirtschaftsprüfung, Sonderheft 2003: Wirtschaftsprüfer im Blickpunkt der Öffentlichkeit, Düsseldorf 2003, S. 211 – 218.

KAHLE, H. (2003), Unternehmenssteuerung auf Basis internationaler Rechnungslegungsstandards, in: Schmalenbachs Zeitschrift für betriebliche Forschung, 55. Jg. (2003), Heft 12, S. 749 – 789.

PELLENS, B., DETERT, K., NÖLTE, U., SELLHORN, T.: Enforcement von Rechnungslegungsregeln, in: Zeitschrift für kapitalmarktorientierte Rechnungslegung, 4. Jg. (2004), Heft 1, S. 1 – 4.

PwC Deutsche Revision AG Wirtschaftsprüfungsgesellschaft (Hrsg.): IAS/IFRS – Kapitalmarktorientierte Unternehmen in Deutschland, Frankfurt am Main 4/2004.

WENDTLAND, K., KNORR, L. (2004): Der Referentenentwurf des „Bilanzrechtsreformgesetzes", in: Zeitschrift für kapitalmarktorientierte Rechnungslegung, 4. Jg. (2004), Heft 2, S. 45 – 50.

WEIßENBERGER, B., STAHL, A. B., VORSTIUS, S. (2004): Die Umstellung auf internationale Rechnungslegungsgrundsätze, in: Zeitschrift für kapitalmarktorientierte Rechnungslegung, 4. Jg. (2004), Heft 1, S. 5–15.

Monika Haunerdinger/
Hans-Jürgen Probst

Der Weg in die internationale Rechnungslegung

Grundlagen der Bilanzierung nach HGB und IFRS

2004. X, 166 S. Br. EUR 17,90

ISBN 3-409-12561-2

Inhalt:

- Warum IFRS als Ergänzung bzw. statt HGB?
- Inhalte der IFRS in differenzierter Form (z.B. Bewertungsfragen, Bestandteile des Jahresabschlusses etc.)
- Vergleich bzw. Gegenüberstellung der Rechnungslegungssysteme HGB, IFRS
- Umsetzung von HGB auf IFRS
- Beispiele aus der Praxis
- Checklisten und Arbeitshilfen
- Aufgaben- und Lösungen

Deutsche Jahresabschlüsse müssen international verstanden werden. In konzentrierter Form werden in diesem Buch die Unterschiede zwischen HGB und IFRS dargestellt. Sie erfahren im Detail, auf was es bei der Umstellung auf die internationale Rechnungslegung ankommt. Ein anschauliches und leicht verständliches Fachbuch zum Einstieg ins Thema. Unverzichtbares Wissen für alle Ausbildungsgänge im Bereich Rechnungswesen, Bilanzierung und Finanzen. Mit Aufgaben und Lösungen, die sich inhaltlich an den Lehrplänen der Bilanzbuchhalterausbildung orientieren.
Begleitend zum Buch informiert ein kostenloser Online-Service über Aktualisierungen.

Die Autoren:

Monika Haunerdinger berät als Senior-Beraterin eines internationalen Beratungshauses diverse Unternehmen im Bereich Betriebswirtschaft, Rechnungswesen.

Hans-Jürgen Probst ist nach langjähriger leitender Tätigkeit in Industrieunternehmen freiberuflich tätig im Bereich neuer betriebswirtschaftlicher Methoden, Schwerpunkt Finanz- und Rechnungswesen.

www.gabler.de

Änderungen vorbehalten.
Erhältlich im Buchhandel oder beim Verlag.

Abraham-Lincoln-Str. 46, 65189 Wiesbaden, Tel: 06 11.78 78-626, www.gabler.de

GABLER

Rechnungslegung nach IFRS – Konsequenzen für die Besteuerung

Christoph Spengel

Fragestellung und Vorgehensweise

Die Rechnungslegung multinationaler Unternehmen befindet sich seit Mitte der 90-iger Jahre des vergangenen Jahrhunderts im Umbruch. Infolge der Inanspruchnahme der internationalen Kapitalmärkte sind auch deutsche Konzerne vermehrt dazu übergegangen, ihren Konzernabschluss nach internationalen Grundsätzen aufzustellen. Den Wendepunkt der Konzernrechnungslegung in Deutschland markierte die Aufnahme des § 292a in das HGB durch das Kapitalaufnahmeerleichterungsgesetz im Jahr 1998. Danach kann der deutsche Konzernabschluss mit befreiender Wirkung durch eine Bilanzierung nach IAS/IFRS oder US-GAAP aufgestellt werden. Daneben wird die Internationalisierung der Rechnungslegung durch die jüngsten Entwicklungen auf Ebene der EU mit schnellen Schritten vorangetrieben. Diese Entwicklungen haben – was so in Fachkreisen und von der Öffentlichkeit nicht wahrgenommen wird – neben einer handelsrechtlichen auch eine steuerliche Dimension. Impulse für das Handelsrecht gehen von der EU-Verordnung vom Juni 2002 aus, nach der kapitalmarktorientierte europäische Unternehmen ab dem Jahre 2005 (mit einer Übergangsfrist bis zum Jahre 2007) ihren Konzernabschluss zwingend nach dem IAS/IFRS aufstellen müssen. Im Hinblick auf die steuerliche Gewinnermittlung geht es um aktuelle Harmonisierungsüberlegungen der EU-Kommission, wonach IAS/IFRS als Ausgangspunkt für eine (konsolidierte) Körperschaftsteuermessungsgrundlage für grenzüberschreitend tätige Unternehmen in der EU in Erwägung gezogen werden.

Aufgrund des zweigleisigen Vordringens von IAS/IFRS innerhalb Europas können die internationalen Rechnungslegungsgrundsätze vermutlich nicht auf den Konzernabschluss begrenzt werden. Einerseits empfiehlt die EU-Kommission den Mitgliedstaaten im Zusammenhang mit der EU-Verordnung ausdrücklich, auch eine Anwendung von IAS/IFRS im Konzernabschluss nicht kapitalmarktorientierter Unternehmen sowie im handelsrechtlichen Einzelabschluss vorzusehen. Dringen IAS/IFRS in den Einzelabschluss ein, so können die internationalen Rechnungsgrundsätze aufgrund der in sämtlichen EU-Mitgliedstaaten mehr oder weniger stark ausgeprägten Maßgeblichkeit der Handels- für die Steuerbilanz auf die steuerliche Gewinnermittlung ausstrahlen. Andererseits hätten IAS/IFRS für die Schaffung einer konsolidierten Körperschaftsteuerbemessungsgrundlage nach den Vorstellungen der EU-Kommission eine unmittelbare steuerliche Relevanz. Die Frage der steuerlichen Eignung von IAS/IFRS wird deshalb nicht nur in Deutschland kontrovers diskutiert. Häufig fehlt es bei der Diskussion aber an einem klaren Leitbild, dem die steuerliche Gewinnermittlung folgen soll.

Der Beitrag zeigt in einem ersten Schritt die Hintergründe für das Vordringen von IAS/IFRS in der EU auf. Dazu werden zunächst die Vorgaben der EU-Verordnung und deren Umsetzungsmög-

- Konzerne sollen innerhalb Europa ihren steuerlichen Gewinn auf Basis einer konsolidierten Körperschaftsteuerbemessungsgrundlage ermitteln.
- IAS/IFRS können Ausgangspunkt einer steuerlichen Gewinnermittlung in der EU sein.
- Die steuerliche Übernahme von IAS/IFRS muss sich auf für die Besteuerung zweckmäßige Einzelregelungen beschränken.
- Im Hinblick auf die Besteuerungsziele wären dazu Periodisierungen einzuschränken und gleichzeitig der steuerliche Verlustausgleich zu verbessern.
- Leitbild einer steuerlichen Gewinnermittlung auf Basis der IAS/IFRS könnte das Konzept einer modifizierten Einnahmen-Überschussrechnung sein.

Prof. Dr. Christoph Spengel
Professur für Betriebswirtschaftslehre mit dem Schwerpunkt Betriebswirtschaftliche Steuerlehre
Justus-Liebig-Universität Gießen
Licher Str. 62, 35394 Gießen
Tel.: 06 41/99-2 25 50
Fax: 06 41/99-2 25 59
E-Mail: christoph.spengel@wirtschaft.uni-giessen.de

lichkeiten in Deutschland (Punkt 2) und anschließend die Vorstellungen der EU-Kommission zur Schaffung einer konsolidierten Körperschaftsteuerbemessungsgrundlage in Europa erörtert (Punkt 3). In einem zweiten Schritt werden Vorgaben zur Ausgestaltung der steuerlichen Gewinnermittlung abgeleitet und darauf aufbauend die Eignung von IAS/IFRS als Ausgangsbasis für die steuerliche Gewinnermittlung diskutiert (Punkt 4). Eine Zusammenfassung in Thesen beschließt den Beitrag (Punkt 5).

EU-Verordnung zur Anwendung von IAS/IFRS im Konzernabschluss

Vorgaben der EU-Verordnung

Nach der EU-Verordnung vom Juni 2002 (vgl. EU-Verordnung 2002) sind kapitalmarktorientierte europäische Unternehmen ab dem Jahr 2005 verpflichtet, ihre Konzernabschlüsse nach IAS/IFRS aufzustellen. Europäischen Unternehmen, die den Kapitalmarkt lediglich über Fremdkapitaltitel in Anspruch nehmen oder die in Drittländern gelistet sind und daher die US-GAAP oder ein anderes Rechnungslegungssystem anwenden, kann über Mitgliedstaatenwahlrechte ein Aufschub bis 2007 gewährt werden. Die Mitgliedstaaten können die Anwendung der IAS/IFRS auf die Einzelabschlüsse kapitalmarktorientierter Unternehmen und die Einzel- und/oder Konzernabschlüsse nicht kapitalmarktorientierter Unternehmen ausdehnen, d. h. in diesen Fällen die Anwendung der IAS/IFRS zulassen oder sogar vorschreiben. Es ergibt sich damit das in Abbildung 1 widergegebene Bild (vgl. Oestreicher/Spengel 2001, S. 890).

	Konzernabschluss	Einzelabschluss
Kapitalmarktorientierte Unternehmen	IAS/IFRS verpflichtend	HGB oder IAS/IFRS (wahlweise)
Übrige Unternehmen	HGB oder IAS/IFRS (wahlweise)	HGB oder IAS/IFRS (wahlweise)

Abbildung 1: Vorgaben der EU-Verordnung

Wie die EU-Mitgliedstaaten die ihnen eingeräumten Wahlrechte für den Einzelabschluss ausüben werden, ist derzeit noch offen. In Deutschland hat das Bundesjustizministerium im Dezember 2003 im Gesetzentwurf des Bilanzrechtsreformgesetzes dazu Vorschläge unterbreitet (vgl. dazu Arbeitskreis Bilanzrecht der Hochschullehrer Rechtswissenschaft 2004, S. 546 f.; Hüttemann 2004, S. 203 ff.). Danach soll auch nicht kapitalmarktorientierten Unternehmen ein Wahlrecht eingeräumt werden, ihren Konzernabschluss nach IAS/IFRS aufzustellen. Beim Einzelabschluss kann bei großen Kapitalgesellschaften im Sinne des § 267 Abs. 3 HGB ein IAS/IFRS-Abschluss an die Stelle des traditionellen HGB-Abschlusses treten. Für kleine und mittelgroße Kapitalgesellschaften sind dagegen keine besonderen Regelungen vorgesehen. Sie können bereits schon jetzt auf freiwilliger Basis einen IAS/IFRS-Abschluss zu Informationszwecken aufstellen. Aber auch für große Kapitalgesellschaften soll es bei einem reinen Informationsabschluss bleiben. Denn für die Bemessung der Gewinnausschüttungen sowie für steuerliche Zwecke bleibt es nach dem Gesetzentwurf beim HGB-Abschluss. Begründet wird dies mit den divergierenden Zielsetzungen der internationalen Standards, die in konsequenter Verfolgung des Informationszwecks das Zeitwertprinzip zu stark betont. Dadurch sind bereits Erträge zu erfassen, die nach dem Verständnis des HGB noch nicht ausschüttungsreif wären (z. B. bloße Wertschwankungen aufgrund von Veränderungen von Aktienkursen oder Zinssätzen). Ein solch volatiles Ergebnis könne auch nicht der Besteuerung zugrunde gelegt werden, weshalb es auch insoweit beim HGB-Einzelabschluss bleiben soll, der weiterhin über das Maßgeblichkeitsprinzip (§ 5 Abs. 1 HGB) die Grundlage der steuerlichen Gewinnermittlung bilden soll.

Übernahme von IAS/IFRS in den Einzelabschluss?

Eine generelle Übernahme von IAS/IFRS in den handelsrechtlichen Einzelabschluss sowie deren Maßgeblichkeit für die Steuerbilanz ist somit vom deutschen Gesetzgeber nicht beabsichtigt. Einer Maßgeblichkeit von IAS/IFRS stünde im Übrigen auch entgegen, dass die Anwendung von IAS/IFRS im Einzelabschluss auf Kapitalgesellschaften beschränkt werden soll. Somit erhielten IAS/IFRS den Charakter von rechtsformspezifischen GoB, die sich einer Maßgeblichkeit für die Steuerbilanz entziehen. Da unterschiedliche Gewinnermittlungsgrundsätze je nach Rechtsform des Unternehmens mit den Grundsätzen der gleichmäßigen steuerlichen Belastung nicht zu vereinbaren sind, können der Besteuerung nur solche handelsrechtlichen GoB zu Grunde gelegt werden, die rechtsform- und größenunabhängig auf alle buchführungspflichtigen Gewerbetreibenden angewendet werden können (vgl. Oestreicher/Spengel 2001, S. 890 ff.).

Demnach hätten kapitalmarktorientierte Unternehmen mithin drei Einzelabschlüsse aufzustellen – IAS/IFRS-Abschluss für Informationszwecke, HGB-Abschluss für Ausschüttungszwecke und eine daraus abgeleitete Steuerbilanz für Besteuerungszwecke – was mit beträchtlichen Kostensteigerungen für die betroffenen Unternehmen verbunden wäre. Langfristig werden insbesondere die Global Player auf eine Übernahme von IAS/IFRS in den Einzelabschluss drängen, da sich so die Kosten des Rechnungswesens senken lassen. Zudem ist es Kapitalgebern nur schwer zu vermitteln, dass für die Informationsvermittlung im Einzelabschluss andere Regeln gelten sollen als im Konzernabschluss (vgl. Schreiber 2002, S. 106). Langfristig gesehen könnten die IAS/IFRS daher eine über die Informationsvermittlung hinaus gehende Bedeutung für den Einzelabschluss erlangen. Kommt es dazu, dann stellt sich unmittelbar die Folgefrage, ob und wie weit die steuerliche Gewinnermittlung weiterhin an das Ergebnis des handelsrechtlichen Abschlusses anknüpfen kann. Die vorherrschende Meinung in Deutschland verneint diese Frage und spricht sich in diesem Fall für eine Aufgabe der Maßgeblichkeit der Handels- für die Steuerbilanz bisheriger Prägung aus. Stattdessen könnte ein originäres Steuerbilanzrecht auf der Basis der Vorschriften des geltenden HGB geschaffen werden (vgl. Herzig/Bär 2003, S. 1 ff.).

Gegen eine steuerliche Gewinnermittlung auf Basis von IAS/IFRS werden zum einen Befürchtungen vorgebracht, dass den IAS/IFRS möglicherweise der Rechtsnormcharakter fehlt, damit sie für Zwecke der Besteuerung revisibel sind und der richterlichen Kontrolle unterliegen. Sofern die EU-Kommission die Regelungskompetenz an einen privatwirtschaftlichen Standardsetter wie das IASB abgibt, wäre diese Voraussetzung nicht erfüllt (vgl. Arbeitskreis Bilanzrecht der Hochschullehrer Rechtswissenschaft 2002, S. 2378 ff.). Nach derzeitigem Kenntnisstand sind solche Befürchtungen unbegründet. So stellt die Verpflichtung bzw. Option zur Übernahme von IAS/IFRS auf dem Verordnungswege eine rechtsverbindliche Maßnahme des sekundären Gemeinschaftsrechts dar, womit insoweit zweifelsohne eine Rechtsgrundlage gegeben ist. Zudem ist keine dynamische Generalverweisung bzw. pauschale Bezugnahme auf IAS/IFRS vorgesehen, da sich die Verordnung ausdrücklich auf im Anhang aufgelistete Standards beschränkt. Schließlich wird die Übernahme der IAS/IFRS durch ein öffentliches Überwachungsverfahren rechtskräftig abgesichert. Vor der Annahme eines Standards wird im Rahmen des so genannten Komitologie-Verfahrens durch die Kommission unter Mitwirkung eines Regelungsausschusses die Übereinstimmung des Standards mit der Bilanzrichtlinie geprüft und seine Zweckmäßigkeit für die Rechnungslegung in der EU bewertet. Der Regelungsausschuss umfasst Vertreter aller Mitgliedstaaten unter Vorsitz eines Kommissionsvertreters. Die Kommission behält sich unter Beteiligung der zuständigen Behörden der Mitgliedstaaten somit das Recht vor, alle neuen oder Änderungen bereits angenommener Standards zu prüfen und gegebenenfalls zurückzuweisen. Von einer dynamischen Verweisung sowie einer Delegation der Gesetzgebungskompetenz und Überwachung an ein privatwirtschaftliches Gremium kann somit nicht die Rede sein. Allerdings bestehen unter Juristen nach wie vor Zweifel an der Verfassungsmäßigkeit der EU-Verordnung (vgl. die gegensätzlichen Standpunkte bei Ekkenga 2001, S. 2369 und Heintzen 2001, S. 825 ff. einerseits sowie bei Hommelhoff/Schwab 2001, S. 707 ff. andererseits), so dass die weitere Entwicklung insbesondere hinsichtlich der Funktionen und Befugnisse des Regelungsausschusses abzuwarten bleibt. Durch die nunmehr bestehende Auslegungskompetenz der nationalen und europäischen Gerichtsbarkeit könnten sich die internationalen Rechnungslegungsgrundsätze künftig jedenfalls durchaus zu Rechtsnormen entwickeln (vgl. Schön 2004, S. 763 ff.).

Zum anderen werden gegen eine allgemeine Öffnung der GoB für IAS/IFRS und deren Zugrundelegung für Besteuerungszwecke Konflikte mit den Zielen des handelsrechtlichen Einzelabschlusses einerseits (vgl. Euler 2002, S. 875 ff.) sowie unterschiedliche Zwecksetzung im Vergleich zu den Prinzipien der steuerlichen Gewinnermittlung andererseits angeführt (vgl. Arbeitskreis Bilanzrecht der Hochschullehrer Rechtswissenschaft 2002, S. 2379 ff.). Aber auch diese heterogenen Zwecksetzungen sprechen nicht zwingend für eine vollständige Entkoppelung der handelsrechtlichen von der steuerlichen Gewinnermittlung. So können Divergenzen zwischen dem informationsorientierten IAS/IFRS-Abschluss und dem der Kapitalerhaltung verpflichteten Einzelabschluss durch spezielle Ausschüttungsregeln beseitigt werden, die eine Sicherung und Erhaltung des Mindestkapitals gewährleisten. In Betracht zu ziehen sind bspw. Überleitungsrechnungen („Mehr-Weniger-Rechnungen"), um zur Ausschüttungsbilanz zu gelangen (vgl. Böcking 2001, S. 1435). Der Zielkonflikt zwischen Handels- bzw. Ausschüttungsbilanz und Steuerbilanz lässt sich ebenfalls durch Modifikationen der Ausgangsgröße auflösen. Technisch kommen hierfür entweder, wie bisher schon, Durchbrechungen der Maßgeblichkeit in Frage, oder steuerliche Umperiodisierungen durch „Mehr-Weniger-Rechnungen", wie sie bspw. in Großbritannien anzutreffen sind (vgl. Gammie 2001, S. 240). Denkbar wäre aber auch eine vereinfachte Vermögensrechnung, die die Periodisierung einschränkt und stattdessen eine stärkere Orientierung an Zahlungen vorsieht, um damit eine stärkere Annäherung an die Einnahmen-Überschussrechnung zu erreichen (vgl. Herzig/Hausen 2004, S. 1 ff.; Spengel 2003b, S. 33 ff.). Wie noch zu zeigen ist (Punkt 4), kommen IAS/IFRS als Ausgangspunkt einer so genannten modifizierten Einnahmen-Überschussrechnung durchaus in Frage. Die Auswahl zweckmäßiger IAS/IFRS hat sich dabei an den Zielen der steuerlichen Gewinnermittlung zu orientieren.

Vorschläge der EU-Kommission für eine konsolidierte Körperschaftsteuerbemessungsgrundlage innerhalb der EU

Grundlegende Fragestellungen und Modelle zur Konzernbesteuerung

Neben der EU-Verordnung können IAS/IFRS durch aktuelle Harmonisierungsvorschläge der EU-Kommission zur Schaffung einer konsolidierten Körperschaftsteuerbemessungsgrundlage auf die steuerliche Gewinnermittlung ausstrahlen. Hintergrund dieser Harmonisierungsinitiative ist die Heterogenität der nationalen Steuersysteme innerhalb der EU. Dies gilt für die einzelnen Steuerarten, die Steuersätze und die Bemessungsgrundlagen und somit für die Gewinnermittlungsvorschriften sowie für die Körperschaftsteuersysteme (vgl. Jacobs 2002, S. 103 ff.). Aus dem Nebeneinander der unterschiedlichen Steuersysteme resultieren im Binnenmarkt Verzerrungen in Bezug auf die Wahl des Unternehmensstandorts, der Art einer Investition sowie der Finanzierungsform (vgl. Spengel 2003a, S. 86 ff.). Diese steuerbedingten Verzerrungen beeinträchtigen nachhaltig die Funktionsfähigkeit des Binnenmarkts und die Wettbewerbsfähigkeit europäischer Unternehmen im Vergleich zu Unternehmen, die in anderen integrierten Wirtschaftsräumen ansässig sind. Zum Abbau steuerlicher Behinderungen der grenzüberschreitenden Geschäftstätigkeit im Binnenmarkt hat die EU-Kommission im Jahre 2001 eine Harmonisierung – zumindest eine stärkere Koordination – der steuerlichen Gewinnermittlung angeregt. Davon verspricht man sich folgende Vorteile (vgl. European Commission 2001, S. 24 f.):

- erhöhte Transparenz der steuerlichen Gewinnermittlung,
- Möglichkeit zur EU-einheitlichen Fortentwicklung der Steuerbemessungsgrundlage,
- Vermindung steuerlicher „compliance costs" aus der Koexistenz von 25 unterschiedlichen Regelungen,
- Abbau weiterer Behinderungen im Zusammenhang mit der grenzüberschreitenden Geschäftstätigkeit (z. B. grenzüberschreitende Saldierung von Gewinnen und Verlusten),
- Lösung von Verrechnungspreisproblemen innerhalb der EU,
- Vereinfachung grenzüberschreitender Umstrukturierungen,
- Vermeidung vieler Doppelbesteuerungssachverhalte,
- Beseitigung zahlreicher Diskriminierungen und Beschränkungen sowie die
- Schaffung einer Besteuerungsgrundlage für die Europa AG (SE).

Um die angesprochenen Vorteile möglichst umfassend zu realisieren, hat die EU-Kommission verschiedene Vorschläge zur Schaffung einer auf das Gemeinschaftsgebiet begrenzten grenzüberschreitenden, konsolidierten Körperschaftsteuerbemessungsgrundlage unterbreitet. Unabhängig vom konkreten Ansatz wird der steuerpflichtige Gewinn einer Gesellschaft in drei Schritten berechnet: Zunächst ermitteln die Konzerngesellschaften ihre Gewinne separat nach einheitlichen Vorschriften. Anschließend werden die Einzelgewinne zum konsolidierten Ergebnis zusammengefasst. In einem abschließenden dritten Schritt wird der konsolidierte Gesamterfolg mittels Schlüsselgrößen auf die Tochtergesellschaften in den einzelnen Mitgliedstaaten verteilt. Die Kompetenz der Mitgliedstaaten zur Festlegung der Körperschaftsteuersätze bleibt unangetastet. Deshalb ergibt sich die Steuerschuld in jedem Sitzstaat durch Anwendung des nationalen Steuersatzes auf die zugewiesenen Gewinnanteile.

Damit sind zahlreiche grundsätzliche Fragestellungen angesprochen, deren Lösung die Verwirklichung einer (konsolidierten) Besteuerung von Konzernen in Europa voraussetzt:

- auf welcher Basis ist der steuerliche Gewinn zu ermitteln (Bemessungsgrundlage),
- welche Konsolidierungsmethode ist anzuwenden,
- wie ist der Konsolidierungskreis abzugrenzen,
- welche Unternehmensrechtsformen (neben Kapitalgesellschaften auch Personengesellschaften sowie rechtlich unselbständige Betriebsstätten?) sind einzubeziehen,
- welche Steuerarten sind betroffen (z. B. in Deutschland neben der Körperschaftsteuer auch die Gewerbesteuer?) und
- welche Schlüsselgrößen sind für die zwischenstaatliche Aufteilung des Gesamtergebnisses heran zu ziehen (Aufteilungsmaßstab)?

Zur Diskussion werden vier Alternativen gestellt: „Home State Taxation", „Common (Consolidated) Tax Base", „European Union Company Income Tax" sowie „Harmonised Tax Base" (vgl. European Commission 2001, S. 461 ff.). Die Modelle bieten unterschiedliche Lösungskonzepte und Freiheitsgrade hinsichtlich der Bereiche Bemessungsgrundlage, Konsolidierungsmethode, Konsolidierungskreis, Unternehmensrechtsformen sowie einzubeziehende Steuerarten. Dagegen erfordern sämtliche Alternativen einen Maßstab für die Aufteilung des Konzernerfolgs auf die beteiligten Mitgliedstaaten.

Das Modell der „Home State Taxation" (HST) bietet eine Option für eine konsolidierte steuerliche Gewinnermittlung von EU-Muttergesellschaften und ihren EU-Tochtergesellschaften nach den Regelungen des Sitzlandes der Muttergesellschaft. Ebenfalls als optionale Regelung für grenzüberschreitend tätige EU-Konzerne konzipiert ist das Modell der „Common (Consolidated) Tax Base" (CCTB), das im Gegensatz zur HST ein einheitliches, harmonisiertes Regelwerk für die Ermittlung des konsolidierten Konzernerfolgs erfordert. Das dritte Konzept, die „Harmonised Tax Base" (HTB), sieht ebenfalls ein EU-einheitliches Rechnungslegungsregelwerk vor, geht aber einen Schritt weiter, indem es eine rechtsformübergreifende Angleichung der Gewinnermittlungsvorschriften auch für rein national tätige Unternehmen vorsieht. Das vierte Konzept, die „European Union Company Income Tax" (EUCIT), würde eine noch weitere Einschränkung der Steuersouveränität der Staaten bewirken, da es neben der einheitliche Ermittlung der steuerlichen Bemessungsgrundlage auch deren Besteuerung mit einem europaweit einheitlichen Steuersatz vorsieht.

Je nach Modell ergäbe sich ein unterschiedlicher Regelungsbedarf (vgl. Spengel 2004, S. 106 ff.). In kurzfristiger Hinsicht bietet die HST Vorteile, da das Konzept auf den steuerlichen Vorschriften des Sitzstaats der Muttergesellschaft basiert und somit kein neues Rechnungslegungsregelwerk erarbeitet werden müsste. So würden bei einem Konzern mit deutscher Muttergesellschaft sämtliche EU-Tochtergesellschaften ihren steuerlichen Gewinn nach deutschen Vorschriften ermitteln; bei Ansässigkeit der Mutter in Frankreich kämen dagegen die französischen Vorschriften zur Anwendung. Bei allen anderen Modellen ist dagegen eine Harmonisierung erforderlich. Infolge der eingeleiteten Harmonisierung der handelsrechtlichen Rechnungslegungsvorschriften für EU-basierte Konzerne konzentriert sich die bisherige Diskussion auf die Ermittlung der Bemessungsgrundlage. Vor dem Hintergrund der in der EU-Verordnung angelegten Verbindung zwischen „financial accounting" und „tax accounting" ist es aus Vereinfachungs- und Praktikabilitätsgesichtspunkten nahe liegend, dass die EU-Kommission in den IAS/IFRS eine geeignete Ausgangsgröße für die Entwicklung einer harmonisierten Steuerbemessungsgrundlage sieht (vgl. European Commission 2001, S. 399 ff.).

Alternativen zur Ermittlung einer konsolidierten Steuerbemessungsgrundlage auf Basis der IAS/IFRS

Als Ausgangspunkt für die Ermittlung einer konsolidierten Körperschaftsteuerbemessungsgrundlage kommt entweder der Konzern- oder der Einzelabschluss in Frage. Da sich die EU-Verordnung zur Anwendung von IAS/IFRS explizit nur auf den Konzernabschluss kapitalmarktorientierter EU-Muttergesellschaften bezieht, stellt die Ermittlung einer Steuerbemessungsgrundlage auf dieser Basis zweifellos die pragmatischste Vorgehensweise dar. Nach den Vorstellungen der EU-Kommission könnte die Steuerbemessungsgrundlage aus dem IAS/IFRS-Konzernabschluss mittels Überleitungsrechnungen abgeleitet werden, welche in Form von Empfehlungen („recommendations") entweder die Steuerbemessungsgrundlage unmittelbar oder die steuerlich relevanten Modifikationen der IAS/IFRS definieren (vgl. European Commission 2003a). Allerdings sprechen drei prinzipielle Probleme gegen eine Anknüpfung an den Konzernabschluss (vgl. Spengel 2004, S. 109 ff.).

Bei einem Anknüpfen an den IAS/IFRS-Konzernabschluss werden erstens die Fragen nach der Steuerbemessungsgrundlage im engeren Sinne und der Konsolidierung untrennbar miteinander vermischt. Aus verschiedenen Gründen bietet sich jedoch eine Trennung zwischen beiden Bereichen an: Derzeit wird eine konsolidierte Gewinnermittlung für Steuerzwecke nur in drei Mitgliedstaaten praktiziert. Für die Mehrzahl der Mitgliedstaaten ergäben sich somit tiefgreifende Einschnitte in die nationalen Steuerrechtsordnungen mit ex ante schwerlich überschaubaren finanziellen Konsequenzen, weshalb mit erheblichen politischen Vorbehalten gegen diesen Lösungsansatz zu rechnen ist. Außerdem ist die räumliche Abgrenzung zwischen dem IAS/IFRS-Konzernabschluss und dem steuerlich maßgebenden Abschluss unterschiedlich. Während es sich beim IAS/IFRS-Konzernabschluss um einen Weltabschluss handelt, ist der Steuerabschluss auf das Gemeinschaftsgebiet begrenzt. Erforderlich wären somit zwei separate Konsolidierungskreise mit komplexen Abgrenzungsfragen. Ferner sind aufgrund unterschiedlicher Zwecksetzungen für die Abgrenzung des Konsolidierungskreises aus steuerlicher Sicht andere Kriterien anzulegen. Wirtschaftliche Gesichtspunkte sprechen für eine Einbeziehung funktionsgleicher Gesellschaften bzw. Segmente, was allerdings streitanfällig ist. Objektivierung und Rechtssicherheit der Besteuerung erfordern demgegenüber die Abschaffung von Einbeziehungswahlrechten zu Gunsten eindeutiger rechtlicher Kriterien für die Abgrenzung des Konsolidierungskreises wie bspw. Mehrheitsbeteiligungen.

Der zweite Problembereich, der in vergleichbarer Weise auch bei einer Anknüpfung am Einzelabschluss besteht, betrifft den Rechtsnormcharakter der Steuerbemessungsgrundlage. Als Eingriffsrecht muss das Steuerrecht unter der Kontrolle des Gesetzgebers stehen. Bereits der Rechtsnormencharakter des in der EU-Verordnung verankerten Komitologie-Verfahrens bzw. des „Endorsement"-Mechanismus ist – wie oben bereits erwähnt wurde – höchst umstritten. Entsprechende Bedenken gelten aber erst recht für rechtlich unverbindliche Empfehlungen („recommendations"), mittels derer die Steuerbemessungsgrundlage aus dem Ergebnis des IAS/IFRS-Konzernabschlusses abgeleitet werden soll.

Drittens würde die Begrenzung einer IAS/IFRS-basierten konsolidierten Gewinnermittlung auf Gliedgesellschaften multinationaler Unternehmen ein gespaltenes Gewinnermittlungsrecht schaffen, da rein national tätige Unternehmen weiterhin die nationalen Grundsätze anwenden müssten. Demgegenüber erforderte das steuerliche Gleichbehandlungsgebot rechtsformübergreifend ein gleiches Gewinnermittlungsrecht für sämtliche Unternehmen.

Im Ergebnis bildet der IAS/IFRS-Konzernabschluss deshalb keinen geeigneten steuerlichen Anknüpfungspunkt. Präferiert man stattdessen ein schrittweises Vorgehen mit dem primären Ziel, die nationalen steuerlichen Bemessungsgrundlagen rechtsformübergreifend anzugleichen, bietet sich nur der IAS/IFRS-Einzelabschluss als Ausgangspunkt an. Bereits dadurch käme es zu einer verbesserten Transparenz der steuerlichen Gewinnermittlung und zu einem Abbau von „compliance costs". Dieser Sichtweise hat sich mittlerweile auch die EU-Kommission angeschlossen (vgl. European Commission 2003b). Dies setzt allerdings voraus, dass das in der EU-Verordnung verankerte Mitgliedstaatenwahl-

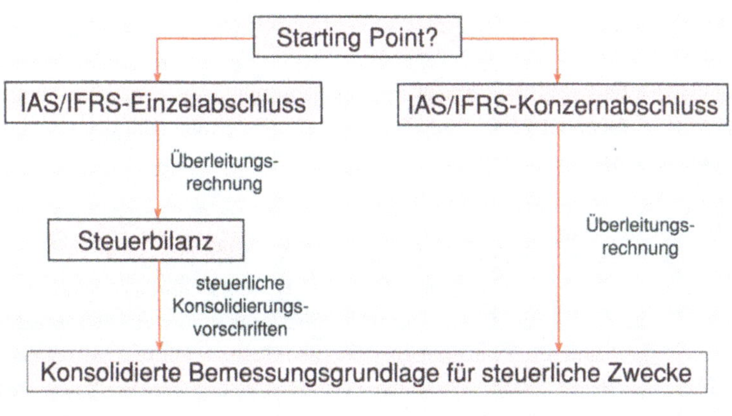

Abbildung 2: Alternative Ausgangspunkte einer konsolidierten Körperschaftsteuerbemessungsgrundlage

recht zu Gunsten einer Anwendung von IAS/IFRS im Einzelabschluss ausgeübt wird. Zur Ermittlung der Steuerbemessungsgrundlage wäre der IAS/IFRS-Einzelabschluss in einem ersten Schritt unter Beachtung der Zielsetzungen der Besteuerung in einen steuerlichen Abschluss zu *transformieren*, der entsprechend dem Modell der „Harmonised Tax Base" durchaus Grundlage für die Besteuerung rein national tätiger Unternehmen bilden könnte. Auf dieser Basis wäre in einem zweiten Schritt der konsolidierte Steuerabschluss zu entwickeln.

Zur Ermittlung einer konsolidierten Steuerbemessungsgrundlage sind freilich zahlreiche weitere Schritte erforderlich. Im Einzelnen sind Kriterien für die Abgrenzung des Konsolidierungskreises, eine steuerliche Konsolidierungsmethode sowie Schlüsselgrößen für die zwischenstaatliche Aufeilung des Konzernerfolgs zu entwickeln.

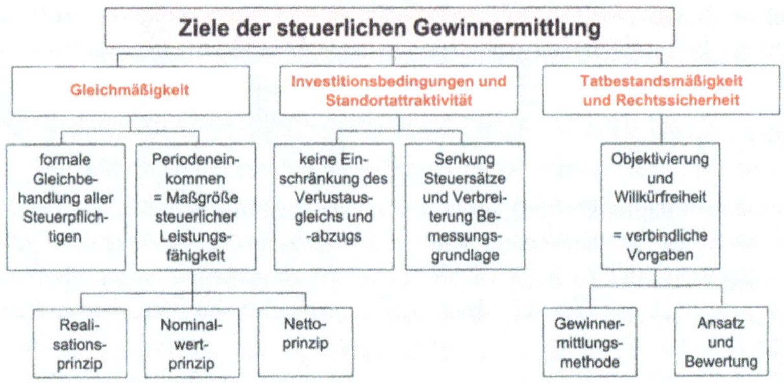

Abbildung 3: Ziele der steuerlichen Gewinnermittlung

Eignung von IAS/IFRS für die steuerliche Gewinnermittlung?

Ziele der steuerlichen Gewinnermittlung

Sofern IAS/IFRS als Ausgangspunkt für eine harmonisierte Bemessungsgrundlage in der EU herangezogen werden sollen, setzt dies voraus, dass sie mit den Zielen der steuerlichen Gewinnermittlung in Einklang stehen. Danach soll eine gleichmäßige und leistungsgerechte Besteuerung gewährleistet werden, die insbesondere eine formale Gleichbehandlung der Einkunftsarten einschließt (vgl. Kirchhof 2002, S. 10). Maßgröße steuerlicher Leistungsfähigkeit ist das in einer Periode erzielte Einkommen, das unter Berücksichtigung der Tatbestandsmäßigkeit und Rechtssicherheit für alle Steuerpflichtigen nach einheitlichen, objektivierten und willkürfreien Regeln ermittelt wird (vgl. bereits Jacobs 1971, S. 24 ff.). Die Entscheidung für die Besteuerung des periodisierten Einkommens bedingt gleichzeitig eine Anerkennung des Realisations-, des Nominalwert- und des Nettoprinzips als Eckpfeiler der steuerlichen Gewinnermittlung (vgl. Herzig/Bär 2003, S. 7). Ferner ist die Ausgestaltung der ertragsteuerlichen Bemessungsgrundlage eingebettet in die grundsätzlichen Anforderungen an ein Steuersystem, die Investitionsbedingungen zu verbessern und die Standortattraktivität zu stärken (vgl. Sachverständigenrat 2003, Tz. 558 ff.). Damit verbunden ist zum einen die Forderung nach einer sowohl betragsmäßigen als auch in zeitlicher Hinsicht unbegrenzten steuerlichen Verlustverrechnung (vgl. Jacobs/Schreiber/Spengel/Gutekunst/Lammersen 2003, S. 524). Zum anderen ist mit diesen Zielen eine Verbreiterung der steuerlichen Bemessungsgrundlage kompatibel, sofern gleichzeitig die tariflichen Steuersätze gesenkt werden (Vgl. Oestreicher/Spengel 2003, S. 936).

Das grundsätzliche Problem des Leistungsfähigkeitsprinzips liegt darin, dass sein Inhalt zu unbestimmt ist, um präzise Regeln für die Einkommensermittlung vorzugeben. Dies gilt bereits für das Steuerbilanzrecht, wenn die Frage der Gleichbehandlung der Einkunftsarten ausgeklammert wird (vgl. Hennrichs 2001, S. 307 ff.). In besonderem Maße ist allerdings der Einkünftedualismus angesprochen, wonach das Einkommen entweder als Gewinn durch Betriebsvermögensvergleich oder als Überschuss der Einnahmen über die Werbungskosten zu ermitteln ist. Dieses Problem ist kein spezifisch deutsches. So wenden z. B. auch die USA die Überschussrechnung („cash method") und den Vermögensvergleich („accrual method") nebeneinander an (vgl. Kadel 2001, S. 420 ff.).

Mit dem Leistungsfähigkeitsprinzip sind unterschiedliche Einkommensermittlungsmethoden nicht zu vereinbaren. Es ist deshalb eine Wertentscheidung darüber zu treffen, ob ein Vermögensvergleich oder eine Einnahmen-Überschussrechnung mit Wirkung für alle Steuerpflichtigen vorzuziehen ist. Da aus Gründen der Einfachheit und der Praktikabilität einerseits ein Vermögensvergleich nicht für alle Steuerpflichtigen in Frage kommt, andererseits zur Erhaltung des Anfangsvermögens aber auch nicht vollständig auf eine Periodisierung verzichtet werden kann (vgl. Schneider 1997, S. 263), könnte ein tragfähiger Kompromiss darin liegen, bei der Gewinnermittlung durch Betriebsvermögensvergleich die Periodisierungen einzuschränken und statt dessen eine stärkere Ausrichtung an Zahlungen vorzusehen, um somit eine Annäherung an die Einnahmen-Überschussrechnung zu erreichen. Die stärkere Zahlungsorientierung trägt neben der Einfachheit und Praktikabilität gleichzeitig der Objektivierung und Willkürfreiheit bei der Einkommensermittlung Rechnung.

Konkretisierung der Gewinnermittlungsregeln

Eine Annäherung der derzeitigen steuerlichen Gewinnermittlung durch Betriebsvermögensvergleich an die Einnahmen-Überschussrechnung kann nur pragmatisch erfolgen. Objektivierung und Willkürfreiheit verlangen neben der Beachtung des

Grundsatzes der Einzelbewertung und -erfassung den Ersatz von Wahlrechten und Ermessensspielräumen durch verbindliche Vorgaben für den Bilanzansatz und die Bewertung. Des Weiteren wären subventionelle Steuervergünstigungen im Rahmen der Gewinnermittlung (z. B. Sonderabschreibungen und steuerfreie Rücklagen) aus der Bemessungsgrundlage zu eliminieren, so dass für Zwecke einer intendierten Wirtschaftslenkung und -förderung ausschließlich Tarifermäßigungen oder an die Steuerschuld anknüpfende Maßnahmen (z. B. Zuschüsse, Zulagen oder „tax credits") in Frage kommen. Im internationalen Bereich ist dieses Vorgehen weit verbreitet, weshalb genügend Gestaltungsspielraum für eine autonome nationale Steuerpolitik verbliebe (vgl. Spengel 2003b, S. 33).

Für den Zeitpunkt des Gewinnausweises sowie für den Ansatz und die Bewertung von Wirtschaftsgütern haben der Inhalt und die Reichweite des Realisationsprinzips zentrale Bedeutung. Aus Gründen der bezweckten Gleichbehandlung der Einkunftsarten ist der Realisationszeitpunkt stärker am Zahlungszeitpunkt auszurichten. Zur Vermeidung von Manipulationen durch bewusste Periodenverschiebungen scheidet eine strikte Zahlungsrechnung aber aus. Der Ausweis von Ertrag und Aufwand und somit von Gewinn setzt vielmehr neben dem Zahlungsmittelzufluss bzw. -abfluss voraus, dass damit verbundene Markttransaktionen erfolgt sind. Als unmittelbare Folge einer so verstandenen Realisationsrechnung resultiert die Aktivierung von Beständen, da im Vorratsvermögen gebundene Aufwendungen wie z. B. Materialkosten noch nicht zu einer Marktleistungsabgabe geführt haben. Mit Blick auf das Vorratsvermögen gehen die Periodisierungen somit über jene hinaus, die bspw. die Überschussrechnung des § 4 Abs. 3 EStG vorsieht. Im Schrifttum spricht man deshalb auch von einer vereinfachten Vermögensrechnung (vgl. Schneider 1997, S. 273 ff., 334 ff.) sowie neuerdings von einer modifizierten Einnahmen-Überschussrechnung (vgl. Herzig/Hausen 2004, S. 1 ff.). Die stärkere Orientierung an Zahlungen bedingt ferner, dass in der Bilanz nur entgeltlich erworbene Wirtschaftsgüter und Verbindlichkeiten angesetzt werden. Auf den gewinnwirksamen Ansatz von Forderungen und die Passivierung von Rückstellungen müsste dagegen genau so verzichtet werden wie auf die Bildung von Rechnungsabgrenzungsposten. Im Bereich der Rechnungsabgrenzungsposten könnten allerdings für genau umrissene Sachverhalte (z. B. Disagio, vgl. Herzig/ Hausen 2004, S. 9 f.) Ausnahmen vorgesehen werden, um die Manipulationsanfälligkeit einer Zahlungsrechnung zu begrenzen.

Auch für die Bewertung ergeben sich in einer stärker zahlungsorientierten Rechnung Konsequenzen. Zentrale Bewertungsmaßstäbe sind die Anschaffungskosten und die Herstellungskosten. Zur Gleichbehandlung von Anschaffungs- und Herstellungsvorgängen einerseits und zur Gewährleistung der Erfolgsneutralität des Herstellungsvorgangs bis zum Zeitpunkt der Marktleistungsabgabe andererseits sind den Herstellungskosten die Vollkosten zugrunde zu legen. Lediglich eine Aktivierung von verwaltungsbezogenen Gemeinkosten, so genannte „production overheads", hat zu unterbleiben (vgl. Schneider 1997, S. 295). Die Anschaffungs- und Herstellungskosten aktivierter Wirtschaftsgüter sind nach normierten Verfahren über vorzugebende Nutzungsdauern abzuschreiben. Objektivierungsgesichtspunkte sprechen hierbei für die lineare Abschreibung, aus Vereinfachungs- und Praktikabilitätsgründen sind jedoch auch so genannte Sammel- oder Poolabschreibungen denkbar (vgl. Oestreicher/Spengel 2003, S. 933 f.). Dauerhafte Wertminderungen aufgrund wirtschaftlicher oder technischer Abnutzung berechtigen zur Vornahme außerordentlicher Abschreibungen. Im Vorratsvermögen sind aus Praktikabilitätsgründen Bewertungsvereinfachungen zuzulassen (vgl. Schneider 1997, S. 287 ff.).

Auf das Imparitätsprinzip, das seinen Ausdruck in der antizipativen Berücksichtigung von Verlusten durch Teilwertabschreibungen und Drohverlustrückstellungen findet, ist dagegen zu verzichten, da es eine gleichmäßige Besteuerung der Einkunftsarten verhindert. Zudem dient das Vorsichtsprinzip dem Gläubigerschutz, der ausschließlich für die Handels-, nicht aber für die steuerliche Gewinnermittlung bedeutsam ist. Um zu gewährleisten, dass sich der Fiskus in gleichem Maße an Verlusten und Gewinnen beteiligt, kann auf das Imparitätsprinzip sowie die eingeschränkten Möglichkeiten zur Bildung von Risikokapital als Verlustpuffer z. B. durch Passivierung von Rückstellungen aber nur unter der

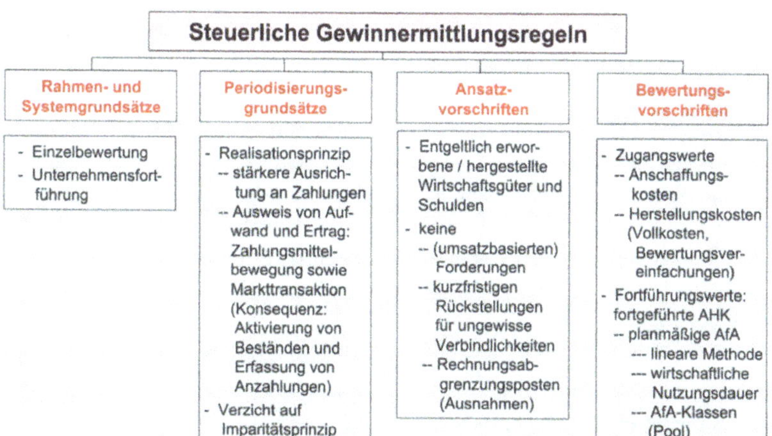

Abbildung 4: Konkretisierung der steuerlichen Gewinnermittlungsregeln

Voraussetzung verzichtet werden, dass gleichzeitig ein zeitlich uneingeschränkter verzinslicher Verlustausgleich eingeführt wird (vgl. Kahle 2002, S. 186; Schreiber 2002, S. 109). Die steuerlichen Verlustverrechnungsmodalitäten stehen somit nicht nur im Zusammenhang mit den steuerlichen Investitionsbedingungen. Vielmehr kommt ihrer Verbesserung auch dann eine Schlüsselfunktion zu, wenn Periodisierungen eingeschränkt werden sollen.

Diese sachlogischen Verbindungen zwischen Verlustausgleich und Periodisierung werden vom deutschen Steuergesetzgeber hartnäckig ignoriert. Stattdessen wurde der Verlustabzug im vergangenen Jahrzehnt konsequent eingeschränkt. So beträgt der auf ein Jahr begrenzte Verlustrücktrag lediglich 511.500 Euro. Der Verlustvortrag ist zwar zeitlich unbegrenzt möglich, die seit Anfang 2004 geltende Mindestbesteuerung beschränkt den verrechenbaren Verlust allerdings auf 60 % des steuerpflichtigen Gewinns, soweit der Freibetrag von 1 Mio. Euro überschritten ist (vgl. kritisch hierzu Herzig/Wagner 2004, S. 63 f.).

Im Fall einer fortbestehenden Beschränkung der steuerlichen Verlustverrechnung können einer Periodisierung im Bereich der Rückstellungen deshalb keine stichhaltigen Argumente entgegen gehalten werden. Betroffen sind insbesondere Sachverhalte, die am Ende der Totalperiode (d. h. bei Betriebsbeendigung) zu steuerlichen Verlusten führen, die nicht mehr ausgleichs- bzw. abzugsfähig sind und somit drohen, verloren zu gehen. Für langfristig kumulierende Verpflichtungen wie beispielsweise Abbruch-, Entsorgungs-, Stilllegungs-, Rekultivierungs- und Auffüllverpflichtungen müssten deshalb Verteilungs- bzw. Ansammlungsrückstellungen auch mit steuerlicher Wirkung zugelassen werden. Kurzfristige Rückstellungen für ungewisse Verbindlichkeiten (z. B. für Urlaubsansprüche oder Jahresabschlusskosten) sind dagegen nicht in eine Einnahmen-Überschussrechnung einzubeziehen, da sie materiell weniger bedeutsam sind (vgl. Herzig/Hausen 2004, S. 8 f.).

	Summe der Betriebseinnahmen der Periode
–	Summe der Betriebsausgaben der Periode
=	Einnahmenüberschuss der Periode
+	Ausgaben für beschaffte Wirtschaftsgüter
+	Ausgaben zur Herstellung von Wirtschaftsgütern
+	Ausgaben für bestimmte aktive Rechnungsabgrenzungsposten (z.B. Disagio)
+	Auflösung langfristiger Rückstellungen für ungewisse Verbindlichkeiten
–	Abschreibungen auf abnutzbare Wirtschaftsgüter des Anlagevermögens
–	Buchwert der veräußerten oder entnommenen Wirtschaftsgüter
–	Auflösung bestimmter aktiver Rechnungsabgrenzungsposten
–	Zuführung zu langfristigen Rückstellungen für ungewisse Verbindlchkeiten
=	modifizierter Einnahmenüberschuss der Periode
+ –	Entnahmen bzw. verdeckte Gewinnausschüttungen, nichtabziehbare Betriebsausgaben Einlagen bzw. verdeckte Einlagen, steuerfreie Betriebseinnahmen
=	steuerpflichtiger Gewinn der Periode

Abbildung 5: Gewinnermittlung auf Grundlage einer modifizierten Einnahmen-Überschussrechnung

Beurteilung von IAS/IFRS als Ausgangspunkt für die steuerliche Gewinnermittlung

Gegen eine steuerliche Gewinnermittlung mit den IAS/IFRS als Ausgangspunkt werden mit den unterschiedlichen Zielsetzungen, Prinzipien und Lösungsansätzen sowie der geringen Verbreitung der IAS/IFRS-Bilanzierung innerhalb der EU mehrere Vorbehalte angeführt (vgl. Herzig 2004). Diese Vorbehalte sind grundsätzlich gerechtfertigt, eine generelle Ablehnung von IAS/IFRS als steuerlichem „starting point“ können sie allerdings nicht begründen.

- *Unterschiedliche Zielsetzungen*

Die Kapitalmarktorientierung von IAS/IFRS vollzieht sich im Wesentlichen außerhalb der Bilanz im Rahmen der Kapitalflussrechnung, der Segmentberichterstattung und des Eigenkapitalspiegels. Da der Gewinn durch einen Vermögensvergleich ermittelt wird, bestehen keine generell unterschiedlichen Zielsetzungen und somit kein Zielkonflikt mit der steuerlichen Gewinnermittlung.

- *Unterschiedliche Prinzipien*

IAS/IFRS bieten eine breite Basis an objektivierten Regeln, die für die steuerliche Gewinnermittlung übernommen werden können (vgl. Kahle 2002, S. 181 f.; Herzig 2000, S. 112; Oestreicher/Spengel 1999, S. 1514 f.). Im Einzelnen gilt dies beispielsweise für die Dokumentations-, Rahmen- und Systemgrundsätze (z. B. Unternehmensfortführung und Einzelbewertung) sowie einzelne Grundsätze der Bilanzierung (z. B. Wirtschaftsgut- und Schuldenbegriff, Aktivierungsverbot für Forschungsaufwendungen, Verzicht auf reine Aufwandsrückstellungen) und Bewertung (z. B. Bewertung zu Anschaffungs- oder vollen Herstellungskosten, verlässliche Bewertbarkeit von Rückstellungen und Ansatz des Barwertes, Normierung von Abschreibungs- und Bewertungsvereinfachungsverfahren). Wie die bisherige Praxis zeigt, sind ferner „matching principle“, wirtschaftliche Betrachtungsweise („substance over form“) oder der Grundsatz der Wesentlichkeit („materiality“) für die Besteuerung nicht störend. Diese unbestimmten Rechtsbegriffe haben auch Eingang in das deutsche Steuerrecht gefunden. Im Zuge einer Harmonisierung der steuerlichen Gewinnermittlung müssten unbestimmte Rechtsbegriffe allerdings länderübergreifend einheitlich definiert werden.

- *Unterschiedliche Lösungsansätze*

Eine pauschale Anknüpfung an IAS/IFRS scheidet allerdings aus, da bekanntermaßen mehrere Regelungen nicht in Einklang mit den Zielen der steuerlichen Gewinnermittlung stehen. Es können deshalb nur zweckmäßige Einzelregelungen übernommen werden. Dabei kommt der Festlegung der Zielsetzungen der steuerlichen Gewinnermittlung eine Schlüsselfunktion zu, da diese für den konkreten Einzelfall festlegen, welche IAS/IFRS der Besteuerung zugrunde gelegt werden können. Werden wie weiter oben ausgeführt ein stärker an Zahlungen orientiertes Realisationsprinzip als tragender Eckpfeiler der steuerlichen Gewinnermittlung sowie eine Zurückdrängung des Vorsichtsprinzips für steuerliche Zwecke akzeptiert, kommen insbesondere eine Aktivierung selbsterstellter immaterieller Vermögensgegenstände, eine Gewinnrealisierung bei langfristiger Fertigung gem. der „percentage of completion"-Methode sowie die „fair value"-Bewertung bei Finanzinstrumenten und bestimmten Immobilien von vornherein nicht in Frage. Je nach Konkretisierung der Gewinnermittlungsprinzipien können sich umfangreiche eigenständige steuerliche Lösungsansätze ergeben, welche die Übernahme von IAS/IFRS limitieren. Dies spricht allerdings nicht gegen eine Zugrundelegung von IAS/IFRS für die Besteuerung. Denn auch das derzeitige steuerliche Gewinnermittlungsrecht in Deutschland enthält zahlreiche Durchbrechungen der Maßgeblichkeit der handelsrechtlichen GoB, die aus dem Sinn und Zweck der steuerlichen Gewinnermittlung resultieren, bspw. das Verbot von Drohverlustrückstellungen sowie das Abzinsungsgebot bei langfristigen Verbindlichkeiten und Rückstellungen. Im Ergebnis haben diese steuerlichen Modifikationen bereits zu einer Annäherung – wenn nicht sogar Übereinstimmung – mit den IAS/IFRS geführt (vgl. Herzig 2001, S. 51 f.). Mit Blick auf steuerliche Wahlrechte bei planmäßigen Abschreibungen, bei der Ermittlung von Herstellungskosten und den Verbrauchsfolgeverfahren oder die Möglichkeit zur Passivierung von bestimmten Aufwandsrückstellungen wären auch im derzeitigen Gewinnermittlungsrecht weitere Einschränkungen erforderlich, um die Gleichmäßigkeit der Besteuerung im Sinne der Gleichbehandlung der Einkunftsarten zu verbessern.

Eine Beschränkung auf Standards, die für die Besteuerung zweckmäßig sind, begegnet schließlich Bedenken gegen IAS/IFRS, die aufgrund ihrer induktiven Ermittlung sowie Änderungsdynamik geäußert werden. Im Gegensatz zu einer direkten und uneingeschränkten Bindung der steuerlichen Gewinnermittlung an IAS/IFRS sind zum einen Befürchtungen unbegründet, wonach private Standardsetter Anreize zur Formulierung steuergünstiger Gewinnermittlungsregeln hätten, womit der Steuergesetzgeber seinen Einfluss auf die Festlegung der Bemessungsgrundlage und somit mittelbar auf die Steuereinnahmen verlieren würde. Stichhaltige Argumente gegen die Anlehnung an einzelne, objektivierte IAS/IFRS wie bspw. zur Bestimmung der Anschaffungs- und Herstellungskosten, zur Kalkulation von Abschreibungen oder hinsichtlich des Verbrauchsfolgeverfahrens sind nicht auszumachen. Deshalb werden sich zum anderen auch die Steuerwirkungen, die aus der Änderungsdynamik von IAS/IFRS resultieren, in engen Grenzen halten. Kommt es zu Veränderungen im Zeitablauf, steht dies einer Besteuerung nach der wirtschaftlichen Leistungsfähigkeit ebenfalls nicht entgegen, da dieser Begriff nicht statisch und somit unveränderlich definiert ist (vgl. Oestreicher/Spengel 2001, S. 894).

- *Geringe Verbreitung der IAS/IFRS-Bilanzierung*

Die Anzahl der kapitalmarktorientierten EU-Muttergesellschaften, die im Zuge der EU-Verordnung einen IAS/IFRS-Konzernabschluss aufstellen müssen, wird gemeinhin mit 7000 beziffert. Die tatsächliche Verbreitung der IAS/IFRS-Bilanzierung wird allerdings erheblich größer sein. Zusätzlich zu berücksichtigen sind die in die Konzernabschlüsse einzubeziehenden EU-Tochtergesellschaften, deren Anzahl schätzungsweise 50.000 beträgt. Hinzu kommen aufgrund der vorgesehenen Anwendung der EU-Verordnung auf nicht kapitalmarktorientierte Gesellschaften eine nicht genau zu beziffernde Anzahl von Unternehmen in Frankreich, Großbritannien, Österreich und Spanien sowie in den mittel- und osteuropäischen Beitrittsstaaten (vgl. European Commission 2003a).

Festzuhalten ist, dass eine Anlehnung der steuerlichen Gewinnermittlung an IAS/IFRS möglich ist. Die Divergenzen hinsichtlich der Zielsetzungen, Prinzipien und Lösungsansätze zwischen IAS/IFRS und Steuern sind grundsätzlich überwindbar. Voraussetzung hierfür ist eine Konkretisierung der Ziele und Inhalte der steuerlichen Gewinnermittlung, auf deren Grundlage eine Zweckmäßigkeitsüberprüfung konkreter IAS/IFRS erfolgen und somit die Steuerbemessungsgrundlage im engeren Sinne festgelegt werden kann. Das Hauptproblem liegt dabei in der Bestimmung der Eckpfeiler der steuerlichen Gewinnermittlung. Denn eine EU-weit konsensfähige Lösung macht es erforderlich, dass länderspezifische nationale Wertvorstellungen in den Hintergrund treten.

Im Vergleich zu nationalen GoB als Ausgangspunkt der steuerlichen Gewinnermittlung führt eine IAS/IFRS basierte Besteuerung weder zu einer verbesserten Messung steuerlicher Leistungsfähigkeit noch zu einer erhöhten Neutralität der Gewinnermittlung. Da sich sowohl gegenüber den IAS/IFRS als auch gegenüber den derzeitigen GoB Einschränkungen ergeben, führt dies (wie bisher auch) zu einer de facto Eigenständigkeit der steuerlichen Gewinnermittlung. Eine Einheitsbilanz kommt somit nicht in Frage. Mit Blick auf die Verhältnisse in den USA sollte aber von einer sehr weitgehenden Verselbständigung der steuerlichen Gewinnermittlung abgesehen werden, da dies eine „Verkomplizierung und Unübersichtlichkeit zur Folge hat" und den „Finanzbehörden ein sehr großer Ermessensspielraum fasst zwangsläufig eingeräumt werden müsste" (Vorwold 2002, S. 510). Sucht man deshalb nach einem Vorrat an Normen, an welche neben den handelsrechtlichen Vorschriften auch die steuerliche Gewinnermittlung anknüpfen kann, sind IAS/IFRS nationalen GoB überlegen. Unter steuerlichen Gesichtspunkten basiert diese Überlegenheit weniger auf systematischen Überlegungen, sondern auf den übergeordneten Gesichtspunkten der Schaffung einer einheitlichen europäischen Steuerbasis, die ihren Ausdruck in einer erhöhten Transparenz der steuerlichen Gewinnermittlung, der Möglichkeiten zur einheitlichen, EU-weiten Fortentwicklung der Steuerbemessungsgrundlagen, der Verringerung von „compliance costs" sowie dem Abbau von Behinderungen der grenzüberschreitenden Geschäftstätigkeit (grenzüberschreitender Verlustausgleich) finden. Ohne eine EU-weite Vereinheitlichung der Gewinnermittlungsregeln sind diese Vorteile nicht realisierbar.

Aus heutiger Sicht kann nur darüber spekuliert werden, wie die steuerliche Anknüpfung an IAS technisch vollzogen werden könnte: Dringen IAS/IFRS über die EU-Verordnung in den Einzelabschluss ein und besteht in den Mitgliedstaaten ein Maßgeblichkeitsprinzip, wäre aus Sicht des Handelsrechts zunächst eine Überleitungsrechnung von der Informations- zur Ausschüttungsbilanz erforderlich. Die Ausschüttungsbilanz kann aufgrund der handelsrechtlichen Geltung des Vorsichtsprinzips allerdings nicht Grundlage der steuerlichen Gewinnermittlung sein. In einem zweiten Schritt wäre die Ausschüttungsbilanz deshalb in eine Steuerbilanz nach den Grundsätzen der vereinfachten Vermögensrechnung bzw. modifizierten Einnahmen-Überschussrechnung überzuleiten. Im Zuge der Bestrebungen zur Schaffung einer konsolidierten Körperschaftsteuerbemessungsgrundlage könnte dagegen eine (Gewinnermittlungs-)Richtlinie (Art. 94 EG) verabschiedet werden, welche bspw. nach den Grundsätzen der vereinfachten Vermögensrechnung bzw. modifizierten Einnahmen-Überschussrechnung die steuerlich akzeptablen IAS/IFRS spezifiziert. Im Vergleich zur EU-Verordnung ist eine Richtlinie besser geeignet, IAS/IFRS der steuerlichen Gewinnermittlung zugrunde zu legen. Denn durch die Schaffung eines originären steuerlichen Gewinnermittlungsrechts in der EU könnte die Diskussion um die Rechtsgrundlage der Verordnung entfallen, die als störend empfundenen Rückwirkungen auf die Handelsbilanz träten nicht auf und ein Festhalten am Maßgeblichkeitsprinzip wäre nicht weiter notwendig. Aufgrund der Verbindung zwischen „financial" und „tax accounting" sollte die Richtlinie keine Definition der Steuerbemessungsgrundlage enthalten, sondern Vorgaben für die steuerrelevanten Modifikationen der IAS/IFRS. Die Änderungsdynamik der IAS/IFRS macht regelmäßige Anpassungen bzw. Modifikationen erforderlich, was im Rahmen einer Richtlinie im Gegensatz zur Verordnung möglich ist.

Thesen

(1) Innerhalb der EU könnten IAS/IFRS über die EU-Verordnung zur Harmonisierung der handelsrechtlichen Rechnungslegungsvorschriften und über die Initiativen der EU-Kommission zur Schaffung einer konsolidierten Körperschaftsteuerbemessungsgrundlage auf die steuerliche Gewinnermittlung einwirken.

(2) Ausgangspunkt zur Bestimmung der konsolidierten Körperschaftsteuerbemessungsgrundlage sollten die IAS/IFRS-Einzelabschlüsse bilden. Kommt es auf diese Weise zu einer Harmonisierung der steuerlichen Gewinnermittlung, müsste diese langfristig rechtsformübergreifend für alle Unternehmen erfolgen, um eine einheitliche Steuerbemessung zu gewährleisten.

(3) Zwischen IAS/IFRS und den Zielen der steuerlichen Gewinnermittlung besteht kein grundsätzlicher Gegensatz. Die Überlegenheit von IAS/IFRS gegenüber nationalen GoB als Grundlage der steuerlichen Gewinnermittlung basiert auf den übergeordneten Gesichtspunkten der Schaffung einer einheitlichen europäischen Steuerbasis.

(4) Werden IAS/IFRS zum Ausgangspunkt der steuerlichen Gewinnermittlung gemacht, muss sich die Übernahme aber auf zweckmäßige Einzelregelungen beschränken. Insgesamt wäre die Gewinnermittlung stärker an Zahlungen auszurichten, was (wie bisher auch) de facto zu einer Eigenständigkeit der steuerlichen Gewinnermittlung führt. Gleichzeitig wären Beschränkungen des steuerlichen Verlustausgleichs aufzuheben.

(5) Leitbild einer steuerlichen Gewinnermittlung könnte das Konzept der vereinfachten Vermögensrechnung bzw. modifizierten Einnahmen-Überschussrechnung bilden. Mit Blick auf das Vorratsvermögen gehen die Periodisierungen dabei über jene hinaus, die bspw. die Überschussrechnung des § 4 Abs. 3 EStG vorsieht.

(6) Bleibt es bei einer Einschränkung der steuerlichen Verlustverrechnung oder wird diese wie unlängst in Deutschland sogar weiter verschärft, müssten die Periodisierungen durch Rückstellungen im Rahmen der modifizierten Einnahmen-Überschussrechnung auf langfristig kumulierende Verbindlichkeiten ausgeweitet werden.

Literatur

ARBEITSKREIS BILANZRECHT DER HOCHSCHULLEHRER FÜR RECHTSWISSENSCHAFT: Zur Fortentwicklung des deutschen Bilanzrechts, in: Betriebs-Berater, Jg. 57 (2002), Heft 46, S. 2372 – 2381.

ARBEITSKREIS BILANZRECHT DER HOCHSCHULLEHRER RECHTSWISSENSCHAFT: Stellungnahme zum Referentenentwurf eines Bilanzrechtsreformgesetzes, in: Betriebs-Berater, 59. Jg. (2004), Heft 10, S. 546 – 548.

BÖCKING, H.-J.: IAS für Konzern- und Einzelabschluss?, in Die Wirtschaftsprüfung, 54. Jg. (2001), Heft 24, S. 1433 – 1440.

EKKENGA, J.: Neuordnung des Europäischen Bilanzrechts für börsennotierte Unternehmen: Bedenken gegen die Strategie der EG-Kommission, in: Betriebs-Berater, 56. Jg. (2001), Heft 46, S. 2362 – 2369.

EULER, R.: Paradigmenwechsel im handelsrechtlichen Einzelabschluss: Von den GoB zu den IAS?, in: Betriebs-Berater, 57. Jg. (2002), Heft 17, S. 875 – 880.

EUROPEAN COMMISSION: Company taxation in the internal market, Luxembourg 2001.

EUROPEAN COMMISSION: Consultation Document and Summary Report on the results of the DG Taxation and Customs Union open consultation on: The Application of International Accounting Standards (IAS) in 2005 and the implications for the introduction of a consolidated tax base for companies' EU-wide activities, (2003a). Abrufbar unter: http://europa.eu.int/comm/taxation_customs/taxation/consultations/ias.htm (Stand: 26.05.2004).

EUROPEAN COMMISSION: Mitteilung der Kommission an den Rat, das Europäische Parlament und den Wirtschafts- und Sozialausschuss, Ein

Binnenmarkt ohne unternehmenssteuerliche Hindernisse. Ergebnisse, Initiativen, Herausforderungen, KOM (2003b) 726 endg. v. 24.11.2003.

EU-Verordnung (2002), Verordnung EG Nr. 1606/2002 betreffend die Anwendung internationaler Rechnungslegungsstandards v. 19.7.2002, ABlEG L 243 v. 11.9.2002, S. 1

GAMMIE, M.: Corporate Taxation in Europe – Paths to a Solution, in: British Tax Review, 44. Jg. (2001), Heft 4, S. 233 - 249.

HEINTZEN, M.: EU-Verordnungsentwurf zur Anwendung von IAS: Kein Verstoß gegen Unionsverfassungsrecht, in: Betriebs-Berater, 56. Jg. (2001), Heft 16, S. 825-829.

HENNRICHS, J.: Maßgeblichkeitsgrundsatz oder eigenständige Prinzipien für die Steuerbilanz?, in: Deutsche Steuerjuristische Gesellschaft (Hrsg.): Besteuerung von Einkommen, Köln 2001, S. 301 - 328.

HERZIG, N.: Internationalisierung der Rechnungslegung und steuerliche Gewinnermittlung, in: Die Wirtschaftsprüfung, 53. Jg. (2000), Heft 2, S. 104 – 119.

HERZIG, N.: Gefahren der internationalen Rechnungslegung für den Mittelstand?, in: COENENBERG, A. G./POHLE, K. (Hrsg.): Internationale Rechnungslegung, Stuttgart 2001, S. 45 – 61.

HERZIG, N.: Einheitliche Bemessungsgrundlage für die laufende Besteuerung der Europäischen Aktiengesellschaft, in: HERZIG, N. (Hrsg.): Besteuerung der Europäischen Aktiengesellschaft (Societas Europaea – SE), Köln 2004, S. 87 – 100.

HERZIG, N./BÄR, M.: Die Zukunft der steuerlichen Gewinnermittlung im Licht des europäischen Bilanzrechts, in: Der Betrieb, 56. Jg. (2003), Heft 1, S. 1 – 8.

HERZIG, N./HAUSEN, G.: Steuerliche Gewinnermittlung durch modifizierte Einnahmenüberschussrechnung – Konzeption nach Aufgabe des Maßgeblichkeitsprinzips, in: Der Betrieb, 57. Jg. (2004), Heft 1, S. 1 – 10.

HERZIG, N./WAGNER, T.: Mindestbesteuerung durch die Begrenzung der Verrechnung von Verlustvorträgen, in: Die Wirtschaftsprüfung, 57. Jg. (2004), Heft 3, S. 53 – 64.

HOMMELHOFF, P./SCHWAB, M.: Staats-ersetzende Privatgremien im Unternehmensrecht. Festschrift Kruse, Köln 2001, S. 693 – 718.

HÜTTEMANN, R.: BB-Gesetzgebungsreport: Internationalisierung des deutschen Handelsbilanzrechts im Entwurf des Bilanzrechtsreformgesetzes, in: Betriebs-Berater, 59. Jg. (2004), Heft 4, S. 203 – 209.

JACOBS, O. H.: Das Bilanzierungsproblem in der Ertragsteuerbilanz, Stuttgart 1971.

JACOBS, O. H.: Internationale Unternehmensbesteuerung, 5. Aufl., München 2002.

JACOBS, O. H./SCHREIBER, U./SPENGEL, C./GUTEKUNST, G./LAMMERSEN, L.: Stellungnahme zum Steuervergünstigungsabbaugesetz und zu weiteren steuerlichen Maßnahmen, in: Der Betrieb, 56. Jg. (2003), Heft 10, S. 519 – 525.

KADEL, J.: Einkommensermittlung und Rechnungslegungsmethoden im US-amerikanischen Steuerrecht, in: Internationales Steuerrecht, 10. Jg. (2001), Heft 13, S. 419 – 424.

KAHLE, H.: Maßgeblichkeitsgrundsatz auf Basis der IAS?, in: Die Wirtschaftsprüfung, 55. Jg. (2002), Heft 4, S. 178 - 188.

KIRCHHOF, P.: Der Karlsruher Entwurf und seine Fortentwicklung zu einer Vereinheitlichten Ertragsteuer, in: Steuer und Wirtschaft, 79. Jahrgang (2002), Heft 1, S. 3 – 22.

OESTREICHER, A./SPENGEL, C.: International Accounting Standards, Maßgeblichkeitsprinzip und Besteuerung, in: Der Betrieb, 52. Jg. (1999), Heft 12, S. 593 – 600.

OESTREICHER, A./SPENGEL, C.: Anwendung der IAS in der EU – Zukunft des Maßgeblichkeitsprinzips und Steuerbelastung, in: Recht der Internationalen Wirtschaft, 47. Jg. (2001), Heft 12, S. 889 – 902.

OESTREICHER, A./SPENGEL, C.: Zur Reform der steuerlichen Abschreibung für bewegliche Wirtschaftsgüter vor dem Hintergrund des Standortwettbewerbs, in: Betriebs-Berater, 58. Jg. (2003), Heft 18, S. 926 – 936.

SACHVERSTÄNDIGENRAT ZUR BEGUTACHTUNG DER GESAMTWIRTSCHAFTLICHEN ENTWICKLUNG: Jahresgutachten 2003/04, Stuttgart 2003.

SCHNEIDER, D.: Betriebswirtschaftslehre, Bd. 2: Rechnungswesen, 2. Aufl., München/Wien 1997.

SCHÖN, W.: Kompetenzen der Gerichte zur Auslegung von IAS/IFRS, in: Betriebs-Berater, 59. Jg. (2004), Heft 14, S. 763 – 768.

SCHREIBER, U.: Gewinnermittlung und Besteuerung der Einkommen, in: Steuer und Wirtschaft, 79. Jg. (2002), Heft 2, S. 105 – 115.

SPENGEL, C.: Internationale Unternehmensbesteuerung in der Europäischen Union, Düsseldorf 2003a.

SPENGEL, C.: International Accounting Standards und Unternehmensbesteuerung in der Europäischen Union, in: Internationales Steuerrecht, 12. Jg. (2003b), S. 29 – 36 (Teil I), S. 67 – 72 (Teil II).

SPENGEL, C.: Einheitliche Bemessungsgrundlage für die laufende Besteuerung der Europäischen Aktiengesellschaft, in: HERZIG, N. (Hrsg.): Besteuerung der Europäischen Aktiengesellschaft (Societas Europaea – SE), Köln 2004, S. 101 – 117.

VORWOLD, G.: Clear Reflection of Income: der neue Maßstab für die Steuerbilanz? – Beobachtungen aus dem US-amerikanischen Steuerrecht, in: Die Wirtschaftsprüfung, 55. Jahrgang (2002), Heft 10, S. 499 – 510.

GPSR Compliance
The European Union's (EU) General Product Safety Regulation (GPSR) is a set of rules that requires consumer products to be safe and our obligations to ensure this.

If you have any concerns about our products, you can contact us on

ProductSafety@springernature.com

In case Publisher is established outside the EU, the EU authorized representative is:

Springer Nature Customer Service Center GmbH
Europaplatz 3
69115 Heidelberg, Germany

www.ingramcontent.com/pod-product-compliance
Lightning Source LLC
LaVergne TN
LVHW082039051026
849532LV00011B/3414
9783409127370